社会科学视角下的残疾研究丛书(3)

利用调查数据研究残疾问题：
美国残疾人访问调查研究结果

USING SURVEY DATA TO STUDY DISABILITY: RESULTS
FROM THE NATIONAL HEALTH INTERVIEW
SURVEY ON DISABILITY

〔美〕芭芭拉·奥尔特曼（Barbara M. Altman）
〔美〕沙龙·巴尼特（Sharon N. Barnartt） 编
〔美〕格里·亨德肖特（Gerry E. Hendershot）
〔美〕雪莉·拉森（Sheryl A. Larson）

郑晓瑛　张国有　张蕾　等译
郑晓瑛　陈功　宋新明　庞丽华　等审校

著作权合同登记号　图字:01-2012-1817

图书在版编目(CIP)数据

利用调查数据研究残疾问题:美国残疾人访问调查研究结果/(美)奥尔特曼(Altman,B.M.)等编;郑晓瑛等译.—北京:北京大学出版社,2013.5
(社会科学视角下的残疾研究丛书)
ISBN 978-7-301-21913-3

Ⅰ.①利… Ⅱ.①奥… ②郑… Ⅲ.①残疾人-社会问题-研究-美国 Ⅳ.①D771.286.9

中国版本图书馆 CIP 数据核字(2013)第 002438 号

Copyright © 2001 Emerald Group Publishing Limited
Simplified Chinese edition published by agreement with the **Emerald Group Publishing Limited** through the Chinese Connection Agency, a division of The Yao Enterprises, LLC.
ISBN 978-0-7623-1007-4

书　　　名:	利用调查数据研究残疾问题:美国残疾人访问调查研究结果
著作责任者:	〔美〕芭芭拉·奥尔特曼　〔美〕沙龙·巴尼特　〔美〕格里·亨德肖特　〔美〕雪莉·拉森　编　郑晓瑛　张国有　张蕾　等译　郑晓瑛　陈功　宋新明　庞丽华　等审校
责 任 编 辑:	陈相宜
标 准 书 号:	ISBN 978-7-301-21913-3/C·0860
出 版 发 行:	北京大学出版社
地　　　址:	北京市海淀区成府路 205 号　100871
网　　　址:	http://www.pup.cn　新浪官方微博:@北京大学出版社
电 子 信 箱:	ss@pup.pku.edu.cn
电　　　话:	邮购部 62752015　发行部 62750672　出版部 62754962　编辑部 62753121
印 刷 者:	三河市北燕印装有限公司
经 销 者:	新华书店
	650mm×980mm　16 开本　22 印张　350 千字
	2013 年 5 月第 1 版　2013 年 5 月第 1 次印刷
定　　　价:	45.00 元

未经许可,不得以任何方式复制或抄袭本书之部分或全部内容。
版权所有,侵权必究
举报电话:010-62752024　电子信箱:fd@pup.pku.edu.cn

译丛总序

随着生产力的不断发展,在生产关系和社会关系领域发生的巨大变革使人类面临的残疾问题更加突出,且影响更为深远。以往在医学模式的指导下对残疾问题展开的研究,已经无法充分回答和解决在社会领域发生的由残疾引发的问题。与残疾相关的社会的、历史的、政治的、心理的以及经济的等方面的问题都是社会科学各学科的研究范围。

残疾的起因是复杂的、多因素的,是人类生命历程中难以避免的,普遍存在于人类社会之中,残疾研究已经成为人口健康和社会发展的重要议题。我国 2006 年开展了全国第二次残疾人抽样调查,目的是为掌握全国各类残疾人的数量、结构、地区分布、致残原因、家庭状况及其康复、教育、劳动就业和参与社会生活等情况。在这次调查中,北京大学人口研究所承担了调查的数据评估与分析,在残疾研究方面做了大量的工作,为国家制定经济和社会发展规划,以及有关残疾人的法律法规、政策和规划,提供了可靠的依据,以促进残疾人事业与国民经济和社会协调发展。分析国际研究现状、引入国际先进经验对我国的残疾研究和残疾人事业的发展具有重要的意义,为此,我们引入"社会科学视角下的残疾研究丛书"进行翻译出版,期望能够进一步促进我国残疾研究与国际接轨。

"社会科学视角下的残疾研究"丛书共四卷,分别是第一卷《拓展社会科学对残疾问题的研究》、第二卷《残疾理论研究进展及学科发展方向》、第三卷《利用调查数据研究残疾问题:美国残疾人访问调查研究结果》和第四卷《国际视野下的残疾测量方法:建立具有可比性的测量方法》。

第一卷《拓展社会科学对残疾问题的研究》向大家展示了若干从社会科学的视角对残疾问题展开研究的成功范例,使大家能具体了解如何运用社会科学的视角和研究方法对残疾问题展开研究,并且激发读者去深入探讨很多相关潜在问题。该卷的各篇文章对残疾定义的演变及其所面临的挑战,以及社会科学在过去三、四十年中对残疾所展开的研究进行了回顾。同时,基于当前社会各领域发生的重大变革,为残疾研究确定了新的领域,并给出了一些社会科学可以尝试去解读各种残疾问题的视角。例如从社会学、心理学、人类学、历史学、政治学、经济学、流行病学和人口学等视角进行了如下研究:残疾人口及其比例；残疾人社会运动；残疾分类体系及测量工具；辅助器具的发明和使用，对残疾人生活的影响；残疾的法律及伦理问题；新闻媒体在向公众传递残疾公共政策的整个过程中所扮演的角色；残疾人的性别冲突、残疾人劳动力市场、残疾人的公民权利等。所收录文章对各自的研究问题进行了深入而富有创新性的探讨和严谨缜密的分析，数据丰富，案例新颖，使读者对由残疾引发的各种社会问题有了全新的理解。同时，每篇入选的文章都具有抛砖引玉的重要作用，为拓展研究思路，激发研究兴趣，掀起社会科学领域各学科对残疾问题的研究浪潮打下了良好的基础。

第二卷《残疾理论研究进展及学科发展方向》对残疾相关理论体系和实践经验进行了研究，力求可以准确、深入地介绍并引入有关残疾研究的概念、理论与方法，从而扩展中国残疾问题研究的视野，促进中国残疾研究理论与方法的构建与发展。该卷理论部分的文章力图概述和批评残疾的概念以及残疾理论的现状，这些讨论是非常必要的，特别是对于那些视残疾仅仅是一种医学概念的人，必须扩展这些讨论。一个完整的残疾理论必须包括所有相关的概念，明确它们彼此之间的相互关系。理论的建立正是源于这种概念上的发展，但是绝不仅限于此。该卷方法部分的文章对一些社会科学的方法进行了讨论，包括调查、试验、实践观察、内容分析和案例研究。在任何社会科学研究中，方法论问题都包括如下几个方面：数据收集方法对所研究的问题和研究目标是否适用、是否有必要进行抽样、抽样过程是否正确、样本对于特定人群是否具有代表性、测量方法是否可信、是否遵循了所采用的方法、是否根据数据和研究问题做出了正确、恰当的数据分析，以及从这些数据得到的结论是否和所做的分析相吻合。

第三卷《利用调查数据研究残疾问题：美国残疾人访问调查研究结果》重点阐述了对美国健康访谈调查残疾主题的数据分析，主要包括四个部分的内容。第一部分介绍了利用此次调查数据进行残疾研究的方法，如美国健康访谈调查残疾部分被访人员回答模式的影响因素，如何进行调查数据缺失处理，及如何按照国际功能、残疾和健康分类标准对调查所得数据进行残疾现患率指标解释。第二部分主要是针对成年残疾人就业和健康状况的研究，尤其是针对该类残疾人群在就业和就医过程中存在的歧视和差别待遇等问题的研究，包括成年残疾人群的就业限制等问题、成年残疾人群康复服务利用差异问题，以及就业年龄阶段运动残障人口的卫生服务和社会保障情况等内容。第三部分所收录的文章主要涉及儿童发育性残疾相关问题，如儿童发育性残疾的不同定义标准以及如何将这些定义标准转化为基于调查可操作化的研究指标,残疾儿童的经济状况和需求状况,发育性残疾儿童在其整个生命跨度的经济负担,残疾儿童的康复扶助需求,适学年龄残疾儿童和正常儿童的健康结局。第四部分主要是针对特殊人群的残疾问题研究,主要包括两类人群:美国土著人群和患有发育性残疾障碍的女性成年人口。

第四卷《国际视野下的残疾测量方法:建立具有可比性的测量方法》介绍了大量与残疾测量方法评估相关的研究成果。该卷分为三个部分:第一部分的主要内容是为开发适用于不同文化背景之下的具有可比性的残疾测量方法,各国做出的努力及发展的相关背景信息,这一部分所收录的文章记录了华盛顿小组的起源、发展、目标及组织信息,包括"国际功能、残疾和健康分类"的初步介绍,不同文化背景的社会中影响残疾定义的环境因素以及文化环境本身对于必要数据收集的阻碍或推动作用等。第二部分主要内容为各个国家和地区当前应用残疾测量方法的案例,如乌干达,非洲地区的发展中国家纳米比亚、津巴布韦和马拉维等。第三部分援引了一些当前使用的能够改进测量方法并具有国际可比性的使人振奋的方法学成果。如澳大利亚统计局全力设计了能够同时在人口普查和抽样调查中使用的识别残疾的测量方法;在测量残疾各个方面时,ICF的要素"活动"和"参与"之间的差别问题;可供方法学学者用来研究残疾概念多维度,及帮助确定适合数据收集目标的测量方法的工具。该卷所收录的文章都揭示了残疾数据对于满足国际社会政策需要的重要性,同时指出了测量过程的复杂性。

在残疾研究领域存在着一系列研究理论和研究方法未被发掘,在看待残疾以及残疾人群问题上,社会科学理论还很不完善。近年来,残疾研究的方法论问题也得到了越来越多的关注,"社会科学视角下的残疾研究"丛书围绕残疾这一中心话题,突破了学科的界限,适合广泛的读者群体阅读。它可作为残疾专业相关研究用书,可以使各位读者加深对于残疾研究的理解和认识,同时也为残疾相关学者和研究人员提供了关于如何使用大型残疾调查数据进行专业性残疾研究的指导;从事与残疾相关事业或产业的实际工作者也能从此书中得到启发;而对正在社会科学各学科进行学习的学生来说,此书能够加大扩展其研究视野,寻找本学科新的研究问题。

郑晓瑛　张国有

目　　录

导言:美国健康访谈残疾主题调查中残疾的操作性定义
　　芭芭拉·奥尔特曼、沙龙·巴尼特 ………………………………… (1)

美国健康访谈残疾主题调查概况
　　格里·亨德肖特、雪莉·拉森和查理·拉肯 ……………………… (8)

第一部分　方法性问题

存在活动障碍的人群
　　——美国健康访谈残疾主题调查的失访和代访情况
　　格里·亨德肖特、丽莎·科尔佩和彼得·亨特 …………………… (39)

残疾数据分类
　　——一个新的综合角度透视分析
　　霍莉·费德克、唐纳德·洛拉尔 …………………………………… (53)

家庭健康研究中数据关联缺失的影响分析
　　——基于1994—1995年美国健康访谈残疾主题调查的研究结果
　　惠特尼·威特、安妮·莱利和朱迪思·凯斯博 …………………… (71)

第二部分　成年残疾人口的工作和健康

成年残疾人的求职和工作无障设施问题
　　帕梅拉·洛普雷斯蒂、伊莱恩·马格 ……………………………… (87)

就业年龄段活动受限成年人的康复服务利用差异分析
　　戈恩·琼斯、菲利普·比蒂 ………………………………………… (108)

就业年龄段活动残障人口的卫生保健和社会保障可及性分析
　　丽莎·耶佐尼、艾伦·麦卡锡、荣格·戴维斯和希拉里·赛宾斯 ……（131）

第三部分　残疾人口的发展、测度及产出

残疾儿童未被满足的辅助服务需求分析
　　伊莱恩·马格 ………………………………………………………（161）

学龄残疾儿童同胞的健康结局
　　丹尼斯·何根、詹尼弗·帕克和弗朗西斯·戈德沙伊德 …………（185）

智力障碍、脑瘫、失聪和失明的残疾人口经济负担分析
　　阿曼达·哈尼卡特、斯科特·格罗斯、劳拉·邓洛普、戴安娜·辛德勒、
　　陈红、爱德华·布兰和格哈达·豪斯 ………………………………（205）

美国健康访谈残疾主题调查有关智力障碍和发育性残疾的定义和发现
　　雪莉·拉森、查理·拉肯和琳达·安德森 …………………………（225）

第四部分　特殊人群研究

老龄女性发育性残疾人口的健康状况
　　——基于1994—1995年美国健康访谈残疾主题调查的分析
　　黛博拉·安德森 ……………………………………………………（253）

残疾的发生时间与持续
　　洛伊斯·韦尔布吕热、杨丽授 ………………………………………（271）

美国土著人口的残疾问题
　　芭芭拉·奥尔特曼、伊丽莎白·罗什 ………………………………（296）

利用美国健康访谈残疾主题调查数据进行政策分析的评价
　　约翰·德拉贝克 ……………………………………………………（323）

目录

关于作者 …………………………………………………（336）

后　记 …………………………………………………（343）

导言：美国健康访谈残疾主题调查中残疾的操作性定义

芭芭拉·奥尔特曼、沙龙·巴尼特

丛书的第三卷给大家展现了有别于本丛书前两卷的不同视野。相对于本丛书第一卷关注于综合性研究和第二卷重点讨论理论性和方法性问题，第三卷中的论文更多的是基于美国健康访谈残疾主题调查所得数据的研究。本卷中收录的很多论文都是在2000年于美国明尼苏达举行的关于美国健康访谈残疾主题调查（National Health Interview Survey on Disability，NHIS-D，1994/1995年）的全国研讨会上初次公开发表的，这些前沿研究基于美国健康访谈残疾主题调查的横断面研究数据，该数据是美国政府开展的、最为全面收集全美残疾人信息。这次美国健康访谈残疾主题调查（NHIS-D）的时间跨度为1994年至1995年，是美国政府有史以来关于残疾主题进行的第一次专门性调查。虽然美国政府在以前有关社会保障调查中做过社会保障重点目标人群——残疾人的专题调查，但未包括各类年龄组未接受正规治疗的残疾人群，因此不具有全国代表性。在本卷中收录的由Gerry Hendershot、Sheryl Larson（同时也是本卷的客座编辑）和Charlie Lakin三位作者撰写的第一篇论文将重点对美国健康访谈残疾主题调查（NHIS-D）的缘由和方法进行详细说明。

基于调查（NHIS-D）的综合性，本次获得的残疾人数据可为学者研究各种残疾相关主题提供支持，如本卷目录所示。学者可以研究诸如不同残疾类别或者各种康复治疗技术对残疾人生活的影响；人口学因素如残疾发生年龄；或者残疾与卫生服务的获取之间的关系等等。这些案例中，调查残疾数据可以用于自变量、因变量或者控制变量。本卷中的论文是利用这次调查数据进行广泛研究的一个开端。

调查问卷中包含反映残障、躯体功能受限和角色行为受限程度的各类指标的各类问题，这是调查设计的初衷，其目标是提供足够的灵活性，让不同研究目的研究人员和政策制定人员能够利用本次调查数据回答重要的政策性问题。这些数据也能够让研究人员选择相关的最符合其概念的问卷项作为指标，反映残疾人口的生理和心理状况指标、生理和心理功能障碍现状、辅助技术利用、主要社会角色受限、工作或者求学、残疾福利获取、自身定位,或者以上指标的复合等。

然而,灵活性是本次调查强项的同时,对比多数健康状况衡量的调查,此次调查的弱点也在于存在过高或者较低情况。原因在于:首先,不同操作性定义获取的结果之间可能存在混淆甚至矛盾。其次,问卷中认为能够代表的概念性定义和使用的操作性定义之间不一致。第三,专业研究人员基于其认知,选取较好的操作性定义进行研究和分析,而普通读者往往对这些细微差别指标不熟悉,因此不易理解这些结果并正确解释。

这里需要注意的是,在历次全国性的残疾调查中对于残疾的度量都没有标准化。每次调查中问题的表达方式均存在差异。例如美国现实人口调查(Current Population Survey,CPS),问卷中关于残疾概念构成的问题项就非常少。另外,在几乎全部的美国全国性大型调查中,例如美国现实人口调查、美国收入与项目参与调查(Survey of Income and Program Participation,SIPP)、美国健康访谈调查(National Health Interview Survey,NHIS)、健康花费固定样本调查(Medical Expenditure Panel Survey,MEPS)中,问及和残疾相关的问题,也都受限于问卷的内容,存在由被访者自己回答还是家人代理回答的问题。

因此,研究人员对残疾概念的理解和利用问卷进行对概念的操作性分析,是理解研究结果的关键。例如,在有关残疾人的就业歧视问题的研究中,对于残疾的界定可以宽泛到各类的残障、功能和行为受限的人群;又如在有关残疾人的长期护理研究中,对于残疾的界定一般会关注于具有重度残障或者行为受限人群。在本卷书收录的论文中,我们可以看到不同的残疾的界定和标准判断,因此,其研究结果也需要小心解释。[①]

读者在通读本卷书中的所有论文后,或许明显感觉到本卷不同论文中的残疾现患率估计的差异,这是因为健康访谈残疾主题调查对于残疾判断和标准界定不同所造成的。根据研究者分析范围的需要,不同的学者制定了各种复杂的操作性定义来确定其残疾研究人群。如一些论文采用了广义的残疾概念,覆盖具有轻微及至重度残疾问题的人群;而另外一些论文则采取狭义的残疾概念,仅包括严重残障和显著残疾的人群,由此,残疾现患率的估计也就各不相同。我们建议读者在阅读每一篇论文时,要注意其操作性定义,理解论文中现患率的估计是根据研究背景做出的适宜性选择。

---

① 这些差别源于不同论文中对美国的残疾人口规模的估计方法的差异。

另外,此次调查的问卷复杂性也表现在根据被访者的回答做出相应的复杂性问题跳转;许多问卷项只由特定年龄组的人群来回答,如某些问题限定5岁以下儿童回答;5岁~17岁的儿童以及成人在第一阶段残疾人补充调查(Phase 1 disability supplement)中问题的差异很大,第二阶段残疾人补充调查(Phase 2 disability supplement)又分出了成人问卷的不同版本,以及小于18岁的儿童问卷;第一阶段残疾人补充调查问卷也区分了18岁以下儿童问卷的不同版本以及成人问卷。正是由于这种复杂性,本卷中很少涉及到同时讨论儿童和成人残疾的论文。

作为实例,儿童残疾操作性定义的建立采用了不同的测量方式。在Larson等人的论文中,儿童发育性残疾(developmental disability)是依照联邦法律(federal legislation)、从政策性定义出发,量化了能够反映政治性的定义,提出了7类功能障碍(包含自理能力、表达语言能力、认知能力、活动能力、自我控制能力、独立生活能力以及经济独立能力)。在该项研究的定义中,如果被调查儿童具有上述3类以上功能障碍特征,并持续12个月以上,则被认定为患有儿童期发育性残疾。需要注意,他们的研究没有涉及儿童的独立生活能力和经济独立能力的评估,因为这两项评估在美国健康访谈残疾主题调查中也只应用于成年残疾人。他们对于智力残疾的确认是单独利用儿童的状态和功能障碍信息综合判定的。相比之下,在Hogan等人的论文中(Hogan et al., 1997),作者对于发育性残疾的衡量强调了功能受限、活动受限、交流沟通受限、自理受限和认知受限,同时构建了多重功能受限指标。Hogan等人的定义中没有包含自我控制能力,而Larson等人的研究中则测量了这一指标。此外,在Hogan等人的研究中,儿童只要具有一种以上上述的功能受限(不管其严重程度),即被确认为儿童期发育性残疾障碍;而对于年龄在5至17岁的儿童,Larson等人对儿童期发育性残疾的确认标准为至少具备三类及以上功能障碍特征。在Larson和Hogan等人的研究中,均没有特别确认患有感官障碍或者躯体缺陷的儿童为发育性残疾,除非这些缺陷已经导致了移动或者交流受限。在这里,我们没有办法了解Larson等人对发育性残疾的定义有别于Hogan等人的研究,其分析结果存在的差异如何,但读者需要知晓Larson等人的文章中确认为患有发育性残疾的儿童与Hogan等人的文章中判定的发育性残疾儿童是不同的。

本卷书中还有另外两篇论文涉及儿童残疾的研究。一篇为Honeycutt等人的论文,该论文介绍了第三种关于儿童期或者发育性残疾(Childhood or developmental disability)的判定标准。即,除去Larson和Hogan等提到的标准之外,还包括儿童智力发育迟缓(mental retardation)、小儿麻痹(cerebral palsy)、耳聋(hearing loss)以及视力障碍(vision impairment)等四类症状。其依据是患有此四类症状的儿童具有长期康复服务需求的可能性。

另外一篇为 Maag 的文章,他对 Hogan 等的标准进行了改进,提供了第四类判定儿童期或发育性残疾(childhood or developmental disability)的标准。认为由于一些具有类似儿童发育性残疾症状的儿童,在接受了相关康复服务后,可消除其功能受限状况,因此会误导其残疾分类。

实践性研究滞后于理论进展(It lags behind the theoretical advances that have been made in the field),这个经常出现在调查方法中的问题在本次调查中也存在。Brandt 和 Pope(1997)在美国医学所(Institute of Medicine)的报告《使能美国人》(Enabling American)中,就坚定认为残疾概念应与环境因素一起作为其定义的基本要素。他们建议应转变原来个体和缺陷的残疾定义到缺陷与环境之间的交互上,这一概念性定义对原来只关注于个体特征的残疾医学模式提出挑战。报告认为,文化范畴的失能(disabled)是社会性的,而非医学性的,它的定义一部分源于文化的定义,另一部分源于社会和自然环境的需求和限制。根据残疾的这些概念,该报告对病残(pathology)、残损(impairment)、功能限制(functional limitation)、潜在失能状况(potentially disabling condition)和残疾(disability)等概念进行区分。诸如其他许多健康调查,本次健康访谈残疾主题调查缺乏与环境因素的相关问题,而这些环境因素能够减轻或者恶化个体健康和功能特征,导致所谓的"残疾"状况。[①] 以辅助设备的使用为标志,本次调查中尽可能地测量了环境特征。

缺乏环境要素测量引起的问题在本卷 Jones 和 Beatty 的论文以及 Iezzoni 等人的论文中进行了讨论。他们采用了非常相似的判定标准——移动能力受限作为确定其研究的目标群体。两篇文章均假定移动能力(mobility)是影响个体获取健康服务的重要决定性因素,其研究结果显示诸如交通状况以及建筑物通行信息等,能够影响目标群体获得健康服务产生作用的环境因素,然而,可以验证这一假设关联的数据却未能获得。Jones 和 Beatty 的研究关注于存在移动障碍的劳动力年龄段的人群,而 Iezzoni 等则关注于劳动力年龄段的

---

① 尽管环境的测量并非简单、直接甚至必然适宜于调查方法应用,残疾理论已然超出原来只关注于个体或者定位于个人问题的研究。可惜的是,我们的数据限制了这些新思路的研究,因为缺乏获取环境因素的问题以及是否和何时将这些问题纳入到文件调查中尚存在困难,结果导致了存在利用源于个体的信息进行推论的风险,由此留下很多重要的未解问题。

女性移动残障人群。两篇文章中均关注于报告具有行走和站立障碍的人群以及借助辅助器具进行移动但未报告存在行走和站立障碍的人群。这里,假定环境要素可以测量,移动障碍能够因移动辅助器具或者其他可及的辅助对人群产生的影响而清除。①

最后一个需要注意的问题是关于数据的使用条件。对于本卷一些作者关注的低发生率的残疾,六分之一的样本不足于现患率的确定。事实上,本卷中多数数据的使用条件和限制不能够由单一问题限定,而是由论文作者通过复杂变量计算,获得其目标人群。在一些论文中,对残疾的定义标准非常宽泛,包括带有轻微问题的人群;而另外一些论文中对残疾定义标准则相对较窄,只包括具有重度功能限制或者障碍的人群,由此各篇文章的残疾现患率各不相同。建议读者在阅读每篇论文时,注意论文使用的操作性定义,避免不同样本的人群比较,或者泛化研究结论,超出其使用条件。

以上这些是关于调查数据中残疾的界定相关的复杂性案例,尤其是当调查数据提供大量的信息可用来构建不同的界定标准时,这些文章向读者展示,必须注意论文作者是如何解释他们的界定标准,不仅要用批判的眼光关注他们分析所用的标准,而且还要审视这些标准与作者对其结果进行解释的一致性。

关于本卷

尽管残疾的界定在结果解释上或存质疑,本卷通过收录不同类型的精彩论文,不仅使我们了解残疾人的相关信息,而且可以作为指导,用于如何使用广泛的数据分析残疾人口的各种问题。在概述本次调查的发展与结果后,本卷分为四个部分。第一部收录的三篇文章讨论了利用本次调查数据的方法性问题。包括第一篇关于被访人员回答模式的影响因素的文章(Hendershot 等),第二篇关于克服调查数据缺失策略的文章(Witt 等)以及第三篇关于如何按照国际功能、残疾和健康分类标准(ICF)对本次调查所得数据进行残疾现患率解释的文章(Fedeyko & Lollar);第二部分包括三篇文章,主要是针对成年残疾人的就业和健康服务的研究(残疾的界定标准不同),尤其是针对该

---

① 两篇文章均限定失能的定义是指存在移动障碍的人群,缺乏对这一概念异质性分析。此外,他们的判定没有考虑到存在下身移动障碍的人群,可能也存在上身躯体障碍、视力或者听力障碍、精神问题或者认知受限等。因此两篇文章的结果均受多重残疾的影响,而不只是移动障碍本身的问题。

类残疾人群在就业和就医过程中的障碍。本部分包括成年残疾人群的就业障碍问题(Loprest & Maag),康复服务障碍(Jones 和 Beatty)以及成年运动残障人群的社会保险分配的影响因素和健康服务障碍。

第三部分所收录的四篇文章关注于儿童发育性残疾(developmental disability)问题。Larson 等人的文章中对儿童发育性残疾的不同定义标准以及如何将这些定义标准转化为基于本次调查可操作化的研究指标等问题进行了深入的讨论和研究。另两篇文章对残疾儿童的经济状况和需求状况进行了研究,其中 Honeycutt 等人的研究关注于发育性残疾儿童在其整个生命周期的经济负担,Magg 则关注于这一部分残疾儿童的康复扶助需求问题。Hogan 等人则研究残疾儿童同胞的因果影响。这一部分可视为同一数据源下对发育性残疾的不同界定的方法学问题。第四部分关注了两个特殊人群的需求和特征,即:美国土著人群(Native American)(Altman & Rasch)和患有发育性残疾障碍的女性成年人口(adult women with developmental disability)(Anderson et al.)。此外,还包括一篇独特视角下理解残疾的两个方面问题,即残疾发生的年龄以及带残疾生活占生命周期的比例(Verbrugge & Yang)。最后,本书以调查数据的政策性含义的讨论结束(Drabeck)。

总之,本卷书的论文均基于美国健康访谈残疾主题调查的研究。美国健康访谈残疾主题调查提供了一个多角度、理论性的残疾界定,具有较以前更大的研究潜力。由于残疾概念的模糊性是多年产生困惑和误解的根源,分析数据需要学者对运用本次调查数据进行相关残疾研究和残疾问题的理解,要具有较为清晰的残疾概念界定思维和指标解释,对于读者而言也同样如此。通过扼要的介绍,我们尽量描述了研究者和读者面临的一些问题。由于这些复杂的数据反映了残疾概念的多面性和复杂性本质,使用者需要具有最新的理论思维知识来理解这些数据。[①]

(庞丽华、丁杰初译、审译,宋新明审校)

参考文献

Altman, B., & Barnartt, S. (2000). Introducing research in science and disability: An invitation to social science to "get it." *Research in Social Science and Disability*, 1, 1-25.

Brandt, E., & Pope, A. (1997). *Enabling America: Assessing disability and rehabilitation in A-*

---

① 各位读者可以参考"社会科学视角下的残疾研究"丛书第二卷,查阅近期相关的残疾理论和方法文献。

merica. Washington, DC: National Academy Press.

Hogan, D., Msall, M., Rogers, M., & Avery, R. (1997). Improved disability population estimates of functional limitation among American children age 5-17. *Maternal and Child Health Journal*, *1*, 203-216.

美国健康访谈残疾主题调查概况

格里·亨德肖特、雪莉·拉森和查理·拉肯

摘　要

美国健康访谈残疾主题调查(NHIS-D)开展于1994年至1997年,是迄今为止最为综合和复杂的针对残疾人进行的专项调查之一。本章描述了调查的背景、设计和内容、技术特征以及调查成果的发布等方面。通过对本次健康访谈残疾主题调查的介绍,为读者提供关于本次调查的基本概况,同时也为相关研究者提供有别于已有研究,具有本次调查之独特视野的设计和进展。

背　景

在20世纪80年代末期至20世纪90年代早期,美国相关的残疾政策、法律法规得到了重要而又广泛的发展。在促使《美国残疾人法案》(Americans with Disability Act,ADA)通过的过程中,增加了新的条款,即要求许多组织机构面向公众收纳残疾人员,同时关注实施过程中涉及的社会和经济内涵。美国最高法院关于Zebley讼案(Zebley case)的决议要求残疾项目中资格确认时,对残疾儿童应该采取不同的标准,以保障残疾儿童的权益。此外,在两个联邦项目,即残疾人收入社会保障项目(Social Security Disability Income,SS-DI)和残疾人收入增补保障项目(Supplemental Security Income,SSI)的支持下,残疾人的申请、批准和收益大幅增加。残疾人收入社会保障项目主要覆盖的人群为残疾就业人员,而残疾人收入增补保障项目主要面向低收入的残疾人群。美国国会(Congress)内的诸多提案,也针对特殊残疾类别的残疾人群(如智力残疾以及发育性残疾等)、医疗救助(Medicaid)项目的意义和可及性,以及其他项目进行改革的呼吁。

以上及其他诸方面的进展产生了政策上和项目团体对于残疾人口统计的需求,例如,政策制定者和项目管理者需要知晓:有多少额外的残疾儿童满足

Zebley 诉案决议中规定的新增条件项,并能从残疾人收入增补保障项目中获利?有多少残疾人在就业过程中遭受到违反美国残疾人法的歧视对待?为什么有较多的残疾人申请残疾人收入社会保障项目和残疾人收入增补保障项目来进行经济救助?如果关于残疾人的各项联邦法规、项目的适用条件更改了,则满足此类适用条件的残疾人群如何变化?

遗憾的是,当时这些需要的统计数据均不存在。美国联邦调查系统常规收集残疾人相关的数据源自其十年一次的全国人口普查和一些持续的人口抽样调查,如美国收入与项目参与调查(the Survey of Income and Program Participation)、医疗支出追踪调查(Medicine Expenditure Panel Study)以及国家健康访谈调查(National Health Interview Survey)等。然而,以上数据均缺乏广泛的覆盖面、大样本以及和残疾人相关的综合调查选项等,进而无法产生可靠的、适用的统计数据,以满足20世纪90年代始出现的大量残疾政策和项目组织的需要。

正因没有满意的数据,四家联邦机构计划了新的人口调查用于满足个体层次上的残疾人统计需求。即美国健康与人类服务部(the Department of Health and Human Service)的规划评估助理文秘办公室(the Office of the Assistant Secretary for Planning and Evaluation)提议开展全美发育性残疾人调查(national survey of persons with developmental disability);美国社会保障部(the Social Security Administration)的残疾人事务办公室(the Office of Disability)提议开展全国残疾人调查(the National Disability Survey);美国社会保障部(the Social Security Administration)的增补保障办公室(the Office of Supplemental Security Income)提出开展申请收入增补保障项目的低收入残疾人调查(SSL Low Income Survey);美国卫生资源管理部(the Health Resources and Administration)下属的母婴健康局(the Maternal and Child Health Bureau)则建议开展全国儿童健康控制评估计划项目(the National Child Health Assessment and Planning Project)。

美国健康与人类服务部规划评估助理文秘办公室负责数据收集的协调工作,因此它召集各代表单位参加残疾人抽样调查会议。会议的主要议题是制订工作计划,以满足不断出现的残疾人统计需求、避免不必要的重复性工作、限制数据收集费用和减轻受访者负担等。会议的最终结果决定,在各个相关机构联合支持和资助下进行一次残疾人调查,具体实施由美国国家卫生统计信息中心(NCHS)负责,调查作为其执行的美国健康访谈调查(National Health Interview Survey, NHIS)的补充专题调查(Supplement)。

美国健康访谈调查(National Health Interview Survey,NHIS)的设计

因为本次残疾主题调查(NHIS-D)是作为美国健康访谈调查(NHIS)的一部分而开展的,故而它带有诸多健康访谈调查的设计特征。在本部分中,我们将描述健康访谈调查的基本设计;随后的部分将重点描述残疾主题部分区别于健康访谈调查的具体特征。

美国健康访谈调查(National Health Interview Survey)(经常被称为 NHIS 或者 EN-hiss)是由美国国家卫生统计信息中心(NCHS)自 1957 年起组织和实施的,旨在广泛收集和统计美国人口健康状况的数据。调查数据通过对具有全国代表性的家庭样本进行个体的访谈而获得。大部分调查是以对样本家庭入户后面对面访谈的方式进行,但当访谈员数次尝试均找不到家庭成员进行入户访谈时,调查可能通过电话方式进行。

美国人口普查局(U.S Bureau of the census)与美国国家卫生统计信息中心签订合同,具体负责美国健康访谈调查中数据收集阶段的工作,以及对调查员(人口普查中常称之为"田野代表",Field Representatives)的招募、培训、监督等工作。新招募的调查员将接受调查访谈技巧和相关田野调查过程的基本训练。所有的调查员在每个新的调查年,都要接受一些额外的项目培训,包括对本次新的调查问卷的重新认识和理解,以及相关专业性知识培训等。

健康访谈调查的大部分内容依照年度循环执行,即从每年的 1 月至 12 月,连续性地开展数据收集工作,在调查中使用相同的调查问卷和田野调查流程(field procedure),调查得出的当年数据将一并处理和发布。然而,在一些情况下,调查问卷和田野调查流程(field procedure)的实施时间也可能超过或者不足一年的时间。这种连续性的数据收集可避免项目启动或者终结的费用,也能减少一些健康测度指标的的季节变化,如流感发生率等。

问卷设计

美国健康访谈调查问卷一般由两部分或模块组成:包含反映人群基本健康状况和人口学变量指标的问卷项,这些内容每年基本都是固定的(通常称为"问卷核心部分");另外还包括反映某个特殊调查意图和研究点的问卷项(通常称为"问卷补充部分"),是针对不同的研究主题,此部分内容每年都有所变化。在早期开展的美国健康访谈调查中,问卷补充部分的内容极少或者

简短。而自20世纪80年代末至90年代初起,问卷补充部分开始增加大量的内容,这些进展促使了健康访谈调查进行问卷核心部分的重新设计并在1997年实现。

在1997年之前的调查中,健康访谈调查中的核心问卷部分涉及被调查者家庭所有成员的信息,如果调查员在进行调查时,被调查家庭中成年人在家,则被要求参与自身的调查,家庭中17岁及以下儿童的信息以及调查时未在家庭的成年人信息由成年代理人(adult proxy)代其进行回答。结果显示,大约有1/3的成人数据信息是由代理人回答的。

调查问卷的补充部分在选择被访者时有所变化,有些调查是针对被访家庭中每位成员,而有些则选择具有某些特征的被访家庭中的成员,或者有些是随机选取被访家庭的成年人或者孩童作为调查对象。大部分补充问卷的现场调查周期为一年,但一些调查也可能涉及两年或者以上。一些补充部分的调查,其样本有可能拆分为两部分,然后随机选择不同的部分而分配不同的调查问卷,这样在不增加被访者负担的情况下,问卷项的内容可以增加两倍。当然,这也意味着样本量的减少和每份问卷的样本有效性降低。大部分的补充调查是横截面调查(cross-sectional survey)(即只进行一次调查),也有一些是纵向调查(longitudinal survey)(在不同时间内进行两次或以上的调查)。在总体设计的稳定性框架下,健康访谈调查允许调查设计存在一些不同的变化。

调查问卷由美国健康访谈调查专业问卷设计人员开发。他们咨询调查主题相关的专家和学者,并结合早期调查中的信度(validity)和效度(reliability)进行问卷的设计。在问卷设计开发的适宜阶段,将进行问卷的测试。问卷测试采取不同形式,包括:实验条件下一对一的进行访谈;小组焦点访谈;当地社区小规模访谈;模拟全国性调查状况,在一个社区选取几百户家庭进行实际访谈等等。

抽样设计

健康访谈调查的样本代表总体为美国50个州以及哥伦比亚特区的所有非机构化成员的国民。样本不包含的主要群体包括现役士兵、在养老院或长期护理机构的人群以及监狱服刑人员。抽样采取"分层(stratified)、整群(clustered)、多阶段(multi-stage)、区域概率(area probability)抽样"。区域概率样本的抽取是通过将全国划分为许多小的地理区域进行,包括县(counties)、市(group of counties)和大都市统计区(metropolitan statistical area)等。由人口普查中得出的不同区域人口规模数据,估计出"初级抽样单位"(Primary Sampling Units,PSUs),每个 PSU 将根据其人口规模赋予不同的抽样权值,即人口规模较大的单元,其被抽中的概率也较大。

在初级抽样单位被抽中之前,根据它们的某些综合特征,如城乡人口构成,被分成组(称为"层",Strata),由此类似的初级抽样单位被分到同一层。同一层的初级抽样单位随机抽取(根据人口规模具有 0~1 的概率权重)。分层的目的是保证随机抽样过程中,某些类型的初级抽样单位不被漏掉。

初级抽样单位的抽取为抽样的第一阶段,每个随机抽中的初级抽样单位将再划分为小的区域(通常称之为节,segments),每个小的区域,即每节平均有八户,节的选择是根据人口数目随机概率抽样,这是抽样的第二阶段。随机选择的节是地理位置临近的家庭户的群(Clusters),这些群内的家庭户组成健康访谈调查的样本户。如果一户拥有多于一个家庭的情况,则每个家庭将作为单独的抽样单位处理。若访谈员发现抽中的地址属于某一机构而非家庭户,则排除该地址;若抽中家庭某一成员正在服兵役,则被调查的人员中应排除该家庭成员。

抽中家庭的成员将组成全国代表性抽样人群。因为样本的选择在每一阶段都是随机的(已知抽中的概率),故样本是科学的,即样本遵循统计理论假设,能够用于在已知精确度下估计总体参数。此外,由于家庭户样本的选择是小的地理区域内整群抽样,调查员可以相对较快地完成其访谈任务,降低调查的劳动力成本。

数据权重

抽样过程中,每个阶段样本的抽中概率是已知的,每个样本人的抽中概率也是已知的。这些信息可以用来估计总体参数。例如,调查的样本为 Marry(sample person),已知其被抽中的概率为 1/5,000,则可以认为 Marry 在总体中代表了"5,000 人"。若 Marry 患有关节炎,则可以推断在总体中有近 5,000 人患有关节炎。将所有调查样本中患有关节炎的样本人数都加在一起,我们则可以估计出总体中患有关节炎的人口数。

这一过程称之为数据加权。每个调查样本都有权重,即该样本所代表的人数,这将用来估计总体的参数。若不进行加权处理,则数据分析将错误地认为每个样本代表总体人口的同等数量的人群,这是不对的。

NHIS 样本的加权计算不仅包括对抽样过程概率的逆向计算,还包括了对失访(non-response)、漏访(non-coverage)等因素的修正。失访是指抽中家庭户中,对抽中样本家庭没有完成访谈。对失访样本的修正处理是假定在抽样的节内,失访的家庭户和接受访谈的家庭户类似(受访家庭户完成了访谈)。换句话说,它假定相邻的家庭之间情况相似。修正因子的计算将是该节内访谈率的倒数。举实例来说,若某一节内有10个样本家庭户,其中接受访谈的有8户,则访谈率为8/10,其倒数为10/8或者1.25,则权重系数1.25将作为修正因子赋予本节内所有的受访家庭。

漏访(non-coverage)是指样本中未能覆盖某些特征人群。例如,年轻的未婚成年人较其他人群更倾向于离家外出,从而经常不能够进行访谈。由此,根据访谈的年轻未婚成年人样本估计其数量将会偏低,基于这一样本群体的总体参数特征也会低估。失访修正因子当然也能够有助于纠正漏访情况,但下面论述的因子可以直接进行修正。

根据美国年度现时人口调查,既定按年龄、性别、种族分组的人口数量能够非常精确地度量。故而,若现时人口调查的估计是准确的话,则NHIS和CPS的比值可以估计NHIS的覆盖率。例如,假定NHIS估计出某一特定年龄、性别、种族人群(如年轻白种男人)有800万人,而CPS估计这一特定人群有1,000万人,则NHIS的该特定人群的覆盖率为80%(即800万/1,000万)。覆盖率的倒数(1,000/800)即1.25将作为漏访修正因子。这一修正因子将加到计算该特定年龄、性别、种族人群样本的权重上,类似的漏访修正因子也将会加入其他特定年龄、性别、种族人群样本权重的计算上。

抽样误差

复杂样本数据的分析在总体参数估计时不仅需要考虑数据加权,也要计算抽样误差。根据任何样本进行总体参数估计都有别于对样本的简单枚举。科学抽样的优势在于其能够利用统计理论,进行估计基于样本的总体参数和总体真实值之间的差异——抽样误差的计算。若样本是通过简单随机抽样获取,则抽样误差的计算非常简单,因为简单随机抽样的统计理论相对直观。

尽管美国健康访谈调查的抽样是科学抽样,但不是简单随机抽样,而是复杂样本,统计理论应用比较复杂。正是这个原因,基于简单随机抽样的公式和计算机程序不适宜用于NHIS样本数据。相反的,诸如SUDAAN或者STATA的公式和计算机程序必须在NHIS数据处理中进行应用。这些分析程序在分析数据时,要求抽样设计中信息进入计算程序,从而能够正确地估计出抽样误差。

若抽样误差估计结果很"大",则对总体的估计将认为统计上不可信。统计理论没有定义抽样误差"大"的度量,不同的分析者采取不同的定义,这取决于分析者对其应用要求的可靠度。基于 NHIS 数据的出版物中,美国国家卫生统计信息中心惯例的标准为:若标准误(抽样误差的指标)和估计的总体参数比值,即相对标准误差在 30% 及以上,则对于总体参数的估计将不可靠。

美国健康访谈残疾主题调查的设计

美国残疾主题访谈调查是作为美国健康访谈调查的补充调查,它在总体设计特点和调查上与 NHIS 相同。然而,美国残疾主题访谈调查也有一部分特别的设计特征,在此描述如下:

调查阶段和波次(Phases and Waves)

残疾主题访谈调查(NHIS-D)分为两阶段,即阶段 1(Phase1)和阶段 2(Phase2),在不同时段开展。对于分阶段的开展健康访谈残疾主题调查,其决定的初衷并不是想研究个体层次上不同时间段的变化,而是考虑到被调查者的负担。调查发起机构期望获得许多数据项,从而需要长时间的访谈。另外,一些关于残疾人的数据信息可以由代理受访者提供,而另外一些必须由受访者本人应答。若将访谈分成两个部分,则后一要求可以较好地满足,即一部分信息可由样本的任一成年的家庭成员代理作答,而另外一部分则由残疾人自身回答。尽管两个部分的访谈能够和 NHIS 核心部分问卷同期进行,但这样做将增加样本家庭的负担,因为被访者将被要求参加几个较长的访谈。

受访者负担的程度是预算管理办公室(the Office of Management and Budget)对政府收集数据必须的过程——调查的重要考量。NHIS 已经在或者接近其所允许的负担边缘,因为 NHIS 除了包括核心问卷部分和残疾部分,还存在几个补充问卷,如 1994—1995 年的人口老龄化、儿童免疫力、家庭资源调查,2000 年国家卫生目标以及对艾滋病的知识和态度调查等。在这种情况下,调查计划者决定将残疾部分(NHIS-D)分为两个阶段,用两个独立的数据收集将被访者的负担分开。这一设计也允许有时间利用阶段 1 的数据来验证阶段 2 的样本是否最有效地满足调查目标。

残疾部分补充调查的阶段 1 收集被访家庭的所有成员信息,访谈在 NHIS 核心问卷部分被允许进行的同时或者之后的几天内进行。受访者是被访家庭中访谈时在家的成年人,他们应答的问题包括他们自身、家庭中的儿童以及当时未在家的成年人的信息。阶段 1 的访谈有时被称为"筛查"(Screener),因为它的功能之一是确定阶段 2 中符合条件的受访人。然而,由于阶段 1 的问卷项很长,虽获得了关于残疾的详细信息,但仅仅将其作为"筛查"将导致误解。

残疾主题补充调查阶段 2 的调查问卷包括两个模块,一个是针对成年人的,另外一个是针对儿童的。基于阶段 1 的信息,所有被确认进入阶段 2 的成人和儿童接受这两个模块的问卷。(另外还有一个问卷针对老年人,它和阶段 2 同期进行,无论这些老年人是否确认进入阶段 2 的调查,它是一个称为老龄化纵向研究调查的一部分。)

阶段 1 完成几个月后,阶段 2 将开展几个"波次"的访谈。每波次的访谈包括了由阶段 1 访谈中在一个季度内确认的所有人群。例如,波次 1 进行访谈的人群由访谈的时间为 1994 年 1 月至 3 月这一季度进行阶段 1 访谈确认,波次 1 开展访谈的时间从 1994 年 11 月开始,至 1994 年 12 月结束。由此,在阶段 1 和阶段 2 的波次 1 的访谈之间的时间间隔为 7 到 11 个月,平均为 9 个月。阶段 1 和阶段 2 之间的访谈间隔因阶段 2 的波次不同而异,但不会短于波次 1 的时间间隔。

阶段 1 和阶段 2 之间的访谈时间间隔较原计划要长,主要原因是在阶段 1 的数据处理,由此确定阶段 2 的访谈样本和访谈人员任务安排。另外,在安排阶段 2 的各波次的访谈时,调查访谈人员是否足够也是一个问题。[人口普查中储备了大的调查访谈人员库,他们会被安排进行不同的调查,有时调查需要"排队等候(wait in line)"调查访谈员的时间。]

此外,在一个波次的访谈中,选择被调查的儿童时有可能出现错误:一些确认进入阶段 2 的儿童没有抽中,而一些没有确认的儿童却被进行调查而且完成了调查访谈。当这一错误发现后,未被确认的儿童信息需要删除,针对确认但未进行访谈的儿童需要额外的专门的波次进行实地访谈。由于这些案例的存在,从而增加了阶段 1 和阶段 2 之间的时间间隔。阶段 1 和阶段 2 之间的时间间隔对于组合两个阶段的数据非常重要,因为同一个样本,阶段 1 访谈信息可能在进行阶段 2 的访谈前已经改变。

问卷设计

在概念层次上,健康访谈残疾主题调查的总目标是收集"残疾"人以及有"特殊健康服务需求"儿童的数据信息。然而,当把"残疾"和"特殊健康服务需求"的定义从概念到操作上进行转化时,就遇到了问题。单就"残疾"来说,估计在联邦项目中,存在 40 多种不同的法定定义。一些定义是分类的(Categorical),罗列出一系列医学状况分类(categories);另外一些则从功能上(Functional),由特定活动(即功能)的执行程度进行定义,如"日常生活活动"(Active of Daily Living)。分类的和功能的定义之间既不一致,在具体类型上个体的定义上也不统一。

对于残疾定义和术语业已进行过数次尝试,特别的是美国医学所(Institute of Medicine)所推崇的残疾定义——Nagi 模型(Nagi Model),世界卫生组织(WHO)的国际残损、残疾与残障分类(International Classification of Impairments, Disability, and Handicaps)(之后通过修订,更名为国际功能、残疾和健康分类,International Classification of Functioning, Disability, and Health)等。然而,这些分类框架并没有获得广泛的共识。而对于"特殊健康服务需求"这一概念,情况要好许多,这归功于妇幼卫生局(the Maternal and Child Health Bureau)致力于此领域、为达成共识所做的努力。

面对缺乏操作定义的共识,健康访谈残疾主题调查的设计者决定收集大范围的信息,从而能够满足不同角度对"残疾"和"特殊健康需求"的分析。具体地,设计者试图包括受不同残疾政策覆盖所影响人群的信息,而这些政策覆盖的范围正是调查的主办和协办机构所关心的。最终,阶段 1 调查问卷涉及的问题包括因病致残的情况、自身常视为残疾的残障情况(如盲障)、功能状况(活动参与)、残疾项目的参与情况以及残疾自评等。

健康访谈残疾主题调查问卷设计总体过程与所有的健康访谈调查问卷设计流程类似:NHIS 成员咨询相关领域专家;参考一些残疾调查问卷;实验测试;小范围的家庭户预调查;大范围的现场模拟调查(附录 A 总结了 1994 至 1995 年 NHIS 调查核心部分的主题内容)。对于实验测试,首先招募一些残疾人,根据调查问卷草稿的模块进行访谈,听取他们的经验;与当地残疾人组织合作,一些测试可以通过残疾服务的提供站点进行。对于大范围的模拟调查,当地各类残疾组织提供一些社区残疾居民的地址信息,由此能够安排残疾人的样本进行模拟调查。

残疾主题调查的问卷设计过程有一个方面区别于其他健康访谈调查——解释问卷的一些选项,即:按照原有计划,整个调查残疾主题部分的问卷访谈是由计算机辅助个人访谈系统(Computer Assisted Personal Interview, CAPI)来完成的。在该系统(CAPI)中,调查问卷通过计算机程序存入笔记本电脑,由调查访谈员携带电脑到样本家庭户中,调查访谈员面向显示屏向被访者展示问卷问题,被访者操作键盘进行应答。CAPI 程序验证被访者应答的合理性、自动记录应答内容并可以根据应答者的情况进行适当选项的跳转。

CAPI 程序能够进行问卷项的自动跳转,可降低访谈调查员根据实际情况选择问卷项的负担;该程序也能够允许复杂规则的问卷项之间的跳转,较原来纸质问卷用笔作答更为便捷。残疾主题调查的问卷设计者在工作中利用了 CAPI 的便利。然而,由于当时 CAPI 属于新兴技术,关于 NHIS-D 的 CAPI 程序设计、检验和测试过程中也存在一些不可预期的困难。经过几次 NHIS-D 的 CAPI 设计延误,最后决定放弃 CAPI 技术。转而将调查问卷由起初的 CAPI 设计更改为纸质问卷用笔作答的形式。这意味着原来复杂的问卷选项之间的由计算机程序自动完成的跳转,现在重新设计和打印,并使调查访谈者能够理解和应用。最后这一问卷设计过程的更改有可能导致较多的形式错误和调查访谈者的自身错误,这也是 NHIS 中出现的较典型错误。

样本设计

健康访谈残疾主题调查阶段 1 实地调查执行两年,即 1994 至 1995 年。有别于传统的以一年为调查周期,本次调查(NHIS-D)以两年为周期收集数据,同时总体估计中包括一些重要亚人口(subpopulation)的相关信息,这些亚人口数量较少,如智力残疾(intellectual disability)或者发育性残疾(developmental disability)。为了确保这些亚人口统计的可靠性,需要较 NHIS 一年数据收集周期所能提供的更大样本,故而唯一增加样本量的可行途径是扩大实地调查期限。

调查的阶段 1 在 1994 年至 1995 年进行,因此该调查常称为"1994—1995 年健康访谈残疾主题调查(NHIS-D)"。然而,健康访谈残疾主题调查阶段 2 的调查直至 1994 年 11 月才开始,至 1997 年 4 月尚未结束。调查收集的数据真正时间跨度为 39 个月,即 1994 年 1 月至 1997 年 4 月,因此,本次调查亦可称为"1994—1997 年美国健康访谈残疾主题调查(NHIS-D)"。

除了一些家庭户成功地完成了 NHIS 核心问卷的访谈而未进行阶段 1 的访谈,其他阶段 1 的样本设计和 NHIS 的样本设计一致,故而总体上残疾主题部分的调查阶段 1 的样本量较 NHIS 样本小一些。正是由于这种情况,残疾部分调查阶段 1 的失访、漏访的修正将与 NHIS 不同,由此两个部分的样本权重也是不同的。

阶段 2 样本的选择

阶段 2 的样本设计是在完成阶段 1 的问卷之后。因此,阶段 2 的样本选择标准需要根据阶段1的问卷项(一些选择标准也来自NHIS的核心问卷选项以及家庭资源补充调查问卷项)。整个过程将通过简单的语句对残疾人进行命名和定义,最重要的是从残疾政策目的出发。这一步骤由美国残疾和长期护理政策办公室(the Office of Disability and Long Term Care Policy),规划评估助理文秘办公室(the Office of the Assistant Secretary for Planning and Evaluation)以及美国健康与人类服务部(the Department of Health and Human Service)三方的工作人员负责。工作人员和NHIS分析人员一起确定具体阶段1的问卷问题和应答,根据应答确定操作性定义和政策相关的残疾人群。最后,和政策相关的残疾人群的操作性定义被NHIS系统和编程人员转化为计算机程序,用来处理阶段1的案例数据、选择阶段2的样本案例。

阶段2的政策相关残疾类别命名将包括下列内容:

(1) 残疾儿童(Disabled child)

(2) 脊髓灰质炎患者(Polio)

(3) 智力发育迟缓/发育性残疾患者(Mentally Retarded/Developmentally Disabled)

(4) 失感者(Sensory Impairment)

(5) 需要借助于辅助器材设备者(Assistive devices)

(6) 心理疾患者(Mental ill)

(7) 认知障碍者(Cognitively Impaired)

(8) 日常生活能力/工具性日常生活能力/功能受限者(ADL/IADL/Functional limitation)

(9) 辅助社会保障收入救济金的领取者(Supplemental Security Income Recipients)

(10) 辅助社会保障收入救济金的申请者(Supplemental Security Income Applicants)

(11) 残疾人社会保障收入的领取者(Social Security Disability Income Recipients)

(12) 残疾人社会保障收入的申请者(Social Security Disability Income Applicants)

(13) 其他类别者(Residual Category)

对于以上各组,阶段1的问卷中有一个或多个问卷项可以确认被访者应归属哪一组。例如,若在阶段1的问卷应答中有使用拐杖(crutches)、助行架(walker)、手动轮椅(manual wheelchair)、自动轮椅(electric wheelchair)或者滑板(scooter)等辅助器材设备达一年及以上,则该人属于上列第五组,即"需要借助于辅助器材设备者"。(听力辅助设备不作为阶段2的确认目标。)使用任何一种辅助设备即对该案例作一个标记。但对于某些组,如智力发育迟缓和发育性残疾,根据应答设定的标记应该是多个而且复杂的。总体上,大约200个明确的应答模式被定义,当观测到每个应答模式,则对该案例将设定一个标记。所有被访成年人若有一个及以上的标记,则确认为进入阶段2调查。通常儿童有一个及以上的标记也会被确认进入阶段2调查,但若一个标记内容相对比较轻微的情况下,则需要有2个以上的标记。整个筛选过程的复杂程度可以参考残疾主题调查的部分公共数据文件文档的综述表,仅此内容就达5页。

在诸多调查中,一般是通过"扫描筛查"确定所要调查的人群,而用于扫描筛查的问题也相对少且简单,通过筛查样本所代表的人群也能够描述。但由于阶段2的样本筛查规则的诸多条件和复杂性,调查人群的代表性很难表述。对成年人来说,或许可以说样本代表了任一"指标"标示出的所有残疾人。这一"指标"包括从事某项长期活动有困难和障碍(limitation or difficulty in performing any of a long list of activities);患有某类可能导致残疾的特征、病症或者疾病(presence of certain conditions, signs, or symptoms associated with disability);生理或心理的残损(physical or mental impairments);使用某项特殊的辅助器材和工具(use of certain assistive);接受某项卫生医疗康复服务或申请某项特殊针对残疾人的经济补贴项目(participation in or application for certain health care or income benefits programs for which disability is an eligibility criterion)等等。而对于儿童来说,总体目标是包括所有需要特殊医疗服务的人群,残疾的指标和健康问题的指标都是儿童作为阶段2调查样本的充分条件。正是由于阶段2访谈样本的选择复杂性,导致很难清楚地表述样本的代表人群,数据的分析者和数据分析结果的使用者都应该仔细检查数据分析和筛选子样本的标准。

问卷应答率和样本奇异值

显然,并非所有确认阶段1和阶段2需要进行访谈的人都真正接受了访谈调查:两个阶段中均存在一些被访者联系不上或者拒绝合作的情况。在阶段2的访谈中,被访者也可能已死亡或者迁移到调查访谈员无法到达的地方。表1总结了逐年(以阶段1为准)和逐阶段最终的样本数,显示了确认被访者数量、完成访谈人数以及确认被访者接受访谈的百分比。这些问卷应答率仅是一个阶段的抽样数;总体上的问卷应答率应该包括所有抽样阶段的失访人数,包括 NHIS 核心问卷调查、阶段 1 和阶段 2 调查,它可通过每阶段的应答率进行估计。

表1 美国健康访谈残疾主题调查(NHIS-D)各调查年度和阶段的目标样本人数、实际调查样本人数以及问卷应答率

年度和阶段 (years and phases)	目标样本人数 (eligible persons)	实际调查样本人数 (completed persons)	调查应答率 (response rate)(%)
1994 年			
第 1 阶段	116,179	107,469	92.5
第 2 阶段	22,081	20,410	92.4
1995 年			
第 1 阶段	102,467	95,091	92.8
第 2 阶段	13,927	12,378	88.9
1994、1995 年之和			
第 1 阶段	218,646	202,560	92.6
第 2 阶段	36,008	32,788	91.1

表 1 显示:在 1994 年,阶段 1 中有 21.2% 的应答样本被确认进入阶段 2 的调查,但 1995 年,仅有 14.6% 的应答样本进入阶段 2 的调查。这是因为大约有 25% 的样本在 1995 年阶段 1 的访谈中确认可进入阶段 2 的调查,但后来又遭否认。事实上,这些案例被保留为另外一个调查所使用,该调查为健康保健研究与质检局(the Agency for Healthcare Research and Quality)组织开展的医疗花费固定样本研究(the Medicine Expenditures Panel Study, MEPS)。根据与国家卫生统计信息中心(the National Center for Health Statistics, NCHS)的协议,MEPS 在上一年度 NHIS 调查完成核心问卷的样本中抽取其调查对象。为了完成这一职责,NCHS 不得不留出 1995 年 NHIS 调查的 1/4 样本供 MEPS 使用。虽然有可能残疾补充调查阶段 2 的样本和 MEPS 调查有重合样本可接受访谈,但考虑到这将给受访者增加负担,同时也会导致两个访谈拒访的风险,因此,实际中源于 1995 年阶段 1 的访谈确认进入到阶段 2 的样本规模降低了。

表 1 还显示 1994 至 1995 年间确认参加残疾补充调查阶段 1 的样本数

(该数由 NHIS 访谈核心问卷确认)的下降,这是因为 1995 年执行了重新设计的美国健康访谈调查抽样。健康访谈调查的样本总体基于每十年一次的美国人口普查,故而它也每十年一次进行重新设计,以便于和最新人口普查数据相符。1995 年进行了重新设计,尽管和以前样本一样代表相同人口总体,但由于基本抽样单位数量增加了,为了消除在更多区域进行访谈增加的成本,样本案例数减少了 15%。除去总体参数估计时的抽样误差计算,1994 年和 1995 年的样本设计变化在合并数据进行分析时没有任何明显困难。整个过程的具体细节可以参阅与公共数据应用文件的相关文档。

被访者应答原则

残疾主题调查的阶段 1 入户访谈中,调查时在家的成年人将应答其自身的问题,任一家庭成年人可以作为儿童、青年或者未在家的成年人的被访代理人。由此,代理应答了所有的儿童、青年以及 1/3 的成年人信息。在阶段 2 中,了解抽中儿童健康状况的成年人才可以作为被访代理人、应答儿童问卷部分的问题。在阶段 2 的访谈中,抽中成年被访者应该自己应答访谈,除非根据调查访谈员的意见,抽中样本成年人不能够自己应答,需要寻求被访代理人代为回答阶段 2 的问卷项。在阶段 2 的访谈中,调查访谈员作出此决定的约有 1/5(20.4%)。从正在发展的证据角度看,关于残疾问题,被访者自身和被访者代理的回答是有差别的(Lezzoni, McCarthy, Daivs & Siebens, 2000; Todorov & Kirchner, 2000)。因此,在分析和解释 NHIS 残疾补充部分调查的数据时,需要考虑在阶段 1 和阶段 2 中成年人样本代理应答者出现较高比例的情况。

调查员培训和实地调查过程

尽管调查访谈员在所有的 NHIS 调查中,包括核心问卷的调查和补充部分的调查中,能够遇到一些残疾人,调查的设计者估计在残疾主题补充调查的阶段 2 中,集中对残疾人样本进行访谈时,仍可能遇到某些具体的实地问题。由此,阶段 2 调查访谈员手册包括了一些具体的指导,如:如何和残疾人打交道,以及在培训过程中放映的特制视频资料,视频演示一些残疾人对于调查的谈论以及调查访谈员可能遇到的问题,包括被访者的反应。除此之外,地方人口普查办公室(the Census Regional Offices)作为 NHIS 的实地监管者,原则上应为聋人和听障的受访者配备聋人电话装置(Telephone Device for the Deaf)以及提供手语翻译。

尽管这些努力有利于阶段2的实地访谈成功进行,但调查后一年,在由四个访谈员组成的焦点小组访谈中,访谈员们记不起特别的残疾培训视频,也不知道如何利用地方办公室的辅助能力以适应聋人和听障被访者的调查。此外,类似诸多由政府或者其他进行的调查,NHIS调查中没有记录是否尝试让残疾人接受访谈这一过程,尽管残疾补充调查阶段2的问卷中在一节的临结束时,确实包括了调查访谈员应记录让残疾被访者接受访谈的努力情况。现在这些数据尚未进行分析,它们或许能够揭示残疾被访者接受访谈的需求。

数据处理

当NHIS调查问卷完成后,由调查访谈员将文件寄到地方办公室进行问卷的完备性和正确性检验。接着这些问卷将被寄到NCHS机构进行手工编码并录入计算机成为电子数据文件。同时,NHIS的分析人员和计算机编程人员开发出具体的指标和计算机程序用于检查数据的准确性,即:所有的应答都在合理范围吗?应答项之间逻辑上一致吗?对于每一个可以想象到应答范围的合理性和逻辑一致性的情况,这些均利用计算机编程进行规则检验,从而解决问题。

由于NHIS的综合和复杂性,在理想环境下进行数据处理是困难且耗费时间的。对于健康访谈残疾主题调查来说,由于几个原因的存在,使得数据处理更加困难。首先,残疾部分补充调查甚至较其他NHIS调查更综合且复杂——据一些长期在NHIS工作的人员说,这是由NHIS承担的最综合和复杂的调查。其二,由于问卷设计最后一步是从计算机辅助调查转变到纸质问卷和用笔应答,这一转变使数据处理过程中可能出现更多错误。第三,残疾部分补充调查数据处理时,恰逢诸多其他补充调查的数据处理及NHIS核心问卷的设计,这将对残疾部分补充调查的工作人员提出更多的要求,特别是大量数据录入积压带来了压力,数据录入积压延误了阶段2的访谈对象选择,增加了阶段1和阶段2之间的时间间隔,另外数据录入积压也延迟了调查数据的公开发表时间。尽管数据录入积压问题最终通过增加录入人员得到了解决,但这却是在发生了明显延误的情况下才进行的补救措施。

数据发表

NHIS残疾部分补充调查的公共数据集,包括阶段1和阶段2的微观数据,在1998年7月28日以只读压缩数据盘的形式发布。数据集在NCHS网站上也可以得到,网址是www.cdc.gov/nchs,这里提供免费下载。关于数据集的文档以及数据收集过程中所使用的文档在同一网站上也可以下载。NHIS核心数据集以及其他补充调查数据集的记录可以和残疾调查部分的记录通过唯一的 NHIS 样本人编号进行匹配。同样,健康访谈调查残疾主题调查数据记录的死亡样本也可以和全国死亡调查指标(the National Death Index)的死因数据集匹配。

网络上一个 NHIS-D 网页(http://www.cdc.gov/nchs/about/major/nhis_dis/nhis_dis)为统计分析人员提供有益信息,包括两年数据集合并的标准差估计(因为样本设计不同),以及阶段 2 调查数据集中关于就业历史数据指南(这一块较为复杂)。NCHS 同时维护 NHIS 研究人员服务器,分析人员可以在 CDC 网站主页上订阅相关资料(http://www.cdc.gov)。

NHIS-D 数据集也可从美国残疾研究进展档案(the Research Archive on Disability in the United States, RADIUS)中部分获取,这是社会计量公司的产品(Sociometric, Inc., www.socio.com)。RADIUS 是采用标准格式、标准文档的可公开使用的残疾人数据集。它同时包括搜索引擎,让用户从不同数据集中查找变量,同时抽取子数据集进行进一步的研究,另外,也包括文件建立的说明,用于流行的数据分析软件包诸如 SPSS 和 SAS。

研究结果发表

由于大样本和问卷残疾问题的广覆盖,以及数据集关联着一些健康、死亡等数据,健康访谈残疾主题调查的补充调查提供了非常丰富的数据资源,可进行广泛的残疾问题研究。然而,限于获得研究资助的时间、研究进展以及结果的公开,至今也只有较少的基于 NHIS-D 数据集的研究报告得以发表。根据 PubMed 和全国医学研究图书馆搜索引擎(the National Library of Medicine search engine)的搜索结果,这些出版物在附录 B 部分列出。对于这些出版物的引用是通过 PubMed 格式给出的(区别于本卷的其他格式),因此读者可以便利的在 PubMed 网站上获得这些信息(http://www.ncbi.nlm.nih.gov/entrez)。

2000 年 6 月 11—13 日,关于这些研究结果和分析的第一次全国研讨会在明尼苏达州(Minnesota)的明尼阿波利斯市(Minneapolis)召开。研讨会由全国健康统计中心(the National Center on Health Statistics)、残疾与康复国家研究所(the National Institute on Disability and Rehabilitation Research)、明尼苏达州立大学的社区生活研究与培训中心(the Research and Training Center on

Community Living at the University of Minnesota) 共同举办。会议由 Robert Wood Johnson 基金会资助。研讨会的第一天召开了一个专题研讨,就研究者利用 NHIS-D 数据,面临的主要方法的挑战以及数据分析过程中需要的考虑等进行了讨论。会议的第二、第三天就研究的发现、研究的方法问题以及在 NHIS 框架下的未来残疾研究方向进行了讨论。会议的发言主要围绕六个主题:儿童和青年的慢性病和残疾、成年人肢体残疾、老年残疾、智力或者发育性残疾、精神残疾、残疾调查的设计以及经验教训等展开。会议的日程安排参见附录 C。共有 40 人进行了专题的研讨,90 人参加了整个研讨会。

会议结束时,会议的主办方进行了总结,讨论了如何把这些经过广泛研究和政策相关的研究结果进行共享。最后,会议决定把发言人的会议论文,通过预先审阅,在此专刊上进行发表。本卷中的几乎所有章节都是 2000 年与会发言者所著,整卷各章节的主线是基于健康访谈残疾主题调查的数据所进行的研究描述和政策分析内容。

(庞丽华、丁杰初译、审译,宋新明审校)

参考文献

Iezzoni, L. M., McCarthy, E. P., Davis, R. B., & Siebens, H. (2000). Mobility problems and perceptions of disability by sefl-respondents and proxy respondents. *Medical Care*, 38(10), 1051-1057.

Todorov, A., & Kirchner, C. (2000). Bias in proxies' reports of disability: Data from the National Health Interview Survey on disability. *American Journal of Public Health*, 90(8), 1248-1253.

附录 A

1994—1995 年 NHIS 及补充问卷涉及的主题内容

核心问卷
居住安排:地理位置、房屋结构、房屋所有权
(A)家庭户构成:居民类型、年龄、服役情况、住院情况
(B)活动不便:当前情况、类型、原因、总体残障(ADL,IADL,教育,就业)
(D)生活受限:基本日常生活、旷工时间、卧床时间、受限原因状况

(E-F)两周就诊和12个月的就诊情况:是否就诊、频率、就诊地点、就诊类型、与卫生工作人员交流、原因、伤害/事故、导致的受限、结果

(G)健康指标:近期伤害、疾病、健康状况、身高、体重

(H)12个月内的疾病状况(如残障、骨骼肌肉影响、皮肤、消化系统、腺体系统、血液循环系统、神经系统、泌尿系统、心血管系统、呼吸系统)

(J)住院治疗:频率、期限、地点、状况、治疗情况

(K)具体情况:最后一次医疗咨询、疾病名称、病因、与事故和伤害有关的情况、影响的身体部位、开始时间、导致的受限情况、当前状况、事故当事的环境

(L)人口学背景:服役状况、教育、种族、国籍或者祖籍、求职活动、雇主、行业、职业、职责、工作类别、婚姻状况、家庭收入、出生地、加入美国国籍时间

核心问卷补充,包括残疾补充调查阶段1

I. 免疫情况
    疫苗和免疫

II. 残疾
(A)感知、交流和移动(视力、听力、交流、认知、移动、嗅觉、味觉)是否存在残疾,是否持续12个月,是否采取了辅助设施
(B)是否残疾状态(如认知困难、脑瘫、囊肿性纤维化、唐氏综合症、智力发育迟缓、肌肉营养不良、脊柱裂、孤独症、脑积水、小儿麻痹症)
(C)ADL(5岁及以上)/IADL(18岁及以上):(如洗澡、穿衣、就餐、电话、资金管理)需要帮助、提醒或者监管,特殊设备,困难程度,谁提供帮助,帮助是否付费,在没有帮助下完成的能力,出现困难时的年龄,困难的持续时间应持续12个月
(D)功能受限(如提物品、短距离走路、20分钟站立、弯腰)困难,发生时的年龄、持续时间,是否因车祸引起
(E)精神健康:具体的症状(如沮丧、注意力不集中、困惑、复述困难、强恐惧),日常生活影响,失调症状(精神失调、沮丧、早老性痴呆),治疗、工作受限、接受的医疗服务
(F)医疗服务和需求:特殊就业扶持[如支持就业,救援中心(Development Achievement Center,DAC)]、PT、OT、康复假期、个案管理者、法定监护人、接受的服务、服务需求

(G) 儿童特别健康需求(0—18岁):疾病状况,药物治疗、住院情况、认知延迟、言语、情感需求、应变能力、食谱、医疗设备、咨询、PT 和 OT 服务——如何付费、哪里提供、谁提供、提供频率、满意度以及问题的专业认知或者由于问题自身受到的限制(如玩耍、饮食、活动)——持续时间,引起的问题,特殊的设备

(H) 儿童早期发展(0—5岁):年龄组、发展情况检查(如抬头、站立、乐于见熟悉的人、言语措辞)

(J) 教育(3—17岁):个体教育计划的可及性,未接受教育的原因,问题的持续时间,上学的具体困难,个体教育计划(Individual Education Plan, IEP),个体家庭服务计划(Individual Family Service Plan, IFSP)

(K) 与被访者关系:关系如何、与被访者认识时间、被访者关于健康的知识

(L) 被访者对残疾的认识、其他人对残疾的认识

(M) 特殊情况的医疗服务:最后一次就诊,情况类型,引起的原因,当前影响,是否还有影响、是否治愈、持续时间,事故描述(何地适用)

III. 家庭资源(对每个人)

(A) 卫生资源可及:(疾病医疗、牙齿保健、药物治疗、配镜、精神健康)。哪里获取,为何未获得,最常用的频率、为何采用、谁提供这一服务、服务满意度、变化更改,变化的原因、存在的困难,因由

(B) 卫生服务覆盖:医疗保险——A、B 部分,医疗救助,其他公共辅助项目,退伍医疗服务、土著居民医疗服务

(C) 商业医疗资源与覆盖细节:谁负责,谁付款,家庭费用,总体和特殊服务覆盖情况,医疗服务计划类型(如健康维持机构,Health Maintenance Organization),未覆盖部分,拒绝提供的医疗服务、因由和持续的时间

(D) 收入和资产:就业和自主创业——工作类型,持续时间,收入,工作时间,雇员人数,社会保障,铁路职业退休补助,额外保障收入,其他退休受益——谁获得、多少、多长时间,残疾收益:谁申请、申请的公共辅助的频率,福利,儿童家庭辅助(Aid to Families with Dependent Children, AFDC),食物救助——谁提供、多长时间、多少,储蓄、投资,其他收入——谁提供、提供多少(如房租、车租、地租等)

IV. 2000 年目标(一个家庭户访谈一人)

(A) 环境健康:住所类型,是否存在烟雾和辐射

（B）烟草：是否吸烟、鼻烟和其他烟草——当前及经历
（C）职业健康和安全：工作类型，公司规模，是否允许吸烟，健康设施，体检项目，健康检查，健康教育
（D）心脏疾病和中风：对医疗职业人员提醒的依从性
（E）临床预防：总体健康情况，最后一次体检（评估完成），疫苗，预防筛查（Preventative Screening，例如 PAP）
（F）家庭：与家庭成员谈论健康，安全，性
（G）武器安全：类型，地点，走火预防

V. 艾滋病知识和态度（一个家庭户访谈一人）
（A）家庭医疗服务：（特殊以及超出一般儿童需要）的特殊服务，独立性训练以及监管，谁提供、多少、谁付费，辅助类型、频率、持续时间，谁付费、付多少费，个性服务——是否接受，谁提供，频率、持续时间、地点、是否要求技巧、问题、是否要求培训
（B）工作/儿童照顾：父母工作，家长学校，儿童学校，儿童照顾安排——照顾什么、谁照顾、照顾时间、谁付费、满意度
（C）医疗服务：就诊和急救适用情况——是否适用，原因
（D）辅助设备：医疗设备，费用，种植体
（E）其他辅助设备：（PT，OT，助听器，发音辅助或者治疗、娱乐治疗、家庭照顾，PCA，阅读或者翻译者，医生家访，某中心独立生活服务，呼吸系统治疗，社会工作，交通）服务需求，服务获得，频率，谁付费，上月是否接受，未接受原因，期望的服务
（F）教育服务（特殊教育）：服务类型，原因，服务地点，没有服务的原因，辅助服务的要求，服务需求，总体满意度，就业和工作指导
（G）服务协调（医疗/非医学服务）：谁提供，提供的服务类型，如何付费，频率，满意度，未满足的需求
（H）身体活动：受限情况，受限原因，适应性医学教育和娱乐的参与，组织活动的参与，夏令营
（I）个人角色调整（Personal Adjustment Role Skills，PARS）（6—18岁）：社会行为和活动，行为困难
（J）家庭影响：工作状况更改，睡眠习惯，财政困难
（K）精神疾病（发病状态/未发病状态）：上一年接受的服务，上一月接受的服务，为什么，哪里，频率，紧急情况，谁付费，付费额度，障碍，训练提供

（L）住房和交通：住房情况,居家活动困难,家庭特殊装修,特殊需求,汽车特殊装备,特殊设备需求

（M）健康保险：医疗救助,公共辅助,退伍医疗服务,土著居民医疗服务,商业医疗保险

（N）受访者个人信息：受访者与儿童之间的关系

残疾后续调查（NHIS-D 阶段 2）成人问卷
初筛：居住类型,受访者确认

（A）居住情况和长期照料服务：时间安排,可及性,住所移动困难,家庭特殊设施,住所居住适宜性,居住安排类型,个体服务,家庭可获的服务流程,居家照料,居家康复,居家或者社区精神病治疗,辅助生活设施,其他长期照料项目——什么时候、频率、持续时间、什么时候离开、谁付费、个体花费、当前需要的服务

（B）交通：汽车,特殊公共服务,公共运输,飞机,火车,长途汽车,邮轮,类型,是否适用,是否使用或者需要特殊设备、频率,无障设施,适应训练的需求

（C）社会活动：两周内七种活动的频率,离开住所时间,对活动频率的满意度

（D）工作经历/受雇：一直工作,义工,限制,身体调整需求,无障碍设施,特殊设备,修订或者辅助设备,交通,因残疾工作调整

（E）就业康复：接受的康复服务,阐述,当前工作设置（例如 DAC 救援中心）

（F）辅助设备和技术：最近一年内和两周内使用的医疗设备,镶嵌/植入,费用

（G）健康保险：公共医疗补助,公共辅助,退伍医疗服务,土著居民医疗服务,商业保险

（H）关键活动辅助：（躯体活动,ADLs——如洗浴,饮食,行走,IADLs——购物,资金管理,重家务劳动）,困难程度,困难持续时间,独立完成能力,接受的辅助,特殊设备或辅助设施,人员辅助和监管,辅助的困难,额外辅助需求,参与频率,受限带来的不适,残疾状况引起的困难,如厕服务,防摔,伤害,卧床疼痛,辅助技巧,辅助确认,谁付费,频率,持续时间,满意度,独居,额外辅助获取,无障碍设施,获得其他机构辅助,曾遇到的问题

（I）其他服务：居家医疗接受,医疗前的辅助治疗,谁提供的,辅助需求,障碍,副作用,外科和专家治疗——类型,质量,满意度,特殊服务依从性（PT,

OT,助听器,会话板,休闲治疗,家访照料,PCA,阅读/翻译,成人日间照料或者白天活动中心,酒精或者药物滥用治疗服务,独立生活中心,呼吸系统治疗,社工,交通)——频率,谁付费,现金支出,需求列表,患病状态/未发病状态的精神病医疗服务,频率持续时间,谁付费,谁提供,紧急求救的使用,需求列表,障碍,医疗和非药物治疗服务——谁提供,辅助类型,谁付费,频率,满意度,需要从独立生活服务中心、成人日间照料或者日常活动中心获得帮助

(J) 自制:医疗服务依从性,特殊教育,IEP,个体就业准备计划(Individual Work Readiness Plan, IWRP)所接受的服务,地点,障碍,额外辅助设施需求,需求列表,满意度

(K) 家庭结构和居住安排:婚姻状况,居家所有成员的性别和关系,儿童,家庭亲属,家庭成员的联络

(L) 残障状况(70岁及以上):视听或者其他情况——什么时候发现,具体诊治,当前状态

(M) 康复意见和行为(70岁及以上):一般健康状况,健康行为模式

(N) 交流服务(70岁及以上):老年中心,无障碍通道,轮椅上饮食,家庭服务,信息和推荐服务的适用和频率

(O) 联系人信息的更新

(P) 访谈员观察:被访者身份确认,与访谈对象的关系,代理访谈的原因

附录 B

至 2002 年 5 月,PubMed 报告的基于 NHIS-D 调查的研究出版物

(No authors listed). Use of cervical and breast cancer screening among women with and without functional limitations-United States, 1994-1995. MMWR Morb Mortal Wkly Rep. 1998 Oct 16;47(40):853-856.

Allen SM, Foster A, Berg K. Receiving help at home: the interplay of human and technological assistance. J Gerontol B Psychol Sci Soc Sci. 2001 Nov;56(6):S374-382.

Campbell VA, Crews JE, Moriarty DG, Zack MM, Blackman DK. Surveillance for sensory impairment, activity limitation, and health-related quality of life among older adults-United States, 1993-1997. Mor Mortal Wkly Rep CDC Surveill Summ. 1999 Dec 17; 48(8):131-156.

Druss BG, Marcus SC, Rosenheck RA, Olfson M, Tanielian T, Pincus HA. Understanding disability in mental and general medical conditions. Am J Psychiatry. 2000 Sep; 157(9):1485-1491.

Guerrero JL, Sniezek JE, Sehgal M. The prevalence of disability from chronic conditions due to injury among adults ages 18-69 years: United States, 1994. Disabil Rehabil. 1999 Apr; 21(4):187-192.

Halfon N, Newacheck PW. Prevalence and impact of parent-reported disabling mental health conditions among U.S. children. J Am Acad Child Adolesc Psychiatry. 1999 May; 38(5):600-609; discussion 610-613.

Hoffman HJ, Ishii EK, MacTurk RH. Age-related changes in the prevalence of smell/taste problems among the United States adult population. Results of the 1994 disability supplement to the National Health Interview Survey (NHIS). Ann N Y Acad Sci. 1998 Nov 30; 855:716-722.

Hogan DP, Msall ME, Rogers ML, Avery RC. Improved disability population estimates of functional limitation among American children aged 5-17. Matern child Health J. 1997 Dec; 1(4):203-216.

Hogan Dp, Rogers ML, Msall ME. Functional limitations and key indicators of well-being in children with disability. Arch Pediatr Adolesc Med. 2000 Oct; 154(10):1042-1048.

Iezzoni LI, McCarthy EP, Davis RB, Harris-David L, O'Day B. Use of screening and preventive services among women with disabilities. Am J Med Qual. 2001 Jul-Aug; 16(4):135-144.

Iezzoni LI, McCarthy EP, Davis RB, Siebens H. Mobility difficulties are not only a problem of old age. J Gen Intern Med. 2001 Apr; 16(4):235-243.

Iezzoni LI, McCarthy EP, Davis RB, Siebens H. Mobility impairments and use of screening and preventive services. Am J Public Health. 2000 Jun; 90(6): 955-961.

Iezzoni LI, McCarthy EP, Davis RB, Siebens H. Mobility problems and perceptions of disability by self-respondents and proxy respondents. Med Care. 2000 Oct; 38(10):1051-1057.

Kennedy J. Unmet and undermet need for activities of daily living and instrumental activities of daily living assistance among adults with disabilities: estimates from the 1994 and 1995 disability follow-back surveys. Med Care. 2001 Dec; 39(12): 1305-1312.

Kuhlthau KA, Perrin JM. Child health status and parental employment. Arch Pediatr Adolesc Med. 2001 Dec; 155(12):1346-1350.

Larson SA, Lakin KC, Anderson L, Kwak N, Lee JH, Anderson D. Prevalence of mental retardation and developmental disabilities: estimates from the 1994-1995 National Health Interview Survey Disability Supplements. Am J Ment Retard. 2001 May; 106(3):231-252.

Lima JC, Allen SM. Targeting risk for unmet need: not enough help versus no help at all. J Gerontol B Psychol Sci Soc Sci. 2001 spe; 56(5):S302-310.

Mohr PE, Feldman JJ, Dunbar JL, McConkey-Robbins A, Niparko JK, Rittenhouse RK, Skinner MW. The societal costs of severe to profound hearing loss in the United States. Int J Technol Assess Health Care. 2000 Autumn; 16(4):1120-1135.

Newacheck PW, Halfon N. Prevalence and impact of disabling chronic conditions in childhood. Am J Public Health. 1998 Apr; 88(4):610-617.

Newacheck PW, Halfon N. Prevalence, impact, and trends in childhood disability due to asthma. Arch Pediatr Adolesc Med. 2000 Mar; 154(3):287-293.

Newacheck PW, McManus M, Fox HB, Hung YY, Halfon N. Access to healthcare for children with special health care needs. Pediatrics. 2000 Apr; 105(4 Pt 1):760-766.

Newacheck PW, Strickland B, Shonkoff JP, Perrin JM, McPherson M, McManus M, Lauver C, Fox H, Arango P. An epidemiologic profile of children with special health care needs. Pediatrics. 1998 Jul; 102(Pt 1):117-123.

Olney MF, kennedy J. National estimates of vocational service utilization and job placement rates for adults with mental retardation. Ment Retard. 2001 Feb; 39(1):32-39.

Russell JN, Hendershot GE, LeClere F, Howie LJ, Adler M. Trends and differential use of assistive technology devices: United States, 1994. Adv Data. 1997 Nov 13; (292):1-9.

Silver EJ, Stein RE. Access to care, unmet health needs, and poverty status among children with and without chronic conditions. Ambul Pediatr. 2001 Nov-Dec; 1(6):314-320.

SM, Foster A, Berg K. Receiving help at home: the interplay of human and technological assistance. J Gerontol B Psychol Sci Soc Sci. 2001 Nov; 56(6):S374-782.

Stein RE, Silver EJ. Operationalizing a conceptually based non-categorical definition: a first look at US children with chronic conditions. Arch Pediatr Adolesc Med. 1999 Jan; 153(1):68-74.

Stein RE, Silver EJ. Comparing Different Definitions of Chronic Conditions in a

National Data Set. Ambul Pediatr. 2002 Jan-Feb;2(1):63-70.

Todorov A, Kirchner C. Bias in Proxies' reports of disability: data from the National Health Interview Servey on disability. Am J Public Health. 2000 Aug;90(8):1248-1253.

Todorov A. The accessibility and applicability of knowledge: predicting context effects in national surveys. Public Opin Q. 2000 Winter;64(4):429-451.

Vebrugge LM, Juarez L. Profile of arthritis disability. Public Health Rep 2001;116(suppl 1):157-179.

附录 C

健康访谈调查残疾部分补充调查全国研讨会
——发现、经验及未来方向
明尼苏达州明尼阿波利斯市 Metrodone 假日酒店

会前专题研讨会日程,2000年6月11日,周日

1:00	介绍,Gerry Hendershot	本研讨会的目的是讨论调查中某些对分析人员来说会引起误解或者困难的部分,以及回答一些常见的问题,与会者可以在发言期间以及发言完毕提出问题。
1:15	实地调查操作的有关问题,Gerry Hendershot	家庭户、分组、机构研究所等;训练访谈员对残疾人进行访谈调查;被访者回应模式的影响;等等。
1:30	阶段1调查的相关问题,Susan Jack	阶段1调查中文件的使用和误解,家庭户和家庭变量的生成,等等。
2:00	阶段2样本的选择	阶段2样本人员的筛选过程介绍;阶段2样本人员的代表总体,等等。

2:20	阶段2数据的奇异值,Susan Jack	历史数据的使用;样本缺失;儿童样本的缺失与再选择;等等。
2:30	休息	
2:45	加权,误差估计,小区域估计,Neil Russel	NHIS样本介绍,NHIS-D样本介绍,总体加权,NHIS-D样本加权,总体误差估计,1994—1995年期间样本变化说明以及相应的加权与误差估计;小区域估计的限制;非公开规则与NCHS研究数据中心情况介绍;等等。
3:45	总结,Gerry Hendershot	
4:00	休会	

研讨会日程——2000年6月12日,周一

8:30	早餐与注册	
9:30	欢迎与致谢	Robert H. Bruininks,明尼苏达大学副校长、教务长
10:00	儿童与青年慢性疾病与残疾(主持人:Dennis Hogan)	利用NHIS-D数据估计州内CSHCN现患率——以华盛顿州为例,Virginia L. Sharp, Tara D. Topolski 有慢性疾病儿童家庭的卫生服务利用模式与影响因素分析,Ruth Benedict, Anita M. Farel, Rebecca T. Stilfkin 母亲抑郁症、儿童残疾与健康以及精神卫生服务利用——基于1994年NHIS调查的估计,Whitney Park Perkins, Anne Riley, Mary Jo Coiro 残疾儿童的同胞研究——资源、家庭经历以及结局,Frances Goldscheider, Dennis Hogan, Jennifer Park
11:30	午餐	

12:30	成人肢体残疾（主持人：Mitch LaPlante）	就业年龄段残疾人功能状况的综合度量，Holly Schmidt-Davis, Beth Overman 残疾成年人工作中的障碍——基于 NHIS-D 的实证研究，Pamela Loprest 利用 NHIS-D 对就业康复人群的描述分析，Beth Overman, Holly Schmidt-Davis 明尼苏达州明尼阿波利斯市性别、工作和残疾：社会角色与肢体和精神在社会活动受限的影响，Jennifer Park
2:00	休息	
2:15	老年残疾人问题（主持人：Lois Verbrugge）	老年女性残疾人的健康与独立性，Deborah J. Anderson 利用 1994/1995 年 NHIS 数据测量无残疾预期寿命，Michael T. Malla, Diane K. Wagener 老龄的残疾化与残疾的老龄化，Lois M. Verbrugge, Li-shou Yang
4:00	海报张贴与展示	被访者参与对残疾的影响：NHIS-D 调查的经验与 NHIS 的 1997 年重新设计，Diane Shiberg 残疾文化影响评估——以 NHIS 数据为例，Peter Hunt, Anjum Hajat, Gerry Hendershot 全国健康访谈残疾主题调查，Gerry Hendershot 成年脑瘫患者的医疗服务——医疗救助框架下协调服务的缺失，Nathaniel Hupert, Ellen P. McCarthy, Roger Davis, Lisa I. Iezzoni 成年残疾与运动残障人员的临床预防设施应用，Gwyn C. Jones

研讨会日程——2000 年 6 月 13 日，周二

8:30	与会代表早餐

9:00	智力残疾与发育性残疾（主持人：K. Charlie Lakin）	智力残疾与发育性残疾的现患率、特点与服务需求，Sheryl A. Larson, K. Charlie Lakin, Lynda Anderson, Nohoon Kwak, Jeoung Hak Lee 发育性残疾的费用支出，Amanda Honeycutt, Diana E. Schendel, Laura J. Dunlap, Edward A. Brann, Hong Chen, Scott Grosse, Ghada al Homsi, Catherine C. Murphy 成年脑瘫患者的照料——家庭成员就业的分歧，Nathaniel Hupert, Ellen P. McCarthy, Roger B. Davis, Lisa Iezzoni 脑瘫患者在行动方面的功能受限——基于NHIS-D1994-1995年数据结果的分析，Maxine M. Kuroda, Maureen Durkin
10:30	休息	
10:45	精神残疾（主持人：Ron Manderschied）	肢体与精神残疾的卫生服务利用，Karen Hirsch 美国1994-1995年因抑郁症导致的工作失能分析，Nathaniel Hupert, Ellen P. McCarthy, Roger B. Davis, Lisa Iezzoni 发育性残疾患者的社区精神健康服务的评估与适宜性分析，Shannon Hill Kim
12:15	午餐	
1:15	残疾调查设计——来自NHIS-DS设计的经验教训（主持人：Gerry Hendershot）	健康访谈残疾主题调查的设计是为了回应残疾政策问题——它做到了吗？John Drabek 家庭户调查中，以最少问题筛查确认成人残疾问题，Adele D. Furrie 为研究发育性残疾的卫生服务获取而修订NHIS-D调查问题，Amanda Reichard
2:45	总结/闭幕式	

第一部分
方法性问题

存在活动障碍的人群
——美国健康访谈残疾主题调查的失访和代访情况

格里·亨德肖特、丽莎·科尔佩和彼得·亨特

摘　要

本文展示失访理论(survey non-response theory)在特定残疾人群中的应用。从1994年到1997年，美国健康访谈调查(NHIS)开展了一项特殊的、具有两阶段的残疾调查。该调查考虑到被调查残疾人群的状况，在联系被访者接受调查、与被访者合作和在调查时，代访或协助回答(proxy/assisted responses)及自行回答(self-response)的操作。运用这些数据，通过对回答结果有关特点进行统计学分析，作者发现，第一次访谈调查中被访残疾患者的残疾程度对于其第二次访谈回答模式有显著影响。统计结果显示，患有中等或者严重活动障碍的被访者相对于患有轻微活动障碍的被访者更有可能被联系到，并配合调查，具有较高的应答率。然而，患有较严重程度活动障碍的被访者更可能在回访(re-interview)中使用代访或者协助回答等应答模式。在结论部分，文章对家庭户调查中自行应答的障碍进行了讨论。

引　言

近年来，在美国社会保障局(Social Security Administration, SSA)保障收入补贴(Supplemental Security Income, SSI)项目和残疾人保障收入补贴项目(Social Security Disability Income, SSDI)下，享受残疾收入福利和保障的残疾人数显著增加。同时，美国残疾人法案(ADA)的通过，更加从宏观上改变了法律、社会环境和公众对于残疾问题和残疾人群的认识。这些发展增加了政府和公众对于残疾数据的统计需求，需要开展一些新的调查或者调查模块，以

满足包括社会保障局的美国健康和活动研究项目(National Study of Health and Activity)需求。

残疾调查行动的扩展引起了人们对于残疾调查方法研究的兴趣。例如，国家医学所(The Institute of Medicine)的专家组在研究了社会保障局的计划基础上，与一些顶尖的调查方法专家一起重新设计了残疾判定系统(Disability Determination System)，他们于1999年5月举办了一个关于残疾调查的研讨会(Mathiowetz & Wunderlich, 2000)。本报告是活动障碍对于调查失访模式的影响分析，为残疾调查方法做出了进一步的发展。

背　景

本研究遵循 Groves 和 Couper 的理论框架和实验分析(Groves & Couper, 1998)。即调查访谈被认为是访谈员和被访者之间的社会交往，受到调查的设计、调查访谈员、社会环境和被访者自身情况的影响，前两个影响可由调查组织进行控制，而后两个则不同。本研究只讨论一个既定的调查，故而在调查设计和访谈员的征募和培训方面不存在差异，研究的主要内容将关注于社会环境和被访者两方面。

Groves 和 Gouper 对访谈员和被访者这一社会交往的结果感兴趣的是失访情况，他们认为有两个原因会导致失访：与被调查人员联系未果及被调查人不合作。无论联系未果还是被访者的不合作都会导致失访，但它们对于失访的影响以及背后影响两者的因素是不同的。Groves 和 Couper 运用已有的理论和前期研究，提出了两方面关系的假说，即社会环境和被访者的特征与失访的关系。

首要影响到与被访者联系未果的因素是被访者住家的家庭户模式。家庭户中，人员在家较多的比在家较少的家庭户更容易联系上。实际中，Groves 和 Couper 发现一些个体和社会因素使得调查者容易在家庭找到人，即家庭户中家庭成员多、家庭户中有老年人、家庭户中有小孩子以及非城市居民。除去家庭户有小孩这一因素，本研究将对其余情况进行测量(因为家庭户中是否有小孩数据不可得，且难以测量)。

平均而言，患有残疾人员的年龄较无残疾的人要大，而且一般也生活在非市区，这些因素增加了他们被联系到的可能性。另一方面，他们和孩子生活在同一家庭户中的可能性也较低，这是降低他们被联系到的机会。活动障碍限制了他们从事户外活动，能够增加被联系到的可能性。然而，有证据表明，在调查员入户调查时,即使被访残疾人在家,和一般人相比,他们倾向于去开门的可能性较低,这就降低了联系的机会。①

Croves 和 Couper 通过两种理论来讨论因社会地位不同而导致的被访者不合作率。在交换理论(Exchange Theory)中,若被访者认为调查组织已经(或者能够)给他们带来好处,则他们会容易合作配合。由此,低收入者因在扶贫项目中获得过好处,能够较容易地配合政府组织的调查。然而,根据社会隔绝理论(Social Isolation Theory),与主流社会隔离的人,即便同样是低收入者,若他们感到对政府没有多少责任,则也会不愿意合作。Groves 和 Couper 的研究结果趋向于社会交换理论。

残疾人和低收入人群在某些方面类似。当然,残疾者自身或许不是低收入者,但即便他们不是,他们也可能因美国保障收入补贴项目和残疾人保障收入补贴项目而获益,这些项目提供收入以及医疗补助制度(Medicaid)以及医疗保健制度(Medicare)资格。另一方面,若他们活动受限严重,则可能与主流活动失去联系,而感到与社会隔离。由此,根据社会交换理论,他们或许期望与政府组织的调查更好地合作,但根据社会隔绝理论,他们亦有可能降低合作意愿。

总体上,基于 Groves 和 Couper 的理论证据,当前研究假定活动受限与联系未果及不合作之间存在负向关系。研究假定活动受限的程度增高,将导致联系未果和不合作率的降低。因为联系未果和不合作均被假定伴随活动受限程度的严重程度提高而降低,故总体失访率被假定为降低。这里,假设均控制了影响联系未果和不合作的其他因素变量。

Groves 和 Couper 在其研究中没有包括代访情况,但由于调查设计具体指明了需要自答,正如本研究的调查问卷一样,代理应答应当视为一种半失访(Quasi-non-response)。有证据表明,残疾相关问题,代理应答和自答是不同的(Mathiowetz & Lair,1994;Todarov,1999)。若代理应答率(含协助应答)因活动受限程度提高而升高,则这对获取的信息质量有重要的影响。因此,代理应答和协助应答也作为一个结果包含在本研究中。

---

① 在人际交往中,Baylor University of Medicine 的 Margaret Nosek(2000)和 Illinois 州 University of Chicago 的 Carol Gill(2000)认为,在没有私人助理的情况下,有严重活动障碍的人经常不会去为陌生人开门,因为此行动需要花费很大的体力和精力。Nosek 和 Gill 都是患有严重活动障碍(serious activity limitations)的残疾研究员。

研究设计和方法
美国健康访谈残疾主题调查(NHIS-D)

全国健康访谈调查(NHIS)是由美国国家卫生统计中心(NCHS)和美国疾病和控制中心(CDC)共同享有的数据系统。它基于一个分层(stratified)、多阶段(multi-stage)、区域概率的抽样方案,代表美国家庭户居民。样本每十年重新设计一次,以便与最新、十年一次的人口普查数据信息相匹配。调查采取面对面的访谈,访谈员由美国人口普查局雇佣。调查是年度调查,全年内都有访谈。

在1994和1995年的NHIS问卷中,包括基本模块(Basic Module)和附加特别主题模块(Additional Ad hoc Topical Models)。基本模块的问卷项覆盖样本家庭户的所有成员。访谈时在家的成年人要求自答问卷问题,家庭中的儿童信息以及未在家的成年人信息由家庭户中在家成年人代理应答。特殊主题模块的问卷项或要求自答,或允许他人代理应答,这取决于调查设计。被访者一般访谈一次,但某些模块的设计可能要求与被访者再行联系并预约另外的访谈。

1994和1995年NHIS的主题模块之一是残疾主题调查(NCHS,1996,1997)。该调查获取样本家庭所有成员的残疾信息,采取访谈时在家的成人自答以及在家成年人代理应答关于家庭户儿童和未在家成人的信息方式。从访谈问卷信息(阶段1)中筛选成年残疾人进行访谈,以获取额外的残疾信息。对于后续访谈(阶段2),被调查者的访谈应答率取决于成年残疾人自答情况以及和残疾儿童相熟的成年人代理应答情况。

两阶段进行残疾调查的形式对研究成年残疾人的应答模式提供了特别的机会。利用阶段1的数据中活动受限程度用来判断哪些人可能进入阶段2的调查,而活动受限状况关系到他们对阶段2调查的应答情况,这即是本研究的途径。

然而,有一个很重要的情况需要说明,即本报告分析的应答和失访数据仅来自阶段1应答的家庭户,即在阶段1中就失访的家庭户不能包括在本分析中。就本调查模式而言,失访的家庭户可能与受访的家庭户之间存在系统的差异,故而从分析中排除这些会给本报告带来潜在的偏差。但由于在1994和1995年,阶段1的应答率均非常高,达87%,因此,若偏差存在,也可能很小。

另外,研究利用了阶段1的信息进行区分阶段2的受访者的身体受限程度,而因这些受限程度在阶段2的访谈中有时由受访者自身应答,有时由代理应答。依据有关理论有理由相信,代理回答的活动受限情况与自身应答的受限情况是不同的(Todarov,1999)。因此,若分析限定阶段1的案例只是自身应答或者代理应答,则活动受限的衡量可能会不同,从而导致发现也有差异。

研究设计和变量定义

本研究是描述和分析活动障碍水平和调查中失访、失访的构成(联系未果和不合作),以及非自答(代理应答或者协助应答)之间的关系。由于以下两个原因,本研究将代理应答和协助应答进行了合并,即,首先尽管访谈调查员在问卷编码中是被告知访谈代理应答或者受协助的自答的差异,但他们无法分辨它们之间的区别;其次协助应答的访谈极少,在分析上不具有统计意义。因此,尽管在代理应答和协助应答之间或可能存在显著的差异,但我们却无法利用这些数据进行分析。

根据以上的论述,阶段2获取的失访者活动受限的信息源于阶段1的调查,由此残疾的定义也只是根据阶段1由被访者自答或者代理应答的信息。由于两个阶段的调查均要求对儿童被访者由成人代理应答,而代理应答是本研究的因变量,故而本分析中将不包括儿童被访者。

阶段2的样本筛选是根据阶段1的调查信息内容,按照一个复杂的运算规则进行的。该运算规则可以对在特殊政策关注下的各种残疾亚人口的样本量进行优化,比如满足发育迟缓的定义的人群等。总体上阶段2筛选的样本并不代表一个直接定义的总体。而为了减少样本的异质性,本研究限定的受访人群是阶段2所筛选的,他们在简单活动中至少存在一项障碍。

根据世界卫生组织的国际功能和残疾分类(International Classification of Functioning and Disability)(World Health Organization,1999),"活动是个人对一项任务或者行动的执行(activity is the performance of a task or action by an individual)","活动障碍是活动执行过程中存在的困难(activity limitations are difficulties in performance of activities)"。WHO将活动障碍程度分为轻微、中等、严重和完全四个等级。阶段1调查中询问了被访者在一些简单活动中是否存在一些困难、很困难还是无法完成,这些活动包括提食品袋、拿水杯、执笔、握手、弯腰捡起鞋子、20分钟站立、爬楼梯、三个街区距离的行走等八项内容。WHO的国际功能和残疾分类的手册第4章"活动和参与构成"包括了这些活动的编码。

为测量活动障碍程度,被调查者对上述八项内容的受限情况进行统计,得分范围是1—8。存在至少一项活动受限的被访者分组为:1项活动受限者(轻微受限)、2—3项活动受限(中等受限)、4项及以上活动受限(重度受限),这里假定受限活动越多,活动障碍越严重。当然,也有可能某些残疾人虽然有很少的活动类型受限,但其残疾程度较存在多种活动受限的人严重。但多种活动受限的残疾人一般意味着残障程度较高,这一假设在近期NHIS-D的数据分析中得到证实,Verbrugge、Yang和Juarez的分析认为,被访者受限活动的数量可以很好地预测其残障程度和持续时间(Verbrugge, Yang & Juarez, 1999)。

本研究中包括的活动受限本质上是肢体残疾情况,不包括其它类型的残疾,尤其感知残障——如聋和盲等并不包括在内,此外,精神、行为以及感知方面,例如抑郁、智力障碍等也不包括在内。需要注意的是,因为不同类型的残疾被访者对访谈场景反应也不同,本研究只针对一般情况下,肢体残疾人对访谈的应答情况。尽管对于其它类型残疾被访者的应答情况也需要研究,但由于肢体残疾类型的被访者样本较大,占被访者的显著部分,故本研究只针对这一部分人群进行分析。

本研究的因变量是失访、联系未果、不合作以及非自答(即代理应答和协助应答)状态。失访是指筛选出的样本人未能完成访谈,具体包括:1)联系未果——筛选出的被访者无法联系上;2)不合作——筛选出的被访者联系上了,但没有进行访谈。非自答的案例包括代理应答或者另外有人协助被访者应答。这些数据类型的区分是在阶段2的访谈过程中,由调查者根据结果代码(outcome code)进行的实地编码,有时也称为"处置码",即表明调查案例的最后调查状态:访谈结局——即完成了调查访谈,或者其它原因未完成访谈(诸如被调查者死亡或者未能够联系到被调查者等情况)。

表1的第一行表示阶段1数据筛查后,满足阶段2访谈的存在活动障碍的成年样本人群,包括联系到的人数、合作接受访谈的人数和自答的人数。第二行则表示筛选后的样本人群联系的比例(97%)和访谈比例/应答率(94%)。第三行则表示前个阶段的失访案例数据,即对于本研究的因变量,2.5%的联系未果,3.7%的联系上但未接受调查,21.2%的非自答。所有满足阶段2的样本人群(13280人)中,仅有74%(9828人)属于自答完成访谈,即调查设计的预期访谈模式。

表 1 阶段 2 实地调查中每期样本人数,每期筛选样本比例以及前期样本损失率(%)

	实地调查期			
	阶段 2 筛选样本	联系居家者	接受访谈者	自答被访者
样本人数	13,280	12,952	12,472	9,828
占前期样本比例(%)	100.0	97.5	96.3	78.8
前期样本损失比例(%)	NA	2.5	3.7	21.2

注:NA 表示不可计算。

研究分析的目的是描述以受限活动数目度量的残疾严重程度和联系未果(筛选样本)、不合作(联系成功)以及非自答比例之间的关系。研究分析分两个步骤,第一,描述分析活动受限和应答模式之间的相关关系;第二,控制其它已知或者被认为影响到被调查的联系、合作和自答的变量情况下,通过多变量分析方法研究活动障碍和应答模式之间的关系。

研究结果

活动障碍和失访模式的相关

表 2 显示了失访率、联系失败率、不合作率和非自答率与活动障碍及其它控制变量之间的关系。失访率是指筛选出但未接受调查的人员比例,或因联系未果,或因拒绝合作。联系失败率是指筛选出的样本人群其中未能联系到的比例,不合作率是指筛选样本人群中不合作的比例。联系失败率和不合作率两者之和与失访率相同。非自答率是指访谈中,被访者未能亲自完整的完成问卷调查,而是通过代理应答或者其他人协助应答的人群比例。

表 2 的第一部分显示失访率随着活动受限程度的提高而降低,即从轻微障碍下的 7.56% 下降到重度障碍情况下的 5.07%。同样的关系在失访率的构成,即联系未果和不合作率中也得以呈现,即受限程度高,联系未果率和不合作率下降。换句话说,活动受限程度越严重,则样本人群就越容易联系上以及接受合作。

然而,在第一步的最后一列呈现一个相反关系,即受限程度越严重,非自答率也越高。非自答率在轻度受限人群中为 15.21%、在中度受限人群中为 15.96%,在重度受限人群中为 23.00%。由此,尽管患有重度活动障碍的人较其他轻微活动受限人群更容易联系得到和接受调查,但面对调查时,他们自答的可能性较低,而是选择代理应答或者协助应答的方式接受访谈。

表2中显示的其他变量与失访、联系未果以及不合作之间的关系同其他研究的结果相一致。特别地,失访、联系未果以及(小范围的)不合作随着年龄的年龄提高而降低,即老年人较容易联系到,并接受调查。类似的,失访、联系未果和不合作伴随着被访者居住在城区、郊区以及非市区而降低,此外少数民族/种族的样本人群其联系失败率也较其它人群高。

关于表2中显示的其他变量与非自答之间的关系,有几个值得注意的差异,即老年人年龄组较低年龄组、男性相对于女性、西班牙裔和其他非西班牙裔人群相对于另外的种族人群、非独居者相对于独居者,非自答率均较高。而某些组中,代理应答和协助应答率很高,如70岁及以上年龄组人群非自答率达28%,而西班牙裔人群中这一数字达到25%。

表2 分活动障碍程度、性别、年龄、民族种族、居住安排、教育程度、都市区与否的被调查者的失访率、联系失败率、不合作率、代访/协访率情况

变量特征	因变量			
	总失访（联系未果或不合作）	联系未果（筛选出但未联系上）	不合作（联系上但未访谈）	代访/协访（接受访谈中非自答）
调查目标样本人数	13,280	12,952	12,472	9,828
	百分比(标准误)			
活动障碍程度				
轻度	7.56(0.48)	3.26(0.33)	4.27(0.38)	15.21(0.73)
中度	5.94(0.34)	2.25(0.23)	3.59(0.31)	15.96(0.61)
重度	3.56(0.29)	1.95(0.21)	3.02(0.27)	23.00(0.68)
年龄				
18—29岁	11.99(1.39)	8.55(1.17)	3.76(0.90)	18.78(1.92)
30—69岁	7.00(0.33)	2.91(0.21)	4.05(0.26)	12.84(0.47)
70岁以上	3.56(0.29)	1.95(0.21)	2.69(0.26)	27.61(0.72)

存在活动障碍的人群   47

续　表

变量特征	因变量			
	总失访 (联系未果 或不合作)	联系未果 (筛选出但 未联系上)	不合作 (联系上但 未访谈)	代访/协访 (接受访谈 中非自答)
性别				
男	6.49(0.40)	3.07(0.29)	3.35(0.28)	23.39(0.69)
女	5.77(0.2)	2.02(0.16)	3.67(0.23)	15.61(0.47)
种族/是否西班牙裔				
黑人,非西班牙裔	6.41(0.69)	3.77(0.5)	2.62(0.41)	16.33(1.05)
其他,非西班牙裔	7.05(1.32)	3.78(0.96)	3.08(0.91)	32.67(2.57)
西班牙裔	8.34(0.29)	5.05(0.73)	3.26(0.64)	25.80(1.62)
白人,非西班牙裔	5.73(0.28)	1.88(0.15)	3.75(0.23)	17.58(0.44)
居住安排				
独居	6.28(0.45)	2.73(0.32)	3.41(0.33)	9.94(0.60)
非独居	5.95(0.29)	2.28(0.17)	3.61(0.24)	21.91(0.49)
教育				
高中以下	4.89(0.33)	2.30(0.23)	2.52(0.23)	23.67(0.67)
高中	7.35(0.43)	2.63(0.24)	4.62(0.37)	15.39(0.61)
大专	6.62(0.61)	2.34(0.39)	4.34(0.49)	12.56(0.89)
大学及以上	5.13(0.66)	2.14(0.44)	2.74(0.49)	13.64(0.99)
都市区居住				
都市区,中心城市	7.83(0.48)	3.67(0.34)	4.02(0.36)	19.18(0.74)
都市区,非中心城市	6.15(0.38)	2.07(0.21)	4.02(0.31)	18.41(0.61)
非大都市区	3.78(0.40)	1.46(0.23)	2.29(0.34)	17.85(0.70)

数据来源:1994—1995 美国健康访谈残疾主题调查(NHIS-D)。

活动障碍和失访模式的多变量关系分析

在表 2 中的一些变量和失访、联系未果、不合作以及非自答相关,也与活动受限有关,例如,众所周知的年龄与活动受限之间存在非常显著的关系,即随着年龄增加,活动受限程度增加。因此,这些变量可能混淆活动受限与失访模式之间的关系,而这恰是本研究的关注点。正因为如此,就必须进行多变量分析,它可以分解活动受限与其他变量对于失访、联系未果、不合作以及非自答的影响。

在表 3 中,每一列都代表了一个多元 Logistic 回归分析结果。模型是采用 SUNDAAN 软件分析,该软件考虑了 NHIS 的复杂的抽样设计(Shah, Barnwell & Bieler, 1995)。在四个回归分析中,失访、联系未果、不合作和非自答作为二分变量分别与活动受限以及混淆变量——年龄、性别、种族/西班牙血统、居住安排、教育和居住地点一起做回归分析,各类的每个特征的比值比(Odd Ratio)均被计算出并与其他自变量进行调整。

考虑自变量的首要影响,除去活动受限制外,失访和联系未果均受到年龄、居住安排以及城区居住地点影响,如年轻人、独居、生活在中心城区之外较其参照组更倾向于失访和联系失败。这些组的不合作率也较其参照组高,但统计上不显著。非自答率在老年人、男性、西班牙裔、非独居、非高中毕业生以及中心城区居民人群中显著高于其他参照组。

考虑活动受限的影响,轻微受限者较参照组更可能失访、联系未果以及联系上但不合作。另一方面,患有轻度或者中度受限的被访者较严重受限的被访者进行自答的比例较高。需要重点说明的是活动受限对失访模式的影响在统计上是显著的,包括在数量上以及控制了诸如年龄等其他混淆变量之后。另外值得注意的是,交流受限的人更倾向于代理应答,而本研究没有考虑这一部分人群(除非他们同时患有行动障碍),本研究分析的躯体残疾程度和代理应答之间的关系可能会因未包括交流受限人群而低估了其强度。

表3 失访、联系未果、不合作以及非自答的比值比 Logistic 回归结果

变量特征	因变量 dependent variable			
	总失访 (联系未果 或不合作)	联系未果 (筛查出但 联系未果)	不合作 (联系上但 未访谈)	代访/协访 (非自答访谈)
	发生比(odd ratios)			
患有活动障碍的项数				
1 项	1.42**	1.51**	1.36*	0.59**
2 至 3 项	1.12	1.06	1.16	0.63**

续 表

变量特征	因变量 dependent variable			
	总失访 (联系未果 或不合作)	联系未果 (筛查出但 联系未果)	不合作 (联系上但 未访谈)	代访/协访 (非自答访谈)
4项以上[a]	1.00	1.00	1.00	1.00
年龄				
18—29岁	3.34**	13.46*	1.25	0.47**
30—69岁	2.01**	4.27**	1.49**	0.30*
70岁以上[a]	1.00	1.00	1.00	1.00
性别				
男	1.11	1.51**	0.87	0.91
女[a]	1.00	1.00	1.00	1.00
种族/是否西班牙裔				
黑人,非西班牙裔	0.95	1.51*	0.65*	0.91
其他,非西班牙裔	1.22	1.98**	0.77	1.52**
西班牙裔	1.09	1.64	0.75	2.51**
白人,非西班牙裔[a]	1.00	1.00	1.00	1.00
居住安排				
独居	1.34**	1.83**	1.05	0.29*
与其他家庭 成员一起居住[a]	1.00	1.00	1.00	1.00
教育状况				
高中以下	1.14	1.21	1.15	1.81**
高中	1.60**	1.31	1.88**	1.20
大专	1.30	1.02	1.65*	0.94
大学及以上[a]	1.00	1.00	1.00	1.00
居住地点				

续表

变量特征	因变量 dependent variable			
	总失访 （含联系未果 和不合作）	联系未果 （筛查出但 联系未果）	不合作 （联系上但 未访谈）	代访/协访 （非自答访谈）
中心城市都市区	2.08**	2.06**	1.93**	1.23*
非中心城市都市区	1.66**	1.41	1.78**	1.07
非都市[a]	1.00	1.00	1.00	1.00

资料来源：1994—1995 年美国健康访谈残疾主题调查（NHIS-D）；[a] 为参照组；* $p<0.05$；** $p<0.01$。

结 论

在其他情况相同时，调查统计的准确性取决于联系到样本人群并获得他们的合作。此外，若调查为了准确而要求被调查者自答，则调查的精确性还取决于样本人群的合作进行自答。

本研究统计结果显示，患有中度或重度活动障碍残疾的人群较有轻度活动障碍人群更容易被联系到和合作接受调查，从而产生较高的应答率和更准确的调查统计结果。本研究未能揭示导致活动障碍严重程度与联系率及合作率之间关系的原因，只是分析一些混淆影响因素——如被访者年龄、居住安排和城区居住地点等，这些并不能完全解释其关联。然而，就像在引言中提到的那样，被调查者是否在家被认为是影响调查联系率的主要因素，有理由认为，被调查者活动障碍严重程度越高，其在家的可能性也越大。但与之对应的，即这批人即使在家，也可能很少去开门的这一假设并没有数据支持而进行研究。

活动障碍严重程度和调查合作率之间的关联与 Groves-Couper 的交流理论的假设是一致的，但同社会隔绝理论的假设相悖。社会隔绝理论预测的与社会隔绝的人群，诸如有活动障碍的人群，倾向不与公共事业合作，诸如调查等。社会交流理论则是说受益于公共项目的人，诸如残疾项目，趋于和公共事业合作，这与本研究的结论一致。

活动障碍和被调查人的联系与合作的关系增加了基于家庭户的残疾调查统计的准确性。然而，一般的说，如果自答较代理应答或者协助应答精确的话，则其他条件不变的情况下，活动障碍和代理应答与协助应答之间的关系将降低调查统计的精确性。基于 NHIS-D 的问卷问题的性质,其设计者希望由被访者自答以获取更多的准确信息,他们强烈希望获取被访者自答的结果。而在其他调查中,或许代理应答更加准确,其优先选择也是代理应答。故,当调查设计强烈建议被访者自答时,活动障碍的严重程度和非自答之间的关系将导致数据的一些重要问题。

为何代理应答和协助应答要由被访残疾人自答所替代呢?根据 WHO 的国际功能和残疾分类之定义,自答是调查中参与的一种范例,而代理应答或者协助应答则被归于参与受限。参与受限不仅受疾病状况或者残障的影响,也存在外部因素,形成不能完全参与的障碍。故而,非自答可能是因为被访者自身原因,也可能是因为调查过程中产生的"障碍",或者二者兼而有之。

调查过程中影响自答的障碍有不同情况,在多数调查中,若被访者"不能"参与访谈,访谈者允许其选择代理应答或者协助应答者。然而,访谈员培训和现场手册经常没有清晰的定义这个"不能"的含义。另外,访谈员经常也不支持访谈中利于被访者自答的调整,诸如选择大字体的资料或者手语翻译等。最后,调查员缺乏动力,花费额外的时间和精力,来让残疾人进行自答。

在此,本研究可以根据 NHIS-D 的数据作几个角度的扩展。就像上面所说的,本研究关注于肢体残疾;其他残疾类型的被访者可能存在不同的应答模式,而这些模式可以利用 NHIS-D 的数据进行研究。利用 NHIS-D 的数据也有可能做进一步研究代理应答和抽样人群的关系,这将有助于评估代理应答数据的准确性。最终,访谈员也会被问及为何用代理应答者而不是样本本人。这些数据的分析或许能够确认不同调查类型中访谈员的培训和访谈辅助器具(如大字体印刷、翻译等)的使用,从而有助于提高自答的水平。

(庞丽华、丁杰初译、审译,宋新明审校)

参考文献

Gill, C. (2000). Personal communication.

Grovers, R. M., & Couper, M. P. (1998). *Non-response in household interview surveys.* New York: Wiley.

Mathiowetz, N., & Lair, T. (1994). Getting better? Change or error in the measurement of functional limitations. *Journal of Economic and Social Measurement*, 20, 237-262.

Mathiowetz, N., & Wunderlich, G. S. (Eds) (2000). *Survey measurement of work disability.* Washington, DC: National Academy Press.

National Center for Health Statistics (1996). *Data file documentation, National Health Interview*

Survey on Disability, Phases 1 and 2, 1994 (machine readable data file and documentation). Hyattsville, MD: National Center for Health Statistics.

National Center for Health Statistics (1997). Data file documentation, National Health Interview Survey on Disability, Phases 1 and 2, 1995 (machine readable data file and documentation). Hyattsville, MD: National Center for Health Statistics.

Nosek, M. (2000). Personal communication.

Shah, B. V., Barnwell, B. G. & Fieler, G. S. (1995). SUDAAN user's manual: Software for analysis of correlated data, Release 6.40. Research Triangle Park, NC: Research Triangle Institute.

Todarov, A. (1999, May). Do proxies underreport or overreport disabilities? Data from the National Health Interview Survey on Disability. Paper presented at the annual meeting of the Society for Disability Studies, Washingdon, DC.

Verbrugge, L., Yang, L., & Juarez, L. (1999). Mutiple disability: Patterns, Severity, and duration. Unpublished paper.

World Health Organization (1999, July). International classification of functioning and disability, Beta-2 draft, short version. Geneva, Switzerland: Author.

残疾数据分类
——一个新的综合角度透视分析
霍莉·费德克、唐纳德·洛拉尔

摘 要

　　本研究的目的在于将新近通过的世界卫生组织（WHO，World Health Organization）国际功能、残疾和健康分类（ICF，International Classification of Functioning , Disability , and Health）作为框架，应用美国健康访谈调查（NHIS，National Health Interview Survey）的数据来描述美国人口中日常受限的人口状况。数据源自1994至1995年美国健康访谈残疾主题调查（NHIS-D，National Health Interview Survey Disability Supplement）的阶段1调查（n = 202569）。本研究在调查问卷中选择了42个问题作为对应生活领域的ICF分类操作。结果显示，至少存在一种生活领域受限的人群现患率为19%，且随着年龄增加、收入降低和受教育水平的降低而升高。样本中最常见的受限状况是移动能力，但是其人口学特征存在着一些差异。日常活动受限的情况在性别和种族上也存有值得注意的差异，总体上表现为种族/民族的差异，而具体则是性别和种族/民族的差异。文章利用精神健康方面的实例突出了对健康结局框架的利用。

　　ICF为残疾科学的发展提供了一个基础概念和分类系统。数据显示，ICF有利于和其他残疾度量的数据一致性比较，同时为科学研究和政策制订提供了一个可扩展的综合模型。使用ICF中有关个人活动受限（personal activity limitations）的内容来管理数据可收集到新信息，诸如不同生活领域间人口学变量的差异可清晰显示，深入分析也可评估残损与环境因素之间的关联，包括了健康服务计划、健康促进、服务的可及性等。ICF的系统框架本质上整合了公共卫生和相关干预措施协调残疾人健康及其福利。

引 言

全国健康访谈调查是美国评估人口健康的标准。它是全国人口健康监控和健康相关问题研究的关键,从而也是进行对残疾人健康和福利评估的自然选择。残疾主题调查作为 1994—1995 年 NHIS 的补充部分,已经成为残疾数据分析的焦点。该数据收集于 20 世纪 90 年代中期,而用于分析的数据集于 1998 年发布,从中可获取丰富的信息。由此,人们开始意识到该数据集在促进美国残疾人健康的政策、项目和战略上的应用潜力。

在 20 世纪 90 年代 NHIS-D 的设计、数据收集和发布期间,WHO 修订了其残疾分类系统,把它作为全球通用的疾病分类的协同部分。这一修订的系统,即国际功能、残疾和健康分类(the International Classificaiton of Functioning, Disability, and Health, ICF)(ICF, 1999)构建了一个能够把残疾相关的多样构成组织起来的概念性框架。在本文中,我们希望应用 ICF 框架来对 NHIS-D 数据集做一个分析。

背 景

公共卫生分类系统在过去的 150 年间一直在进展中。第一个分类方案是国际死因表(the International List of Causes of Death),它作为对死亡原因进行分类,于 1858 年提出、1893 年得到认同(Bertillon, 1912),该方案作为唯一的分类系统,在 1948 年,WHO 成为该分类系统的管理者。国际死因表分类系统的第六次修订中,通过建议扩展其分类,以包括非致死性的情况和发病率的描述,最终发展成为国际疾病分类(ICD, the International Classification of Diseases)(ICD,1951)系统。ICD 系统的第九版修订中,关注点集中于其在卫生统计上的应用和卫生服务支出,修订决议确认了急性患病状况之外的慢性疾病的分类进展。

在 1979 年,WHO 推荐一个分类系统作为 ICD 的补充,该系统应该能够概述疾病、伤害和失调的结果。这一 ICD 的补充分类系统,起初被称为国际功能、残疾和健康分类(the International Classification of Impairments, Disabilities, and Handicaps, ICIDH),在 1980 年出版(World Health Organization)。ICIDH 强调诊断之外的健康状况的影响,涉及三个维度:躯体功能水平(称为"残损"),个人活动水平(称为"残疾")以及由这一状态带来的不利的地位(称为"残障")。然而,这一框架并未能在美国得到广泛的接受,其原因在于残疾分类框架的倡导者过于强调医学起源,而未能充分关注到环境产生的不利影响。

1993年,WHO开始修订ICIDH。正如对ICD的修订一样,此次修订是为了适应专业和文化的发展。修订过程中主要明确显示了三条原则,首先,残疾作为一个普遍现象,随时可能在每个人的一生之中产生影响。其次,环境作为对健康和残疾产生影响的重要因素被纳入进来。第三,残疾人士参与修订过程,作为修订者的一部分。WHO总结了此次修订内容,最后形成了一个概念框架、分类系统和编码格式,并通过世界卫生大会的批准,被命名为国际功能、残疾和健康分类(International Classification of Functioning, Disability, and Health, ICF)。在这一修订系统中,"残疾"作为一般性术语,用来描述一个人在医疗状况下与环境互动、陷入残损状态、活动受限以及社会参与受限的一般经历,而具体每个经历都受到环境的影响。

与最初的ICIDH的维度不同,ICF包括了环境内容。由躯体功能/结构,活动和参与,以及情境/环境因素三个部分组成。躯体功能/结构是指主要系统构成——包括心血管、呼吸、泌尿等,而环境则包括了自然和人造物质环境、社会态度,以及政策和服务等。值得注意的是,在概念和编码上,环境对于实现个人生活活动或社会参与,既可能是助力也可能是阻力。就目的而言,我们强调的重点在于活动和参与,并以生活领域做出分类。活动是指人们在其日常活动中完成、或有困难完成的个人层次的事务,通常包括学习、自理、家庭生活、移动和交流等。参与是指加入社会活动的机会,如工作、投票或休闲出行等。本分析的目的主要包括的生活领域的活动和参与更多地是指个人水平的社会活动领域,对于NHIS-D最初的分析是使用ICF倒数第二版完成的,即修订过程的Beta版。ICF最终的版本与先前的版本有三个明显的区别。作为维持个人活动的关注,参与最为相关的领域在健康舞台之外——主要的生活领域(如学习、工作、经济生活,以及社区、社会和公民生活)——将被排除在外。此外,两个被选中的领域又被细分以利于数据解释。从分析角度,将感官问题从认知领域中分离出来,将运动从移动领域分离出来。个人生活活动/社会参与部分的重要性在于,它们在医学和公共卫生、医学定位和社会视角、保健专家和残疾群体之间架起了一座桥梁。

ICF提供了一个连贯的概念框架、分类方法和编码系统。这一综合模型的提出显得特别重要,是因为目前已有若干个相互竞争的概念框架,以及多个联邦政府结合残疾方面的经验授权的残疾定义。残疾研究者和政策制定者承认方法上的多样性，NHIS-D 作为众多机构有着各种数据和政策需要的产品，最终造就了一套通过多元化的条目来描述人们在较大范围的残疾经历，这种多样性的数据条目收集使其它数据集无法与之相比。

然而，这些将作为残疾科学发展自然过程中的一部分，WHO 的 ICF 系统可以为数据集的连贯性提供推动力。它帮助研究者前瞻性地选择他们所希望研究设计和处理过程，以及评价这些领域的方法和工具。统计分析将带来更为清晰的结果，更好地为政策方向提供支持。它允许研究者回顾性地确定最接近框架内容的条目，从而以新的角度对已经获得的数据进行审视。本研究显示，ICF 系统能够用来提供更多的结构框架，来分析已经建立的多样数据集，诸如本次全国健康访谈残疾主题调查。

方　法

数据

NHIS 是针对家庭户人口，每年进行一次的多阶段分层抽样访谈调查。NHIS 的残疾主题调查于 1994-1997 年间，由美国疾病控制与预防中心（the Centers for Disease Control and Prevention, CDC）和国家卫生统计中心（National Center for Health Statistics, NCHS）负责，分成两个阶段进行。加入这部分的调查的目的是为了获得更多残疾人口各个方面的详细信息，扩展残疾流行病学知识，并以此为基础，辅助进行有关诸如住宅、交通、就业等的政策制定。为了满足各种使用者的需要，这一调查在阶段 1 中设计了大约 250 个问题，这些问题也同时作为阶段 2 的筛选访谈残疾人的条件，该实践过程与当时的残疾科学研究的状况是一致的。

NHIS-D 阶段 1 的问卷是在 NHIS 核心问卷调查家庭户中各成员信息的同时展开的。两年的样本调查，共调查了 202,560 个被访者（其中 107,469 个来自 1994 年，95051 个来自 1995 年）。两年加在一起，NHIS-D 总的应答率超过 86%。

量表构建

Lollar（1997）将 NHIS-D 中所有的问题都放入 ICIDH-2（ICIDH-2 是 ICF 修订过程中的倒数第二版）的某一部分和领域中，从而为我们提供了这一项目的背景。所有 335 个被编号的问卷问题首先以维度（残损、活动、参与、环境)归类,然后根据维度再以领域分类。通过这一评估,每个领域最初选择的问题将被作为 CDC/社会保障局合作协议的一部分,用于调查 ICIDH-2 的活动受限、参与和环境维度。ICIDH-2 与 ICF 在各领域定义上存在的实质性差异是可以忽略不计的。NHIS-D 中的 42 个问题被确认为对 8 类活动和参与领域(包括感觉和活动)最为合适的度量。NHIS-D 中的问题涵盖了 ICIDH-2/ICF 中所有主要个人受限领域(见图 1)。每个问题均有 1—8 个尺度的衡量。被调查者对某一问题的肯定回答对应于其相应的生活领域受限。虽然受限的严重程度是很重要的,但是大部分受限问题中还没有关于严重程度的直接问题描述,需要从该领域中总结出相关的替代条目。但由于领域间没有可比性,故受限的严重程度未包括在内。

统计分析

我们通过合并 1994 和 1995 年的 NHIS-D 的阶段 1 调查数据得到残疾现患率和描述性统计。数据经加权后对美国总体人口进行估计。总体特征的标准误计算采用了复杂整群调查设计的计算方法(Adams & Marano, 1995, 1998; Shah, Barnwell & Hunt, 1992)。我们应用 Taylor 级数的线性化算法来计算方差估计。

领域	量表中的条目
1)目的性感觉	严重视觉困难,即使在戴眼镜的情况下也如此(是否使用辅助设备的筛选条件)
	使用助听器
	正常对话中听不清别人说的话(即使佩戴助听器也如此)
2)学习	对于大多数同龄人能够学习去做的事,学习起来存在严重困难
	存在学习障碍
	洗澡、穿衣、吃饭或如厕需要别人提醒,或做上述事情是需要别人在旁边
	集中足够长时间的注意力来完成日常工作上存在困难
	经常迷惑,无判断力或健忘
	对事物理解迟缓或存在困难,即认知或精神发育迟缓
	对学校指导性资料理解存在明显的困难

续　表

领域	量表中的条目
	在学校课堂集中精力存在明显困难
3) 交流	能获得家庭以外的人理解的交流存在严重困难(筛选条件)
	对别人谈话或提问存在严重的理解困难
	在言语或语言发展上存在困难和迟滞
	在学校中与老师或其他同学交流存在明显困难
4) 活动	上床、起床/坐下、起立等存在困难
	提起10磅重物体存在困难,诸如一满袋杂货
	20分钟站立存在困难
	从站立姿势弯腰捡拾地板上物品存在困难,如鞋子
	双手举过头顶存在困难,或如握手姿势的伸手困难
	用手指抓取或握持物体存在困难,如从桌子上拿起杯子
	握持钢笔或铅笔存在困难
5) 移动	使用移动辅具走动
	在家中走动存在困难
	不休息连续行走10步存在困难
	行走1/4英里存在困难,即距离约3个街区
6) 自理	洗澡存在困难
	穿衣存在困难
	吃饭存在困难
	如厕存在困难,包括进入卫生间的困难
7) 家庭生活	为自己准备饮食存在困难
	为自己购物存在困难
	管理财务存在困难
	使用电话存在困难
	在家中从事轻劳动存在困难

续 表

领域	量表中的条目
8）人际互动	经常抑郁或焦虑
	结交朋友、保持友谊方面存在很多困难
	社交、娱乐场合与人相处存在很多困难
	应对日常压力存在严重困难
	患有其它任何干扰日常生活的精神或情感障碍
	在学校遵守纪律或控制行为存在明显困难

图1　NHIS问卷中ICF生活领域量表中的问题

结　果

分析显示，19.4%的人口报告了至少一项生活领域受限(表1)。所有估计标准误均小于该估计值的30%，与NCHS的建议一致。分年龄组来看，受限率从5—17岁组的12.1%上升到18—64岁组的17.2%。65岁以上的人群中，有52%的人存在至少一项受限。分生活领域来看，活动(弯腰、抓取、触及)的受限率最高(达10.2%)，其次是移动困难受限(达7.1%)。受限率最低的是自理，包括洗澡、穿衣、吃饭、如厕等活动(达1.9%)。

在样本报告的受限中，45.3%的样本人群存在一项受限，24.3%的样本人群存在两项，30.4%的样本人群在三项及三项以上生活领域中存在受限情况。在只有一项受限的人群中，视力/听力受限报告比例最高(33.1%)。活动和人际交流的受限报告也较多，均在20.1%。在报告有两项受限的样本人群中，活动和移动组合频率最高(44.4%)。

各年龄组之间具体的受限也有所不同。5—17岁组最为重要的是学习受限，这一年龄组的另外两项重要受限类别是交流(4.8%)和行为(4.6%)。就业年龄段人口中(18—64岁)，主要的受限领域为活动受限(8.5%)，其次为人际互动(6.55%)、移动(5.5%)和感觉(5.2%)受限在这一年龄组中也相对较高。65岁以上年龄组，活动受限(34.8%)、移动受限(30.7%)，及感知活动(25.1%)等受限领域及其频率上有实质的差异。

表 1 1994—1995 NHIS 残疾部分阶段 1 调查的分 ICF 章节和人口学特征生活领域受限现患率

章	1 感觉			2 学习	3 交流[a]	4 运动[b]	5 移动	6 自理[c]	7 家庭生活	8 人际交流[d]	合计 人口 （无重复）
	视力	听力	合计								
合计											
NHIS-D 样本频数	5,117	9,299	13,197	10,892	4,415	19,324	14,741	3,551	6,875	12,462	39,504
加权总体估计(1000s)	12,746	23,896	33,592	27,498	10,986	49,028	37,104	8,993	17,320	31,980	100,900
总体百分比	2.44	4.58	6.44	5.27	2.14	10.20	7.11	1.87	4.55	6.42	19.35
标准误 n = 202,560[e,f]	0.04	0.07	0.08	0.08	0.05	0.11	0.08	0.04	0.07	0.09	0.17
性别											
男性	2.10	5.69	7.22	5.72	2.69	7.99	5.49	1.61	3.49	5.63	18.61
女性	2.77	3.53	5.70	4.85	1.62	12.28	8.65	2.12	5.52	7.18	20.05
年龄（岁）											
5–17	0.51	0.84	1.32	9.36	4.80	0.20	0.40	0.75		4.56	12.05
18–44	1.33	2.09	3.27	3.47	0.71	5.28	2.98	0.61	1.89	5.85	13.27
45–64	3.19	6.56	9.16	4.13	1.26	15.32	10.78	1.93	4.52	7.85	25.55
65 +	9.68	18.75	25.06	9.26	3.60	34.84	30.72	7.91	13.77	10.34	52.18
种族											
白人	2.44	5.07	6.88	5.15	2.06	10.37	7.13	1.89	4.48	6.39	19.77
黑人	2.68	2.05	4.31	6.48	2.81	10.45	8.06	1.95	5.59	7.14	18.70
其它	1.95	2.69	4.30	4.12	1.67	6.34	4.18	1.28	3.09	5.04	13.49
家庭年收入											
< 20000 $	4.74	6.52	10.00	9.32	3.45	18.61	13.85	3.53	9.04	11.49	30.22

续 表

	1 感觉			2 学习	3 交流[a]	4 运动[b]	5 移动	6 自理[c]	7 家庭生活	8 人际交流[d]	合计人口（无重复）
	视力	听力	合计								
≥ 20000 $	1.50	3.75	4.95	3.63	1.60	6.76	4.30	1.17	2.68	4.41	14.86
不知道	2.53	5.63	7.53	5.06	2.17	12.19	9.01	2.87	5.80	5.63	20.64
个人受教育年限（年）											
< 12	3.31	4.92	7.32	9.79	4.00	10.83	9.22	2.49	10.27	7.89	23.61
12	2.78	5.73	7.90	4.02	1.23	12.34	8.83	1.86	4.07	6.78	22.46
> 12	1.78	4.27	5.70	2.41	0.63	7.66	5.10	1.09	2.30	5.02	15.97
不知道或年龄 < 5	0.54	0.85	1.22	2.63	3.82 *	12.80	1.15	8.12	13.78	3.30	5.83
区域											
东北部	2.06	4.08	5.68	4.69	1.77	9.28	6.59	1.89	4.55	5.53	17.39
中西部	2.21	4.94	6.58	5.04	2.21	10.08	7.17	1.77	4.53	6.13	19.28
南部	2.91	4.53	6.76	5.81	2.36	11.19	8.01	2.03	4.93	7.06	20.67
西部	2.34	4.74	6.49	5.23	2.06	9.62	6.14	1.72	4.32	6.60	19.17

[a] Age ≥ 1
[b] Age ≥ 5
[c] Age ≥ 18
[d] Age ≥ 3
[e] 标准误均小于估计值的 30%，符合 NCHS 推荐的标准
[f] 标准误见附录 A

表 2 1994-1995 NHIS-D 阶段 1 调查 ICIDH-2/ICF 报告生活领域障碍总体的人口学特征

章	1 目的性感觉体验		2 学习	3 交流[a]	4 运动[b]	5 移动	6 自理[b]	7 家庭生活[c]	8 人际交流[d]	合计 人口（无重复）
	视觉	听觉 合计								
总计(%)[e]	2.44 (0.04)	4.58 (0.07) 6.44 (0.08)	5.27 (0.08)	2.14 (0.05)	10.20 (0.11)	7.11 (0.08)	1.87 (0.04)	4.55 (0.07)	6.42 (0.09)	19.35 (0.17)
性别										
男性(%)	2.10 (0.05)	5.69 (0.10) 7.22 (0.11)	5.72 (0.10)	2.69 (0.06)	7.99 (0.12)	5.49 (0.09)	1.61 (0.04)	3.49 (0.08)	5.63 (0.10)	18.61 (0.19)
女性(%)	2.77 (0.06)	3.53 (0.07) 5.70 (0.09)	4.85 (0.09)	1.62 (0.05)	12.28 (0.14)	8.65 (0.11)	2.12 (0.05)	5.52 (0.10)	7.18 (0.12)	20.05 (0.19)
种族										
白人(%)	2.44 (0.05)	5.07 (0.08) 6.88 (0.09)	5.15 (0.08)	2.06 (0.05)	10.37 (0.12)	7.13 (0.09)	1.89 (0.04)	4.48 (0.08)	6.39 (0.10)	19.77 (0.18)
黑人(%)	2.68 (0.14)	2.05 (0.10) 4.31 (0.18)	6.48 (0.23)	2.81 (0.13)	10.45 (0.28)	8.06 (0.23)	1.95 (0.09)	5.59 (0.21)	7.14 (0.25)	18.70 (0.41)
其他(%)	1.95 (0.21)	2.69 (0.26) 4.30 (0.33)	4.12 (0.30)	1.67 (0.21)	6.34 (0.31)	4.18 (0.24)	1.28 (0.13)	3.09 (0.25)	5.04 (0.30)	13.49 (0.53)

续表

章	1 目的性感觉体验			2 学习	3 交流[a]	4 运动[b]	5 移动	6 自理[b]	7 家庭生活[c]	8 人际交流[d]	合计人口（无重复）
	视觉	听觉	合计								
收入											
<20,000 $/年（%）	4.74 (0.11)	6.52 (0.14)	10.00 (0.19)	9.32 (0.18)	3.45 (0.10)	18.61 (0.28)	13.85 (0.23)	3.53 (0.10)	9.04 (0.19)	11.49 (0.21)	30.22 (0.36)
≧20,000 $/年（%）	1.50 (0.04)	3.75 (0.07)	4.95 (0.08)	3.63 (0.07)	1.60 (0.04)	6.76 (0.09)	4.30 (0.07)	1.17 (0.03)	2.68 (0.06)	4.41 (0.08)	14.86 (0.16)
不知道（%）	2.53 (0.23)	5.63 (0.39)	7.53 (0.44)	5.06 (0.37)	2.17 (0.25)	12.19 (0.56)	9.01 (0.44)	2.87 (0.26)	5.80 (0.44)	5.63 (0.41)	20.64 (0.76)
受教育年限（年）											
<12（%）	3.31 (0.08)	4.92 (0.11)	7.32 (0.12)	9.79 (0.16)	4.00 (0.09)	10.83 (0.17)	9.22 (0.15)	2.49 (0.07)	10.27 (0.22)	7.89 (0.15)	23.61 (0.24)
=12（%）	2.78 (0.08)	5.73 (0.12)	7.90 (0.14)	4.02 (0.11)	1.23 (0.06)	12.34 (0.18)	8.83 (0.15)	1.86 (0.07)	4.07 (0.11)	6.78 (0.14)	22.46 (0.26)
>12（%）	1.78 (0.57)	4.27 (0.10)	5.70 (0.12)	2.41 (0.07)	0.63 (0.04)	7.66 (0.13)	5.10 (0.11)	1.09 (0.04)	2.30 (0.07)	5.02 (0.11)	15.97 (0.20)

续表

章	1 目的性感觉体验			2 学习	3 交流[a]	4 运动[b]	5 移动	6 自理[b]	7 家庭生活[c]	8 人际交流[d]	合计人口（无重复）
	视觉	听觉	合计								
不知道或年龄＜5（%）	0.54 (0.06)	0.85 (0.07)	1.22 (0.09)	2.63 (0.14)	3.82 (0.17)	12.80 (0.85)	1.15 (0.09)	8.12 (0.83)	13.78 (1.12)	3.30 (0.20)	5.83 (0.20)
区域											
东北部（%）	2.06 (0.08)	4.08 (0.12)	5.68 (0.17)	4.69 (0.16)	1.77 (0.09)	9.28 (0.25)	6.59 (0.19)	1.89 (0.08)	4.55 (0.07)	5.53 (0.20)	17.39 (0.38)
中西部（%）	2.21 (0.08)	4.94 (0.14)	6.58 (0.16)	5.04 (0.15)	2.21 (0.10)	10.08 (0.19)	7.17 (0.16)	1.77 (0.08)	4.53 (0.17)	6.13 (0.16)	19.28 (0.31)
南部（%）	2.91 (0.09)	4.53 (0.12)	6.76 (0.16)	5.81 (0.14)	2.36 (0.08)	11.19 (0.22)	8.01 (0.15)	2.03 (0.07)	4.93 (0.12)	7.06 (0.18)	20.67 (0.33)
西部（%）	2.34 (0.08)	4.74 (0.15)	6.49 (0.16)	5.23 (0.16)	2.06 (0.10)	9.62 (0.18)	6.14 (0.17)	1.72 (0.07)	4.32 (0.15)	6.60 (0.21)	19.17 (0.29)

[a] Age ≥ 1
[b] Age ≥ 5
[c] Age ≥ 18
[d] Age ≥ 3
[e] 标准误在括号中标明

从生命历程角度,对生活领域的各种受限情况进行比较,可以发现几个趋势。有些受限在生命跨度中有所增长,如感觉受限,从5—17岁组的1.3%上升到65岁以上组的25.1%。更为突出的是,活动和行动从5—17岁组的不足1%,上升到65岁以上组的34.8%和30.7%。另一方面,学习受限在5—17岁组中的报告率为9.4%,而18—64岁组中降低到3.7%,而65岁以上组又回升到9.3%。类似的,交流受限也从5—17岁组的4.8%,降低到工作年龄组的不足1%(0.9%),而65岁以上年龄组又反弹到3.6%。

表2显示了人口学分析的另外方面,如就性别差异,平均来看,至少有一项生活领域存在受限的报告女性(20.1%)多于男性(18.6%)。然而,在不同受限中,性别间差异有所不同。男性视力/听力(7.2%对5.7%)的报告较女性多,具体来讲,是听力(5.7%对3.5%)、学习(5.7%对4.9%)和交流(2.7%对1.6%)上的差异。女性更多报告的是活动、移动、家庭生活、自理和人际互动等领域的受限。

若我们将种族划分为白人、黑人及其他。平均来讲,白人(19.8%)较黑人(18.7%)更容易报告一项生活领域的受限。两个类别间最大的不同在于,听力部分听力受限的白人报告率为5.1%,而黑人为2.1%。然而,这一趋势有几个例外之处,包括黑人在学习、交流、移动和家庭生活领域等方面的受限报告有上升的可能性。

家庭年收入低于20,000美元家庭中的成员,比家庭年收入等于或高于20,000美元家庭成员更容易报告一项受限(30.2%对14.9%)。两个家庭收入不同的组间受限比例的最大差异在于视力、活动、移动、自理和家庭生活方面。

从教育程度来看,报告频率的大体趋势与受教育程度呈负相关关系。在学校花费的时间越多,报告一项受限的可能性也就越小。视力、听力、交流、移动、自理、家庭生活和人际互动等项目均遵循这一规律。

我们还关注家庭户的地域位置。除了听力/视力领域的听力部分之外的所有领域,生活在南部地区的人较其它地区的人更容易报告一项受限。生活在中西部地区的人更容易报告听力受限。平均来看,生活在东北部地区的人较其它地区的人受限的报告少。

讨 论

NHIS-D数据的开发是为了丰富理解美国残疾人健康状态、特征和需求。

乍看起来,以 WHO 的 ICF 视角来筛选 NHIS-D 的数据可能有些多余。例如,Adler 使用 1994 年 NHIS-D 阶段 1 的数据对"功能受限"的分析,作为残疾的四个操作化定义之一(Alder,1996)。这一定义使用了 6 个与 ICF 中一些活动相似的"功能"范围,发现 18.3% 的美国人被包含于这一定义内。Alder 认为功能方法是残疾监测中最为广泛接受的一种。

Hogan 等人(1997)曾使用 NHIS-D 的数据来估计美国 5—17 岁儿童中的活动受限情况。这一研究概括出四个"活动受限"——移动、自理、交流和学习。Hogan 将社会/行为条目分类整合到诸如学习这种较少限定的项目中,以降低分类数量。结果显示美国 12.3% 的学龄儿童存在过一项活动受限:1.3%(650,000)移动受限、0.9%(470,000)自理受限、10.6% 学习受限以及 5.5% 交流受限。

本研究得到的 19.4% 的现患率与 Alder 的结果是一致的;Hogan 等应用儿童受限的四个扩展的定义进行的分析,得到的儿童现患率结果与我们的分析结果 12.1% 相似。本数据的重要性在于它在与其它残疾测量方法一致的同时,还额外地显示了相关功能性数据的数据范围。例如,该类数据建立了与其它方面更具兼容性的概念视野,从中我们可以审视残疾进程。ICF 对于公共卫生的作用,将以其对科学严密性的促进能力,和对公共卫生干预和政策的支持能力来评价。ICF 对于社会科学的作用在于它为审视残疾历程提供了一个新的途径。它多维、综合地将残疾的概念、分类和编码包含在内。

NHIS-D 中包含了诸多问卷项,可以对其做多种组合以总结出对于"残疾"和"残疾人"的定义。这一定义的多样性被认为是一个积极的进展——定义的灵活性使研究者和政策制定者可以根据自己的特有的目的构建其对于残疾的定义。任何对于概念框架的解释和操作化都是基于研究者的需要。残疾的监测和流行病学研究已经充分发展,多样性成为规范,并需要更大的延续性。若无较为严谨的科学体系,这一领域也不能有力地发展。

不同活动受限的年龄组间比较,突出的是 18—64 岁年龄组学习障碍案例大量减少。获得高中教育水平以后,受限样本的消失表明,还潜在有大量被遗漏的成年学习受限人员。这一群体的需求被 Campbell 和 Fedeyko 列举了出来(2001)。辨别学龄以外队列的需求是残疾监测主要关注问题,尤其因为它还关系到就业的参与。可以看到,学习障碍人群的百分比在 65 岁及以上年龄组(9.26%)又回落到与儿童期近似的水平(9.36%)。但现患率的相似并不能认为是相同的病因或两组间的变动,老年人的学习(受限)通常与疾病状态相关,如中风、阿尔茨海默氏病,或其它神经系统疾病;而儿童的学习障碍则大多与学校中具体的认知障碍有关。

我们的数据证明了生命历程中若干活动领域受限的显著增长。这一结果在感觉受限、活动和移动方面较为明显。与老龄化密切相关的具体受限类型为我们提供了可以认为是环境变化造成的各种受限的清晰场景。公共卫生干预应该致力于研究可以推动65岁以上人群健康促进的环境因素,例如,医药标签大字体打印以及医药的社区可及性提高等。

不同领域间的差异也为解决公共卫生干预提供了一个新的视角。男性对于听力受限的报告两倍于女性,并报告了大量的交流受限。听力障碍与交流障碍间存在较强的相关性(Glass,1990)。男性当中听力障碍可能性的增加可能是因为男性主导领域的职业性风险。中西部地区男性听力受限率的升高可能与工农业机械有关。另外,结果还显示,白人中听力受限的发生风险明显高于黑人;Kramarow等人也发现了同样的结果(1999)。这些对于公共卫生的启示包括加强对于感觉受限的临床预防筛查,特别是在男性当中。

另一方面,女性对于活动、行动、家庭生活等躯体活动受限的报告较多。另外,女性在人际互动方面的困难也稍多。由此公共卫生干预对于精神健康和限制精神健康服务可及性的环境障碍,应该具有更高的敏感性(The Center for Universal Design and the North Carolina Office on Disability and Health,通用设计中心和北卡罗莱纳州残疾和健康办公室,1998)

教育和收入与生活领域受限也有很强的相关性。在多数领域中,教育不足和低收入是受限的主要风险因素。与收入水平的强相关性可能有多种原因——包括缺乏临床预防服务;无法获得合适的辅助器具,诸如轮椅或听力受限人士使用的特殊电话;以及缺少医疗或健康促进干预的资源。

本研究还显示了多重活动受限的重要性。存在活动受限的人当中,超过50%具有两种以上类型的受限。未来的研究需要关注多种活动障碍之间的联系,特别是它们之间的相互作用和严重程度。

在分析了活动/参与受限之外,可以利用ICF框架做进一步的扩展。如Lollar和Fedeyko(1999)完成了一项对于NHIS-D阶段2续调查中特定精神健康问题的分析。以阶段1调查中生活领域受限为自变量,我们发现18岁以上报告学习受限的人群当中,有45%还报告了感到抑郁,但是只有13%的人在过去的12个月中接受过精神卫生服务。诸如精神卫生服务的可及性、对寻求精神健康服务者的态度作为环境因素,这些都是我们未来使用NHIS-D数据集进行研究的目标。

NHIS-D已然并将继续作为科研和政策用途中最为关键的数据资源。以

ICF框架将数据进行整合，可以得到更多连贯的一致性结论。

结　论

　　残疾和公共卫生领域的发展受到了至少两方面因素的制约——传统公共卫生强调残疾相关疾病预防和残疾定义的分歧。在这些传统模式中，残疾是具体疾病诊断的负面结果。从这一角度看，没有理由探究已经残疾的人之健康状态。此外，政府机构和研究者已经接受了不同用途产生的不同定义，而没有试图将不同的方法和政策进行整合。这些原因导致数据的定义和选取不一致性，以及一些公共卫生专家对信息有效性的质疑。即使残疾人的健康问题预防和研究成为了公共卫生的主动行为，不一致的数据也可能是影响公共卫生评估、政策开发以及服务保障等核心领域的绊脚石。

　　WHO 的 ICF 系统提供了一个可以用来整合看似毫无联系结构和数据元素的概念及分类框架。利用类似的概念、专业术语和分类习惯，增加数据的清晰性和可比性，辨明研究项目中的数据元素：(a)诸如关注躯体功能、活动或社会参与；(b)是否包括环境因素；若包括，则(c)与哪一领域相关，这些可以促进这一迅速发展的领域内的交流和概念的清晰。这一方法使得不同定义方法的兼容和显示不同成分间的统计分析的比较成为可能。因为任何研究者感兴趣的研究假设均可以在不同统计置信水平条件下被证明——如躯体功能上的结局可以在考虑个人功能和社会功能条件下被证明。环境因素可以被任何一个领域所证明。

　　所有的残疾概念框架均包括了类似的内容。Altman（2001）已经描述了 Nagi、国家医学所和 WHO 提出的模型。她指出 ICF 系统与其它系统的不同在于它包括了分类和编码方案。但是，由于在成分划分上可能存在的差异，她对这一方法应用的确定性有所保留。她认为 ICF 的作用在于其作为评价工具的强大功能性，应该被发展用来运作这一系统，这是非常正确的。另外，承认 ICD 在过去的 150 年中对其测量的改进也是很重要的。最近的数据也表明对于精神变量的检验与医学检查同样有效，这意味着和残疾过程相关的困难概念同样可以运作得很好，可以利用 WHO 的概念、术语和分类，帮助残疾科学和政策领域的整合。

（庞丽华、孙慧杰初译、审译，宋新明审校）

参考文献

Adams, P. F., & Marano, A. (1995). Current estimates from the National Health Interview Survey, 1994. *Vital Health Statistics*, 10(193).

Adams, P. F., & Marano, A. (1998). Current estimates from the National Health Interview Survey, 1995. *Vital Health Statistics*, 10(199).

Adler, M. (1996). People with disabilities: Who are they? *Beyongd the water's edge: Charting the course of managed care for people with disabilities*. Sponsored by the Office of Disability, Aging and Long-Term Care Policy/ASPE/DHHS, November 20-22.

Altman, B. M. (2001). Disability definitions, models, classification schemes, and applications. In: G. L. Albrecht, K. D. Seelman & M. Bury (Eds), *Handbook of Disability Studies* (pp. 97-122). Thousand Oaks, CA: Sage Publications.

Bertillon, J. (1912). Classification of the causes of death. *Trans. 15th Int. Cong. Hyg. Demog*. Washington, 52-55.

Campbell, V. A., & Fedeyko, H. J. (2001). The Healthy People 2010 process: Difficulties related to surveillance and data collection. In: A. J. Tymchuk, K. C. Lakin & R. Luckasson (Eds), *The Forgotten Generation: The Status and Challenge of Adults with Mild Cognitive Impairments* (pp. 211-248). Baltimore, MD: Brookes Publishing Co.

Glass, L. E. (1990). Hearing impairment in geriatrics. In: B. Kemp, K. Brummel-Smith & J. W. Ramsdell (Eds), *Geriatric Rehabilitation* (pp. 235-251). Boston, MA: College-Hill Press.

Hogan, D. P., M. E., Rogers, M. L., & Avery, R. C. (1997). Improved disability population estimates of functional limitation among American children aged 5-17. *Maternal and Child Health Journal*, 1, 203-216.

Kramarow, E., Lentzer, H., Rooks, R., Weeks, J., & Saydah, S. (1999). *Health and aging chartbook*. Health United States, Hyattsville, MD: National Center for Health Statistics, 42-43.

Lollar, D. J. (1997). Classifying the consequences of disability: Using National Health Interview Survey - Disability supplement data in the context of the revised international classification of impairments, disabilities, and handicaps. Presentation, Data Users' Conference, Washington, DC (July 29).

Lollar, D. J., & Fedeyko, H. J. (1999). NHIS and ICIDH-2: Clinical applications. Presentation, American Psychological Association Annual Meeting (August 24).

Shah, B. V., Barnwell, B. G., Hunt, P. H. et al. (1992). *Survey data analysis (SUDAAN) user's manual*. Release 6.0. Research Triangle Park, NC: Research Triangle Park Institute.

The Center for Universal Design and the North Carolina Office on Disability and Health. *Remo-*

ving Barriers to Health Care (1998). *A guide for health professionals.* NC State University and the Center for Universal Desigh.

World Health Organization (1951). *International classification of diseases* (6th rev.). Geneva, Switzerland: World Health Organization.

World Health Organization (1980). *International classification of impairments, disabilities, and handicaps.* Geneva, Switzerland: World Health Organization.

World Health Organization (1999). *International classification of impairments, disabilities, and handicaps.* Geneva, Switzerland: World Health Organization.

家庭健康研究中数据关联缺失的影响分析
——基于1994—1995年美国健康访谈残疾主题调查的研究结果

惠特尼·威特、安妮·莱利和朱迪思·凯斯博

摘 要

使用1994—1995美国健康访谈残疾主题调查(NHIS-D, National Health Interview Survey Disability Supplement)的数据,将儿童与其母亲及其他家庭成员进行关联,可以研究家庭健康状况。但在13%的儿童中,关联需要的数据条目是缺失的。我们发现未关联的儿童和他们的可能的母亲与相应的可以被关联的参照儿童及其母亲之间在很多方面存在差异,若将这些可能的母亲和孩子从分析中排除出去,则会因为目标总体覆盖不全导致误差而使结果出现偏倚。我们开发并验证了一种简单的运算法则来将这些儿童与其可能的母亲进行匹配。

引 言

研究所得推断的准确性取决于研究设计的功效以及收集、分析数据方法的严谨性。调查研究中,来源于访谈员、被访者或测量工具的测量误差和"观察误差"(Groves,1989),是影响现患率的估计和误差的可能来源(Biemer et al.,1991;Brick & Kalton,1996;Feinleib,1987)。

数据缺失是调查研究中相对普遍的一种误差。如果案例和数据项的缺失是随机的、数量较小,则一般可以忽略(Little & Rubin,1987),如果数据的缺失是有规律的,则忽略它们将会对数据的有效性产生潜在的威胁,特别是数据缺失值和研究关注的结果相关,则数据缺失研究就变得尤为重要(Crawford et al.,1995;Taylor & Amir,1994)。

背 景

整体研究设计

本研究是使用1994—1995年的NHIS-D数据确定残疾儿童家庭应激源与重要的精神健康相关结果间的关系强度和广度研究项目设计的一部分。特别关注的家庭应激源是母亲的抑郁及其与残疾儿童的家庭情境中的社会心理调整间的关系。这一分析需要将儿童的记录与母亲的记录关联起来。为了控制遗传因素影响及因生母关系破坏而存在的潜在应激源,研究选择儿童与亲生母亲进行关联。

美国健康访谈调查残疾部分

NHIS-D收集了美国大量的残疾人口现患信息。NHIS-D问卷结尾处的问题标明了家庭户中的被访者身份及其与家庭其他成员的关系,另外,还对儿童和被访者的关联记录了识别编号。然而,尽管NHIS-D的应答率较高、数据缺失水平较低,但在儿童问卷中,存在有13%的被访者的识别编号是缺失的。根据NHIS-D调查主管——国家卫生统计中心(NCHS, The National Center for Health Statistics)提供的信息,造成这一问题的原因是访谈员未能及时记录被访者的个人标识。[①]

数据缺失和数据收集

近来,研究人员注意到数据收集过程中的某些个人和环境因素经常增加数据缺失的可能性。被访者的不良健康状况(Moinpour et al.,2000)或精神健康(Taylor & Amir, 1994),以及社会人口学特征,如贫困(Gfroerer et al.,1997),均可能导致数据缺失或样本的某些主题未被包含其中。访谈的特征,如访谈过程中被访者以外的其他人的出现,访谈员的经验缺乏,以及调查问卷中涉及的多种跳转模式等,已经被证实会增加数据缺失的可能性(Edwards et al.,1998;Gfroerer et al.,1997)。

处理数据缺失的意见之一是在分析中排除这些数据缺失案例。然而,如前所述,若数据缺失的案例与其他案例间存在规律性的差异,那么这一做

---

① 本信息来源于与NCHS中资深统计专家与研究人员的个人交流。

法将有可能造成结果偏差的风险。有研究显示,对残疾人的调查,数据收集的情况可能有所不同,如疾病的严重程度可能会对应答率造成较大影响(Simes et al.,1998)。这些发现增加了对儿童残疾是否与关联信息缺失相关的关注。此外,关联数据缺失儿童的母亲特征可能与可关联儿童的母亲特征也有所不同。

研究目的

本研究关注于 NHIS-D 中儿童与其亲生母亲间关联。包括(1)评估缺失与亲生母亲关联信息的儿童与可被关联儿童在关键特征上是否存在差异;(2)开发并验证一种可作为缺失关联信息的儿童识别其可能母亲的方法。

数据和方法

数据集的描述

数据来源于 1994—1995 年的美国健康访谈调查,这一调查是由 NCHS 实施的一项每年一次的全国住户调查,其残疾主题部分(NHIS-D)调查为两年。NHIS 是美国家庭户公民的健康、卫生行为和卫生服务信息的主要资源(Adam & Marano,1995)。作为 NHIS 调查一部分,残疾,尤其儿童残疾,是 1994 和 1995 连续两年的健康专题调查之一。

抽样和数据收集

1994 年和 1995 年,NHIS 核心问卷与 NHIS-D 的应答率各超过 90%(NHIS,1999)。1994 年 NHIS-D 总的应答率为 87.0%。[①] 数据的收集是通过对家庭成员的个人居家访谈获取。

数据估计过程

本研究的总体估计是基于可反映抽中概率、失访率和事后分层调整的加权数据(Adam & Marano,1995)。由于两年的 NHIS 数据是合并的,每年的估

---

① 本应答率的计算方法如下:以核心问卷的应答率(94.1%)乘以 NHIS-D 的应答率 92.5%,得到 87.0% 的总应答率。

计使用的是权数平均(NHIS,2000)。使用 SUDAAN 进行卡方检验,以调整复杂抽样设计的标准误(NCHS,1998)。所有的分析均针对年、层、初级抽样单位和家庭户内的群(Clustering)。家庭户内的分群调整是为了解释家庭中有多个儿童的情况。

分析的样本

儿童

分析选择的儿童的标准为 0—17 岁、生活在基本家庭户内①(primary household)且亲生母亲为 NHIS 调查的代理应答者。有 38,639 个儿童(约占 67.1%)符合这一标准。

母亲的识别及与儿童关联

我们通过两种方法对所有 1994—1995 年的 NHIS-D 样本(n = 202,560)中的母亲进行识别。首先,在儿童问卷中,通过被访代理人的个人身份编号确定了 33,572 个母亲。如图 1 所示,如果访谈员在问卷的儿童健康部分记录了代理应答者的个人身份编号,我们就可以得到一个简单的母子匹配。这些案例覆盖了 86.9% 的儿童。

还有 5,076 个儿童,占所有被访儿童的 13.1%,他们的代理应答者应该是其母亲,但无法确认个人信息。当母亲的个人身份编号是缺失、只有家庭编号可用时,我们就可以用第二种方法对母亲和儿童进行关联。

对于缺失个人身份信息的母亲关联运算法则的开发

我们构建了一个运算法则,以此为那些记录表明他们有亲生母亲,但是其母亲的个人身份编号缺失的儿童来选择其可能的亲生母亲。可能亲生母亲的选择对象是那些 18—56 岁,生活在有儿童的家庭中的成年女性(n = 50,156)。选择较大的年龄范围是为了确保那些子女处于青春期的较为年长的

---

① "基本家庭户"是指那些一个住所中只有一个家庭居住。

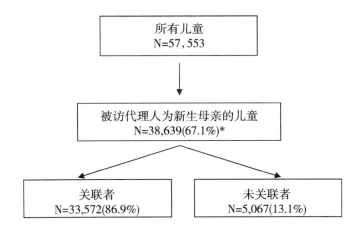

图1　1994—1995年NHIS-D中,儿童(0—17岁)与亲生母亲关联情况

* 已排除1,075个被误列入亲生母亲名单的男性,及25个正在服兵役而不可能被调查者。

母亲,以及子女很小的较为年轻的母亲,她们均包括在我们的"母亲候选人"库中。如果家庭户当中有多于一个的女性符合这一情况,我们的运算法则是选择其中最为年长(在选择年龄范围内)的一位作为儿童的亲生母亲和被访代理人(n=44,417)。通过这一算法,我们为5,067个可能由亲生母亲作为被访代理人的,但无法确认其母亲信息中的4,985个(98.4%)儿童选择了其可能的母亲。

健康、精神健康和残疾的测量

儿童和青少年的残疾被定义为患有持续3个月以上的疾病,或患有慢性病的具体症状或诊断(不考虑其患病时间)。对于慢性疾病的定义已经被NCHS建议为确认具有发育中的健康问题、残损、障碍或残疾儿童的方法(NCHS,1999)。

儿童功能障碍状况是基于Hogan及其同事使用1994年NHIS-D中儿童相关的四个功能领域的变量,构建并验证的量表(Hogan et al.,1997)。这些领域包括以下几方面能力:(1)在家中走动;(2)自己洗澡、穿衣、吃饭和如厕;(3)交流需求和问题理解;(4)在学校中精力集中、理解教材、控制个人行为。儿童的功能障碍状况被定义为一个二分变量(存在任何障碍和无任何障碍)。

儿童的心理社会调整是通过个人适应性调整能力量表(PARS, the Personal Adjustment and Role/Skills)来测量的(Stein & Jessop,1990),这一量表可评估儿童关于同龄人关系、依赖性、敌意、生产力、焦虑—抑郁及退缩等的心理社会功能。PARS 总分的内在一致性为 Cronbach—α 系数,一般为 0.88 或更高(Walker et al.,1990)。PARS 中较高的得分意味着较好的心理调适能力。我们只对那些母亲回答了 70% 以上问题条目的儿童(总案例的 96.3%)计算其 PARS 总分。在所有儿童问卷中,97% 母亲回答了所有问题,其余的 3% 中,各子量表中各条目得分的缺失值以该条目未缺失值的均值替代。将所有 28 个条目加和得到 PARS 的总分。与以往的研究一样(Pless et al.,1994),如果总分低于该组均值的一个标准差,则认为该儿童存在具有较差的心理社会调试能力。统计结果为组内的得分均值是 89.3(标准差 = 15.7),以此儿童被分为调整良好(得分高于 73.6)或具有较差心理社会调试能力(低于或等于 73.6)。

母亲被描述为或具有忧伤或抑郁症状,或二者皆无。任何忧伤或抑郁包括:(1)过去的一年中有持续两周以上的抑郁发作;或(2)过去一年中持续有两周以上的躁狂或躁狂—抑郁发作;或(3)过去两周内经常感到抑郁或焦虑。没有上述三种情况的被视为无忧伤和抑郁。

健康状况数据的获得是通过询问家庭被访者,每个家庭成员总体健康状态在极好、很好、好、一般和不好中所处的等级进行。分析中使用二分变量来对"一般"和"不好"健康的母亲和子女与报告"极好"、"很好"和"好"的母亲和子女进行比较。

结 果

儿童、母亲特征,以及 NHIS-D 中与亲生母亲关联、未关联儿童访谈的比较

如表 1 所示,那些与亲生母亲关联信息缺失的儿童与其他儿童在很多方面存在差异。与可关联的儿童相比,未关联的儿童更多出现在黑人和 5 岁以下儿童中(分别为 15.1% 比 20.7% 和 29.3% 比 34.0%)。在健康状况一项中,未关联儿童存在残疾或功能障碍的可能要低于可关联的儿童(分别为 15% 比 17.2% 和 12.2% 比 14.7%),但在健康状态和心理社会状况方面没有差异。

表 1 儿童社会人口学及健康状况特征

变 量	未与亲生母亲关联的儿童	可与亲生母亲关联的儿童
总人数(千人)未加权 N	6,313(4,985[a])	42,529(33,572)
儿童的社会人口学特征(%)		
性别		
男	50.6	51.3
女	49.4	48.8
种族*		
白人	75.7	81.1
黑人	20.7	15.1
其他	3.7	3.9
年龄*		
5 岁以下	34.0	29.3
5—17 岁	66.0	70.3
儿童健康、精神健康、和残疾状态(%)		
一般、不良的健康状态	2.7	2.7
不良心理社会调试	11.2	12.8
残疾*	15.0	17.2
功能残损*	12.2	14.7

[a] 5,067 个由于信息丢失而未与亲生母亲关联的儿童中,4,985 个通过运算法则与可能的母亲进行了关联。82 个未能关联的儿童被排除在本表及后述的表格之外。

* 统计指标在关联和未关联儿童中的差异具有显著性,所有的 P 值 <0.05。

表 2 显示了可关联和未关联儿童的母亲在社会人口学、健康、精神健康状况。在那些未关联的案例中,这些特征是前述的通过关联法则指派给未关联儿童的可能母亲的特征。未关联儿童的母亲具有较低的已婚率、受教育水平和收入(已婚:71.7% 对 75.4%;大学及以上:40.9% 对 44.5%;低于贫困线:24.0% 对 21.5%)。但是,在总体健康和精神健康状况上没有差异。

访谈的问卷项间也存在差异(表 3)。与可关联的儿童相比,存在未关联儿童的家庭户百分比在 1994 较高(79.4% 对 44.2%),此外,可关联的儿童居住在美国南部地区的百分比较高(37.9%对31.7%)。然而,未发现现居住地位置相关的差异[即中心城市,非中心城市,或非都市统计区域(MSA)]。

表2 母亲社会人口学、健康和精神健康特征

变量	未与亲生母亲关联的儿童[a]	可与亲生母亲关联的儿童
总人数(千人)未加权 N	6,313(4,985)	42,529(33,572)
母亲的社会人口学特征(%)		
婚姻状态*		
已婚	71.7	75.4
教育水平*		
高中及以下	21.0	17.2
高中毕业	38.1	38.4
大学及以上	40.9	44.5
低于贫困线*	24.0	21.5
母亲的健康和精神健康状态(%)		
一般/不良健康状态	10.0	9.7
存在活动受限	12.0	11.6
母亲忧伤/抑郁状态		
无忧伤/抑郁	92.3	91.6
忧伤/抑郁	7.7	8.4

[a] 这些儿童母亲的特征即是那些由关联规则指派的可能母亲的特征。

* 统计指标在关联和未关联母亲中的差异具有显著性,所有的 P 值<0.05。

这些发现显示未关联的儿童和他们(可能)的母亲与那些关联信息未缺失儿童及其母亲存在差异,故而若将他们从包含了儿童及其母亲特征的分析中排除出去,可能会对结果的有效性产生冲击。因此,需要使用一种方法来将这些儿童和生活在他们家中可能是其母亲的人关联起来进行调整,从而将这些案例纳入分析之中。如果不这样做,会导致母亲特征和儿童健康间关系的错误推断。

表 3 NHIS-D 访谈特征

变量	未与亲生母亲关联的儿童	可与亲生母亲关联的儿童
总人数(千人)未加权 N	6,313(4,985)	42,529(33,572)
访谈特征(%)		
调查年份*		
1994	79.4	44.2
1995	20.6	55.8
应答者居住地*		
东北部	19.7	19.6
中西部	25.0	25.8
南部	37.9	31.7
西部	17.4	22.9
居住地点ª		
MSA:中心城市	30.6	29.3
MSA:非中心城市	50.0	49.4
非 MSA	19.4	21.3

ª MSA 是指都会统计区域。
* 统计指标在关联和未关联访谈特征中的差异具有显著性,所有的 P 值 <0.05。

关联规则的有效性

将前述的关联规则应用在 33,572 个具有将儿童与其亲生母亲关联信息的案例中,是验证关联规则有效性的一种方法。如图 2 所示,应用关联规则逻辑来获得的母子匹配得到了高水平的认同。母子匹配中 99.7% 通过关联规则,可确认为亲生母亲的人与被访者提供的信息一致(n = 33,459)。总体来讲,关联规则的使用使得 99.8% (n = 38,557)0—17 岁的生活在基本家庭户中儿童与母亲得到了关联。

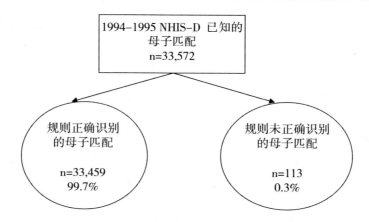

图 2　已知母子匹配中关联规则的有效性

为了进一步证实关联规则的准确性，我们还检验了可能母亲的估计与家庭结构间的关系。我们发现 99.9% 的未关联儿童生活在只有母亲的家庭（24.6%）、父母均有的家庭（70.5%），或母亲与另外一个成年亲戚的家庭（4.8%）中。这些数据进一步支持了关联规则在有儿童的家庭中识别其可能母亲的算法。

讨　论

本研究证明了评估数据缺失对分析影响的价值。与母亲关联数据缺失的儿童与存在关联的儿童在重要特征上存在差异。与数据缺失相关的特征包括儿童、母亲和访谈设置等几方面的特征。简单的删除缺失信息的案例，则年幼和黑人儿童被排除的可能性较大；另外还有居住在美国南部地区的儿童，后者可能与该地区访谈员的特征有关，虽然从现有的资料不足以证实；母亲受教育水平和经济水平较低的儿童由于关联信息的丢失，更容易被排除在外。

本研究也论述了一种在缺失识别信息的情况下，关联母子信息的方法。这种类型的算法可以用数据完整的案例进行验证，若验证成功，则提供了一种维持样本的完整性和目标总体代表性的方法。

虽然本研究提供了一些缺失数据和关联记录方面有价值的信息，但它本身也有局限性。如，在构建用来估计缺失个人标识符关联规则的过程中，我们做出了一些假定。我们假设"母亲"候选人实际上是 18—56 岁与儿童共同居住的女性，但是实际也存在母亲的年龄并不在这一特定年龄段的可能性，此外,在家中有一个以上母亲候选人的家庭中,我们选择了年龄较大的一位。而这只有在有效性分析,对儿童与其真正母亲的关联中,关联规则才具有较高的准确性。

此外,在将儿童与其亲生母亲关联的过程中,关联规则并没有关注所有类型的误差,如在一些案例(n = 1,075)中男性被列为 0—17 岁儿童的亲生母亲。由于关联规则只关注数据缺失,那些确认为信息不准确的记录却被排除在外。这些案例在基本家庭出现的百分比(2.7%)较关联信息缺失的儿童比例小。另外还需要注意的是有很小一部分儿童(n = 82),关联规则无法对其可能母亲做出判断。由于研究的总体被限制为基本家庭中的儿童,而对于缺乏关联信息的多代户中,儿童可能母亲的关联算法的成功可能性无从得知。

研究的意义
测量误差

我们不能低估因访谈员作用而产生的测量误差。与逻辑和管理相关的访谈员误差可以通过正确的访谈员培训、监督(Groves,1989),及研究者对于访谈员—被访者互动的理解来降低(Biemer et al.,1991)。假定较高关联数据缺失的可能是与第一年残疾部分调查(1994)的管理相关,则可能访谈员在记录母子关联信息的过程中存在一个学习曲线。

数据缺失

检验数据缺失群体特征并估计其作用或估计的机会通常不会自己出现。由于研究越来越关注家庭健康问题,将个人与数据集中的其他家庭关联起来变得非常必要。这一类型的信息通常是通过入户调查来收集的,但是对于信息缺失的情况,就需要一种建立关联的方法。

关联记录的家庭背景及含义

最近的公共卫生研究强调对于健康方面的社会不平等的理解,需要考虑个人及其背景两个水平的因素(Hjern et al.,2000;Schor & Menaghan,1995)。对这些因素的评估已经引领研究者在家庭、社区等总体较高的层面上研究健康的决定因素(Duncan et al.,1996)。这一视角改变了数据收集和分析的方法，并且促进了将个人和其背景信息相关联的新方法的发展，从而作为医学研究中更好地理解相关健康结局的重要性(Diez-Roux,1998)，以及改善干预措施的一种方法(Meyer et al.,1994)。

当研究者关注于检验家庭背景对健康的影响，使用缺乏建立家庭成员之间关系的二手数据或者存在数据缺失的情况时，诸如本研究在缺乏访谈数据的情况下开发的关联儿童及其亲生母亲的算法是合理的。若没有此算法，则有10%的儿童样本将在家庭应激源与残疾儿童相关精神健康结局的研究中被剔除。但这些方法或许不适用/不可能用于所有的家庭健康研究，而是要依赖于感兴趣的数据集中包含的变量、研究分析的单位以及数据的完备性和准确性。

致 谢

本研究受到美国国家健康保健研究质量局(AHRQ,the Agency for Healthcare Research and Quality)基金的资助(编号 R03 HS11254-01)。

（陈功、孙慧杰初译、审译，宋新明审校）

参考文献

Adams, P. F., & Marano, M. A. (1995). Current estimates for the National Health Interview Survey, 1994. *Vital Health Statistics*, 10(193).

Biemer, P. P., Grovers, R. M., Lyberg, L. E., Mathiowetz, N. A., & Sudman, S. (1991). *Measurement errors in surveys*. New York: Wiley.

Brick, J. M., & Kalton, G. (1996). Handling missing data in survey research. *Statistical Methhods in Medical Research*, 5(3), 215-238.

Crawford, S. L., Tennstedt, S. L., & McKinlay, J. B. (1995). A comparison of analytic methods for non-random missingness of outcome data. *Journal of Clinical Epidemiology*, 48(2), 209-219.

Diez-Roux, A. V. (1998). Bringing context back into epidemiology: Variables and fallacies in multilevel analysis. *American Journal of Public Health*, 88(2), 216-222.

Duncan, C., Jones, K., & Moon, G. (1996). Health-related behaviour in context: A multilevel modeling approach. *Social Science and Medicine*, 42(6), 817-830.

Edwards, S. L., Slattery, M. L., & Ma, K. N. (1998). Measurement errors stemming from non-respondents present at in-person interviews. *Annals of Epidemiology*, 8(4), 272-277.

Feinleib, M. (1987). Biases and weak associations. *Preventive Medicine*, 16(2), 150-164.

Gfroerer, J. Lessler, J., & Parsley, T. (1997). Studies of non-response and measurement error in the national household survey on drug abuse. *NIDA Research Monograph*, 167, 273-295.

Groves, R. M. (1989). *Survey errors and survey costs*. New York: Wiley.

Hjern, A., Haglund, B., & Bremberg, S. (2000). Lower respiratory tract infections in an ethnic and social context. *Paediatric and Perinatal Epidemiology*, 14(1), 53-60.

Hogan, D. P., Msall, M. E., Rogers, M. L., & Avery, R. C. (1997). Improved disability population estimates of functional limitation among Amercan children aged 5-17. *Maternal and Child Health Journal*, 1(4), 203-216.

Little, R. J. A., & Rubin, D. B. (1987). *Statistical analysis with missing data*. New York: Wiley.

Meyer, E. C., Coll, C. T., Lester, B. M., Boukydis, C. F., McDonough, S. M., & Oh, W. (1994). Family-based intervention improves maternal psychological well-being and feeding interaction of preterm infants. *Pediatrics*, 93(2), 241-246.

Moinpour, C. M., Sawyers Triplett, J., McKnight, B., Lovato, L. C., Upchurch, C. Leichman, C. G., Muggia, F. M., Tanaka, L., James, W. A., Lennard, M., & Meyskens, F. L., Jr (2000). Challenges posed by non-random missing quality of life data in and advanced-stage colorectal cancer clinical trial. *Psychooncology*, 9(4), 340-354.

NCHS (1998). Variance Estimation for Person Data Using SUDAAN and the National Health Interview Survey (NHIS) Public-Use Person Data Files, 1987-1994 (electronic): National Center for Health Statistics.

NCHS (1999). National Health Interview Survey on Disability (database on CD-ROM). *CD-ROM Series*, 10(8).

NCHS (2000). The National Health Interview Survey on Disability: Concatenating and merging data: SAS and SUDAAN. Hyattsville: National Center for Health Statistics.

Pless, I. B., Feeley, N., Gottlieb, L., Rowat, K., Dougherty, G., & Willard, B. (1994). A randomized trial of a nursing intervention to promote the adjustment of children with chronic physical disorders. *Pediatrics*, 94(1), 70-75.

Schor, E. L., & Menaghan, E. G. (1995). Family pathways to child health. In: B. C. Amick, S. Levine, A. R. Tarlov & D. C. Walsh (Eds), *Society and Health* (pp. 18-45). New York: Oxford University Press.

Simes, R. J., Greatorex, V., & Gebski, V. J. (1998). Practical approaches to minimize problems with missing quality of life data. *Statistics in Medicine*, 17(5-7), 725-737.

Stein, R. E. K., & Jessop, D. J. (1990). *Manual for personal adjustment and role skills scale (PARS III)*. Bronx, NY: PACTS Papers.

Taylor, M. A., & Amir, N. (1994). The problem of missing clinical data for research in psychopathology: Some solution guidelines. *Journal of Nervous and Mental Disease*, 182(4), 222-229.

Walker, D. K., Stein, R. E, Perrin, E. C., & Jessop, D. J. (1990). Assessing psychosocial adjustment of children with chronic illnesses: A review of the technical properties of PARS III. *Journal of Developmental and Behavioral Pediatrics*, 11(3), 116-121.

第二部分
成年残疾人口的工作和健康

成年残疾人的求职和工作无障设施问题

帕梅拉·洛普雷斯蒂、伊莱恩·马格

摘 要

本研究应用1994—1995年美国健康访谈残疾主题调查(NHIS-D, National Health Interview Survey Disability Supplement)的数据,从两个具体方面考察成年残疾人工作中存在的障碍——求职过程和工作场所的助残设施。本研究通过对存在"就业意愿"的残疾人口亚群体的关注,发现残疾人在寻找工作的过程中普遍存在困难,非就业的残疾人样本中有一半以上的人有此遭遇。尽管人们在求职过程中遭遇挫折的原因不同,但缺少合适的工作、缺少合适工作的相关信息与交通问题经常被提及。那些教育水平较低、工作经验较少、活动受限较为严重的残疾人在求职过程中遇到的困难最大。研究还发现,有就业需求的非在业成年残疾人样本中,约有1/3的人口报告存在工作场所调整的需要。最普遍的具体需求是特殊工作场所应存在诸如无障碍停车场、无障交通、电梯和调整过的工作台。相对于在业残疾者而言,较高比例的非在业者对无障设施存在更多的需求,但最需要调整的设施类型却是相似的。我们还发现,即使在控制了受限的严重程度和人口学特征之后,存在就业需求的残疾人对于无障设施的需求仍与其工作可能性呈负相关关系。

引 言

当今社会,工作不仅作为大多数家庭的基本收入来源,它还是社会联系和身份的一种形式。然而,残疾人的就业率非常低。1994年,工作年龄段成年残疾人口中有工作的比例不足1/3,而对应的工作年龄段所有的成年人口的就业比例则超过了3/4(Trupin, Sebasta, Yelin & LaPlante, 1997)。造成残疾人就业率低的原因有很多,其中包括残疾相关工作障碍、教育和经验水平较低

（可能因残疾受限相关）、在受雇佣和提供便利设施过程中雇主的歧视、残疾出现后工作难以维持、缺乏必要的辅助设施等。

本研究关注于成年残疾人就业过程中两个潜在的障碍——求职过程和工作场所的无障设施的提供，并探讨在政策层面如何解决。我们对成年残疾人在求职过程中遇到困难的范围、经历过何种求职障碍以及在不同人群中报告最多的困难进行考察。我们还分析了他们对工作场所无障设施的具体需求与残疾已就业者实际拥有的无障设施相比的结果，以及无障设施需求与就业的可能性之间的关系。

这些分析中，我们关注于所有成年残疾人中的非在业者亚群体——这些未来具有较高受雇可能性，并可能从我们讨论的政策干预中获得最大利益的残疾人。尽管对于这一人群的界定较为困难，但聚焦于非在业成年残疾人中具有"就业意愿"部分，使我们更集中于关注他们的具体需求，及何种政策有助于成年残疾人参加工作。

文献回顾

一些研究已经证明了20世纪90年代以来残疾人就业率下降的趋势，及这些变化的可能原因（Bound & Vaidmann，2000；Burkhauser et al.，2001）。由于工作收入是收入中的重要因素，就业率降低对家庭收入和福利均会产生影响。Burkhauser等人（2001）的研究显示，20世纪90年代期间男性和女性残疾人的收入在家庭总收入中所占份额是下降的。与此同时，残疾人家庭由于对非劳动的收入来源，特别是残疾救济金的依赖，其总收入却有小幅度上升。

虽然存在残损本身会使就业更为困难，但其它因素也会导致成年残疾人就业率的下降。这其中包括对必要工作场所无障设施的缺乏、公共残疾福利计划带来的阻力（Bound & Burkhauser，2000），以及歧视（Baldwin & Johnson，1994）等。受教育水平较低的残疾人则处在双重不利的状况，研究显示其工作预期也较低（Burkhauser et al.，1993）。

倡议移除残疾人的就业障碍、促进残疾人就业率的联邦政策由来已久。过去的10年当中，这些努力得以加强，并且额外关注于环境障碍的解决，如无障条件的缺乏和歧视。这方面的努力中，1990年通过的美国残疾人法案（ADA，Americans with Disability Act）要求残疾人的工作场所需要提供无障设施，并保护残疾人公民权利。1998年组成的成年残疾人就业总统专责小组（PTFEAD，The Presidential Task Force on the Employment of Adults with Disabilities)也通过联邦机构开展了新的行动。其他联邦政府的政策也关注于保障收入补贴(SSI,Supplemental Security Income)和残疾人社会保险(SSDI,Social Security Disability Insurance)所带来的就业障碍因素。

本研究中,我们关注成年残疾人就业两个方面的可能障碍——求职过程和工作场所无障设施的可及性。雇主对于工作无障条件的提供在健康与退休调查(the Health and Retirement Survey)等数据集的研究中已经有所探讨(Daly & Bound,1996)。一些研究也利用了 NHIS-D 数据对特定残损类型人群的工作情况进行了考察(如 Kirchner 等,1999 年对严重视力残损的研究)。本研究首次使用 NHIS-D 数据,考察不同类型残损人员就业过程遇到的具体障碍。[①]

方　法

在本研究中,我们将 1994 和 1995 两年 NHIS-D 调查的数据进行整合。NHIS-D 是唯一对全美国具有代表性的残疾人专题调查,该部分调查中有超过 16,000 个工作年龄段人口的大样本数据,较其它数据集能够允许我们进行更为详细的分析。此外,这一数据包含了其它数据资源中得不到的独一无二的信息,其中不仅包括残疾方面的细节,还包括工作履历、服务的利用和需求以及对于工作场所无障条件的具体需求和使用。

这些数据是通过两个阶段进行收集的。阶段 1 收集了残疾和健康方面的信息,以及用来确定需要进一步做深入访谈人群的内容。阶段 2 访谈了 16,000 多个工作年龄段的残疾人,收集了他们的工作现状和工作履历、服务利用和需求以及对于工作场所无障条件的具体需求和使用等方面的详细信息。对于残疾的界定是基于调查阶段 1 的信息,工作状况、求职经历和工作无障条件等信息来自阶段 2 的调查。

残疾的定义

残疾是一个复杂的概念,从研究和政策应用方面已被多种方法所定义。残疾曾被概念性地描述为残损导致的无法扮演预期社会角色的情况(Nagi,1991),这一定义强调了残损和社会背景之间相互作用的结果。但若将此定义进行操

---

① 本论文利用 Loprest 和 Maag(2001 年)提供的对于成年残疾人工作障碍的描述性分析结果,包括对于教育程度限制、交通问题、求职和工作场所便利设施的探讨。

作化,则在类似 NHIS-D 的基于家庭户的调查中,很难对其进行测量。

在残疾研究的文章中,使用了很多实用性的定义,具体定义的适用性则因研究问题的不同而异。如,可以依据一系列残损和疾病状况(conditions)、残疾救济金收入、辅助技术和个人辅助器具的使用或自评工作障碍来定义。每个定义包含的人群不同,对于这些测量方法的讨论见 Burkhauser 和 Houtenville(2001)的研究。

本研究中,我们使用的是基于活动受限和感觉残损的定义。我们将"工作年龄残疾人"定义为 18—64 岁之间、申报至少在一项具体活动中存在某种程度困难,或至少有一项功能不能完成的成年人。对具体活动的考虑包括日常生活活动量表(ADLs, activities of daily living)以及工具性日常生活活动量表(IADLs, instrumental activities of daily living)中的标准测量和躯体功能。①

基于活动的定义可能会将一些没有申报活动受限,但是被雇主认为残疾的人排除在外,如失明或失聪的人。由于雇主的看法会影响是否雇佣、促进无障设施的决定,对于无障设施需求的分析要慎重考虑这一情况。如,通过上述的定义,我们将忽略大约一半(52%)报告存在"即使戴眼镜也存在长期视觉困难"的人,因他们没有报告包括在活动和功能中的任何受限情况。忽略这一(或类似)群体,将会忽略最活跃的成年残疾人,他们存在残疾但是自评并不认为自己活动受限。因此,我们在活动为基础定义的基础上,又加入了那些报告持续 12 个月以上视觉、听觉严重困难,或使用移动辅助器具的人。②

通过这一定义,我们发现了 1,130 万 18—64 岁的成年残疾人,占所有工作年龄人口的 7%③,未加权的样本规模是 6,507。④ 工作年龄残疾成年人当

---

① ADLs 包括盆浴或淋浴、穿衣、吃饭、上下床或坐入/离开椅子、包括进入卫生间的如厕和在家中随意走动。IADLs 包括为自己准备饭食、自己购物、管理财务、使用电话、在家庭附近从事重体力工作,以及家中从事轻体力劳动。躯体功能包括提起 10 磅重物、迈 10 步、1/4 英里行走、20 分钟站立、从站立姿势俯屈、双手伸出头顶或伸出握手、使用手指抓取、握持钢笔。

② 大部分情况下,通过已经被列举的类别之一,报告其它感觉问题——如与人交流或理解上存在严重困难的人,被包含在我们的定义之中。那些报告与家人交流困难者,按照我们的定义,82% 被列入其中,65% 报告不能理解他人者被列入其中。

③ 本研究中的所有数字均适用 NHIS-D 的总体权重。所有标准误的计算均使用 STATA 统计软件,并考虑到调查设计的复杂性。本文只报告那些统计显著的比较结果。

④ 一些人在 NHIS-D 阶段 1 和阶段 2 选择代理应答。在我们的残疾人样本中,18% 的在阶段 1 采取代理应答,12% 在阶段 2 选择代理应答访谈。Todorov 和 Kirchner(2000)发现对于 65 岁以下人群,代理被访者可能会低报。因此,这里我们可能会低估残疾的现患率。然而,代理被访人对于第 2 阶段问题的回答是否及如何发生偏差是不清楚的。如,相对被访人自己的回答,代理人对被访者能够在有便利条件情况下工作报告的可能性是低还是高我们无法确定。

中,有20%存在残疾但是未报告活动受限,47%存在中度受限(定义为某些活动受限,但并非任何行动都完全不能完成),33%存在严重受限(至少一项活动不能完成)。

备选的残疾定义

入户调查中通常使用的残疾衡量的备选方法是考察被访者是否报告不能工作,或在她/他力所能及的工作类型或者工作量上,由于残损或健康问题而受到限制。由于被访者社会背景可能造成偏倚,我们并未采用这一测量方法,比如,未被雇佣的人相对同样残损水平的被雇佣者可能更倾向于报告由于自身的健康问题而造成工作受限,这是因为社会可接受的观点是健康才能够外出工作。在工作受限定义下,工作年龄段残疾人口规模是1,690万,占所有工作年龄人口的11%,较我们使用定义下的规模稍大(LaPlante et al.,1992)。

在两个定义下雇佣率的差异相对较小。我们定义的活动受限为基础的残疾人就业的比例为37%,低于使用的基于工作受限定义下的39%。

界定有就业意愿的亚群体

为了将促进残疾人工作的辅助政策的讨论集中于那些可能从求职或特殊工作便利条件的帮助中受益最大的人群,我们在非在业成年残疾人群中界定了一个最具就业意愿的亚人群。这一亚人群包括那些非退休的、并非因为健康状况而不能工作或者可以在无障碍条件情况下进行工作的成年残疾人。我们将已退休或使其工作可能的无障条件不存在的残疾样本排除后[①],这样我们得到了1,061个未加权非就业人群样本。[②]

退休状态和无障碍使工作成为可能的理解均是主观的评价。而且它们还与个人期望的努力、甚至企图成为劳动力存在密切的关联。这正是我们努力要掌握的维度,来关注他们因以工作为焦点的政策干预而致的最大获益。另外,阶段2调查的结构限制了我们对于可选亚人群定义的使用。举例来讲,那些在阶段2调查中回答说已经退休的人,没有被问及任何对于无障条件和求

[①] 理论上讲,要退休的人正在工作是可能的,NHIS-D只询问那些不论退休与否的非在业人口。在这一部分,我们只涉及那些非在业者,所以所有报告自己已退休的人均为非在业。

[②] 在有"就业意向"的非在业残疾人中,9.7%在第2阶段有代理被访者。

职的需求,所以他们不能被纳入其中。

大约 1/4 的非就业成年残疾人落入这一有就业意向的类别之中,并被纳入分析(表1)。这一群体包括那些回答在工作上并没有因健康或残疾问题受到阻碍或限制(占8.2%),以及工作确实存在阻碍,但是可以在无障条件下工作(占3.6%),或由于健康或残疾而工作受限,但是可以在无障条件下工作(11.8%)的成年残疾人。

表1 样本是否纳入分析的非就业成年残疾人状况

	非就业成年残疾人(%)
分析纳入	23.6
健康或残疾造成的工作活动受限,但可在无障碍条件下工作	11.8
没有受到任何健康或残疾带来的阻碍或限制	8.2
工作活动确实受到健康或残疾阻碍,但可在无障碍条件下工作	3.6
分析排除	76.3
残疾或健康原因造成的退休	43.1
非健康原因造成的退休	4.9
工作活动确实受到健康或残疾阻碍,有无障碍条件也不能工作	26.0
工作活动确实受到健康或残疾阻碍,不知无障碍条件是否能帮助工作	2.3
合计	100.0

注释:合计包括了所有18—64岁非在业成年残疾人。来源:作者对于1994/1995年 NHIS-D 的计算。

其余的 3/4 非就业成年残疾人被排除在分析之外。有大量的非就业残疾人将自己归入退休的行列,故我们未将这一群体包括其中,因为寻找工作的可能性较小。大部分回答已退休的人给出的退休原因是残疾或健康原因,占所有非就业者的43.1%;另外4.9%的非就业者表示他们退休并非健康原因。只有少数人(4%)回答自己退休的时候仍可以继续工作。在回答仍可继续工作的人当中,只有 1/3 的人是在过去的 5 年内退休的,这将弱化他们需要现有工作以支持供给的效用。对那些因为健康或残疾以外原因退休的人来讲,退休意味着一种改变工作状态的自愿决定,这将降低他们再工作的可能性。

显著的与工作相关的受限——自报即使在无障碍的条件下也没有工作的可能,和已经退休人员所占的比例相比较而言并不普遍。在非就业的成年残疾人中,大约1/4(26.0%)并未退休,并回答说他们在工作中完全受阻,而且即使在无障碍条件也没有能力工作。另外的2.3%的人提出工作完全受阻,并且不知道无障碍条件能否有帮助。

通过分析,将研究局限在有就业意愿的这一亚群体之中,但这并不意味着其他非在业成年残疾人就不能工作,或不能从各种工作支持政策中获得利益。当然,也有人可能决定退休后重新工作,而那些回答没有能够帮助他们工作无障碍条件的人,可能是因为缺乏能够帮助他们工作的潜在无障碍条件或服务的相关信息,而这些信息和/或其它服务的提供或许能够增加就业。在这里,我们相信关注于未来就业可能性较高的人群,即我们描述为更有"就业意愿"的群体,关注其就业支持政策是很重要的,并且能够帮助我们明晰就业相关的需求。

顺理成章,我们发现非就业群体中被排除在分析之外的较被纳入分析者的残疾程度要严重得多。如,在有就业意愿的群体中,有26%不能完成前面列举的活动或功能中的一项,而在被排除者中,这一比例约占了一半。残疾严重程度与工作可能性相关——在就业成年残疾人中,至少一项活动不能完成的比例只有17%。因此,较轻的活动受限是本研究关注有就业意愿的亚群体的另一个原因。然而,值得注意的是,残疾严重程度与就业行为之间并不完全相关,调查数据中有近1/4存在严重活动受限的人是在业的。

很明显,我们分析的有就业意向的群体中的一些人选择不就业可能是非残疾相关原因,如家庭顾虑,故而将来就业的可能性也较小,但对这些人的识别非常困难。NHIS-D并未直接问被访者他们是否想工作,因此我们无法区分哪些是选择退出劳动力市场的人。联邦的官方失业数据中,只有主动寻找工作者才被计为劳动力,而 NHIS-D 并没有询问被访者是否在寻找工作。这里我们并不想将样本局限于在寻找工作的这一群体之中,因为这样可能将很多符合"碰壁的待业者"定义的残疾人排除在外,即那些想要找工作,但很难找到工作所以停止寻找的人。[1] 而若只纳入那些过去有工作经验的人,也会排

---

[1] Kirchner, Schmeidler 和 Todorov(1999)在他们对于视力残损者的研究中,使用 NHIS-D 对将寻找工作作为一种促进工作或"雇佣联系"方法的使用进行了检验。他们发现只有14%法定视力残疾人最近寻找过工作或计划寻找工作,并建议将此作为具有工作兴趣的唯一标准。

除一些碰壁的残疾待业者,特别是从未工作过的青年人。根据家庭状况或性别做出排除也有可能将一些确实想工作的非就业残疾人排除在外。我们讨论结果时注意到,有就业意向的亚群体中的一些人是"自愿"的非就业者,在解释结果时需要加以注意。

结　果

我们检验了残疾人就业的两个关键因素:求职中的困难和适宜工作场所的无障条件需求。考虑支持残疾人就业的政策时,很容易将焦点放在那些就业后工作职责的必要因素上,如工作场所无障碍条件或个人援助的提供。但是在就业的道路上还有很多前提,包括决定寻找工作、准备开始求职、找出职位空缺、工作申请和面试以及被雇佣等。所有这些"雇佣前"步骤是就业的关键,也是政策潜在的干预点。我们在"寻找工作"这一分类下将其归为一组,并且我们关注成年残疾人报告的求职过程中遇到困难的范围、造成这些困难的原因,以及成年残疾人中哪些人在报告最严重的困难。

一些残疾人在确定职位之后,开展工作时也会需要一些工作场所提供给无障碍条件。这一思路是 1990 年美国残疾人法得以通过的部分原因,该法案要求所有拥有 25 个以上雇员的雇主要为残疾人提供适当的无障碍工作条件,除非无障碍条件会导致商业运作上异常的困难(Public Law 101-336)。① 在这里,我们还检验了非就业残疾人报告的用于工作的无障碍条件的范围,以及他们需求的具体便利条件。我们还讨论了是否存在无障碍条件的需求会降低残疾人就业可能性的问题。

寻找工作

在本调查中,有一半以上(55.1%)的存在就业意向的非在业残疾者报告说所患的健康问题、残损或残疾使他们的求职变得困难,这表明解决求职困难可能是一个政策干预的重要领域。

对本结果要说明的一点是,那些从未工作过的人(占就业意向的非在业

---

① ADA 条款最初生效是在 1992 年 7 月 26 日,并且只包括拥有 25 个或以上雇员的雇主。这一界限于 1994 年 7 月 26 号被改为 15 个或以上雇员(关于美国残疾人法案的认证,http://www.eeoc.gov/facts/fs-ada.html)。

者12%)没有被问及其求职的问题,所以被排除在这一部分之外。但那些从未工作过的人没有寻找过工作,其中可能包括那些寻找工作最为困难的人。①所以这里讨论的结果可能会低估了所有有就业意愿的非在业成年残疾人在求职中遇到的困难程度。

残疾成年人在求职过程中遇到了何种困难?调查中,有就业意愿的非在业者将被问及在求职过程中受到阻碍的原因。报告求职困难的人群给出最多的答案是没有可及的合适的职位,占52.5%(表2)。这可以理解为具备无障条件的职位没有空缺、合适的职业领域中没有职位,或被访者没有找到这一空缺。

劳动力市场研究显示在业朋友或熟人网络以及个人介绍是人们寻找工作的重要途径。另外,很多雇主使用非正式渠道来寻找雇员。研究证实,与主流工作较为隔离的人群,如城市中居住在贫困社区的人,缺少这些发现职位空缺途径的就业网络(Granovetter,1995;Holzer,1996;Wilson,1996)。

在某种程度上,残疾人也类似这种情况,即缺少这些类型的就业网络。残疾人被在业的朋友或熟人介绍工作的可能性要小于非残疾人。如果这些符合实际情况,则更多的正式工作信息来源,如社区或当地的政府职业介绍机构,可能会填补这一空白。这一观点也可以通过22.8%的求职过程中碰壁的人报告说缺少工作相关的适当信息得到论证。

第二位普遍的就业受阻原因是家庭责任,占存在就业意愿人群的1/3以上。这反映在平衡对儿童或其他成人的照料与工作的关系上的困难,如对儿童照料的需要。这也是人们根本不工作,并自愿决定不去寻找的一个原因,而不是工作的障碍。女性更可能将这一答案作为非就业的原因,研究发现样本中有就业意愿的非就业者较已就业者具有较高的百分比(65%对55%)。

将近1/3求职困难者报告了交通缺乏的问题。这包括缺乏公共或个人交通的可及性,或无法使用公共交通工具。如果公共交通工具是可及的,但并不到达空缺职位的地点,那么这仍然是一个交通问题。当增加的职位主要在郊区时,城市居民会普遍反映这一问题。如果缺少交通工具是求职过程中相对较大的一个问题,那么它在接受工作的过程中也可能是一个问题,或者可能限制了寻找工作机会的地理范围。

---

① 另外,小部分没有报告工作受限的人未被问及他们求职困难的原因。

表2 报告求职困难的就业导向非在业成年残疾人求职困难的原因[a]

求职困难的原因	百分比
没有合适的工作	52.5
家庭责任	34.5
缺少交通	29
缺少适当工作信息	22.8
个人所受训练不足	21.6
会失去健康保险和医疗救助	20.1
会失去SSI/SSDI其它收入	15.8
受到家人或朋友的劝阻	14.2
会被拒绝培训	11.8
会被拒绝推荐/调换	10.5
会失去住所	8.7

来源:作者对于1994/1995年NHIS-D的计算。

[a]调查中并非所有就业导向未工作者均被问及求职的问题。那些从未工作过的人(占就业导向未工作者的12%)并未包含其中。

　　求职困难的另外一个重要原因是缺乏培训(26.1%)。培训可以有多种形式,从正式教育到工作指导。残疾人中,非就业者完成大学学业的比例要远低于就业者(8.2%相对20.3%),且从高中退学这一教育水平的人口比例更高(32.4%相对18.1%)。培训的缺乏也可能是因为一些低教育水平的非就业者正在上学或接受培训而降低求职机会。非就业者在校或正在接受其它工作培训项目的比例(8%)要高于就业者(4%),但是这一比例仍相对较低。

　　对于失去政府或者个人提供福利的担心,这也是一个就业的阻碍。20%的人担心失去健康保险或医疗救助,15.8%的人担心失去SSI、SSDI或其它收入,8.7%担心失去住所。[①] 失去福利对就业的威慑程度已得到深入的研究(Bound & Burkhauser,2000),了解了这些威慑影响,政策制定者,特别是社会保障局,已经开始实施改变规则,并继续以实验项目的形式促进残疾人就业,包括限定福利损失(或放松福利返还机制),以及他们在寻找稳定的雇主可以

---

① 如果将所有未就业的成年残疾人包括在内,这一原因的百分比会更高。

提供健康保险工作的过程中,可继续维持其健康保险。

求职受阻最后的一个原因是担心即使工作后也无法获得完全的待遇,以及家人或朋友的劝阻。求职困难者中约有 1/10 报告他们相信其可能在培训、推荐或工作调换过程中被雇主拒绝。这一担心可能是基于他们以往的经历,从而突出了歧视是可以减少未来就业的。继续加强 ADA 的实施,平抑工作机会可及性的不公平,这将不仅可以直接增加就业机会,而且还会鼓励那些求职过程中曾经历过歧视的人再次求职。在某种程度上,残疾人相信歧视的存在是毫无根据的,抑或是基于过时的信息,如前所述,职业中介也会有助于消除这些顾虑。

对于 14.2% 工作受到家人和朋友劝阻的人,提供残疾人就业可能的相关教育,以及获取多少残疾人正在工作的信息等可能会有助于情况的缓解。家人和朋友劝阻的原因可能在于若他们残疾的亲戚或朋友出去工作,他们或许因此而需要承担额外的负担。但在某种程度上,资源使残疾人更加独立可能会对工作有所促进,这包括有助于残疾人工作准备的无障碍条件的提供,如个人助理或适宜交通工具。

报告求职困难最大的人是谁

显然,未做好就业"准备"的人中,健康问题所带来的求职困难是最普遍的。如表 3 所示。具有大学或以下教育水平的人当中求职困难者约占一半,而大学及以上困难者仅占 1/4。这可能意味着对于那些高学历的人来说,他们更倾向于利用信息,或者说他们寻找的工作类型一般有较正规的广告提供。过去五年中没有工作的人(73.0%)相比有近期工作经历的人(44.9%)在求职的过程中,遇到困难的可能性更大。

表 3 分教育程度、工作经历和残损严重程度求职困难(就业意愿的非在业残疾人)[a]

特 征	求职困难报告百分比
所有就业导向非在业者	55.2
受教育年限	
<12 年	50.6
12 年	51.6
13—15 年	56.5
16 + 年	24.5

续　表

特　征	求职困难报告百分比
工作经历	
过去5年中	44.9
五年之前	73
残损严重性	
无活动受限	31.9
中度活动受限	50.9
严重活动受限	62.4

来源:作者对于1994/1995年NHIS-D的计算。

ᵃ调查中并非所有有就业意向的未工作者均被问及求职的问题。那些从未工作过的人(占有就业意向未工作者的12%)并未包含其中。

未就业成年人中,残损严重者求职的困难更大。62%重度受限者(一项或多项相关活动无法完成)和50%中度受限者报告了求职困难,而没有活动受限者的比例为31.9%。我们经常讨论提供使残疾人工作有可能的无障条件,但严重残损者在求职上面临更大困难这一结果显示,我们也要考虑求职者对无障条件的可及性。一些求职过程的需要和工作环境无障条件的需要相似,如交通工具;其它的还包括有具体的寻找工作过程的无障条件,包括确保严重活动受限的残疾人也能够获得社区或政府机构提供的就业信息或准备活动等。

工作无障条件

工作无障条件需求及其可及性是残疾人就业的重要因素。如前定义,本部分我们依然将分析限定在具有就业意向的非在业者,但这一群体除包括了未就业者之外,还有那些残障发生时正在工作、需要无障条件来继续维持工作者。①

---

① 本部分中我们关注于雇主可能提供的无障条件,而不是雇员可能达到的,如改变工作。两种无障条件类型在以往的研究中均有记录(Daly & Bound,1996)。

对这一亚群体的人,将问及他们是否需要无障条件来工作,和他们对一份具体工作无障条件列表的各项是否需要。① 我们将无障条件分为四类:工作场所无障情况、特殊工作安排、设备需求以及辅助。工作场所无障情况包括坡道或扶手、无障停车场或车站、电梯或特殊电梯、调整过的工作台、无障卫生间和自动门。特殊工作安排是指改变工作类型或时间安排的便利条件,包括减少工作时间长度以增加休息间隔、减少或部分工作时间和工作的重新设计。设备需求可能包括特殊办公用品、盲文打印机、能够打印大字体的打印机、特殊照明或录音磁带、声音合成器、聋人电话(TDDs)、红外听力系统或其它技术设备。辅助类包括岗位指导、个人辅助、阅读器和口语或符号语言解释器。每个人均可选择多个无障条件和服务需求。

大约1/3(32.1%)的有就业意向的非在业残疾人报告为了工作需要一些无障条件(表4)。就大多数有就业意向的非在业成年残疾人而言,其对工作便利的需求水平说明无障条件并不是他们就业的主要障碍。另一方面,也可能是因为未工作者并不知道何种类型的无障条件是可获得的,故而对具体无障条件需求的报告难以提出。如果事实果真如此,帮助残疾人获得工作意愿的关键步骤是为他们提供有关各种类型无障条件的潜在益处和可及性信息。

以就业为导向的非在业残疾人报告中,最为普遍的便利条件类型是工作场所无障情况(26.4%),接下来是特殊工作安排(12.3%),设备需求(7.3%)和辅助(6.9%)。8%的有就业意愿的非在业残疾人报告了需要一些其它不明确分类的无障条件。

工作地点附近具有无障停车场或交通站是最为普遍的工作场所无障需求(18.9%),紧随其后的是对无障电梯的需求(17.7%),工作台改造的需求(14.5%),以及扶手坡道(10.4%)。自动门、为特殊需求人群设计的卫生间的需求比例(各为5.5和5.2%)较小。

---

① 无障条件问题不会问及那些并未因为健康和残疾问题而工作受限或受阻者。在该分析中,这一群体被包括其中,并被作为需要无障条件帮助工作计算。这可能会使我们少报这一群体中可能从无障条件中受益者的总数。

表 4　就业导向非在业残疾人对于工作便利条件的需求

便利条件类型	需求百分比
任何便利条件	32.1
工作场所特征	26.4
停车场及车站可及性	18.9
电梯ª	17.4
调整过的工作站	14.5
扶手/坡道	10.4
自动门	5.5
为特殊需求人群设计卫生间	5.2
特殊工作安排	12.3
减少工时增加休息	10.0
减少的或部分工时	9.5
工作再设计	8.0
设备	7.3
特殊办公用品	4.5
盲文、增大打印特殊照明或录音磁带	2.5
声音合成器,TDD,红外系统,技术发明	1.8
辅助	6.9
岗位指导	5.6
个人辅助	4.0
阅读器或口语符号语言解释器	1.8
未分类便利条件	8.0

注释：被访者可以回答多个便利条件需求。
来源：作者对于 1994/1995 年 NHIS-D 的计算。
ª电梯包括需要任何电梯或需要为特殊需求者设计的电梯的人。

　　提供工作场所无障情况下,但不同无障条件的复杂性有很大差异。比如,改造一个无障工作台较安装一个无障电梯容易。然而,这些"较大"的也可能更昂贵的变动可能最终会是为更多人提供便利的一次性的无障改造。比如,若雇主为了满足某一员工的需要而安装了无障电梯,这个电梯很可能也会造福未来的残疾雇员。随着拥有残疾雇员的公司数目的增加,那些本质上永久的无障条件会变得更为普及,尤其是在对长期的就业影响较小的情况下,对任何一项无障条件的改造。

在需要特殊工作安排的非在业人口中,10.0%报告需要减少工作时间以便有更多的休息间隔。另外9.5%报告需要减少或只进行部分的工作时间,以及8.0%报告需要工作的再设计,包括工作职责的调整或减慢工作的节奏。由于这些便利条件的相似性,大多数有需求者对这些便利条件的需求不止一个。

残损人士对设备类的每种无障条件需求均在5%以下。该类中最为普遍的无障条件需求是特殊钢笔或铅笔、椅子或其它办公用品的提供,占该群体的4.5%。

在有就业意愿的非在业者中,6.9%有辅助指导的需要。在辅助指导的类别中,需求最大的是岗位指导,对残疾人进行培训和监管。这一需求的比例约为5.6%。这可能是相对迫切、正在发展的残疾人无障就业的形式。

根据残疾严重程度的无障条件需求

对于无障条件的需求可能是一定程度上的严重残损程度的反映。由于残损严重程度本身对就业预期产生影响,对严重程度和无障条件需求之间的关系分析可以帮助我们尝试单独分析无障设备需求对雇佣产生影响,以及重度残疾人是否真的对于无障条件存在更多需求。

表5显示了不同残损严重程度与各类别无障条件的需求情况,其中残损的严重程度是通过活动受限的程度来分类的。由于小分类中的规模较小,这里只显示总的无障条件类别。

活动受限较为严重的人员中有就业意愿的非在业者最有可能报告需求无障碍条件。严重活动受限的有就业意愿的非在业者中有39%存在工作无障碍条件的需求,中度活动受限者中有同样需要者占33.4%。二者均显著高于没有活动受限的残损人士,无活动受限者对工作无障碍条件有需求的比例为20.5%。

残疾严重程度和所有工作无障碍需求间总的关系受到不同工作场所无障条件的影响。随着残疾严重程度的增加,对于有就业意愿的未就业残疾人对工作无障条件的需求也从没有活动受限的16.3%上升到严重活动受限者的

36.8%。

在需要"特殊工作安排"无障碍条件类别中,只有中度和重度受限群体间存在需求差异,分别为14.4%和14.6%,与无活动受限者比较,其对无障碍条件的需求只有4.1%。不同严重程度的群体在特殊设备和辅助条件需求上的差异没有显著性。这表示,尽管活动受限较重者对特定无障碍条件的类型的需求可能性较大,但并不是对所有工作无障碍需求都如此。

对工作无障碍有需求者的需求往往不止一种。对工作无障碍条件有需求的有就业意向非在业者报告其需求种类的中位数为5种。由此,面对很多人的多项无障碍条件需求,我们自然无法认为仅满足一项无障碍需求就是其就业的充分条件。

表5 分残损严重程度和工作状况残损成年人工作无障条件需求

无障碍条件类型	有就业意向的非在业者				报告使用无障碍条件的工人(%)
	所有(%)	无活动受限(%)	中度活动受限(%)	重度活动受限(%)	
任何无障条件	32.1	20.5	33.4	39.0	18.4
工作场所特征	26.4	16.3	25.6	36.8	12.7
特殊工作安排	12.3	4.1	14.4	14.6	4.3
设备	7.3	9.3	6.3	7.7	2.1
辅助	6.9	5.4	7.1	7.9	2.0

注释:由于被访者可以选择多个便利条件需求或使用,所以每列相加不是100%。
来源:作者对于1994/1995年NHIS-D的计算。

另一方面,利用有限的无障碍条件也可能有能力完成某些工作。一些无障碍条件可能对于所有类型的工作来说均是"关键"的,而另外一些条件则对特定的工作才是关键的。对个人来讲,部分无障碍条件需求的满足就可能使其进行工作,如约有1/4的残疾就业者报告他们有某些无障条件需求,但在当前工作中并未得到满足。

无障条件的需求和利用比较

由于雇主发现某种无障碍条件的提供较为昂贵或者难以实现,则相对其它类型需求,有可能这些类型无障碍条件需求会给就业带来更大的障碍。我们可以通过对未在业者对无障条件的需求和当前就业者对无障条件的使用进行比较，来检验这一情况是否属实。如果目前劳动力市场中提供的无障条件的类型与未就业者的需求不同，则问题就变为如何增加这些类型的无障条件的"供给"。

表5的最后一列显示了按无障条件分类的残疾在业者（包括所有调查前两周有过工作者）对无障条件使用的百分比。相对有就业意向的非在业者对无障碍条件的需求，使用无障碍条件的残损在业者比例相对较小（18.4%）。此外，相对于非在业者需求的强度，在业者对无障碍条件的使用强度也较低，使用无障碍条件的在业者，其使用的无障条件种类的中位数为1，而相应有无障碍条件需求的有就业意向的非在业者，其需求的种类的中位数为5。

虽然相对于非在业者报告的需求，在业者对无障条件的使用较少，但我们发现报告需求最多的无障碍条件与残损在业者使用最多的无障条件是类似的。残损在业者报告有工作场所无障碍条件需求的比重是12.7%，工作安排便利条件的需求为4.3%，设备、辅助便利条件需求分别为2.1%和2.0%。在业者的使用与非在业者的需求至少在无障条件的类别中，数据未显示出明显的差异。

对在业者来讲，需要的无障碍条件的实现是可能由雇主、就业之外的项目甚至残疾人个人出资来实现的。因此，目前在业者享有的无障碍条件，可能是这些特定无障碍条件可及性的一种度量，而不是雇主乐于提供特定无障碍条件的意愿，但与报告的无障条件类型需求基本相符，这对其可及性来说是有希望的。

无障条件需求对就业可能性的影响

对无障条件有需求的残损者较无此需求的求职者被雇佣的可能性小。这就带来了一个问题：对工作无障条件的需求是否减少了被雇佣可能性，或许由于雇主对于需要无障条件者的歧视。

就业率的不同可能部分地由于无障条件需求的人群之间的人口学特征的差异，例如，需要无障条件的人较不需要者更有可能存在严重的活动受限。分离出其它额外因素后，通过控制人口学特征后的回归分析有助于确定无障条件需求和就业间的关系。

表6 工作和无障条件需求间的关系

	相关系数（标准误）	比值比 OR
需要便利条件（均值=0.25）	-0.443*** (0.008)	0.642
年龄（均值=42.58）	0.008** (0.004)	1.008
男性（均值=0.40）	0.693*** (0.098)	1.999
在婚有配偶均值（均值=0.60）	-0.017 (0.090)	0.998
受教育年限（均值=12.35）	0.131*** (0.016)	1.140
白人，非西班牙裔（均值=0.84）	0.318*** (0.118)	1.374
中度残损（均值=42.58）	-0.456*** (0.107)	0.633
重度残损（均值=42.58）	-0.694*** (0.121)	0.500
常量（constant）	-1.078*** (0.275)	
F-检验	27.08***	
预测工作可能性——其它所有特征取均值		
无便利条件需求	74.5%	
有便利条件需求	65.2%	

来源：作者对于1994/1995年NHIS-D的计算。

* 显著性水平 $p<0.10$；** 显著性水平 $p<0.05$；*** 显著性水平 $p<0.01$。

我们对所有过去两周中就业可能性进行了logistic回归，并控制包括受教育水平、年龄、性别、种族和婚姻状态等人口学特征以及活动受限程度。尽管其他诸如工作经历和职业等是我们想要控制的变量，但在NHIS-D调查的在业和待业的人群中均未涉及。因此，这一分析应该被解释为控制了一些影响雇佣关键因素后，无障条件需求和就业之间关系的描述性检验。

控制了这些因素之后，对无障条件的需求与就业之间的关系仍然显著。我们用这些回归的结果来比较除了对无障条件需求外其它测量特征均等值的两组人，结果发现需要无障条件者就业率为65%，而不需要无障条件者的就业率为75%。这些概率的计算是通过除无障条件需求之外的所有特征的均值进行计算的（表6）。

以上结果表明，在就业上观察到的差异可能部分地归因于无障条件需求本身，这反映当对工作无障条件有所要求时，会降低其就业的可能性。然而，由于我们不能对所有可能会影响就业的因素进行控制，这一无障条件需求和就业之间的显著性关系可能有所夸大。

讨论和结论

  有残损成年人的就业率明显低于无残损的成年人。本研究通过对求职困难和对工作场所无障条件需求的分析，揭示何种政策能够成功地促进残损成年人的工作。

  我们首先分析非在业成年人残疾的异质性及残损严重程度和就业率之间的关系。由于成年人残障对工作受限的程度是不同的，我们关注那些有就业意向的非在业残损成年人，其中包括工作环境提供无障条件可以帮助他们就业，或者残损对工作没有限制。我们排除了那些退休或者即使工作环境有无障条件也不可能就业的人。将近1/4的非在业残损成年人属于有"就业意向"者。平均来讲，这一群体的活动受限程度较在业残损成年人群体高，但是远低于那些就业可能性很低的群体。此外，需要注意的是，有17%的在业残损成年人却存在着重度的活动受限。

  本文有几个对于有就业意向的非在业群体所需的就业扶持政策关键的研究发现。在支持残疾人就业前，首先是工作的寻找。我们发现求职困难是广泛存在的，超过一半的非在业残损者报告均遭遇过这一困难。尽管人们求职过程中遭遇阻碍的原因各不相同，但缺乏合适的工作、合适工作相关信息和交通问题是经常被提及的。

  有关辅助求职、甚至开展求职准备的辅助项目可能会减轻求职困难问题，激励工作需求信息的提供以及服务于雇主和残损求职者的中介是必要的。这一概念并不新颖，尽管源源不断的需求说明这些项目尚未满足大量需求者，实际上，很多社区项目已经开展了这些类型的活动。努力的目标应定位于那些求职最困难的人，尤其是那些受教育水平偏低、缺少近期工作经验或存在较重活动受限者。

  对于工作场所无障条件的需求也会限制成年残疾人的就业预期。只有1/3的有就业意向的非在业成年残疾人表示在无障条件下可以就业。最普遍的无障条件需求是工作无障场所，如无障碍停车场或公共交通站、无障电梯和无障工作台。其次普遍需求的无障条件是特殊的工作安排，包括在工作时间表中减少工时和增加休息间隔。非在业者对无障条件需求的比例较在业者对无障条件使用的比例大，但无障条件类型需求最多的内容相似。

  虽然ADA的目的是增加成年残疾人的就业，降低无障条件需求可能带来的负面影响,在数据收集之时,即 ADA 通过 5 年之后,对无障条件的需求仍会降低就业的可能性。在分析中,即使在控制残损严重程度,结果发现这一影响仍然存在。这可能是因为难于找到提供这些无障条件的雇主。由此,增加残障人士就业需要继续警觉和关注于无障条件的提供。

另外一个方面,对无障条件调查的结果是 2/3 的非在业者没有提及任何他们就业所需的具体无障条件的列举,这或许表明他们缺少具体无障条件可能带来益处的认知,尤其是从未工作过或最近没有就业者。但这也可能表明,除去适当关注于对无障碍条件的工作场所可及性和 ADA 的要求贯彻之外,这一群体还存在着其他的就业障碍。

(陈功、孙慧杰初译、审译,宋新明审校)

参考文献

Baldwin, M. L., & Johnson, W. G. (1994). Labor market discrimination against men with disabilities. *Journal of Human Resources*, 29, 1-19.

Bound, J., & Burkhauser, R. V. (2000). Economic analysis of transfer programs targeted on people with disabilities. In: O. Asshenfelter & D. Card (Eds), *Handbook of Labor Economics* (Vol. 3). New York, NY: Elsevier Science Press.

Bound, J. & Waidmann, T. (2000). Accounting for recent declines in employment rates among the working-aged disabled. NBER Working Paper No. W7975. Cambridge, MA: National Bureau of Economic Research.

Burkhauser, R. V., Daly, M. C., Houtenville, A. J., & Nargis, N. (2001). Economic outcomes of working-age people with disabilities over the business cycle: An examination of the 1980s and 1990s. Working Paper. Ithaca, NY: Cornell Rehabilitation and Research Training Center.

Burkhauser, R. V., & Houtenville, A. (2001). Employment among working-age people with disabilities: What current data can tell us. Working Paper. Ithaca, NY: Cornell University.

Daly, M. C., & Bound, J. (1996). Worker adaptation and employer accommodation following the onset of a health impairment. *Journal of Gerontology*, *51B*, S53-S60.

Granovetter, M. (1995). *Getting a job: A study of contacts and careers*. Chicago, IL: Chicago University Russell Sage Foundation.

Kirchner, C., Schmeidler, E., & Todorov, A. (1999). *Looking at employment through a lifespan telescope: Age, health, and employments status of people with serious visual impairment*. New York, NY: American Foundation for the Blind.

LaPlante, M. P., Miller, S. & Miller, K. (1992). People with work disability in the U. S. *Disability Statistics Abstract*, 4.

Loprest, P., & Maag, E. (2001). Barriers to and supports for work among adults with disabilities: Results from the NHIS-D. Report to the U. S. Department of Health and Human Services. Washington, DC: USDHHS.

Nagi, S. Z. (1991). Disability concepts revisited: Implications for prevention. In: A. M. Pope & A. R. Tarlow (Eds), *Disability in America: Towards a National Agenda for Preventions* (pp. 309-327). Washington, DC: National Academy Press.

Todorov, A. ,& Kirchner, C. (2000). Bias in proxies' reports of disability: Data From the National Health Interview Survey on Disability. *American Journal of Public Health*, 90(8), 1248-1253.

Trupin, L., Sebasta, D., Yelin, E., & LaPlante, M. (1997). *Trends in labor force participation among persons with disabilities*, 1983-1994. Disability Statistics Center Report 10. San Francisco, CA: University of California at San Francisco.

Wilson, W. J. (1996). *When work disappears: The world of the new urban poor*. Princeton, NJ: Princeton University Press.

就业年龄段活动受限成年人的康复服务利用差异分析

戈恩·琼斯、菲利普·比蒂

摘 要

本研究检验了就业年龄阶段活动受限和不受限的成年人在卫生预防保健服务上的利用情况,目的是在两类人群中找出异同(活动受限指的是使用行动辅助器,行走有困难,站立一段时间有困难,或者爬楼梯有困难)。通过1994年美国健康访谈残疾主题调查的数据和2000年美国健康访谈调查数据,进行交叉表和logistic回归分析,检验了活动受限与健康筛查、免疫接种和健康行为咨询等卫生服务利用之间的相关关系。分析结果尽管是混杂的,但预防服务利用的差异得到了证实。

引 言

本研究通过检查分析1994年美国健康访谈残疾主题调查(NHIS-D)的数据和2000年跟踪的美国健康访谈调查数据,即《健康人口2000》的目标进展,旨在填补目前在就业年龄阶段活动受限成年人对预防服务利用有关的研究空白。虽有研究者(Iezzoni et al.,2000a,b)已利用 NHIS 数据研究了残疾人的预防服务的利用情况,但尚没有其他研究者专门关注就业年龄段成年人的预防服务利用情况。

尽管美国老年人较就业年龄段人口呈现出更高的残疾和功能受限率,但因就业年龄段人口规模是退休年龄段人口的五倍,故而在美国就业年龄段人口中残疾人的数量远高于老年残疾人口。当美国老年人的卫生保健需求早已在卫生服务研究领域引起重视时,就业年龄阶段残疾人对其自身的卫生保健需求和经验仍然是相对未知的。

健康是有意义的参与主要社会实践的必要先决条件。近年来决策者们都显著地关注并努力提高残疾人就业水平,而提高对就业年龄阶段残疾人的卫生保健需求和经验的理解,可以为制定全国和各州的优先政策提供重要背景信息(Guirguis,1999;Sim,1999)。

预防服务的重要性

最近在卫生保健服务提供上的变化以及在基层医疗服务的提供者和卫生保健消费者传统角色上的转变,促进了重新把预防作为一项国家的优先政策。预防服务,包括健康筛查、免疫接种和健康行为咨询,将有利于包括残疾人在内的所有人的健康和福利(美国公共卫生联合会,2000;Iezzoni et al.,2000a;Kongstvedt,1997;Krause et al.,2000;Rimmer et al.,1999,2000;Roller,1994)。

为了保持最好的健康状态,美国防疫特别行动队(The U. S. Preventive Services Task Force,USPSTF)建议,处于工作年龄阶段的成年人均存在不同的风险类型,应该进行定期的身体检查、血压检查、胆固醇检查,以及某些免疫接种。给妇女的建议包括子宫颈抹片检查、基于年龄的乳房检查、乳房 X 射线检查以及对雌激素的使用和骨质疏松预防咨询(美国卫生与人类服务署,1998)等。此外,工作年龄阶段的成年人也应该得到健康行为的咨询,诸如避孕、性传播疾病的预防、吸烟、饮酒、吸毒、饮食习惯,以及常规体育锻炼量等。(美国卫生与人类服务署,1998)。

然而,迄今为止,有关就业年龄阶段活动受限成年人对卫生预防服务利用的研究几乎是一片空白(Iezzone et al.,2000a)。

预防和残疾成年人

对数以百万计的残疾人而言,高质量的卫生预防保健可以延长寿命、减少社会孤立、提升就业能力以及提高生活质量和独立性(Coyle et al.,2000;Nosek,2000;Patrick,1997)。从残疾的历程上看,预防的重点是防止初级残疾的发生,例如中风和心脏病。有一项或多项初级残疾状况的患者,应在日常机能和生活质量上加以多种限制,预防额外的不利健康结局,即预防残疾的继发状况极为重要(Coyle et al.,2000;Jackson,1994;Nosek,2000)。

预防服务和《健康人口 2010》

根据 Marge(1994,p. xvi),"预防的最终目的是所有人都获得个人、社会和自然的健康生活。"为了达到这个目的,卫生预防已经成为《健康人口 2010》(以下简称 HP2010)目标的中心组成部分(美国卫生与人类服务署,2000)。当应用于卫生预防服务时,这些目标被设计为监测国民健康目标的进展,以及为提高卫生预防保健提供的决策指导方针(Bloom et al., 2000)。有两个 HP2010 目标应用到本研究,即目标 1 至 3,增加适宜接受健康行为咨询人口的比例;目标 6 至 10,增加为残疾人提供的获取健康和保健治疗项目和设施的比例(美国卫生与人类服务署,2000)。

卫生预防服务范围

卫生预防保健的范围包括:(1)健康筛查,诸如血压检查、胆固醇检查,和乳房 X 射线检查;(2)免疫接种,例如流感和肺炎疫苗;和(3)健康行为评估和咨询,例如调查吸烟、饮酒、性传播疾病和体育锻炼参与等(Burton et al.,1995; Iezzoni et al., 2000a; McGinnis & Rothstein, 1994; Phillips et al.,2000a)。

健康筛查

美国防疫特别行动队(USPSTF)建议所有成年人进行定期身体检查,胆固醇检查和血压检查,检查的时间间隔可由私人医生确定(美国卫生与人类服务署,1998)。

美国癌症协会(ACS)和美国防疫特别行动队建议,一旦进入性活跃期或者达到 18 岁,所有妇女应该进行一年一次的子宫颈抹片检查(美国卫生与人类服务署,1998),但据对残疾妇女的调查,当她们实际上有性生活的时候,医生并不认为她们进入性活跃期(Nosek, 2000)。此外根据 ACS 和 USPSTF 建议,年龄在 40 岁及以上的妇女应该进行每年一次的乳房 X 射线检查,尤其是正接受激素替代疗法者或是非裔美国人,以及有乳癌家族病史者(Shapira et al., 2000;美国卫生与人类服务署,1998)。虽然工作年龄阶段的成年人的卫生预防服务利用数据很粗略,但有一些证据表明,活动受限的人口相比非残疾人口来讲,使用健康筛查服务的可能性更小。也有一些证据表明,如果他们使用诊断设备有困难或者他们无法做出一些检查程序必需的身体姿势,医生也有可能会忽略筛查或者进行更少的诊断(Iezzoni et al.,2000a;Nosek,2000)。

USPSTF建议所有绝经后妇女应该获得使用激素代替疗法来预防骨质疏松的咨询服务(U. S. Department of Health and Human Services,1998)。活动受限妇女患骨质疏松的风险较高,因为她们的生活方式是久坐不动的,并且可能参与其他有害健康的行为,例如吸烟(Nosek,2000;Rimmer et al.,2000),因此她们可能比预期年龄更早地患骨质疏松(Coyle et al.,2000;Turk et al.,1997)。

免疫接种

免疫接种通常是对婴儿和儿童提供的医疗服务的主要部分,而非针对工作年龄阶段的成年人。成年人的流感疫苗,通常都给老年人或有间歇性和慢性呼吸系统疾病史的人(美国卫生与公共服务部,1998)。很少资料显示残疾青年人有免疫接种的需求。Iezzoni和她的同事们(2000a)研究过这个问题,但是他们没有把样本限制在工作年龄阶段的成年人中。目前,USPSTF建议为老年人,患慢性病的成年人,以及接触到大量极有可能已经暴露有流感或引发肺炎的介质中的人群准备流感疫苗和肺炎疫苗(美国卫生与人类服务署,1998)。

健康行为咨询

健康行为咨询也许是最简单的干预方法,它比高科技的筛查程序在实现成本上要少得多。USPSTF建议所有成年人应该接受以下方面的咨询服务:酗酒和药物滥用,饮食习惯,常规体育锻炼,戒烟等(美国卫生与人类服务署,1998),同时建议所有处于性活跃期的成年人应该进行预防性病的咨询。

健康行为咨询在几个方面均有利于残疾人和健全人。健康行为干预的目标是假定人们将承担自己行为的责任而开展健康维持活动(Patrick et al.,1997)。健康行为咨询为残疾人和健全人开启了一扇门,使他们对自己的健康状况进行更多的控制练习。关注像饮食和常规的健身活动等健康行为,特别有利于预防将会导致残疾人机体功能衰退的"失用症"(Marge,1994)。因为残疾人已经失去了部分健康,他们尤其需要及时的预防服务,防止可能导致的进一步残疾继发情况发生(Burns et al.,1990;DeJong,1997;Iezzoni et al.,2000a;Marge,1998;Stuifbergen et al.,1998;Sulkis,1995)。关于其他的行为风险,一些研究显示:(1)饮酒在残疾人和普通大众中是同样普遍存在的;(2)与相应的健全妇女相比,残疾青年妇女中吸烟者的比例是其两倍(Heinemann，1990；Hubbard et al.，1996；Nosek，2000；Ogborne & Smart，1995；Turk et al.，1997；Watson et al.，1998）。

到目前为止，有关工作年龄阶段活动受限的成年人对预防服务利用状况的可用数据非常少。Rimmer 和 Hedman（1998）指出，几乎所有对预防策略和健康促进的研究都是和健全人有关。除 NHIS 之外，其他两个数据库提供了一些有关预防服务利用的数据，即由美国疾病控制与预防中心（CDC）每年组织的行为风险因素监测系统（BRFSS），被用来研究认为容易受到特定健康风险伤害的不同年龄段、性别以及低收入群体的预防服务（Liang et al.，1999）。到目前为止，公用的 CD-ROM 数据库的记录设计中不包括能够链接到预防服务数据的特定残疾模块（CDC，1997，1999；Liang et al.，1999）。1996 年进行的医疗花费追踪调查中，包含了几个测量这部分人口的健康筛查和流感疫苗使用情况的变量，但是数据库中没有有关其他免疫接种或健康行为咨询的信息（美国国家健康保健研究质量局，1998）。1994 年的 NHIS-D 为研究者提供了一个基线，在此基础上可以建立未来研究和数据收集的工具。正是因为这个原因，我们选择链接 NHIS-D 和 1994 年 NHIS 中用来跟踪 HP2000 目标的问题，为进一步研究在工作年龄阶段残疾人，对卫生预防服务利用的状况奠定初步的基础。

研究的问题

根据以往针对残疾人预防问题的讨论，下面我们在本研究中展开的研究问题有：（1）工作年龄阶段活动受限的成年人可能像对应的非残疾人群一样使用预防服务吗？（2）性别、种族和年龄对活动受限与预防服务利用之间的关系有影响吗？

数据和方法
数据来源

本项研究的数据来自 1994 年美国健康访谈调查（NHIS），其中包括美国健康访谈残疾主题调查（NHIS-D）的数据，以及 NHIS"健康人口 2000 补充卷"的数据，该补充卷的数据记录涵盖在 CDC 的《健康人口 2000》目标中的服务利用状况。NHIS 为研究不同分组人口的卫生保健经历提供了一个有用的工具。在当前的分析中，我们把重点放在工作年龄阶段活动受限的成年人对卫生预防服务的利用上。

变 量

主要的自变量

我们通过 NHIS-D 中的组合问题来确定活动受限的级别。NHIS-D 受访者被问到他们在完成下列任何一项活动中是否有困难:(1)"步行约 1/4 英里";(2)"走 10 步不休息";以及(3)"站立大约 20 分钟"。报告有困难的受访者接着被要求回答他们进行这些活动时是否有"一些困难"、"许多困难"或"完全不能"。为了当前分析的目的,我们把那些报告完全无法进行至少一项活动的受访者纳入"活动严重受限"的类别,把那些报告有困难完成至少一项活动,但并非完全不能进行活动的受访者纳入"活动有一些受限"的类别。我们把那些报告完成三项活动没有困难,但需要利用行动辅助器具的受访者纳入"活动有一些受限"的类别。把那些报告完成所有三项活动没有限制,也不使用行动辅助器的受访者,归类为"活动不受限"。

因变量

我们采用了十八种卫生预防服务利用的测量,包括八项健康检查,三种疫苗接种,以及七项健康行为评估。对于健康检查我们使用二值测量来表示是否接受了下面的服务:(1)在过去两年中进行了身体检查;(2)在受访者上次体检中进行了血压检查;(3)在受访者上次体检中进行了胆固醇水平检查;(4)在过去三年中进行了子宫颈抹片检查;(5)在过去两年中进行了乳房的外科检查;(6)在过去两年中进行了乳房 X 光检查;(7)咨询有关雌激素治疗的利弊;(8)在报告接受雌激素咨询的人中,就是否因为骨质疏松而做雌激素治疗也进行了讨论。

在免疫接种的分类中,我们使用二值测量来表示是否:(1)接种肺炎疫苗(曾经);(2)在过去十年中接种破伤风疫苗;(3)在过去十二个月内接种流感疫苗。

在健康行为评估类别中,我们使用的指标是有关受访者在他们的上次体检中是否被咨询下面的问题:(1)饮食习惯;(2)体力活动级别;(3)吸烟;(4)饮酒;(5)吸毒;(6)性传播疾病;(7)使用避孕药具。

控制变量

因为活动受限和卫生保健服务利用与老龄（Iezzoni，1996）、"非裔美国人"种族类别（Phillips et al.，2000b）以及妇女地位（Laditka & Fenkins，2001；Nosek，2000）呈正相关，我们在预测模型中使用了连续变量的年龄，三分类变量的种族（白人、黑人，和"其他"），以及两分类变量的性别作为控制变量。

统 计 分 析

我们对每一个二值预防服务利用变量和三个人口学变量与活动受限指标进行交叉表分析。对每个交叉表计算进行卡方检验以确定接受预防服务是否因为活动受限程度、种族、年龄以及性别的不同而有显著差异。

接着我们进行一系列的包含所有十八个变量的 Logistic 回归分析，来测量控制年龄、种族和性别后对活动受限与预防服务利用之间关系的潜在影响。

大多数标准统计软件包是在简单随机抽样方法（SRS）的基础上设计的，它们没有包含 NHIS 中使用的复杂的抽样设计功能。SUDAAN 软件解决了全国性调查比如 NIHS 中使用的复杂抽样方法的问题，因此我们使用 SUDAAN 统计软件获得下面报告的所有单变量和多变量估计的结果（Shah et al.，1992）。

为了获得最佳的样本大小，我们在逐模型基础上对有缺省值或缺少数据的记录进行了删除。这里八个模型分析的加权和没有缺省值的记录数量范围从 12,569,048 到 155,784,668。大部分因变量来自《健康人口 2000》对 NHIS 的补充卷。《健康人口 2000》只访问了 NHIS 受访者中的有限子样本。下面描述分析所用的样本大小主要是由对这些预防服务利用指标可用的样本大小确定的（见附录表 A1 每个预测模型未加权和加权的样本大小）。

结 果

二元结果

种族、性别以及年龄和活动受限是显著相关的。工作年龄阶段的非裔美国人（10.1%）显著较白种人（6.0%）报告活动受限的可能性更高，且工作年龄阶段的男性（7.4%）显著较女性（5.3%）报告活动受限的可能性更高。工作年龄阶段活动没有受限的成年人的平均年龄约为 38，相比之下，"活动有一些受限"的平均年龄是 47,"活动严重受限"的平均年龄是 51。

对活动受限变量与十八个预防服务变量中的每一个进行交叉表分析,得到十二个显著关系。在这十二个关系中,有六个表明活动受限的人较对应的活动不受限者获得特定的预防服务的可能性更高,另外六个则表明其获得服务的可能性更小的情况。

表 1 按活动受限程度分类的接受检查,免疫接种和健康行为评估的百分比

	没有受限（%）	一些受限（%）	严重受限（%）	X^2 值（p 值）
健康检查				
接受了				
在过去 2 年中身体检查	63.7	71.4	81.0	58.4(<0.01)
在上次体检中血压检查	98.5	99.1	96.9	4.3(0.12)
在上次体检中胆固醇检查	56.2	60.7	75.6	27.0(<0.01)
在过去 3 年中子宫颈抹片检查*	81.5	76.4	73.5	34.8(<0.01)
在过去 2 年中乳房检查**	77.4	71.2	80.8	7.6(0.11)
在过去 2 年中乳房 X 射线检查**	47.2	47.7	57.0	31.0(<0.01)
曾经向医生咨询有关				
雌激素治疗的利弊?***	42.4	47.4	54.7	5.6(0.06)
雌激素治疗为了骨质疏松?***	81.6	71.1	72.0	5.8(0.06)
免疫接种				
接受了				
肺炎疫苗(曾经)	6.8	11.7	22.6	30.4(<0.01)
在过去 10 年中破伤风疫苗	60.8	60.6	51.6	5.2(0.08)
在过去 12 各月中流感疫苗	14.3	20.8	39.1	41.4(<0.01)
健康行为评估				
在你的医生上次访问期间,有和你讨论?				
你的饮食习惯	46.3	53.6	61.2	18.3(<0.01)
你的日常活动水平	53.4	54.8	57.6	1.3(0.53)

续 表

	没有受限（%）	一些受限（%）	严重受限（%）	X^2值（p值）
吸烟	62.9	58.9	49.5	13.1（<0.01）
饮酒	52.3	50.6	40.2	9.7（<0.01）
吸毒	32.6	27.4	23.1	10.6（<0.01）
性传播疾病	28.3	21.5	13.6	25.5（<0.01）
避孕用品使用	32.9	25.7	13.9	22.6（<0.01）

* 年龄在 18—64 之间的妇女；** 年龄在 30—64 之间的妇女；*** 年龄在 40—60 之间的妇女。

健康检查

表 1 结果表明,一个人在过去两年内接受一次身体检查的可能性随着活动受限的严重程度增加而增加。大约 2/3 的活动没有受限的成年人报告在过去两年内接受了一次身体检查,相对应的,在活动有一些及严重受限的成年人中的比例分别是 71% 和 81%。相似的关系存在于在上次体检中接受了一次胆固醇检查和在过去两年中进行一次乳房 X 射线检查等健康检查项目中,即接受健康检查的可能性随着活动受限的严重程度的增加而增加。

活动受限妇女相比那些活动没有受限的妇女在过去三年内接受了一次子宫颈抹片检查的可能性更小。活动受限妇女相比活动没有受限妇女,在她们的上次体检中被告知有关雌激素治疗的利弊的可能性较高,但接收到有关用雌激素治疗来预防骨质疏松的信息的可能性较小。这两种雌激素治疗关系是临界显著的。

免疫接种

报告接受流感和肺炎疫苗的比例随着活动受限程度增加而显著增加。在过去十年中接受过一次破伤风疫苗的比例与活动受限之间不相关。

健康行为咨询

表 1 表明,活动受限人口与活动不受限制人口相比,在上次体检中被问及饮食习惯的可能性明显较高。本文研究的几乎所有其他的健康行为评估(包

括对吸烟、饮酒、吸毒、避孕用品的使用以及性传播疾病的讨论），活动受限人口与活动不受限人口相比，被问及有关行为的可能性明显较小。

多元结果

因为少数族裔、男性以及老年人活动受限的可能性更高，以及种族、性别和年龄也可能与本文研究的接受预防服务和检查相关，因此我们在控制了人口学特征变量之后，进行了 logistic 回归分析，来研究活动受限与预防服务利用之间的关系。下面我们报告在接受预防服务和活动受限、种族、年龄、性别之间统计显著的关系。

健康检查

表2表明，相比活动没有受限的人口，活动有"一些"受限的人口在过去两年内接受一次身体检查的可能性为其1.2倍，活动"严重"受限的人口的接受一次身体检查的可能性为其2倍，尽管在最近的体检中，相比活动没有受限的人口，活动严重受限的人口接受一次血压检查的可能性大约是24%，活动有一些受限的人口接受一次胆固醇检查的可能性大约是78%。年龄和接受身体检查、血压检查以及胆固醇检查之间是正相关的，非裔美国人相比白人接受这些服务的可能性明显更高。在过去两年内，妇女接受一次身体检查的可能性几乎是男性的2倍，但在她们最近的体检中，进行一次胆固醇检查的可能性只有男性的65%。

表3表明，在过去三年内，活动有一些受限的妇女与活动不受限妇女相比接受一次子宫颈抹片检查的可能性是76%。相似的，活动有一些受限的妇女相比活动不受限的妇女，接受了一次乳房检查的可能性是71%，接受了一次乳房X射线检查的可能性是76%，接受了有关预防骨质疏松的雌激素治疗建议的可能性是约50%。年龄与接受子宫颈抹片检查的可能性负相关，但与接受乳房X射线检查、激素治疗咨询以及预防骨质疏松的激素治疗咨询等正相关。

非裔美籍妇女相比白人妇女接受一次子宫颈抹片检查、乳房检查以及乳房X射线检查的可能性明显更高，但接受了有关雌激素治疗的建议的可能性明显较小。"其他"种族妇女相比白人妇女接受一次子宫颈抹片检查的可能性明显较小，且接受有关雌激素治疗建议的可能性也较小。

免疫接种

根据表4,相对于活动不受限的人口,活动"严重"受限人口接种一次流感疫苗的可能性是其2.5倍,接种一次肺炎疫苗的可能性是其4倍。相对于活动不受限的人口,活动有"一些"受限人口接种一次破伤风疫苗的可能性是其1.3倍,接种一次肺炎疫苗的可能性是其1.85倍。

表2 对活动受限、种族和年龄与检查指标Logistic回归所得比值比

	身体检查	血压检查	胆固醇检查
活动受限			
无	1.00	1.00	1.00
一些	*1.22*	1.21	*0.78*
严重	*2.01*	*0.24*	1.25
年龄	*1.01*	1.05	*1.06*
种族			
白人	1.00	1.00	1.00
黑人	*1.89*	1.01	*1.51*
其他	0.97	0.626	1.11
性别			
男性	1.00	1.00	1.00
女性	*1.847*	0.98	*0.653*

注:用黑斜体标出的发生比是在0.05水平上统计显著的。

表3 对活动受限、种族和年龄的妇女检查指标Logistic回归所得比值比

	子宫颈抹片检查	乳房检查	乳房X射线检查	雌激素治疗建议	为预防骨质疏松的雌激素治疗的建议
活动受限					
无	1.00	1.00	1.00	1.00	1.00
一些	*0.76*	*0.71*	*0.76*	1.10	*0.54*
严重	0.68	1.22	0.73	1.58	0.60

	子宫颈抹片检查	乳房检查	乳房X射线检查	雌激素治疗建议	为预防骨质疏松的雌激素治疗的建议
年龄	*0.99*	1.00	*1.09*	*1.13*	*1.05*
种族					
白人	1.00	1.00	1.00	1.00	1.00
黑人	*1.61*	*1.29*	*1.22*	*0.39*	*0.56*
其他	*0.54*	1.82	0.78	*0.46*	1.02

注：用黑斜体标出的发生比是在 0.05 水平上统计显著的。

年龄增大会导致接种一次流感疫苗可能性的增加，但接种一次破伤风疫苗的可能性下降。非裔美国人相比白人，报告接种了流感和破伤风疫苗的可能性明显较小，但报告接种了一次肺炎疫苗的可能性明显较高。其他种族人口相比白人，接种一次流感疫苗的可能性明显较高，但接种一次破伤风疫苗的可能性明显较小。女性比男性接种一次流感疫苗的可能性较高，而接种破伤风和肺炎疫苗的可能性较小。

表 4　对活动受限、种族和年龄的疫苗接种指标 Logistic 回归所得比值比

	流感疫苗	破伤风疫苗	肺炎疫苗
活动受限			
无	1.00	1.00	1.00
一些	1.18	*1.297*	*1.85*
严重	*2.49*	1.00	*4.12*
年龄	*1.04*	*0.98*	1.00
种族			
白人	1.00	1.00	1.00
黑人	*0.74*	*0.66*	*1.71*
其他	*1.35*	*0.63*	1.03
性别			
男性	1.00	1.00	1.00
女性	*1.20*	*0.54*	*0.64*

注：用黑斜体标出的发生比是在 0.05 水平上统计显著的。

健康行为评估

根据表5,相对于那些活动不受限人口,活动有一些受限的人口在上次体检中报告被医生询问饮食习惯的可能性是其1.2倍,而活动严重受限人口的报告的可能性是其1.6倍。相对于那些活动不受限的人口,活动严重受限的人口被询问到是否吸烟和饮酒的可能性大约是其73%,被询问有关避孕用品的使用的可能性不及其50%。虽然在活动受限和咨询有关吸烟、吸毒以及性传播疾病之间都存在着显著的二元关系,但这些关系在控制了年龄和种族之后变得不显著。

年龄的增大会导致被医生询问有关饮食习惯的可能性增加。然而,根据表5中的结果显示,随着年龄的增大,被医生询问有关吸烟、饮酒、吸毒、避孕以及性传播疾病的可能性下降。非裔美国人相比白人被询问饮食习惯、吸毒、避孕和性传播疾病的可能性明显较高。其他种族相比白人被询问是否吸烟的可能性明显较小。女性相比男性被询问到避孕的可能性明显较高,但被询问她们的日常活动量、吸烟、饮酒、吸毒和性传播疾病的可能性明显较小。

表5 对活动受限、种族和年龄的健康行为评估指标 Logistic 回归所得比值比

	饮食习惯	身体活动量	吸烟	饮酒	吸毒	避孕	性传播疾病
活动受限							
无	1.00	1.00	1.00	1.00	1.00	1.00	1.00
一些	*1.21*	1.04	0.99	1.05	1.01	0.76	0.93
严重	*1.60*	1.14	*0.72*	*0.73*	0.93	*0.41*	0.65
年龄	*1.01*	1.00	*0.98*	*0.99*	*0.97*	*0.95*	*0.92*
种族							
白人	1.00	1.00	1.00	1.00	1.00	1.00	1.00
黑人	*1.27*	1.04	1.1	1.07	*1.58*	*1.58*	*1.65*
其他	0.87	0.83	*0.72*	0.87	1.07	1.02	1.06
性别							
男性	1.00	1.00	1.00	1.00	1.00	1.00	1.00
女性	0.96	*0.73*	*0.71*	*0.66*	*0.61*	*2.86*	*0.85*

注:用黑斜体标出的发生比是在0.05水平上统计显著的。

讨 论

我们的研究结果显示,工作年龄阶段报告活动受限的成年人较报告活动不受限的成年人的平均年龄要大10岁左右。非裔美国人和男性分别相对于白人和女性报告活动受限的可能性较高。在控制了这些人口学变量后,研究发现,工作年龄阶段活动受限的成年人的预防服务利用方面存在几个统计上显著的差异,会增加他们残疾的继发状况的风险。

健康检查

活动受限的成年人较活动不受限的成年人报告最近有一次身体检查的可能性高,但他们在常规健康评估中接受一些通常提供的健康检查的可能性较小。活动严重受限的人口相比活动不受限的人口进行血压检查的可能性较小,而活动有一些受限的人口相比活动不受限的人口进行胆固醇检查的可能性较小。不论什么原因去看医生,对于大部分成年人来讲,血压检查是他们看病过程中常规的、易于进行的检查。几次看病过程中得到的血压测量结果为卫生保健专业人员提供了个人健康状况的主要信息,从而提醒活动受限人员需要注意潜在的发展性疾病,例如高血压。通过验血来检查胆固醇水平是健康评估常规的部分,可用来评估一个人患心脏病的风险。胆固醇检查结果也可以给健康专家和活动受限的人一个是否需要调整饮食习惯的指示。我们的数据无法提供没有进行这些检查的原因。故而,需要做进一步的研究来更好地理解为什么活动受限的人口相比那些活动不受限人口,接受这些简单的预防性检查的可能性较小。

活动受限的妇女较活动不受限妇女接受子宫颈抹片检查、乳房检查和乳房X射线检查的可能性明显要小。这些结果表明,除了缺少对活动受限妇女的专用检查设备之外,也可能存在着其他的障碍,诸如交通不便、有限的经济状况、缺乏保险覆盖,或其他的应该探讨和解决的障碍。这些结果是令人疑惑的,因为没有证据显示活动受限的妇女相比活动不受限的妇女患子宫颈癌或乳腺癌的可能性更小。可调整的检查台对于活动受限的妇女获取健康检查的可及性是有效的(Iezzoni et al., 2000b; Shabas & Weinreb, 2000)。但即使是在1990年美国残疾人法案颁布后,医生也没有意识到他们有责任自己掏钱让办公室和设备更适合残疾人使用(Ralston et al., 1996),当然这也有可能是医务人员不想投入额外的时间来帮助活动严重受限的妇女来完成这些检查的做必要准备,或者他们可能也不知道怎样最好地帮助活动受限妇女适应检查台(Coyle et al.,2000;Nosek,2000)。需要有更多的研究对活动受限妇女检查率相对低的可能原因的有效性进行检验。

我们的数据也显示,相比那些活动不受限的妇女,活动有一些受限的妇女被询问到有关预防骨质疏松的雌激素疗法的可能性明显较少。骨质疏松和活动受限疾病是相关的,很多疾病也会导致活动受限,例如大脑性麻痹、多发性硬化、风湿性关节炎和脊髓损伤,尤其是当负重式运动很小且使用了皮质类固醇来治疗某些这类疾病的时候(Gosfield & Bonner,2000)。一些研究者已经发现,在患有大脑性麻痹和风湿性关节炎的小孩中,骨质疏松很多年不能被检查出来,尽管他们建议进行早期的骨密度筛检来减少脆弱性骨折的风险(Adachi et al.,1997;Bijlsma,1999;Chad et al.,1999;Kiratli et al.,2000;Lespessailles et al.,2000;Perez et al.,2000;Shabas & Weinreb,2000)。

临床研究记载了有关激素替代疗法的争论(Gallagher et al.,2000)。尽管有争论,医生和病人之间定期就有关雌激素治疗和其他标准治疗进行讨论,对所有的活动受限妇女来说是预防继发性骨质疏松的一项重要的措施。因为这个变量的样本规模少于100位活动严重受限的妇女,我们不能够得到在统计上可靠的有关通过接受咨询预防骨质疏松的推断。但我们的发现确实提高了在这一特定领域需要展开更多研究的可能性。

另一个需要进一步研究的问题是活动受限妇女可能开始患骨质疏松的年龄。1994年美国健康访谈调查只在40到60岁妇女中询问了骨质疏松的问题。一些研究者认为,残疾人可能在年轻时患上典型的老年疾病。考虑到这种可能性,活动长期严重受限妇女或许需要更早进行筛查,并咨询有关骨质疏松的治疗方案,来预防随着她们年龄增大而继发残疾的风险(Gilson & Netting,1997;Stuifbergen & Roberts,1997)。

免疫接种

我们发现,相比报告活动不受限的成年人,活动严重受限的人接受流感疫苗和肺炎疫苗的可能性较高,活动有一些受限的人接受破伤风疫苗和肺炎疫苗的可能性较高。虽然这些结果显示出预防继发性疾病的潜力是令人鼓舞的,但接受这些免疫接种的人数比例很低,因此需要提高接种人数比例让更多活动受限的人免受健康风险,例如呼吸道感染。有些活动受限的人积极参与社区活动,经常出入像街道十字路口、地铁站和公共汽车站这样的一些很脏且危险的地方,对于他们来说,接种最新的破伤风疫苗尤其重要,因为坐轮椅的人在狭小的空间中移动或者经常通过有危险的环境,被尖锐或突出的物体划伤或磨损的可能性也更高。

健康行为

我们发现,虽然活动受限的成年人被医生询问到有关饮食习惯的可能性较高,但被问到他们是否吸烟和饮酒以及有关避孕的可能性较小。此外也发现,相对于活动不受限的成年人,活动有一些受限和严重受限的成年人吸烟的可能性更高。其他的研究者也观测到并记载了类似的发现(Branch & Rabiner,2000;Coyle et al.,2000)。

无论是活动受限还是活动不受限的人,都应该经常进行与饮酒和吸烟相关的健康风险的咨询。对所有工作年龄阶段的成年人来说,不管他们活动是否受限,有关避孕和预防性传播疾病的知识都是同样重要的,因为他们都是性活动的积极参与者(Nosek,2000;Thierry,1988)。

性别与预防

我们发现,在性别和接受预防服务之间关系的多变量估计结果与在活动受限和预防之间的估计结果惊人的相似。在过去两年内接受过一次身体检查的妇女比例接近男性比例的两倍。尽管这是一个积极的结果,但同时也发现,女性在其上次体检中接受胆固醇检查、接种破伤风和肺炎疫苗,以及接受各种健康行为评估的可能性明显比男性较少。其他的研究也指出,妇女接受预防服务和健康行为评估率远低于推荐水平,将来的研究和行动有必要增加预防服务利用,尤其是在妇女中(Collins et al.,1999;Weisman & Henderson,2001)。

结　论

我们的研究关注工作年龄阶段活动受限的成年人对卫生预防服务利用,填补知识库的空白。工作年龄阶段活动受限的成年人的预防服务利用的研究结果是混杂的。相比活动不受限的工作年龄阶段的成年人,活动受限的工作年龄阶段成年人报告最近接受了一次医生检查身体的可能性较高,且接种流感和肺炎疫苗的可能性也较高。然而,我们的研究结果指出,活动受限的成年人接受大部分健康检查和许多健康行为评估的可能性较小,而这两者恰能体现工作年龄阶段成年人常规预防保健的关键。美国防疫特别行动队的指南和

《健康人口 2010》的预防服务目标强调对所有成年人包括活动受限的人提供预防性健康保健的重要性(美国卫生与人类服务署,1998,2000)。活动受限的成年人患上继发性疾病的可能性给了为这部分人提供及时预防服务的一个强制性的理由。美国健康访谈调查残疾主题为研究者提供了活动受限的人的基线数据,这些数据,包括这部分人更详细的预防服务利用信息,可以作为进一步研究其他医患数据的出发点。

未来的研究应该关注预防服务利用的潜在障碍,包括医生和患者的教育问题、可及性与环境问题、计量问题、社会支持问题,以及已有的为活动受限的成年人制定的健康促进和福利的战略。研究者也应该和患者合作,给卫生保健专业人员编写实践指南,以实现为活动受限的成年人提供合适的预防服务。相比专门为残疾人管理和治疗制定的保健服务部分,调查人员也应该考虑跟踪活动受限的成年人,具体观察在一次就诊过程中实际提供活动受限的成年人的卫生保健服务的种类,确定所提供的预防服务的范围。

NHIS 重视常规的预防服务,但数据没有清楚地显示在一次体检中提供给活动受限的人其他种类的预防服务,也没有说明影响获得预防服务的障碍。因此需要进一步探索有关预防服务利用的其他领域包括继发性疾病发展和过程的数据,以及工作年龄阶段活动受限的人中与年龄有关的早发性疾病的信息。

致 谢

这项研究受到美国教育部的残疾和康复研究国家研究所的资助,它是医疗管理和残疾康复研究培训中心的一部分,资助编号:H133B70003。本文内容不代表教育部的政策,故而无需假定为联邦政府的文件。

(陈功、陈三军初译、审译,宋新明审校)

参考文献

Adachi, J. D., Bell, M. J., Bensen, W. G., Bianchi, F., Cividino, A., Sebaldi, R. J., Ioannidis, G., & Goldsmith, C. (1997). Fluoride in prevention of rheumatoid arthritis induced bone loss. *Journal of Rheumatology*, 24, 2308-2313.

Agency for Health Research and Quality, Center for Cost and Financing Studies(1998). *Medical expenditure panel survey.（MEPS）, HC-003, Population characteristics and utilization data for* 1996. CD-ROM, PC/MSDOS 6.22. Rockville, MD:Author.

American Public Health Association(2000, November). National leaders commit to eliminating disparities. *The Nation's Health*, *1*, 27.

Bijlsma, J. W. (1999). Can we use steroid hormones to immunomodulate rheumatic diseases? Rheumatoid arthritis as an example. *Annals of the New York Academy of Sciences*, *876*, 366-376.

Bloom, S. A., Harris, J. R., Thompson, B. L., Amed, F., & Thompson, J. (2000). Tracking clinical preventive service use: A comparison of the health plan employer data and information system with the behavioral risk factor surveillance system. *Medical Care*, *38*, 187-194.

Branch, L. G., & Rabiner, L. J. (2000). Rediscovering the patient's role in receiving health promotion services. *Medical Care*, *38*, 70-77.

Burns, T. J., Batavia, A. I., Smith, Q. W., & DeJong, G. (1990). Primary health care needs of persons with physical disabilities: What are the research and service priorities? *Archives of Physical Medicine and Rehabilitation*, *71*, 138-143.

Burton, L. C., Paglia, M. J., German, P. S., Shapiro, S., Domiano, A. M., & The medicare preventive services research team(1995). The effect among older persons of a general preventive visit on three health behaviors: Smoking, excessive alcohol drinking, and sedentary lifestyle. *Preventive Medicine*, *24*, 492-497.

Centers for Disease Control and Prevention(1997). Health risk factor survey of commercial plans and Medicaid-enrolled members of health maintenance organizations-Michigan, 1995. *MMWR Mortality and Morbidity Weekly Report*, *46*, 923-926.

Centers for Disease Control and Prevention(1999). *BRFSS: Behavior Risk Factor Surveillance System*. 1998 Survey Data. CD-ROM Series 1 (No. 4). Atlanta, GA: Centers for Disease Control and Prevention, National Center for Chronic Disease Prevention and Health Promotion, Behavioral Surveillance Branch.

Chad, K. E., Bailey, D. A., McKay, H. A., Zello, G. A., & Snyder, R. E. (1999). The effect of a weight-bearing physical activity program on bone mineral content and estimated volumetric density in children with spastic cerebral palsy. *Journal of Pediatrics*, 135, 115-117.

Collins, K. S., Schoen, C., Joseph, S., Duchon, L., Simantov, E., & Yellowita, M. (1999). *Health concerns across a woman's lifespan: The Commonwealth fund* 1998 *survey of women's health*. The Commonwealth Fund.

Coyle, C. P., Santigago, M. C., Shank, J. W., Ma, G. X., & Boyd, R. (2000). Secondary conditions and women with physical disabilities: A descriptive study. *Archives of Physical Medicine and Rehabilitation*, *81*, 1380-1387.

DeJong, G. (1997). Primary care for persons with disabilities: An overview of the problem. *American Journal of Physical Medicine and Rehabilitation*, *76*, S2-S8.

Gallagher, T. C., Geling, O., FitzGibbons, J., Aforismo, J., & Comite, F. (2000). Are women being counseled about estrogen replacement therapy? *Medical Care Research and Re-*

view, *57*(Suppl. 2), 72-92.

Gilson, S. F., & Netting, E. (1997). When people with persisting disabilities age in place: Implications for social work practice. *Health & Social Work*, *22*, 290-298.

Gosfield, G., & Bonner, P. J. (2000). Evaluating bone mineral density in osteoporosis. *American Journal of Physical Medicine & Rehabilitation*, *79*, 283-291.

Guirguis, S. S. (1999). Unemployment and health: Physicians' role. *International Archives of Occupational and Environmental Health*, *72*(Suppl.), S10-S13.

Heinemann, A. W. (1990). Alcohol and other drug abuse. In: P. L. Graitcer & F. Maynard (Eds), *First Colloquium on Preventing Secondary Disabilities Among People with Spinal Cord Injuries*(pp. 109-110). Atlanta, GA: U. S. Department of Health and Human Services, Public Health Service, Centers for Disease Control.

Hubbard, J. R., Everett, A. S., & Khan, M. A. (1996). Alcohol and drug abuse in patients with physical disabilities. *American Journal of Drug Alcohol Abuse*, *22*, 215-231.

Iezzoni, L. I. (1996). When walking fails. *JAMA: The Journal of the American Medical Association*, *276*, 1609-1613.

Iezzoni, L. I., McCarthy, E. P., Davis, R. B., & Siebens, H. (2000a). Mobility impairments and use of screening and preventive services. American Journal of Public Health, *90*, 955-961.

Iezzoni, L. I., McCarthy, E. P., Davis, R. B., & Siebens, H. (2000b). Mobility problems and perceptions about disability by self-respondents and proxy respondents. *Medical Care*, *38*, 1051-1057.

Jackson, R. J. (1994). Preventing disabling conditions: A CDC perspective. In: M. Marge (Ed.), *Preventing Disabling Conditions: The Role of the Private Sector. Proceedings and Recommendations of the National Conference*. Washington, DC: U. S. Department of Health and Human Services. Public Health Service.

Kiratli, B. J., Simth, A. E., Nauenberg, T., Kallfelz, C. F., & Perkash, I. (2000). Bone mineral and geometric changes through the femur with immobilization due to spinal cord injury. *Journal of Rehabilitation Research and Development*, *37*, 225-233.

Kongstvedt, P. R. (1997). *The essentials of managed health care* (2nd ed.). Gaithersburg, MD: Aspen Publishers.

Krause, J. S., Kemp, B., & Coker, J. (2000). Depression after spinal cord injury: Relationship to gender, ethnicity, aging, and socioeconomic indicators. *Archives of Physical Medicine and Rehabilitation*, *81*, 1099-1109.

Laditka, S. B., & Fenkins, C. L. (2001). Difficulty or dependency: Effects of measurement scales on disability prevalence among older Americans. *Journal of Health & Social Policy*, *13*(3), 1-15.

Lespessalilles, P. S., Adriambelosoa, N., Pothuaud, L., Siroux, V., Bouillon, S., & Benhamou, C. L. (2000). *Joint, Bone, Spine, 67*, 119-126.

Liang, W., Shediac-Rizkallah, M. C., Celentano, D. D., & Rhode, C. (1999). A population-based study of age and gender differences in patterns of health-related behaviors. *American Journal of Preventive Medicine, 12*(1), 8-17.

Marge, M. (1998). Health promotion for people with disabilities: Moving beyond rehabilitation. *Journal of Health Promotion, 2*(4), 29-44.

Marge, M. (1994). Preventing disabling conditions: The role of the private sector. Proceedings and recommendations of the national conference. Washington, DC: U. S. Department of Health and Human Services, Public Health Service.

McGinnis, J. M., & Rothstein, J. (1994). Healthy people 2000 and disability prevention. In: M. Marge(Ed.), *Preventing Disabling Conditions: The role of the Private Sector. Proceedings and Recommendations of the National Conference*(pp. 9-18). Washington, DC: U. S. Department of Health and Human Services, Public Health Service.

Nosek, M. A. (2000). Overcoming the odds: The health of women with physical disabilities in the United States. *Archives of Physical Medicine and Rehabilitation, 81*, 135-138.

Ogborne, A. C., & Smart, R. G. (1995). People with physical disabilities admitted to a residential addiction treatment program. *American Journal of Drug Alcohol Abuse, 21*, 137-145.

Patrick, D. L. (1997). Rethinking prevention of people with disabilities - Part I: A conceptual model for promoting health. *American Journal of Health Promotion, 11*, 257-260.

Perez, M. D., Abrams, S. A., Loddeke, L., Shypailo, R., & Ellis, K. J. (2000). Effects of rheumatoid disease and corticosteroid treatment on calcium metabolism and bone density in children assessed one year after diagnosis, using stable isotopes and dual energy X-ray absorptiometry. *Journal of Rheumatology, 58*(Suppl.), 38-43.

Phillips, K. A., Fernyak, S., Potosky, A. L., Schauffler, H. H., & Dgorin, M. (2000). Use of preventive services by managed care enrollees: An updated perspective. *Health Affairs, 19*, 102-116.

Phillips, K. A., Meyer, M. L., & Aday, L. A. (2000). Barriers to care among racial/ethnic groups under managed care. *Health Affairs, 19*(4), 65-75.

Ralston, E., Zazove, P., & Gorenflo, D. W. (1996). Physicians' attitudes and beliefs about deaf patients. *JABEP, 9*, 167-173.

Rimmer, J. H., & Hedman, G. (1998). A health promotion program for stroke survivors. *Topics in Stroke Rehabilitation, 5*, 30-44.

Rimmer, J. H., Rubin, S. S., & Braddock, D. (2000). Barriers to exercise in African American women with physical disabilities. *Archives of Physical Medicine and Rehabilitation, 81*, 182-188.

Rimmer, J. H., Rubin, S. S., Braddock, D., & Hedman, G. (1999). Physical activity patterns of African-American women with physical disabilities. *Medicine & Science in Sports & Exercise*, *31*, 613-618.

Roller, S. (1994). People with disabilities: We can be well. In: M. Marge(Ed.), *Preventing Disabling Conditions: The role of the Private Sector. Proceedings and Recommendations of the National Conference* (pp. 19-21). Washington, DC: U.S. Department of Health and Human Services, Public Health Service.

Shabas, D., & Weinreb, H. (2000). Preventive healthcare in women with multiple sclerosis. *Journal of Women's Health: Gender-Based Medicine*, *9*, 389-395.

Shah, B., Barnwell, B., Hunt, P., & La Vange, L. (1992). *SUDAAN user's manual, release* 6.0. Research Triangle Park, NC: Research Triangle Institute.

Shapira, M.M., McAuliffe, T.L., & Nattinger, A.B. (2000). Underutilization of mammography in older breast cancer survivors. *Medical Care*, *38*, 281-289.

Sim, J. (1999). Improving return-to-work strategies in the United States disability programs, with analysis of program practices in Germany and Sweden. *Social Security Bulletin*, *62*(3), 41-50.

Stuifbergen, A.K., Gordon, D., & Clark, A.P. (1998). Health promotion: A contemporary strategy for stroke rehabilitation. *Topics in Stroke Rehabilitation*, *5*(2), 11-18.

Stuifbergen, A.K., & Roberts, G.J. (1997). Health promotion practices of women with multiple sclerosis. *Archives of Physical Medicine and Rehabilitation*, *78*(12 Suppl.), S3-S9.

Sulkis, S.B. (1995). MDs DD basics: Identifying common problems and preventing secondary conditions. *Pediatric Annuals*, *24*, 245-254.

Thierry, J.M. (1998). Promoting the health and wellness of women with disabilities. *Journal of Women's Health*, *7*, 505-507.

Turk, M.A., Geremski, C.A., Rosenbaum, P.F., & Weer, R.J. (1997). The health status of women with cerebral palsy. *Archives of Physical Medicine and Rehabilitation*, *78*(12 Suppl. 5), S10-S17.

U.S. Department of Health and Human Services(2000). *Healthy People* 2010 (Conference edition in two volumes). Washington, DC: Author.

U.S. Department of Health and Human Services, Public Health Service, Office of Public Health and Science, Office of Disease Prevention and Health Promotion(1998). *Putting Prevention into practice: Clinician's handbook of preventive services* (2nd ed.). Washington, DC: Author.

Watson, A.L., Franklin, M.E., Ingram, M.A., & Ellenberg, L.B. (1998). Alcohol and other drug abuse among persons with disabilities. *Journal of Applied Rehabilitation Counseling*, *29*(2), 22-29.

Weisman, C.S., & Henderson, J.T. (2001). Managed care and women's health: Access, Preventive services, and satisfaction. *Women's Health Issues*, *11*, 201-215.

附录 A

表 A1　二元和多元分析的未加权和加权的样本规模

	没有受限	一些受限	严重受限
健康检查			
接受了			
在过去 2 年中身体体检	14,162(105,983,595)	902(7,623,256)	242(2,187,491)
在上次体检中血压检查	10,544(101,875,660)	730(6,110,869)	203(1,939,449)
在上次体检中胆固醇检查	9,951(100,387,391)	681(5,746,664)	194(1,831,542)
在过去 3 年中子宫颈抹片检查*	7,803(72,071,383)	589(3,974,074)	157(1,355,374)
在过去 2 年中乳房检查**	5,690(50,912,267)	518(3,990,305)	150(1,292,565)
在过去 2 年中乳房 X 射线检查**	5,705(50,912,267)	518(3,990,305)	150(1,292,565)
曾经向医生咨询有关			
雌激素治疗的利弊?***	2,866(26,418,155)	313(2,429,760)	105(911,507)
雌激素治疗为了骨质疏松?****	1,214(10,926,879)	136(1,153,812)	50(488,357)
免疫接种			
接受了			
肺炎疫苗(曾经)	13,360(136,101,334)	909(7,709,328)	245(2,262,902)

续　表

	没有受限	一些受限	严重受限
在过去 10 年中破伤风疫苗	13,557(138,541,696)	849(7,249,982)	230(2,123,572)
在过去 12 各月中流感疫苗	14,243(145,812,438)	909(7,709,328)	245(2,262,902)
健康行为评估			
在你的医生上次访问期间，有和你讨论？			
你的饮食习惯	10,313(104,363,696)	718(6,024,814)	202(1,924,943)
你的日常活动水平	10,370(104,751,389)	722(6,049,933)	201(1,914,419)
吸烟	10,409(104,248,777)	720(6,049,918)	201(1,907,777)
饮酒	10,320(104,341,406)	719(6,049,918)	199(1,872,734)
吸毒	10,309(104,135,536)	719(6,036,378)	201(1,922,732)
性传播疾病	10,280(103,758,009)	699(5,869,524)	194(1,874,030)
避孕用品使用	8,071(82,085,116)	380(3,282,554)	74(780,527)

* 年龄在 18－64 之间的妇女

** 年龄在 30－64 之间的妇女

*** 年龄在 40－60 之间的妇女

就业年龄段活动残障人口的卫生保健和社会保障可及性分析

丽莎·耶佐尼、艾伦·麦卡锡、
荣格·戴维斯和希拉里·赛宾斯

摘要

残疾人会经历获取卫生保健过程中的各种困难。本研究利用1994—1995年美国健康访谈调查残疾主题的数据,分析了就业年龄段活动有困难的成年人的医疗保险和卫生服务获取问题。活动有困难(指行走、爬楼梯、站立有困难)的工作年龄阶段成年人占18—64岁总人口的6.1%(估计全美国有948万),活动有轻度和中度困难的人相比活动无困难的人,参加医疗保险的比例稍低(76%左右对比接近80%),活动有困难的人相比其他无困难者,由于他们之前患有疾病,其被拒绝纳入医疗保险的可能性更高。

引言

对于获得卫生保健服务来说,拥有医疗保险是至关重要的。尽管1999年的民意调查显示,有57%的美国人认为没有医疗保险的人也可以"从医生和医院那里得到他们需要的保健服务",但这并不符合实际情况(美国医学所,2001,p.21)。没有医疗保险的人通常放弃了筛查和预防性服务,例如乳房X射线检查、接种疫苗以及例行体检(如血压监测、糖尿病评估)。没有医疗保险且患有慢性病的人可能偶尔接受保健服务,尽管"慢性疾病若处理不当会导致昂贵的费用以及残疾并发症"(美国医学所,2001,p.22)。因此,对患有慢性疾病或继发性疾病而需要医疗照顾的残疾人来说,若没有医疗保险则会严重威胁其健康。

缺乏医疗保险主要影响的是年轻人。接近98%的老年人有公办医疗保险(医疗保险金咨询委员会,1999,p.5),而工作年龄阶段成年人和他们的孩子们则是依靠自愿的基于就业的私人医疗保险,或者依靠公众"安全网"计划提供的医疗保健制度和医疗补助制度(Fox,1989,1993)。基于就业的医疗保险大约覆盖了三分之二的美国人口,占全国卫生保健支出的大约三分之一(Reinhardt,1999,p.124)。但在1995年,只有74.8%的雇主为他们的雇员提供了医疗保险(Rice et al.,2002,p.191)。而每周工作较少时间的人得到医疗保险的可能性更小。如83.0%的雇主为全职雇员提供了医疗保险,但只有25.3%的雇主为每周工作时间少于21小时的雇员提供了医疗保险。

与健全人相比,一些工作年龄阶段的残疾成年人实际上得到卫生保健服务的机会较大(Altman & Cornelius,1992;Burns,Batavia & DeJong,1991),尤其是一些有资格获得公共医疗保险的失业人员。曾经就业过、符合社会保障局(SSA)规定的残疾条件且从残疾收入社会保障(SSDI)上已经领取了两年现金支付的人员,他们有资格获得医疗保险——这是一项联邦的健康计划。[①]没有工作过或很穷且符合社会保障局(SSA)规定的残疾条件的人,直接有资格获得由联邦政府和州政府共同资助的医疗补助。SSA对残疾的定义围绕着就业展开:"因为医学上确定的机体或精神上的残损,预期会导致死亡,或者持续或预期持续不少于十二个月的时间,而无法从事任何实质性的有报酬的活动"(SSA,1998,p.2)。这样,不管是私立的还是公众医疗保险都直接或者间接地和就业联系在一起。

然而,即使有医疗保险,残疾人仍然冒着不良健康结局的风险,因为卫生保健服务对他们来说可及性不足。许多因素可以对此问题进行解释,包括残疾人对不同临床专家的需求、与卫生保健服务的配合、医生和病人间缺乏沟通或者预期差异、残疾人无法到达保健服务地点,以及教育和经济上的障碍等(Altman,1997;Burns et al.,1990;DeJong,1997;DeJong et al.,1989;Gans et al.,1993;Peters,1982;Patrick et al.,1983;Stuifbergen et al.,1990a,b)。在医疗保险制度的受益者当中,残疾人通常较其他人更有可能报告获得保健服务的困难(Chan et al.,1999;Davis & O'Brien,1996;Gold et al.,1997)。在农村地区生活的残疾人在获得保健服务时存在着一些特殊的困难(Lishner et al.,1996)。

另外,包括医疗保险和医疗补助在内的每一个保险计划,仅仅包含某些被

---

① 2001年,对患有肌萎缩侧索硬化症(ALS)的人为期两年的确认期被放弃了。这种退行性神经系统疾病通常发展迅速,在确诊后大约三年会导致死亡。为ALS患者的权利进行辩护的人士有效地证明了:如果在SSA断定患有ALS相关疾病之后的两年内都没接受治疗的人,意味着他们的生命余年会大大受损,今后的卫生保健服务的需求将更大。

称为"福利包"的服务,并没有包含许多重要的与残疾人有关的服务,尤其是在商业保险计划和医疗补助制度中,相应地,接受医疗补助的残疾人每年还要自己花费 1,532 美元在卫生保健服务上,而对有两项或多项日常活动受限的人来说,每年自费数目要提高到 2,175 美元(Foote & Hogan,2001,p.247),而许多商业医疗保险政策拒绝为已患病六个月到一年的人提供保险服务(Pelka,1997,p.147)。保险计划一般对心理健康服务(Gitterman, Strum & Scheffler,2001)和长期使用医疗设备(Iezzoni,1999)设定年限。躯体、言语和职业治疗通常仅限于恢复到"正常"或基线功能,而不是维持功能或预防长期性衰退。商业保险计划的"福利包"差别很大,"包括或者不包括躯体治疗、康复、精神健康,……和长期使用医疗[设备]"(Robinson,1999,p.54)。

一项全国范围内的对 16 岁及以上的残疾人和健全人的调查发现,两个群体有着相似的保险比率,分别是 90% 和 89%(Harris 调查公司,2000,p.54)。然而,19% 的残疾受访者报告说在过去一年内他们有医疗服务需求但没有得到,相比之下只有 6% 的健全人遇到了这种情况(Harris 调查公司,2000,p.60),35% 的残疾人把这些困难归因于医疗保险覆盖面缺失。

本文目的

本文研究工作年龄阶段活动有困难的成年人医疗保险和卫生服务获得的问题,活动困难(指行走、爬楼梯和站立有困难)的成年人占 18—64 岁人口的 6.1%(估计全美国有 948 万),本文的工作是通过使用定性和定量的研究方法,调查因继发性慢性疾病而导致活动有困难的成年人的日常生活和卫生保健经历的部分研究(Iezzoni,待刊)。

导致了绝大部分活动困难的是继发性慢性疾病,诸如关节炎、脊背问题、心血管和肺部疾病以及糖尿病等,这些疾病需要持续的医疗照顾(Iezzoni et al.,2001a)。活动有困难的人也存在如跌倒、骨折以及其他继发性疾病(例如尿路感染、肺栓塞、皮肤破裂和抑郁症)的风险,这些疾病风险可能导致寿命缩短、加剧活动困难、降低生活质量,以及增加总的医疗保健成本(Alexander,1996;Guralnik et al.,1995;Nutt et al.,1993;Tinetti et al.,1998)。因此,获得初级卫生保健和专业护理对这部分人口来说是必要的。

许多活动严重受限的人确认符合 SSA 规定的残疾范畴,会获得医疗保险和医疗补助。例如,2000 年,SSA 为 610,700 名残疾工人发放了补贴(Martin, Chin & Harrison,2001)。最常见的单一导致活动受限的原因是骨骼肌肉系统问题,如关节炎(25%),接下来是精神失常(24%),循环系统疾病如心脏病(12%)、癌症(10%)和神经系统或感觉器官紊乱(8%)。由此,有相当一部分新受到 SSDI 资助的人可能是因为活动困难而满足受资助的条件。

然而,许多工作年龄阶段活动困难的成年人既没有申请也不符合 SSDI 条件,因此他们没有医疗保险。2000 年,SSA 处理了 130 万份申请而只批准了 47%,许多人可能因为是兼职工作而存在着雇主不提供保险的风险,但有些其他人即使不满足 SSA 的残疾标准,也会因为贫困符合医疗补助制度的条件。很少研究涉及到有多少工作年龄阶段活动困难的成年人没有医疗保险或者没有常规的保健服务(Burns,Batavia & DeJong,1991)。

方 法
数据库

我们使用 1994—1995 年美国健康访谈残疾主题调查(NHIS-D)和家庭资源主题数据(Adams & Marino,1994)。分析对象包括 118,678 名 18 到 64 岁的受访者。这里所有陈述的结果都考虑了 1994 和 1995 年 NHIS 抽样的权重和提供代表全国性的总体估计,使用 SAS 兼容的 SUDAAN 软件包(7.5 版本,Research Triangle Institute,Research Triangle Park,NC)进行数据处理。

下肢活动的测量

NHIS-D 显示了受访者做以下活动时是否报告"有困难":"行走四分之一英里,即约三个城市街区的距离";"不休息连续爬上十级台阶";和/或"站立大约二十分钟"。对每一个问题,报告有困难的人将被问到其程度:"一些"、"许多"或"完全不能"。单个问题还询问使用有关活动辅助器具的情况,当报告对功能受限情况不清楚时,将询问他们是否考虑使用辅助设备,如在报告自己行走、爬楼梯或站立"没有困难"的人中,大约有 0.5% 的人却说他们使用手动或电动轮椅或踏板车。和其他研究者一样(Freedman & Martin,1998),我们把报告活动没有困难却使用了活动辅助器具的这部分人重新归类到有活动困难的人中。表 1 显示了我们对活动变量的定义和对人群活动障碍现患率的估计。我们把受访者分派到他们符合的最高级别中,同时删除了大约 1.7% 的受访者记录,因为他们没有回答活动是否受限、困难级别或是否使用辅助设备这三个问题。

表 1 分年龄组的成年人报告有活动困难的数量与比例

活动困难程度的定义[a]	n	估计的人数（百万）[b]			人口百分比[b]		
		总计 (18–64)	年龄 (18–39)	年龄 (40–64)	总计 (18–64)	年龄 (18–39)	年龄 (40–64)
无：报告行走和爬楼梯和站立没有困难，且不使用任何活动辅助器具的人	111,195	147.67	84.64	63.03	94.0%	97.1%	90.0%
轻度：报告行走或爬楼梯或站立有一些困难，或使用手杖或拐杖的人	3,402	4.34	1.35	2.99	2.8	1.6	4.3
中度：报告行走或爬楼梯或站立有许多困难，或使用助行架的人	2,253	2.84	0.72	2.12	1.8	0.8	3.0
重度：报告不能行走或爬楼梯或站立，或使用手动或动力驱动的轮椅或踏板车的人	1,828	2.30	0.44	1.86	1.5	0.5	2.7
总计：报告至少有一些活动困难	7,483	9.48	2.50	6.97	6.1	2.9	10.0

[a] 活动有轻度困难的所有成年人中 10.1% 人员因为使用手杖或拐杖而被归入此类的；4.3% 的活动中度困难的人员因为使用手杖或拐杖而被归入此类的；3.4% 的活动中度困难的人员因为使用助步器而被归入此类的；4.3% 的活动重度困难的人员因为使用手动或动力驱动的轮椅或踏板车而被归入此类的。

[b] 对家庭户美国居民的加权体总估计。

受访者特征和可及性指标

被访者的人口学特征来自 NHIS 调查数据,我们使用家庭收入水平数据来自国家卫生统计中心(NCHS)综合的所有家庭成员的收入调查以及其他辅助数据来源(如伤残抚恤金)。[①]

家庭资源补充问卷的 B 和 C 部分分别就公共的和商业医疗保险提出问题。为了确认一个人是否有任何的医疗保险,我们使用了 NCHS 建立的反馈各种与医疗保险相关问题的一个变量来测量。[②] C 部分允许人们列举四种商业医疗保险计划,并询问每个计划是否为健康维持组织(HMO)/个人训练协会(IPA)类型计划还是一些其他类型的计划。大约 17.9% 的工作年龄阶段的受访者列出了一个以上的商业医疗保险计划。我们按照最不受限的保险类型,把计划投保在多种不同类型商业保险公司的人进行了分类,并假定 HMOs/IPAs 是最受限制的保险计划类型。

对每一个列出的商业保险计划,C 部分也问到:受访者是否必须从具体列表中选择就诊医生;如果一个医生不在可用列表之中,商业保险计划是否需要付费。不管是否有医疗保险,C 部分都会询问每一个人(n = 118,678)是否"在过去两年中,申请了医疗保险却没有得到"。[③] 对于申请保险遭拒的受访者,要求从下面的列表中指出所有的原因:"已患疾病(例如癌症或糖尿病)";"存在健康风险(例如抽烟或超重)";"工作类型影响,例如建筑工人、美容师、农场工人";以及其他原因。对报告没有任何医疗保险的被访者,问卷提供给

---

① 我们的家庭收入变量来自家庭资源补充问卷的 D 部分,由 NCHS 的分析师建立。变量的描述是"所有可以计算的家庭收入 —— 这个家庭中所有人可以计算的收入总和"。

② 家庭资源补充问卷的 B 部分询问受访者是否有任何在清单中的医疗保险计划,包括医疗保险、医疗补助,以及来自国防和退伍军人事务部和印第安人健康服务的计划。各种问题或者表示受访者有医疗保险或者表明他们没有。为了确认受访者有医疗保险,我们使用 NCHS 重新编码的变量 COVSTSATR(覆盖状态重新编码)。它有三个选项:
  * 是,被覆盖
  * 不知道,有一些没有覆盖的反馈
  * 不知道,无没有覆盖的反馈
后面的选项说明特定的受访者缺失了有关医疗保险的信息。

③ 这些回答来自家庭资源补充问卷 C 部分的问题 9a 和 9d。

了各种理由,并要求记录他们所有的申请计划。①

可及性指标来自家庭资源补充问卷的 A 部分:是否受访者有常用的医疗服务资源;当他们去医疗服务地点时,是否通常由特定的医生进行医疗服务;如果有,那么这个临床医生的专业是什么;报告过去十二个月内不能获得所需要的医疗服务和外科手术;过去十二个月内寻找医疗服务却因费用问题的延缓;过去十二个月内无法获得药物治疗;过去十二个月内不能获得精神健康服务。

分析方法和 Logistic 回归模型

我们的分析主要是描述性的,活动困难率女性要高于男性,并随着年龄的增长而上升。既然知道性别和年龄因素与获得卫生保健和保险相关,我们使用标准化方法直接控制了它们的影响。这样调整是确保活动受限情况分类兼观察到的任何差异能够反映出活动困难的影响,而不是人口学特征的差异。我们使用全样本的年龄—性别分布作为标准。年龄调整使用分组方法,从 18—24 岁作为第一个年龄组,接着逐序八个五岁年龄组,直到 60—64 岁。我们报告了调整的百分比和相关的标准误。

我们使用多元 Logistic 回归为保险状况和是否有常规医疗服务建模。除了活动困难级别,模型还控制了:人口学因素、服务的可及性(农村地区)、申请并成功获得残疾相关计划或服务的动机(自己或其他人认为是残疾)以及医疗保险状况(只对常规医疗服务),其中人口学因素能够反映慢性病负担和/或申请和获得保险和卫生保健服务的必要条件(年龄、性别、种族、民族、收入水平、教育和是否独居)。虽然我们描述性地把住院率(产科除外)看作是不同活动水平疾病负担的一个粗略的代表,但因其反过来亦反映我们关注的内容,故并没有把这个变量纳入指标中。我们的 Logistic 回归分析去掉了在结果或指标变量中有缺失值的案例(任一给定的模型中最多去除 5.6% 的样本,样本大小见表 6)。

结 果

大约 6.1% 的工作年龄阶段的成年人报告至少有一些活动困难,他们代

---

① 此信息来自家庭资源补充问卷 C 部分的问题 12a。

表了全国约 948 万人口,其中有 1.5%(230 万)的人报告活动严重困难(表1)。就像预期的一样,在年龄较大的人中(40—64 岁)活动困难率相比年龄较小的人(18—39 岁)要高,而这些报告活动主要困难的人的年龄中位数是 51.3 岁(表2)。按照性别调整了年龄分布的差异之后,更多的妇女(7.2%)相比男性(5.1%)报告活动有困难;按种族调整了年龄和性别差异后,更多的黑人(9.7%)相比白人(5.8%)或西班牙裔美国人(6.5%)报告活动有困难。在控制了年龄和性别分布后(表3),活动有困难的人相比其他人更有可能存在:离婚或从未结婚;受过高中及以下或很少的学校教育;独居;住在农村地区;没有自己的住房或公寓;因为健康状况失业或不能工作;报酬低;从社会保障或残疾抚恤金上获得收入支持;过去十二个月内至少住院一次;认为自己有残疾等情况。

医疗保险经历

在考虑了年龄和性别分布后,工作年龄阶段活动有轻度和中度困难的成年人相比活动无困难的人拥有医疗保险的可能性略小(76% 左右对比接近 80%),而 82.9% 的活动有重度困难的人有医疗保险(表4)。在调整了性别和年龄后,活动有困难的人相比活动无困难的人,医疗保险和医疗补助覆盖率较高。活动有困难的人申请医疗保险被拒绝的可能性更高,相比活动无困难的人和活动有重度困难的人申请比例的差额分别为低于 0.9% 和高于 5.3%。

在活动有困难的人和活动无困难的人中申请医疗保险被拒绝或没有医疗保险的原因是不同的(表4)。已经患有疾病是最经常使用的理由以解释为什么他们被拒绝保险。在被拒绝进入医疗保险的人中,45.6% 的活动无困难的人列出此理由,而相比起来有 76.6% 活动有重度困难的人以此为理由。相比之下,更多活动没有困难的人(18.2%)较 6.4% 活动有重度困难的人,列出了医疗保险费成本问题作为拒保理由。在没有保险的人中,1.1% 的活动无困难的人较之于 19.4% 的活动重度困难的受访者,把这归因于健康欠佳、疾病或年龄。当然,在这些没有医疗保险的人中,较多活动无困难的人(10.9%)相比 0.4% 的活动重度困难的人,认为他们通常是健康的而不需要医疗保险。

在有商业医疗保险的人中,活动有困难的人相比其他人进行 HMO/IPA 计划的可能性要小——较之活动无困难的人和活动重度困难的人的差异分别为 35.5% 和 28.7%(表4)。当他们确实有 HMO/IPA 计划时,受访者报告他们必须从具体医生列表中选择、而他们的保险计划愿意支付的医生却不在列表中,这一情况占有相当的比例。

表2 工作年龄阶段成年人分年龄、性别、种族的活动困难率

特征	活动困难级别(总体 n = 118,678[a])			
	无 (n = 111,195)	轻度 (n = 3,402)	中度 (n = 2,253)	重度 (n = 1,828)
年龄				
均值(标准误)	37.8(15.5)	46.0(8.9)	47.5(9.8)	49.6(8.0)
中位数	36.4	46.4	48.2	51.3
人口学特征	调整百分比(标准误)			
女性[b]	92.8%(0.12)	3.3%(0.08)	2.2%(0.07)	1.7%(0.05)
男性[b]	94.9(0.11)	2.3(0.07)	1.5(0.06)	1.3(0.05)
白人[c]	94.2(0.10)	2.7(0.05)	1.7(0.05)	1.4(0.04)
黑人[c]	90.3(0.29)	4.4(0.20)	3.1(0.16)	2.2(0.12)
其他种族[c]	95.3(0.28)	2.2(0.22)	1.3(0.15)	1.1(0.15)
西班牙裔美国人[c]	93.5(0.28)	3.0(0.20)	2.1(0.16)	1.4(0.11)

[a] 所有的数字是对18—64岁未接受正规治疗的美国居民的加权总体估计。
[b] 调整的年龄组:18—24,25—29,30—34,35—39,40—44,45—49,50—54,55—59 和 60—64。
[c] 分年龄组和性别进行了调整。

表3 分活动困难级别的社会经济特征

社会经济特征	活动困难级别(总体 n = 118,678)			
	无 (n = 111,195)	轻度 (n = 3,402)	中度 (n = 2,253)	重度 (n = 1,828)
	调整百分比(标准误)[a,b]			
婚姻状况				
已婚	67.0%(0.20)	55.6%(1.06)	55.5%(1.80)	49.2%(1.67)
离婚	7.8(0.10)	12.2(0.66)	12.9(0.85)	13.3(1.02)
分居	2.2(0.05)	4.9(0.44)	5.3(0.68)	4.6(0.70)

续 表

社会经济特征	活动困难级别(总体 n = 118,678)			
	无 (n = 111,195)	轻度 (n = 3,402)	中度 (n = 2,253)	重度 (n = 1,828)
丧偶	1.8(0.04)	3.3(0.24)	3.3(0.32)	3.0(0.36)
从未结婚	21.0(0.17)	24.0(0.91)	22.8(1.52)	29.4(1.60)
教育				
高中教育	14.1(0.19)	27.1(1.08)	34.4(1.48)	30.8(1.66)
大学同等学力	75.1(0.19)	67.5(1.07)	60.8(1.56)	63.9(1.72)
大学	10.1(0.16)	4.7(0.37)	3.1(0.50)	4.4(0.73)
独居				
是	10.5(0.19)	15.9(0.86)	15.6(1.06)	14.3(1.19)
否	89.5(0.19)	84.1(0.86)	84.4(1.06)	85.7(1.19)
住在农村地区				
是	20.3(0.49)	23.9(1.08)	26.5(1.72)	28.6(1.80)
否	79.7(0.49)	76.2(1.08)	73.5(1.72)	71.4(1.80)
有住房或公寓				
是	68.2(0.32)	52.5(1.21)	51.0(1.74)	56.5(1.89)
否	32.8(0.32)	47.5(1.21)	49.0(1.74)	43.5(1.89)
目前就业或就学				
是	81.5(0.17)	55.0(1.10)	39.7(1.72)	28.7(1.80)
否	18.6(0.17)	45.0(1.10)	60.3(1.72)	71.3(1.80)
因为健康状况而不能工作				
是	3.0(0.07)	31.6(0.97)	56.2(1.62)	70.5(1.76)
否	97.0(0.07)	68.4(0.97)	43.8(1.62)	29.5(1.76)
家庭收入				
< \$ 15,000	17.2(0.24)	37.2(1.18)	43.7(1.70)	40.0(1.76)
\$ 15,000 - < \$ 30,000	21.8(0.20)	26.5(1.07)	25.4(1.55)	27.8(1.62)

续 表

社会经济特征	活动困难级别(总体 n = 118,678)			
	无 (n = 111,195)	轻度 (n = 3,402)	中度 (n = 2,253)	重度 (n = 1,828)
$30,000 – <$50,000	26.9(0.25)	20.4(0.99)	17.5(1.28)	18.2(1.65)
≥$50,000	34.1(0.32)	15.9(0.78)	13.4(1.25)	14.0(1.28)
有保障收入补贴(SSI)				
是	1.0(0.04)	7.9(0.61)	15.5(1.27)	24.5(1.57)
否	99.0(0.04)	92.1(0.61)	84.5(1.27)	75.5(1.57)
社会保障作为一项残疾津贴				
是	1.1(0.04)	10.3(0.58)	18.7(1.00)	33.8(1.62)
否	98.9(0.04)	89.7(0.58)	81.3(1.00)	66.2(1.62)
残疾抚恤金而不是社会保障金或铁路退休金				
是	0.6(0.02)	4.3(0.42)	6.7(0.68)	6.1(0.70)
否	99.4(0.02)	95.7(0.42)	93.3(0.68)	93.9(0.70)
在过去12月内非产科住院治疗				
是	4.6(0.07)	17.1(0.86)	22.8(1.37)	32.4(1.66)
否	95.4(0.07)	82.9(0.86)	77.2(1.37)	67.5(1.66)
认为有残疾				
自己认为				
是	3.2(0.06)	39.0(1.24)	63.2(1.65)	77.8(1.56)
否	95.6(0.11)	59.6(1.25)	35.5(1.64)	20.4(1.44)
其他人认为				
是	2.5(0.06)	31.9(1.06)	52.7(1.67)	72.5(1.73)
否	95.2(0.12)	62.0(1.19)	40.6(1.64)	22.8(1.57)

[a] 表中所有数字是对18—64岁未接受正规治疗的美国居民的加权总体估计。在一些社会经济特征中,百分比加起来没有100,是因为存在缺省值。

[b] 分年龄组(18—24,25—29,30—34,35—39,40—44,45—49,50—54,55—59和60—64)和性别进行调整。

照顾的可及性

活动有困难的人相比那些活动无困难的人,有一个常规的医疗服务点及通过该点的医生来接受医疗服务(表5)。未请医生的主要原因是缺乏保险或是负担不起费用(活动有困难的人较活动无困难的人更常以此为由)以及他们并不需要医生(活动无困难的人引用最多的理由)。活动有困难的人较活动无困难的人更有可能报告其不喜欢、不相信或不信任医生:活动无困难的比例为3.1%,而活动有重度困难的比例为9.7%(表5)。

表4 分活动困难级别的医疗保险经历[a]

医疗保险经历	被询问的人数 n	活动困难级别(总体 n = 118,678)			
		无 (n = 111,195)	轻度 (n = 3,402)	中度 (n = 2,253)	重度 (n = 1,828)
		百分比(标准误)			
有任一种医疗保险[b,c]	118,678	79.8% (0.23)	75.5% (1.10)	76.6% (1.39)	82.9% (1.64)
有医疗保险[b]	118,678	1.0(0.03)	8.8(0.50)	15.6(1.06)	27.7(1.51)
有医疗补助[b]	118,678	4.5(0.11)	20.1(0.92)	26.7(1.56)	34.7(1.91)
既有医疗保险又有医疗补助[b]	118,678	0.3(0.02)	3.0(0.35)	5.3(0.81)	10.1(1.17)
有商业医疗保险[d],且有HMO/IPA计划	77,458	35.5(0.54)	36.6(1.33)	34.3(1.78)	28.7(1.73)
有私人HMO/IPA计划,必须从确定的医生列表中挑选医生	27,677	85.9(0.42)	87.4(1.53)	84.7(2.27)	84.5(2.52)
有私人HMO/IPA计划,如果不用列表医生就要付费	27,677	30.5(0.61)	30.5(1.99)	28.4(2.80)	29.0(3.57)

续 表

医疗保险经历	被询问的人数 n	活动困难级别(总体 n = 118,678)			
		无 (n = 111,195)	轻度 (n = 3,402)	中度 (n = 2,253)	重度 (n = 1,828)
申请医疗保险被拒绝	118,678	0.9(0.04)	3.9(0.36)	4.8(0.46)	5.3(0.63)
被拒绝上医疗保险的原因:[e]	1,365				
已患有疾病		45.6(1.87)	60.3(4.79)	62.4(5.33)	76.6(4.48)
健康风险,例如吸烟或超重		6.7(0.82)	11.0(3.02)	4.5(1.92)	10.6(4.32)
保险费太昂贵		18.2(1.56)	10.8(2.96)	15.3(3.70)	604(2.55)
没有医疗保险的原因:[f]	20,828				
失去工作,裁员,或失业		10.1(0.32)	13.0(1.33)	19.3(2.15)	16.0(2.77)
不能获得是因为健康欠佳,疾病或年龄		1.1(0.09)	11.3(1.33)	13.2(1.70)	19.4(3.31)
太昂贵无法负担		68.5(0.62)	79.0(1.73)	79.5(2.15)	74.6(3.48)
平常很健康,不需要保险		10.9(0.38)	4.6(0.95)	1.6(0.63)	0.4(0.40)

[a] 对 18—64 岁未接受正规治疗的美国居民的加权总体估计。

[b] 分年龄组和性别进行了调整。

[c] "任何一项医疗保险"从一个变量记录的"覆盖状况"得到,这个变量由 NCHS 设计的几个有关公立和商业医疗保险的问题产生。

[d] HMO/IPA 的问题只问有商业保险计划的人。有商业保险的人可以提供多达四个商业计划的信息。假定 HMOs/IPAs 是最受限制的保险类型,很多人有多种不同的最少限制的保险类型的商业保险。

[e] 除了"其他"和"不知道"之外,受访者可以选择多个回答选项。百分比加起来不到100%,是因为本表显示的数字只有受访者数量相对较大的三类选项。

[f] 除了"其他"和"不知道"之外,受访者可以选择多个回答选项。百分比加起来不到100%,是因为本表显示的数字只有受访者数量相对较大的四类选项。

没有活动困难的人报告在过去十二个月内需要照顾服务但没能得到服务的人数的比例是2.6%,而活动有轻度、中度和重度困难的人分别是9.8%、13.0%和10.3%(表5),在所有困难级别上报告的最普遍的原因是负担不起费用和没有保险(表5),活动重度困难的人中报告因服务不可及的比例仅有0.6%。活动有困难的人较活动无困难的人更有可能报告获得医疗服务有所延迟或无法获得处方药和精神健康服务。大约28%的活动有中度和重度困难的人在过去的一年中因费用问题而推迟医疗服务的寻找,相比之下活动无困难的人群此比例仅有9.5%(表5)。

活动和保险覆盖或者服务可及

控制了社会人口特征和其他特征后,活动有困难的人有着明显较高的医疗保险制度和医疗补助制度覆盖以及常规的医疗服务的调整发生比(OR)(表6)。然而,只有活动重度困难的人才有着明显较高的拥有任一医疗保险的调整OR值,其他的特征也与拥有医疗保险和常规的医疗服务显著相关。老年人的医疗保险制度覆盖的调整OR值较高,而年轻人的医疗补助登记OR值较高。妇女参加医疗保险制度的调整OR值明显较低,但参加医疗补助制度和常规医疗服务的调整OR值较高。种族或民族有着不同的作用,教育和独居也是一样。居住在农村地区的人报告有常规医疗服务的调整OR值略高。低收入人群的医疗保险制度覆盖和有常规医疗服务的调整OR值明显较高。自认为或被其他人认为有残疾,增加了拥有保险和医疗服务的调整OR值。

表5 分活动困难级别的常用医疗服务可及性[a]

可及类型[b]	被询问的人数 n	活动困难级别(总体 n = 118,678)			
		无 (n = 111,195)	轻度 (n = 3,402)	中度 (n = 2,253)	重度 (n = 1,828)
		百分比(标准误)			
"当生病或需要健康咨询时常去的"至少有一个"确定的人或地点"	118,678				

续 表

可及类型[b]	被询问的人数 n	活动困难级别(总体 n = 118,678)			
		无 (n = 111,195)	轻度 (n = 3,402)	中度 (n = 2,253)	重度 (n = 1,828)
是[c]		80.8% (0.23)	87.1% (0.69)	87.8% (0.82)	93.4% (0.63)
否		17.0(0.22)	11.4(0.63)	10.1(0.78)	5.4(0.58)
如果没有一个常去的看护地点,主要的原因是[d]:	19,704				
没有保险,付不起费用		19.4(0.46)	36.2(2.69)	39.4(4.25)	26.9(4.39)
没有合适的看护地点,太远,不方便		0.3(0.05)	1.5(0.66)	1.6(0.94)	0.5(0.48)
不知道去哪里		1.8(0.13)	2.3(0.80)	5.8(1.50)	5.1(2.04)
不需要医生		52.4(0.54)	19.3(1.98)	9.2(2.35)	13.0(3.64)
不喜欢/相信/信任医生		3.1(0.16)	6.8(1.44)	5.3(1.53)	9.7(3.10)
当受访者"去那里"时,在常去的看护地点,通常看"一个特定的人"	95,312	84.1(0.34)	86.8(0.75)	87.7(0.88)	91.1(0.77)
如果通常是去见"一个特定的人":[e]	80,276				
全科医生[f]		88.1(0.21)	81.9(0.81)	78.1(1.02)	74.0(1.20)
妇/产科医生		4.7(0.11)	1.9(0.30)	1.6(0.32)	0.3(0.13)

续　表

可及类型[b]	被询问的人数 n	活动困难级别（总体 n = 118,678）			
		无 (n = 111,195)	轻度 (n = 3,402)	中度 (n = 2,253)	重度 (n = 1,828)
其他专科医生		3.9(0.11)	12.5(0.71)	16.3(0.95)	22.4(1.10)
报告在过去的 12 个月内需要看护服务，但没有获得	118,678	2.6(0.07)	9.8(0.52)	13.0(0.78)	10.3(0.75)
在过去 12 个月内，没有获得医疗服务的主要原因	3,792				
付不起费用		47.5(1.19)	49.6(2.97)	51.8(3.21)	47.3(4.02)
没有保险		17.9(0.90)	15.0(1.91)	11.5(1.98)	9.6(2.59)
医生不接受保险支付		1.6(0.27)	2.9(0.95)	3.7(1.40)	4.2(1.39)
诊所不可及		0.5(0.15)	0.3(0.31)	0.5(0.39)	0.6(0.61)
预约困难		8.1(0.66)	5.7(1.40)	3.4(0.94)	3.3(1.35)
在过去 12 个月内"因担心费用而延误就诊"	118,678	9.5(0.14)	22.4(0.74)	28.1(1.04)	27.8(1.07)
在过去 12 个月内"需要处方药但无法获得"	118,678	2.2(0.06)	10.2(0.57)	14.3(0.82)	13.1(0.92)
在过去 12 个月"需要精神健康服务但无法获得"	118,678	0.5(0.03)	2.0(0.24)	3.0(0.37)	3.0(0.41)

　　[a] 对 18—64 岁未接受正规治疗的美国居民的加权总体估计。
　　[b] 引号表明来自 NHIS 家庭资源补充问卷中的准确语句。
　　[c] 百分比加起来没有 100% 是因为缺少回答。
　　[d] 受访者只能选择一个回答项。百分比加起来不到 100%，是因为本表显示的数字只有受访者数量相对较大的五类选项。

e 受访者只能选择一个回答项。百分比加起来不到 100%，是因为本表显示的数字只有受访者数量相对较大的三类选项。

f 包括家庭医生、普通科医生、内科医生和小儿科医生。

g 受访者只能选择一个回答项。百分比加起来不到 100%，是因为本表显示的数字只有受访者数量相对较大的五类选项或活动困难的人特别关注的五种焦点(无法访问办公室)。

表6 分社会和人口特征,被认为残疾和活动困难级别,拥有医疗保险和一个常去的卫生保健地点的调整发生比 a

预测变量	任一保险 (n = 114,611)	保险状况和常规服务来源		
		医疗保险 (n = 112,057)	医疗补助 (n = 112,152)	服务来源 (n = 112,375)
	发生比 OR(95% 置信区间)			
活动困难				
无 b	1.0	1.0	1.0	1.0
轻度	1.0(0.9,1.0)	1.7(1.4,2.0)*	2.2(2.0,2.4)*	1.2(1.1,1.4)*
中度	0.9(0.8,1.0)	1.9(1.6,2.3)*	1.6(1.4,1.9)*	1.2(1.0,1.3)+
重度	1.4(1.2,1.6)*	3.1(2.6,3.6)*	2.1(1.8,2.5)*	1.9(1.6,2.4)*
年龄组				
18–24 b	1.0	1.0	1.0	1.0
25–29	1.1(1.1,1.2)+	2.4(1.6,3.6)*	0.9(0.8,1.0)	0.8(0.8,0.9)*
30–34	1.4(1.3,1.5)*	3.0(2.1,4.4)*	0.8(0.7,0.8)*	1.1(1.0,1.2)
35–39	1.6(1.4,1.7)*	3.6(2.4,5.3)*	0.5(0.5,0.6)*	1.1(1.0,1.2)+
40–44	1.7(1.6,1.8)*	4.3(2.9,6.2)*	0.4(0.4,0.5)*	1.4(1.3,1.5)*
45–49	1.9(1.8,2.0)*	4.9(3.5,7.1)*	0.3(0.2,0.4)*	1.4(1.3,1.5)*
50–54	2.1(2.0,2.3)*	4.9(3.4,7.2)*	0.2(0.2,0.2)*	1.6(1.4,1.7)*
55–59	2.5(2.3,2.8)*	7.7(5.3,11.1)*	0.2(0.2,0.2)*	1.9(1.7,2.1)*
60–64	3.1(2.8,3.4)*	14.8(10.4,21.0)*	0.2(0.2,0.2)*	2.2(2.0,2.4)*
性别				
男性 b	1.0	1.0	1.0	1.0
女性	1.4(1.3,1.4)*	0.7(0.6,0.7)*	3.3(3.1,3.5)*	1.9(1.9,2.0)*

续　表

预测变量	任一保险 （n = 114,611）	保险状况和常规服务来源		
		医疗保险 （n = 112,057）	医疗补助 （n = 112,152）	服务来源 （n = 112,375）
种族				
白人[b]	1.0	1.0	1.0	1.0
黑人	0.8(0.8,0.9)*	1.2(1.1,1.4)+	3.7(3.5,4.0)*	1.2(1.2,1.3)*
其他非白种人	0.8(0.7,0.8)*	1.1(0.9,1.5)	1.7(1.5,2.0)*	0.8(0.8,0.9)**
民族				
非西班牙裔[b]	1.0	1.0	1.0	1.0
西班牙裔	0.5(0.5,0.6)*	0.8(0.7,0.9)**	2.2(2.0,2.4)*	0.8(0.7,0.9)*
教育				
高中	0.3(0.3,0.4)*	3.2(2.5,4.0)*	21.2(16.2,27.7)*	1.0(0.9,1.0)
大学	0.6(0.6,0.7)*	2.1(1.7,2.7)*	5.6(4.3,7.3)*	1.1(1.0,1.2)++
大学以上[b]	1.0	1.0	1.0	1.0
家庭组成				
和别人一起住[b]	1.0	1.0	1.0	1.0
独居	1.4(1.3,1.6)*	1.2(1.0,1.4)	1.0(0.8,1.2)	0.6(0.6,0.7)*
居住地				
住在城市地区[b]	1.0	1.0	1.0	1.0
住在郊区地区	1.0(0.9,1.0)	1.0(0.9,1.1)	1.2(1.1,1.4)+	1.1(1.0,1.2)+
家庭收入		N.A.		
< $15,000	0.2(0.2,0.2)*	2.2(1.8,2.6)*		0.6(0.5,0.6)*
$15,000 - < $30,000	0.4(0.3,0.4)*	2.1(1.8,2.5)*		0.7(0.6,0.7)*
$30,000 - < $50,000	0.7(0.6,0.7)*	1.6(1.3,1.9)*		0.8(0.7,0.8)*
≥ $50,000[b]	1.0	1.0	1.0	1.0
认为自己有残疾				
否[b]	1.0	1.0	1.0	1.0
是	1.2(1.0,1.4)++	10.3(8.4,12.7)*	3.9(3.3,4.5)*	1.5(1.4,1.7)*

续　表

预测变量	任一保险 (n = 114,611)	保险状况和常规服务来源		
		医疗保险 (n = 112,057)	医疗补助 (n = 112,152)	服务来源 (n = 112,375)
别人认为有残疾				
否[b]	1.0	1.0	1.0	1.0
是	1.4(1.2,1.5)*	2.6(2.1,3.0)*	2.6(2.2,3.1)*	1.2(1.1,1.4)[+]
医疗保险	N.A.	N.A.	N.A.	
无保险[b]				1.0
有保险				4.0(3.8,4.3)*

[a] 任一保险 = 拥有任何一项保险，医疗保险 = 拥有医疗保险，医疗补助 = 有医疗补助保险，看护地点 = 有一个常去的卫生保健地点。

[b] 参考类别。

* $p = 0.0001$.

** $p < 0.001$.

[+] $p < 0.01$.

[++] $p < 0.05$.

讨　论

大约 6.1% 的生活在社区中的工作年龄阶段成年人报告至少其下肢活动有一些困难，由此估计全国有 948 万人。在这个年龄组，活动轻度和中度困难的人相比活动无困难的人，拥有至少一项医疗保险的可能性较低。虽然活动重度困难的人拥有医疗保险的百分比最高，但也只有 82.9% 的人报告说拥有一项医疗保险。活动有困难的人相比其他人，因为健康欠佳而被拒绝纳入医疗保险，并在过去 12 个月内延迟寻求医疗服务的可能性较高。尽管如此，一年内活动有困难的人住院率（除产科外）较高，并据此推测有较高的疾病负担。因此，一些活动有困难的人虽然可能有着较大的医疗需求，但其卫生保健服务的获取却可能面临经济障碍。

我们的分析认为，在 1994—1995 年间，估计有 2,629 万工作年龄阶段成年人缺少医疗保险，其中包括 150 万的至少有一些活动困难者及接近 256,

600 的活动有重度困难者。① 从单一角度看,我们发现"只有"大约 25 万活动重度困难的人没有任何医疗保险的估计是可靠的,这说明,在估计有活动重度困难的 230 万工作年龄阶段成年人中,接近 90% 的人确实有医疗保险,包括商业保险计划或者公共医疗保险、医疗保险制度或医疗补助制度的任一种。重要的是,在我们以就业为基础的医疗保险市场中,特别脆弱的部分是受过高中或以下教育的人,较受过研究生教育者,他们的医疗保险制度和医疗补助制度覆盖的调整 OR 值明显要高。少数民族群体较之白人的医疗保险和医疗补助的可能性也明显高出。

另一个有趣的发现和管理式医疗有关。在整个 20 世纪 90 年代早期和中期,"管理式医疗"这个词成为医疗障碍的代名词,即严格控制医疗服务和供应(Draper et al. ,2002)。活动有困难和有商业医疗保险的人较之有商业保险的其他人,获得管理式医疗服务的可能性小(特别是 HMO/IPA 类型保险计划)。尽管如此,管理式医疗为残疾人或有慢性病的人从理论上提供了有利条件(Wagner, 1996)。例如,在马萨诸塞州医疗补助制度按人计费安排下,社区医疗联盟已经成功应用预付费医疗原则,为严重残疾人士重新设计了医疗救助系统(Master et al. ,1996)②,由医生和护士组成的医疗小组经常到他们家中提供医疗服务。

然而,对管理式医疗服务健康计划的质量评估通常是混杂的。1996 年的一项全国性的医疗保险受益人调查发现,HMO 在提供预防服务上占优,但较之于收费服务计划,残疾人更有可能报告医疗服务的可及性问题(Gold et al. ,1997)。为期四年的医疗效果研究发现,参与 HMO 与参与收费服务的医疗保险者相比,中老年人和身体严重受限者健康状况下降更严重(Ware et al. ,1996)。1993 年对三个大公司的超过 2 万名职员的一次调查发现,相比"健康的"受访者,有慢性疾病的人明显不满意他们的卫生服务,和接受收费服务者相比,获得管理式医疗服务者对提供的卫生服务更加的不满意(Druss et al. ,2000)。

我们发现有医疗保险较没有医疗保险者利用常规医疗服务的可能性明显

---

① 活动无困难的人的缺乏医疗保险的未调整比率是 16.8%,活动有轻度困难的人是 17.3%,有中度困难的人是 17.3%,有重度困难的人是 11.2%。

② 对这一计划,人们必须同时满足三个资格标准:永久性三肢麻痹或四肢麻痹;需要个人护理服务以维持独立生活;以及几个特定的诊断之一(例如,脊髓损伤、大脑性麻痹、末期多发性硬化症)。从 1992 到 1994 年的 32 个月期间,只有 212 位有重度残疾的人被选上:社区医疗联盟的目标是针对一个小规模的特殊人口。

要高。虽然有超过 90% 的活动有困难者接受了常规医疗服务,但一个有挑战性的发现是:在没有常规医疗服务、活动严重困难的人中,13.0% 的人说他们不需要医生,26.9% 的人报告存在保险和经济方面的障碍,且有 9.7% 的人报告说不喜欢、不相信或不信任医生。对这些情绪的存在是可接受的,因为一些疾病,诸如多发性硬化症和肌萎缩侧索硬化症,虽然医疗干预确实能有效地治疗某些并发症(如褥疮、尿路感染),但目前医生尚不能恢复病人的功能或降低功能衰退速度。经常地,医生缺乏对治疗严重的功能缺失的训练,基层医生尤甚(Calkins et al.,1991,1994;Hoenig,1993),相反,对如何治疗他们的疾病,有多年残疾者通常比医生知道得更多。当然,对于慢性疾病的监测、获得为所有成年人推荐的筛查和预防服务,如免疫接种和乳房 X 射线检查等,医师的定期探访是重要的(Chan et al.,1999;Iezzoni et al.,2000a;美国预防服务工作小组,1996)。

本研究的局限

在可预见的未来,NHIS-D 调查的结果提供了研究残疾人口的最佳资料,因为进行这类全国范围内有代表性的调查是昂贵的,方法上是困难的。然而,NHIS-D 也存在重大的局限,例如来自 NHIS-D 的自我报告中,提供了唯一权威的有关残疾人的身体功能信息,但受访者可能会夸大或低估他们的缺陷,类似一些轮椅使用者报告说没有行走困难,这些反馈仅反映其对调查问题的理解(即从未行走过的人对关于行走问题的理解可能是不切合自身的问题)。

为无法应答者的被访者使用代理应答的方式,进一步复杂化了结果的解释(Iezzoni et al.,2000b)。代理应答占被访样本的三分之一。自答的被访者报告活动困难的比例(13.0%)较代理应答者报告被调查者活动困难的比例(6.4%)要高。这其中一个可能的解释是,自答者恰是因为活动困难而待在家里,接受个人访谈调查,而活动无困难者常不在家(如在工作或学校)。因此确定代理应答对活动困难比例和服务利用的真实影响,尚需要有进一步的资料。

我们研究的其他几个局限涉及到时效性和政策的关注。NHIS-D 先于 1996 年医疗保险可及性及责任法案的制定,该法案中,提高了某些患有慢性病的人的医疗保险机会,而这些人因已患有疾病而被拒绝纳入医疗保险中。NHIS-D 也早于 1999 年的工作许可与工作鼓励的改进法案,该法案旨在解决因返回工作,而无法获得 SSDI 的阻碍,尤其失去医疗保障覆盖的可能性。

此外,从自报的功能状况中,我们无法确定的是,若已申请 SSA 的残疾,有多少没有医疗保险的人,可能有资格获得医疗保险或医疗补助。据推测,一小部分没有任何医疗保险的人可能满足 SSA 的残疾标准,但他们没有申请。Meyerowitz 及其同事(1988)认为,在残疾之前有一份积极工作的成人生活的人,致残后对政府的"安全网"计划的利用上存在犹豫:"在中年患上残疾,破坏了人们已建立的良好角色……像想象中许多非残疾人士看待残疾人那样,一些患者可能怀着被侮辱和刻板的态度……这些态度……可能导致病人(不能)利用潜在的合法权利和社会支持网络"(Meyerowitz et al., 1988, pp. 72-73)。但我们不能使用 NHIS-D 数据检验这个推测。

最后,我们在这里重点关注成年人的下肢活动困难问题,但其他有潜在残疾状况的人也面临着获得医疗服务的问题。历史上一些残疾已经被挑出来进行研究,获得了特别的关注,例如,许多州明确认定,司法鉴定的盲障是获得医疗补助的资格(Tanenbaum, 1989)。在另一项对妇女卫生保健的研究中,我们使用 NHIS-D 来探讨下肢活动问题以外的其他潜在残疾状况(Iezzoni et al., 2001b)[①],只关注妇女情况下,盲障或弱视、聋障或弱听、下肢活动困难、上肢活动困难、手指不灵活、或有严重的精神疾病的妇女,拥有医疗保险和常规医疗服务的比率是大致相同的。[②]尽管这些比率是可以比较的,但有严重、长期下肢活动困难的妇女在拥有医疗保险和常规医疗服务上却有着最高的比例。进一步的研究需要探讨的问题应围绕着有其他潜在残疾状况者的医疗保险和服务可及性问题上。

---

① 我们对下肢活动困难的定义与 Iezzoni 等(2001b)在此使用的定义略有不同。这里,我们的目的是关注预计在过去 12 个月或更长时间内有活动困难的人,这意味着我们不得不采用一个限制更严格的系列问题。NHIS-D 上用来定义这些残疾类别的问题出现在 Iezzoni 等(2001b)的附录中。

② 有任何一项医疗保险的成年妇女的百分比如下:失明或严重低视力,81.1%;耳聋或严重听力困难,82.8%;下肢活动困难中,重度和长期的占 87.9%,有一些困难的占 81.5%;上肢活动困难中,明显困难的占 84.0%,有一些困难的占 85.5%;严重心理健康问题,84.3% (Iezzoni et al., 2001b, p.138)。有常规医疗服务的成年妇女的百分比是:失明或严重低视力,86.5%;耳聋或严重听力困难,87.2%;下肢活动困难中,重度和长期的占 94.8%,有一些困难的占 87.7%;上肢活动困难中,明显困难的占88.8%,有一些困难的占 91.5%;严重心理健康问题,89.3% (Iezzoni et al.,2001b,p.138)。这些百分比使均用了本研究报告中相同的年龄分组进行了调整。

结　　论

在美国，卫生保健是昂贵的，很少有人能够自费购买卫生服务。因此，医疗保险对卫生服务的可及性是至关重要的。雇员在医疗保险上通常依赖于他们的雇主，但雇主提供医疗保险的意愿和覆盖范围的能力取决于卫生服务的成本和经济气候。当我们进入21世纪："随着卫生保健成本再次攀升，雇主努力保持保费的单位数的增加。保险费2000年上升8.3%，2001年11.0%，伴随1994年到1998年保险费从一个低的增长率的急剧逆转……一些著名的雇主也开始质疑自己作为医疗保险购买者的角色"（Trude et al., 2002, pp. 66-67）。

当回顾过去，1994—1995年列出的数字代表了一个高点：尽管经济相对强劲且大部分雇主提供医疗保险，可是当雇主疑惑他们是否以及如何提供医疗保险时，未来显得不是很确定。在这种环境下，残疾人尤其是脆弱者，更容易失去其医疗保险。从历史上看，当经济转变时，残疾人"构成一个临时的劳动力，首先遭受失业"（Yelin, 1991, p. 135），而失去工作可能就意味着失去医疗保险。

"安全网"公众医疗保险可以弥补这个缺口。无论经济的繁荣时代或者衰退和下降，全国范围内残疾津贴的申请在增加（Chirikos, 1991, p. 165）。不过，SSA计划重新设计残疾确认的过程，对未来系统的详细说明还没有解决（Wunderlich, 1999）。对已获得SSDI的人来说，传统的医疗保险将继续执行，据推测，在长期卫生服务上有历史局限性且没有新的利益，例如处方药的范围。伴随各州面临着的预算赤字增长，医疗补助的未来也不是很确定。虽然医疗补助制度在20世纪90年代早期曾覆盖了越来越多的人，但其中期却有所倒退，"例如，从1997到1999年，医疗补助制度覆盖到的人数下降了一百万人"（Davis, 2001, p. 5）。

密切监测这些变化对残疾人的影响将是重要的。然而，正如引言中所写的，医疗保险也仅仅是获得服务的第一步。保证这些福利解决残疾人的需求（诸如辅助技术、其他耐用医疗设备、长期的躯体或职业治疗）对确保健康相关需求得到满足也是关键的。在《健康人口2010》中，设定了下一个10年的卫生和卫生服务目标，美国卫生和公共服务部确认残疾人作为弱势人口，经历了较差的健康结局和卫生服务，对急性疾病和慢性疾病的长期服务以及辅助技术均覆盖的卫生保险覆盖，是消除这一差异并最大化残疾人的健康和福利的核心。

致 谢

Iezzoni 博士受到卫生政策研究方面的 Robert Wood Johnson 基金会调查奖的支持。

（陈功、陈三军初译、审译，宋新明审校）

参考文献

Adams, P. F., & Marino, M. A. (1994). Current estimates from the national health interview survey. National Center fro Health Statistics. *Vital and Health Statistics*, *164*, 1-177.

Alexander, N. B. (1996). Gait disorders in older adults. *Journal of the American Geriatric Society*, *44*, 434-451.

Altman, B. M. (1997). Does access to acute medical care imply access to preventive care? Journal of Disability Policy Studies, 8, 99-128.

Altman, B. M., & Cornelius, L. J. (1992). High users or neglected minority? Access to health care among working-age persons with disabilities. Paper presented at the Society for Disability Studies Annual Meeting (June).

Andriacchi, R. (1997). Primary care for persons with disabilities. The internal medicine perspective. *American Journal of Physical Medicine and Rehabilitation*, *76* (Suppl.), S17-S20.

Burns, T. J., Batavia, A. I., & DeJong, G. (1991). The health insurance coverage of working-age persons with physical disabilities. *Inquiry*, *28*, 187-193.

Burns, T. J., Batavia, A. I., Smith, Q. W., & DeJong, G. (1990). Primary health care needs of persons with physical disabilities: What are the research and service priorities? *Archives of Physical Medicine and Rehabilitation*, *71*, 138-143.

Calkins, D. R., Rubenstein, L. V., Cleary, P. D., Davies, A. R., Jette, A. M., Fink, A., Kosecoff, J., Young, R. T., Brook, R. H., & Delbanco, T. L. (1991). Failure of physicians to recognize functional disability in ambulatory patients. *Annals of Internal Medicine*, *114*, 451-454.

Calkins, D. R., Rubenstein, L. V., Cleary, P. D., Davies, A. R., Jette, A. M., Fink, A., Kosecoff, J., Young, R. T., Brook, R. H., & Delbanco, T. L. (1994). Functional disability screening of ambulatory patients: A randomized controlled trial in a hospital-based group practice. *Journal of General Internal Medicine*, *9*, 590-592.

Chan, L., Doctor, J. N., MacLehose, R. F., Lawson, H., Rosenblatt, R. A., Baldwin, L. M., & Jha, A. (1999). Do Medicare patients with disabilities receive preventive services? A population based study. *Archives of Physical Medicine and Rehabilitation*, *80*, 642-646.

Chirikos, T. N. (1991). The economics of employment. In: J. West(Ed.), *The American with Disabilities Act. From Policy to Practice* (pp. 150-179). New York: Milbank Memorial Fund.

Davis, K. (2001). *Universal coverage in the United States: Lessons from experience of the 20th century*. Issue Brief, Publication No. 478. New York: The Commonwealth Fund, December.

Davis, M. H., & O'Brien, E. (1996). Profile of persons with disabilities in Medicare and Medicaid. *Health Care Financing Review*, *17*(4), 179-211.

DeJong, G. (1997). Primary care for persons with disabilities. An overview of the problem. *American Journal of Physical Medicine and Rehabilitation*, *76*(Suppl.), S2-S8.

DeJong, G., Batavia, A. I., & Griss, R. (1998). America's neglected health minority: Working-age persons with disabilities. *Milbank Quarterly*, *67*(Suppl. 2, Part 2), 311-351.

Draper, D. A., Hurley, R. E., Lesser, C. S., & Strunk, B. C. (2002). The changing face of managed care. *Health Affairs*, *21*, 11-23.

Druss, B. G., Schlesinger, M., Thomas, T., & Allen, H. (2000). Chronic illness and plan satisfaction under managed care. *Health Affairs*, *19*, 203-209.

Foote, S. M., & Hogan, C. (2001). Disability profile and health care costs of Medicare beneficiaries under age sixty-five. *Health Affairs*, *20*, 242-253.

Fox, D. M. (1998). Policy and epidemiology: Financing health services for the chronically ill and disabled, 1930-1990. *Milbank Quarterly*, *67*(Suppl. 2, Part 2), 257-287.

Fox, D. M. (1993). Power and illness. *The failure and future of American health policy*. Berkeley: University of California Press.

Freedman, V. A., & Martin, L. G. (1998). Understanding trends in functional limitations among older Americans. *American Journal of Public Health*, *88*, 1457-1462.

Gans, B. M., Mann, N. R., & Becker, B. E. (1993). Delivery of primary care to the physically challenged. *Archives of Physical Medicine and Rehabilitation*, *74*, S15-S19.

Gitterman, D. P., Strum, R., & Scheffler, R. M. (2001). Toward full mental health parity and beyond. *Health Affairs*, *20*, 68-76.

Gold, M., Nelson, L., Brown, R., Ciemnecki, A., Aizer, A., & Docteur, E. (1997). Disabled Medicare beneficiaries in HMO's. *Health Affairs*, *16*(5), 149-162.

Guralnik, J. M., Ferrucci, L., Simonsick, E. M., Salive, M. E., & Wallace, R. B. (1995). Lower-extremity function in persons over the age of 79 years as a predictor of subsequent disability. *New England Journal of Medicine*, *332*, 556-561.

Harris Interactive, Inc. (2000). 2000 N. O. D./Harris survey of Americans with disabilities. Conducted for the National Organization on Disability. New York: Harris Interactive.

Hoenig, H. (1993). Educating primary care physicians in geriatric rehabilitation. *Clinics in Geriatric Medicine*, *9*, 883-893.

Iezzoni, L. I. (1999). Boundaries. *Health Affairs*, *18*, 171-176.

Iezzoni, L. I. (in press). *When walking fails*. Berkeley: University of California Press.

Iezzoni, L. I., McCarthy, E. P., Davis, R. B., & Siebens, H. (2000a). Mobility impairments and use of screening and preventive services. *American Journal of Public Health*, *90*, 955-961.

Iezzoni, L. I., McCarthy, E. P., Davis, R. B., & Siebens, H. (2000b). Mobility problems and perceptions of disability by self- and proxy-respondents. *Medical Care*, *38*, 1051-1057.

Iezzoni, L. I., McCarthy, E. P., Davis, R. B., & Siebens, H. (2000a). Mobility difficulties are not only a problem of old age. *Journal of General Internal Medicine*, 16, 235-243.

Iezzoni, L. I., McCarthy, E. P., Davis, R. B., Harris-David, L., & O'Day, B. (2001b). Use of screening and preventive services among women with disabilities. *American Journal of Medical Quality*, *16*, 135-144.

Institute of Medicine, Committee on the Consequences of Uninsurance (2001). *Coverage matters: Insurance and health care*. Washington, DC: National Academy Press.

Lishner, D. M., Richardson, M., Levine, P., & Patrick, D. (1996). Access to primary health care among persons with disabilities in rural areas: A summary of the literature. *Journal of Rural Health*, *12*, 45-53. among insurance program, 2000.

Martin, L., Chin, C., & Harrison, C. A. (2001). Annual statistical report on the social security disability insurance program, 2000. http://www.ssa.gov/statistical/di_asr/2000/index.html. Accessed 28th December 2001.

Master, R., Dreyfus, T., Connors, S., Tobias, C., Zhou, Z., & Kronick, R. (1996). The community medical alliance: An integrated system of care in greater Boston for people with severe disability and AIDS. *Managed Care Quarterly*, *4*, 26-37.

Meyerowitz, B. E., Chaiken, S., & Clark, L. K. (1988). Sex roles and culture: Social and personal reactions to breast cancer. In: M. Fine & A. Asch(Eds), *Women with Disabilities. Essays in Psychology, Culture, and Politics* (pp. 72-89). Philadelphia: Temple University Press.

Nutt, J. G., Marsden, C. D., & Thompson, P. D. (1993). Human walking and higher-levek gait disorders, particularly in the elderly. *Neurology*, *43*, 268-279.

Patrick, D. L., Scrivens, E., & Charlton, J. R. (1983). Disability and patient satisfaction with medical care. *Medical Care*, *21*, 1062-1075.

Pelka, F. (1997). *The ABC-CLIO companion to the disability rights movement*. Santa Barbara, CA: ABC-CLIO.

Peters, L. (1982). Women's health care: Approaches in delivery to physically disabled women. *Nurse Practitioner, 7*, 34.

Reinhardt, U. E. (1999). Employer-based health insurance: A balance sheet. *Health Affairs, 18*, 124-132.

Rice, T., Gabel, J., Levitt, L., & Hawkins, S. (2002). Workers and their health plans: Free to choose? *Health Affairs, 21*, 182-187.

Robinson, J. C. (1999). *The corporate practice of medicine: Competition and innovation in health care*. Berkeley: University of California Press.

Social Security Administration, Office of Disability (1998). *Disability evaluation under social security*. SSA Publication No. 64-039. Washington, DC.

Stuifbergen, A. K., Becker, H. A., Ingalsbe, K., & Sands, D. (1990a). Perceptions of health among adults with disabilities. *Health Values, 14*, 18-26.

Stuifbergen, A. K., Becker, H. A., & Sands, D. (1990b). Barriers to health promotion for individuals with disabilities. *Family and Community Health, 13*, 11-22.

Tanenbaum, S. (1989). Medicaid and disability: The unlikely entitlement. *Milbank Quarterly, 67*(Suppl. 2, Part 2), 288-310.

Tinetti, M. E., Speechley, M., & Ginter, S. F., (1988). Risk factors for falls among elderly persons living in the community. *New England Journal of Medicine, 319*, 1701-1707.

Trude, S., Christianson, J. B., Lesser, C. S., Watts, C., & Benoit, A. M. (2002). Employer-sponsored health insurance: Pressing problems, incremental changes. *Health Affairs, 21*, 66-75.

U. S. Department of Health and Human Services (2000). *Healthy People* 2010 (2nd ed.). With understanding and improving health and objectives for improving health. Washington, DC: U. S. Government Printing Office, November.

U. S. Preventive Services Task Force (1996). *Guide to clinical preventive services* (2nd ed.). Baltimore: Williams and Wilkins.

Wagner, E. H. (1996). The promise and performance of HMO's in improving outcomes in older adults. *Journal of the American Geriatric Society, 44*, 1-7.

Ware, J. E., Jr., Bayliss, M. S., Rogers, W. H., Kosinski, M., & Tarlov, A. R. (1996). Differences in 4-year health outcomes for elderly and poor, chronically ill patients treated in HMO and fee-for-service systems. *Journal of the American Medical Association, 276*, 1039-1047.

Wunderlich, G. S. (1999). *Measuring functional capacity and work requirements. Summary of a workshop*. Washington, DC: National Academy Press.

Yelin, E. H. (1991). The recent history and immediate future of employment among persons with disabilities. In: J. West(Ed.), *The Americans with Disabilities Act: From Policy to Practice*(pp. 129-149). New York: Milbank Memorial Fund.

第三部分
残疾人口的发展、测度及产出

残疾儿童未被满足的辅助
服务需求分析

伊莱恩·马格

引 言

在美国获得卫生保健服务,尤其是儿童,对于政策制定者来讲,是一个非常重要的话题。近来注意力主要集中在法律法规以及儿童健康保险项目(CHIP)的设定和扩展上(Kenney,Ullman & Weil,2000)。虽然这些立法影响了所有符合条件的低收入儿童,但是残疾儿童的独特服务需求将更清楚地证实健康保险、收入和残疾儿童的需求之间的关系。本文的分析旨在寻找一些问题的答案,即残疾儿童在多大程度上需要各种辅助性的卫生保健服务?这些需求在不同残疾类型和不同收入水平之间有变化吗?不论保险的类型是公共的或者商业的,有健康保险的残疾儿童的未满足的辅助性需求较没有健康保险的儿童少吗?对这些问题的答案将帮助政策制定者决定未来谁是接受附加帮助的目标人群,以及评估现有残疾儿童的辅助健康服务提供机制的有效性。

我们使用了1994年和1995年美国健康访谈残疾主题调查(National Health Interview Survey-Disability Supplement,NHIS-D)的数据,检验了收入、保险和残疾儿童的辅助性卫生服务需求之间的关系,残疾儿童的定义为:在认知、自理、移动和交流四方面,至少存在一方面受限的儿童。辅助性卫生服务需求被分为家庭服务(短期照顾、社会工作者),重症医疗服务(家庭探视护士、医生家庭访视、个人陪从护士、呼吸治疗师),治疗服务(物理治疗师、康复治疗师、职业治疗师),日常生活服务(阅读人员或者口译人员、交通、独立生活服务)或者交流服务(听觉病矫治专家、言语治疗师、特殊教育交流服务)。

本文报告了四个有意义的发现,即大部分残疾儿童(58%)并未获取过任何本文确定的辅助性服务;在有服务需求的儿童中,最多的需求集中于自理受限的儿童;以贫困线标准的200%为界,居住在家庭收入等于或低于此标准有需求的儿童和家庭收入高于此标准有需求的儿童相比,其服务需求要多一些;最后,一个残疾儿童是否有本文所提的这些未满足的某项服务,保险状况并不是一个显著性的指标。

文献回顾

先前的研究证明了保险和儿童获得初级卫生保健之间有正相关关系。(LaPlante,Rice & Wenger,1997)。事实上,虽然存在着无偿护理,但许多人仍认为保险对护理受益人来说是必需的(Bashur,Homan & Smith,1994)。有保险的儿童更加有可能接受一年一次的医生探视访问和常规的医疗护理。没有保险的儿童,特别是那些超过一年没有保险者,其获得所需护理的可能性则较小(Pollack,Fish-Parcham & Hoenig,1997)。即使依据个体健康状态进行调整,保险的缺失连同其他因素一起,对他们的初级卫生保健的获取和利用都存在直接的负面影响(Newacheck,Hughes & Stoddard,1996)。有较好的机会获得初级卫生保健,可在必要的时候为获得合适的专科服务提供一种途径(美国审计总署,GAO,1997)。而残疾儿童可能需要多种医疗卫生以及医疗卫生相关服务,因此这对于他们来讲尤其重要。

研究者在研究有慢性病或者特殊卫生保健需求的儿童时,发现了相同的结果。与有保险的儿童相比,有慢性病或特殊卫生保健需求而没有保险的儿童在过去一年内接受住院治疗的比例较少(Aday et al.,1993),接受到医生的服务的比例亦少(Newacheck,1992)。与有保险的类似孩子相比,没有保险的贫困儿童更可能缺乏常规或者疾病护理,获得年度医生检查的比例也少(Newacheck,1994)。

除了传统的卫生保健服务,许多残疾儿童也需要诸如专科治疗、促进独立生活的服务和家庭服务等其他辅助性服务。值得注意的是,尽管医疗补助在早期筛查、诊断和治疗项目对有特殊卫生保健服务需要的儿童要求的服务提供了较为大度的覆盖(Koppelman,1994),许多卫生保健计划却并没有包括这些特殊服务和供给(GAO,1997)。这些发现对于将来研究是否有保险会怎样影响儿童对于辅助性卫生服务的需求,需求是否因为残疾类别不同而不同,以及使政策制定者能够制定目标性更强的服务来讲,显得更为重要。

研究方法

美国健康访谈残疾主题调查（NHIS-D）由两部分组成。残疾主题调查的第一阶段与 NHIS 核心调查一同完成,第二阶段是一个追踪调查,即残疾追踪调查(the Disability Follow-back Survey, DFS),也称作美国健康访谈调查——残疾主题调查的第二阶段。这阶段调查对象包括了基于第一阶段调查结果被认为有残疾的儿童。为了研究分析的目的,关于确认儿童残疾的有关信息在第一阶段出现,关于确定服务需求相关的信息会在第二阶段出现。

残疾的定义

儿童期残疾的定义根据所使用的政策、项目或者研究的意图不同而有所差异(Aron, Loprest & Steuerle, 1996)。这些不同的定义都主要基于自述受限、特殊疾病或者参与项目情况,例如领取保障收入补贴(SSI)等。因为没有一项定义能够适用于所有的目的,而基于受限的定义则允许我们分析与儿童生活活动相关的需求,让我们有可能观察到不同情况下儿童展现出来的共性(Perrin et al., 1993)。同时,这也避免了一些特殊情况,诸如不一致的或者误报的诊断和分类(Sinclair, Forness & Alexson, 1985),以及知识差异问题或者特定项目的条件不同。例如,一个儿童可能是符合进入 SSI 条件的,但是由于他们并没有认识到自己符合条件,所以有可能没有进入 SSI 项目。为了避免这些问题,政策制定者在制定项目以避免这些问题时,应考虑功能受限情况较为适宜。

但是用这样的定义,却至少有两个缺点。第一,被排除在外的儿童跟被包含在内的儿童可能有相似的情况。但是可能由于儿童正在接受一些辅助,减轻了他们的功能受限而被排除。第二,虽然人们通常认为用来测量 SSI 资格的残疾定义相当严格,但是大约 38% 的接受 SSI 的儿童却不符合本文所采用的残疾定义,如一些接受 SSI 的儿童可能正在接受一些防止他们功能限制的服务(如上文解释)。同时,也可能有一些特殊情况使一个儿童符合 SSI 规定,但是并没有表现出功能受限。

与残疾的其他定义类似,基于儿童功能受限的残疾定义包含了许多异质儿童组。Hogan 等人对于使用 NHIS-D 的 5—17 岁儿童的残疾定义是基于在认知、自理、移动和交流四个维度,其中至少有一个维度的功能受限(1997,附录 A)。严重程度则是根据儿童有多维度的功能受限或者在某一个维度有更严重的功能受限来确定的（附录 B）。本文修订了原始的残疾定义，排除了只有轻微的认知或者交流受限的儿童。①

几乎所有的由此经过修改的残疾定义所确定的功能受限的儿童都入选接受了 DFS（97%）。当只关注由此定义、确定接受了 DFS 的儿童时，92.3% 的儿童完成了访谈，与此年龄阶段儿童整体 92.8% 的应答率一致（国家卫生统计中心，1998）。最终的样本包括了 2,617 名 5—17 岁的儿童，其中 44% 的儿童完成了第二阶段的访谈。

NHIS 根据每个人被选入样本的概率大小，对样本进行加权。通过应用合适的权数，我们可推断整个人群的情况，从而更清楚地解释服务使用以及未满足需求的范围。对于所有的样本，调查命令录入 STATA 这一标准统计软件包，从而计算 NHIS 应用的复合样本设计下，对每个估计适宜的标准误。

使用修订过的 Hogan 等人（1997）的残疾定义，我发现本报告中分析的样本儿童有如下人口学特征。大约 390 万（8%）5—17 岁的儿童经受着某种残疾，残疾儿童最常见的受限类别是认知受限。残疾儿童中，大约有 88% 的有认知受限，其次是交流受限（25%）、移动受限（15%）和自理受限（9%）。受限的分类并不是互斥的。超过 1/4（28%）的残疾儿童有多重功能受限。几乎所有的自理受限（91%）的儿童都同时报告了其他的功能受限。大约 3/4 的有移动和交流受限的儿童有多重功能受限（分别为 72% 和 81%）。只有 30% 的有认知受限的儿童报告了还有其他功能受限。一小部分儿童（所有残疾儿童的 3%）报告了同时有上述 4 种功能受限。

几乎 3/4（73%）的残疾儿童属于中等残疾，即一项严重受限或者最多三项轻微受限。包含在此项分析中的另外 22% 的儿童有至少 2 种严重受限。显然，这里应用的残疾的定义偏向于有较严重残疾的儿童，只有 5% 的儿童显示出只有轻微受限。

服务的定义

NHIS-D 调查要求在 DFS 中询问受访者一系列关于服务的问题。本文分析关注的服务根据每种服务的目的分为 5 类：家庭服务（帮助在家庭中的相关活动的服务——短期照顾服务或请社会工作者）、治疗服务（改善个人躯体

---

① 残疾追踪调查（DFS）的残疾标准照顾了那些有较严重残疾的儿童。根据 Hogan 等人制定的残疾标准而确定的有轻微交流或者认知受限的残疾儿童，超过 20% 没有被包含在 DFS 中，他们对本研究没有提供任何信息。

功能的服务——请康复治疗师、物理治疗师或者职业治疗师）、交流服务（关注听说功能的服务——请听觉病矫治专家或言语治疗师或者接受特殊教育交流服务）、日常生活服务（为个人提供日常功能辅助——请读报人或者翻译、独立生活服务或者交通服务）和重症医疗服务（医生家庭出诊、个人陪护、呼吸治疗师或者家庭访视护士）。不仅每种分类内的服务目标有相似性，服务本身也经常可以互换。例如，需要治疗服务的儿童可能既可以选择康复治疗师也可以选择职业治疗师，这只是基于治疗师时间安排、服务价格或者其他个人抉择等因素，任何一个治疗师也能够提供相似的康复或者职业治疗辅助。类似地，除了能够提供相似的辅助外，个人陪同护士比家庭访视护士能够提供更密切的帮助。一些服务被包含进了复合目标区。这种分类只是代表了对服务进行分类的一种形式，当然其他分类也是可行的。①

相对于将所有服务放在一起的传统做法，这些分类方式让我们能够更清楚地观察所需求的服务。总的来讲，这些分类代表了正在为残疾儿童提供的服务，能够更好地确认需求以及计划供给。与诸如年度医生检查或者急诊医疗服务等基于医院的服务不同，这些服务是对残疾儿童的独特服务，在现阶段关于儿童卫生保健的讨论中或许被忽视了。例如，残疾儿童是诸如短期照顾服务和包括康复治疗、物理治疗、职业治疗等专业治疗服务的主要消费者。另外，通常独立生活服务的对象是正在向成年人过渡的年轻成年残疾人，而对健全的青年来说，这些服务通常被认为是不必要的。

我们将儿童划分为服务需求得到满足和没有得到满足的两组。如果一位应答者回答儿童接受了某种服务，那么我们将这个儿童编码为"满足"需求。对于某种服务未满足需求的儿童数量是报告了一个未满足需求的儿童的数目，而不是接受了这个服务的儿童数——通常情况下接受一项服务的儿童需要更多的此项服务，故这是一个保守的估计。对于一项服务来讲，儿童或者报告使用了这项服务或者报告对于此项服务有未满足的需求，因此，总的服务需求等于使用和未满足本项服务的总和。但是对于较泛的服务类别来讲（家庭、医疗、治疗、日常生活、交流服务），儿童既可以报告使用的同时也可以报告未满足，这种情况发生在当应答者表示儿童在某一项服务类别中使用了某项服务而同时表达了在同一项服务类别中对另一项服务有需求但是没有接受服务时（如，接受了康复治疗，但未满足其物理治疗需求）。

因此，对服务分类来讲，总的使用情况代表了使用了本类别服务中至少一

---

① 因为样本量较小，更加精细的分类方式或者对特殊服务的分析不太可能进行。

项服务的儿童总数,未满足服务代表了本类别服务中报告需要但是却并未接受任一项服务的儿童总数,总需求数是对本类别中的有一项服务使用或者有未满足需求的儿童数。

研究结果

理解残疾儿童在多大程度上需要辅助性卫生服务是解决与未满足需求相关的问题的第一步。如表1所示,58%的残疾儿童报告对这些服务既没有使用也没有未满足的需求。另外34%的报告使用了服务且没有附加服务需求,6%的报告需要一些服务的同时在使用一些其他的服务,2%的报告所有需要的服务都没有被满足。

表1 残疾儿童服务使用分布情况(标准误)

至少需求一项服务	42%(1.2)
使用服务,没有未满足需求	33.6%(1.1)
使用服务,有一些未满足需求	6.0%(0.6)
只有未满足需求	2.2%(0.3)
没有服务利用,没有未满足需求	58.1%(1.2)

来源:作者计算使用了1994/1995年国家健康访谈残疾主题调查数据。

理解残疾儿童所需要的辅助服务需求能帮助项目管理者规划他们的服务供给。因NHIS-D并不依赖于当前提供服务的使用和等待服务的列表选择数据,故而它提供了一个需求评估的极好的机会,原因在于若服务需求等待列表过长,则可能阻扰一些人预订这些服务,从而对总的服务需求估计偏低,相反,样本中的每一个人对有关他们需求和使用服务情况的问题应给予回答。因为当一个人不知道使用一项服务所带来的益处,甚至是可能带来的潜在益处时,他倾向于不报告存在这项服务需求,从而这里的需求估计可能仍然是保守的。

残疾儿童的辅助服务需求广泛分布于各种类型的服务中,并且有不同的满足程度和未满足程度。表2展示了我们对使用确定的服务的残疾儿童数量的估计,报告有需要或者使用服务的儿童总数,最后一列显示了在所有服务类别里面至少有一项需求没有得到满足的儿童的比例,这让我们可以比较每项服务的相对未满足需求。对一个儿童来讲,在几个大类服务中,有可能使用服务又报告有未满足的需求,因此每一类服务的需求总值并不一定等于满足和未满足的服务之和。

以短期照顾服务为例,总共有115,300名儿童使用短期照顾服务,177,400名儿童需要但是没有使用,则短期照顾服务(未满足的需求)涵盖总共292,800名儿童。对于总的需求来讲,有60.6%(177.4/292.8)的需求未被满足。在大的分类——家庭服务中,有454,900名儿童使用了短期照顾服务或社会工作服务中的一种或者两者皆使用了。大约200,000名儿童需要但是没有使用短期照顾服务或者社会工作服务或者两者同时没有使用。在607,300名需要家庭服务的儿童中,有32%的至少有一项未满足的需求。(具体使用的变量列表和详细描述见附录A)

交流服务与其他类别的服务相比更容易有需求。这里只有6.2%的报告需要交流服务的儿童未满足服务需求,本类服务中绝大部分未满足的需求为对言语治疗师的需求。

表2 残疾儿童的服务使用、未满足需求以及总需求的估计(单位:千人)

	使用服务 (标准差)	未满足需求 (标准差)	总需求 (标准差)	有未满足需求 儿童百分比 (标准差)
家庭服务	**459.9 (35.3)**	**194.5 (21.4)**	**607.3 (41.6)**	**32.0% (2.7)**
短期照顾服务	115.3 (14.1)	177.4 (20.7)	292.8 (24.9)	60.6% (4.1)
社会工作者	388.1 (33.5)	29.4 (7.2)	417.5 (35.1)	7.0% (1.6)
医疗服务	**141.5 (17.2)**	**17.3 (5.1)**	**163.0 (19.2)**	**13.9% (3.4)**
医生家庭访视	8.2 (3.8)ᵃ	2.6 (2.0)ᵃ	10.8 (4.3)ᵃ	24.3% (16.5)ᵃ
个人陪从护士	32.2 (6.8)ᵃ	9.1 (3.3)	41.4 (7.7)	22.1% (7.0)
家庭访视护士	65.2 (11.8)	3.7 (2.9)ᵃ	68.9 (12.1)	5.4% (4.1)ᵃ
呼吸治疗师	52.4 (9.8)	9.2 (4.4)ᵃ	61.5 (10.7)	14.9% (6.6)
治疗服务	**508.3 (30.1)**	**72.5 (10.0)**	**549.0 (31.9)**	**13.2% (1.7)**
康复治疗师	131.6 (14.6)	24.9 (5.3)	156.6 (15.3)	15.9% (3.3)
物理治疗师	334.2 (24.0)	33.8 (7.7)	368.1 (26.0)	9.2% (1.9)
职业治疗师	294.9 (23.0)	25.8 (7.1)	320.7 (24.8)	8.0% (2.1)
日常生活服务	**448.2 (34.9)**	**44.9 (9.8)**	**486.2 (37.3)**	**9.2% (1.9)**
阅读者或者口译	63.7 (10.3)	17.7 (6.3)ᵃ	81.4 (12.6)	21.7% (6.5)

续 表

	使用服务 （标准差）	未满足需求 （标准差）	总需求 （标准差）	有未满足需求 儿童百分比 （标准差）
独立生活服务	25.9（8.8）[a]	4.3（2.2）[a]	30.2（8.9）	14.3%（7.8）[a]
交通	393.6（33.2）	27.6（7.5）	421.1（34.6）	6.5%（1.7）
交流服务	**1,110.9（53.3）**	**78.5（13.5）**	**1,162.1（55.9）**	**6.2%（1.0）**
特殊教育交流服务	128.6（15.4）	14.6（5.0）[a]	143.2（16.0）	10.2%（3.4）[a]
听觉病矫治专家	261.9（22.0）	25.0（7.3）	286.9（23.8）	8.7%（2.4）
言语治疗师	985.2（50.7）	38.6（8.5）	1,023.8（52.3）	3.8%（0.8）
任何服务（any service）	1,575.0（65.2）[a]	324.0（29.0）[a]	1,660.5（68.2）[a]	19.7%（1.5）[a]
	n = 1,064	n = 223	n = 1,136	

来源：作者使用1994/1995年全国健康访谈调查残疾部分的数据计算所得。每一类服务的总需求（粗体字）非"使用"和"未满足需求"之和，因在每一类需求内部儿童可能同时有未满足的需求和正在使用的服务；任何服务不是所有服务之和，因为一个儿童可能不止使用或者需求一项服务。

[a] 相对标准差不大于30%。

治疗服务是残疾儿童第二类最需求的服务。未被满足的需求分布在这个分类的三项服务中：康复治疗、物理治疗和职业治疗。服务的使用集中在物理治疗和职业治疗。最多的未被满足的需求为康复治疗（15.9%）。

家庭服务是第三类最需求的服务，但是这类服务未被满足的比例却最大。引人注目的是，32%的报告有家庭服务需求未被满足。未被满足的需求主要是对短期照顾服务的需求。有292,800名儿童报告了需求短期照顾服务，177,400名报告有未满足的短期照顾服务需求。大约448,000名儿童使用日常生活服务。在本类中，交通需求是最大的需求（27,600名儿童），但是交通也是使用得最多的服务（393,600名儿童）。由于样本量较小，让我们难以估计阅读者/翻译员或者独立生活服务的未满足需求的大小。

最后，本文中狭义的重症医疗服务（intensive medical service）是使用得最少的服务。这可能是因为本文中该类服务所包含的服务类型有限。未满足需求的低水平可能因为缺乏这些服务的后果更加严重，或者较于没有其他服务的后果来讲大家更不能直接感受到没有这些服务的后果。

残疾儿童服务利用和未满足需求的分散性提示我们不能单一地重视任何一类服务。

谁报告了最大的未被满足的服务需求？

在报告了有服务需求的残疾儿童中，其平均需求总体上是相当少的。对于至少有一项服务需求的儿童来讲，他们的平均需求服务的项目数为 2.24（范围为 1—14）。这些服务中的 88%（平均 1.98 项服务）获得了满足（范围为 0—13），但仍有 12%（平均 0.27 项服务）的其需求没有获得满足（范围为 0—7）。

不论是否看总体服务需求、服务利用还是未满足需求，服务的需求分布都明显倾向于较少量的需求。至少有一项需求的残疾儿童中，一半的儿童仅报告只有一项服务需求，以及有 12% 的儿童报告两项需求。因为还有一些儿童没有服务需求，故而在整体上，残疾儿童的平均需求、服务利用和未满足需求下降了。

使用和未满足需求情况随着残疾类别不同而变化。表3展示了按功能受限类型分类的儿童使用服务（满足的需求）的比例和未满足需求比例。自理受限儿童较其他功能受限儿童报告了更多的服务需求以及使用服务——79% 的自理受限儿童报告了使用着一些辅助服务项目，同时 24.2% 的有未满足的服务需求，就服务的大类别看来，这是合理的。总的来讲，在按受限类别分类情况下各种服务类型使用状况反映了整体的残疾儿童使用服务的模式。就功能受限类型之间来看，未满足需求的比例在统计上并没有较各种服务类型总体的使用情况更高。因为未满足需求类型并未显示出与功能受限类型有较强的相关性，故而之后的分析关注的是所有残疾儿童，而非残疾类别。

表3 按功能受限类别分类的满足和未满足服务需求类别百分比

	合计（标准差）	家庭服务需求（标准差）	治疗服务需求（标准差）	交流服务需求（标准差）	日常生活服务需求（标准差）	医疗服务需求（标准差）
移动受限						
满足需求	58.9% (3.0)	22.4% (2.5)	35.0% (2.5)	39.8% (2.8)	26.7% (2.7)	9.8% (1.7)

续表

	合计 （标准差）	家庭服务需求 （标准差）	治疗服务需求 （标准差）	交流服务需求 （标准差）	日常生活服务需求 （标准差）	医疗服务需求 （标准差）
未满足需求	14.6% (1.9)	8.9% (1.5)	4.9% (1.0)	2.6% (0.9)	2.7% (0.9)	1.5% (0.6)
自理受限						
满足需求	77.9% (2.8)	33.2% (3.3)	51.3% (3.6)	55.7% (3.4)	43.8% (3.2)	16.0% (2.2)
未满足需求	24.2% (2.8)	17.7% (2.5)	5.8% (1.3)	2.8% (0.9)	2.7% (1.0)	2.7% (1.0)
认知受限						
满足需求	38.2% (1.2)	12.3% (0.9)	12.8% (0.7)	27.0% (1.1)	11.7% (0.9)	3.4% (0.4)
未满足需求	8.6% (0.7)	5.1% (0.6)	1.8% (0.3)	2.0% (0.3)	1.2% (0.3)	0.6% (0.2)
交流受限						
满足需求	68.9% (2.0)	19.7% (1.8)	26.4% (1.9)	57.1% (2.2)	26.3% (2.0)	6.9% (1.0)
未满足需求	15.4% (1.6)	10.4% (1.5)	3.9% (0.8)	2.8% (0.6)	1.7% (0.5)	1.2% (0.4)

来源：作者计算使用了1994/1995年国家健康访谈残疾主题调查数据。

保险和贫困状态估计

如前所述，卫生保健系统中的服务供给是跟保险状态相关的，而保险状态又跟收入情况相关。当前的努力都是集中在为生活在家庭收入等于或者低于200%贫困水平的家庭的儿童提供公共保险——假定处于这样状况下的儿童最不可能参与商业健康保险。大部分残疾儿童（59%）都生活在这样的家庭中，而只有小部分的残疾儿童家庭收入高于200%贫困水平（41%）。[①] 63%的有服务需求以及66%的有未满足的服务需求的残疾儿童家庭收入等于或者

---

① 由美国人口普查局公布的贫困线会根据家庭规模和孩子数量进行调整，以确定儿童所居住家庭收入是否等于或者低于200%贫困水平。

低于200%贫困水平。在统计上这些差别并不比总体代表的差异要高,因此,尽管生活在家庭收入等于或者低于200%贫困水平的儿童有更多的未满足服务需求,这一需求与他们在整个残疾儿童中的代表性比例是一致的。

获得服务的机会及相应未满足的服务需求可能跟是否有保险的状态密切相关。大部分残疾儿童(55%)依靠商业保险,还有33%的残疾儿童有公共保险。与之前研究一致,还有将近13%的残疾儿童没有任何保险。[①]

有未满足需求的儿童的比例随着保险类型的不同而不同。有公共保险儿童中有未满足需求的儿童的比例(11.8%)几乎是有商业保险的儿童中有未满足需求的比例(6.8%)的2倍;更令人惊异的是,有公共保险的儿童的有未满足需求的百分比比没有任何保险的儿童(5.5%)还高,这两个差异都统计显著。

我们尚不清楚为什么没有保险的儿童相比有保险的儿童的未满足需求还要低。一种可能的解释是儿童有许多服务需求,会激励他的父母或者监护人去寻求健康保险(公共或者商业保险)的保障,以增大儿童接受这些服务的可能性,如果情况是这样,那么没有保险的儿童有未满足需求比例较低则可以理解。已有的研究证实,存在有需求时才选择保险的实际情况(国会预算办公室,1998)。这意味着,我们假设没有保险相比有公共保险,将导致有更低的未满足需求这一假设是不正确的,而是由不同类别儿童的差异,可解释他们使用和需求的模式。

另外,基于以上信息,做出商业保险在提供服务上优于公共保险的论断也为时太早,当我们观察有商业保险的残疾儿童和有公共保险的残疾儿童使用服务的平均数量时,有公共保险的残疾儿童使用了更多的服务。平均看来,有商业保险的残疾儿童使用0.56项服务(范围是0—12),而有公共保险的残疾儿童使用了0.80项服务(范围是0—9),高出的数量在统计上有显著性。相似的,没有保险的儿童报告了一个更低的平均服务项目使用数量0.36(范围是0—5,在统计上显著),这可能是由于每种类别儿童的特征差异。有公共保险的儿童服务使用更多的服务,可能意味着他们有更严重的残疾,因此也有更多的服务需求;或者也可能说明有公共保险的儿童更容易获得这些服务。

[①] 我们询问了应答者是否儿童有多种类型的保险,包括医疗保险、医疗补助保险、CHAMPUS、土著居民医疗服务或者商业健康保险。我们将结果划分成几个等级,有商业健康保险的儿童被划分为有商业保险,有其他类型的健康保险但是非商业健康保险的被划分为有公共保险,而不在上面任何一种分类里面的儿童被划分为没有保险。

控制残疾儿童的人口学特征以及健康差别,能够帮助我们确定观察到的拥有不同类别保险的残疾儿童,其未满足需求的差异是不同类型以及不同严重程度的残疾带来的"副产品",还是由于有不同保险造成的。在进行 logistic 回归时,我们控制了以下解释变量:健康保险的类型——公共、商业对比没有保险;儿童特征——年龄、性别、种族;家庭特征(作为带儿童去获取辅助服务的成本作代理)——收入、儿童住在一个有两个结婚了的成年人的家庭、父母的最高学历;以及残疾特征——残疾的类别和严重程度。[①]我们使用两个儿童样本数据来估计这个方程,一个是包括所有的残疾儿童,另一个则是报告至少有一项服务需求的残疾儿童。

对于有商业保险的儿童来讲,他们获得保险更有可能是因为父母都是在职员工而附带的额外保障,因此,有一项服务需求提供给孩子一个获得保险激励的这个说法不一定正确,然而这种激励对于儿童获得公共保险来讲则是显著的。如果当残疾儿童有服务需求的时候会选择加入公共保险,作为选择偏好的差异,那么有公共保险的儿童和没有保险的儿童则有根本上的不同,有公共保险的儿童相比其他儿童则可能会有更多的服务需求。假设一些可以参加公共保险但并没有报告有未满足的需求的儿童从未加入公共保险,如果这些儿童加入公共保险,那么有公共保险的儿童的平均未满足需求则会降低。当我们只看至少有一项服务需求的儿童的时候,则一些选择偏好造成的差异将被去除,从而能更好地估计保险对有一项或者更多的未满足服务需求的可能性的影响。[②]

回归显示了一些除了有关健康保险之外的有用信息。在两个回归分析结果中(所有残疾儿童以及至少有一项服务需求的残疾儿童作为样本纳入分析),男孩较女孩有未满足的需求的可能性高出 50%;白种、非西班牙裔儿童有未满足需求的可能性是其他非这个群体中的儿童的 60%;有认知功能受限的儿童较没有认知功能受限的儿童有未满足需求的可能性大约高出 25%;有自理功能受限的儿童跟他们没有自理功能受限的同伴比起来有未满足需求的可能性大 50%。对于有移动或者交流障碍的儿童来讲这种结果并不显著,我

---

① 附件 B 显示了这些变量的平均值。
② 在 Dubay 和 Kenney 的文章中指出了类似的选择偏好(2001)。在这里,作者通过只选择健康状态非常好或者很好的儿童来控制这种偏好。但是这种方法可能会排除大部分的本研究感兴趣的儿童,因此在儿童有资格进入公共保险的时候,他们就会选择进入公共保险系统的假定下,我替代选取了至少有一项服务需求的儿童来控制这种偏好。

们不可确定它们对未满足需求的边际效应。① 家庭收入的影响在统计上并不显著。因为只有残疾儿童以及某一类功能受限的儿童相对于其他功能受限的儿童的需求纳入回归分析中,故而不能分析是否有残疾对服务需求的影响。

和我们的假设相符,我们估计保险对有未满足服务需求的可能性影响是有差别的,而差别与使用的儿童样本相关。在所有残疾儿童样本纳入分析中,有公共保险的儿童较没有保险的儿童看起来更有可能存在未满足服务需求,而对于有商业保险的儿童并不显著。

表4向我们展示了logistic回归模型的各个系数。从所有残疾儿童作为样本分析的回归方程看来,商业保险和公共保险并没有显著降低有未满足服务需求的概率,实际上有公共保险反而显著增大了有未满足服务需求的可能性。对于有公共保险的残疾儿童,控制了其他特征,显示的最高的未满足服务需求的概率为8.1%,接下来是有商业保险的儿童(5.8%),而没有保险的儿童概率最低(5.1%)。

如前面所讨论,有公共保险儿童的结果可能是因为有较高服务需求的儿童选择公共保险项目造成的,选择至少有一项服务需求的儿童进行回归分析,能够减小可能在第一种回归中出现的选择偏好的影响。当其他特征被控制时,第二种回归的结果显示有保险和没有保险对儿童有未满足服务需求的影响没有显著差异,该结果暗示有商业保险、公共保险和没有保险并非是有未满足服务需求的一个显著的预测因子,即:有保险,不论商业还是公共保险,并不是降低残疾儿童有未满足服务需求概率的显著的影响因素。在三种保险状态下对至少有一项服务需求的儿童的有未满足服务需求概率进行估计,结果显示三者非常相似(公共保险——19.5%,商业保险——17.5%,没有保险——16.8%),但这并不是说保险在服务使用的其他方面的影响不重要,就像在文献回顾中引用的许多研究显示的一样。相反,在这个有这些特殊辅助服务的案例中,这些结果仅说明保险覆盖可能不是有满足的服务需求的儿童和有未得到满足的服务需求的儿童之间的重要区别。

当然一些选择性偏好可能仍然存在。选择至少有一项服务需求的儿童作为分析样本减小了偏好,但是,在指出有一项服务需求和没列出该项服务需求儿童样本之间的差异可能存在,因此,在显示重点减轻有自理障碍和认知障碍儿童的未满足需求方面,我们得出的结论只是提示性的,而其他的结果确证了所做的结论是适宜的。

---

① 我们也使用了对保险变量的整体结果没有显著影响的其他的残疾和严重程度相结合的变量。

表4 保险对有未满足服务需求概率的影响的估计

	全样本——Logit 回归			有需求的儿童——Logit 回归		
	系数(标准差)		比值比(OR)	系数(标准差)		比值比(OR)
公共保险	0.500**	(0.254)	1.65	0.189	(0.262)	1.21
商业保险	0.156	(0.274)	1.17	0.039	(0.284)	1.04
年龄	-0.055***	(0.0261)	0.95	-0.013	(0.027)	1.04
性别(1 = 男性)	0.420**	(0.184)	1.52	0.407**	(0.196)	1.50
种族(1 = 白人,非西班牙裔)	-0.394*	(0.233)	0.67	-0.491**	(0.237)	0.61
家庭月收入低于200%贫困线	0.169	(0.192)	1.18	0.006	(0.211)	1.01
移动受限(0 = 没有,1 = 轻微,2 = 中等,3 = 严重)	-0.010	(0.127)	0.99	-0.106	(0.125)	0.90
认知受限(0 = 没有,1 = 轻微,2 = 中等,3 = 严重)	0.255**	(0.108)	1.29	0.228**	(0.098)	1.26
自理受限(0 = 没有,1 = 轻微,2 = 中等,3 = 严重)	0.429***	(0.097)	1.63	0.404***	(0.097)	1.50
交流受限(0 = 没有,1 = 轻微,2 = 中等,3 = 严重)	0.306***	(0.085)	1.36	0.020	(0.085)	1.02
家中有结婚的父母	-0.027	(0.205)	0.97	-0.111	(0.218)	0.89
责任家庭成员的受教育程度(1≤HS,2 = HS,3≥HS)	0.294**	(0.139)	1.34	0.174	(0.146)	1.19
常数项	-4.004***	(0.612)		-2.389	(0.667)	
F值	14.64***			4.63***		
预测有未满足服务的概率——所有其他特征控制在平均值水平						
公共保险	8.1%			19.5%		
商业保险	5.8%			17.5%		
没有保险	5.1%			16.8%		

来源:作者计算使用了1994/1995年国家健康访谈残疾主题调查数据。

* 显著性水平在 $p < 0.10$。

** 显著性水平在 $p < 0.05$。

*** 显著性水平在 $p < 0.01$。

讨 论

现行政策努力扩大低收入家庭儿童的保险覆盖面,这种政策至少带来了三个关于满足残疾儿童服务需求的问题。第一,关注低收入儿童能否有效地确定有未满足服务需求的残疾儿童? 其次,是否一些特定功能受限的儿童比其他的残疾儿童有更大的服务需求? 最后,扩大健康保险是否能够解决残疾儿童独特的服务需求,抑或政策制定者需要关注其他方面?

对于文中所关注的一系列辅助服务来讲,本研究的发现说明,尽管这种关注收入的政策确实能够覆盖大部分有未满足服务需求的残疾儿童,但仍有相当一部分残疾儿童不受这种政策的影响。有1/3的有未满足服务需求的残疾儿童家庭收入在200%贫困线以上,而更多的那些家庭收入在200%贫困线以下的有未满足服务需求的儿童可能需要我们更多的关注。

平均来讲,有公共保险的儿童接受了更多的服务,但同时他们也报告了更多的未满足服务需求,有商业保险的儿童接受较少的服务,但亦较少的儿童报告服务需求未满足。本文的分析结果说明保险并不是给残疾儿童提供服务的一个完整的解决方案。虽然给残疾儿童提供保险在某些方面是有作用的,但是除非政策制定者能够确保保险政策能够解决残疾儿童的一系列独特的服务需求,否则残疾儿童仍旧会停留在存在服务需求状态。

共有42%的残疾儿童报告有至少一项服务需求,8%的儿童报告至少有一项未满足的服务需求(有20%的有服务需求的儿童报告了一些或者一部分需求没有得到满足)。虽然这可能并不是有未满足服务需求的儿童的大部分,但是有未满足服务需求的儿童的分布对于未来政策制定者来讲仍是很重要的关注点,如自理受限的儿童相比其他儿童更可能存在未满足的服务需求。

我们很难在残疾类型的基础上比较儿童服务需求情况,因为儿童可能有多重残疾,以及由于某一种特定残疾而导致的某一种特定的未满足服务需求。但未满足服务需求对自理受限儿童看似是最严重的,不仅他们有最高的人均未满足服务需求项(0.36项服务,而全体儿童平均未满足服务项目为0.11项)——这是一项受个人影响的指标,而且在控制了儿童的其他特征情况下,功能受限对一个儿童将有未满足服务需求的预测有着最大的影响(仅有平均自理受限而无其他受限的儿童有未满足服务需求的概率为20.7%——较任何其他单一功能受限高出6.1个百分点)。虽然,在研究得所有功能受限中,自理受限是最不常见的（在所有3,936,000名残疾儿童里面有431,000名自理受限儿童），但是政策制定者也应该选择制定以这些儿童为目标人群的政策。

将近90%的残疾儿童有认知受限，故而政策制定者可能希望关注更多的有认知受限的儿童。如果政策目标是给有认知受限的儿童提供服务，那么可能将有350,000名儿童受到影响。尽管总体的未满足的服务需求在各种残疾类型中大体一致，有认知受限的儿童却有最多的未满足服务需求（12.8%，而整体的平均值为11.6%）。

面对这些例子，政策制定者需要决定是要改善对于有未满足服务需求的儿童的最大群体（认知受限儿童）的服务供给，还是改善有相对最大量未满足需求的儿童的服务供给。因为总的服务需求中未满足的部分是散布在各种残疾类型中的，这意味着有某种功能受限的儿童相比有其他功能受限的儿童来讲并不是更需要服务，所以将政策集中到任何某一特定的群体上是困难的。此外，因为儿童存在着多重残疾，集中于某一类型残疾的服务必然也会影响其他残疾类型的儿童。

如前所述，残疾儿童报告的需求服务的类型因残疾类别和严重程度不同而存在差异，政策制定者应该选择提供某些特定种类的服务，而不管残疾的类型和严重程度，让每种残疾类型中的部分儿童以及部分严重程度的儿童保持有未满足的服务需求的状态，这样去降低有未满足服务需求的残疾儿童的整体比例。例如，如果政策制定者集中关注那些报告的最可能不被满足的服务——家庭服务——在上述每种残疾类型中有未满足服务需求的儿童的比例将减少，即，整体上残疾儿童有未满足需求的比例将从8.2%降低到4.3%。

随着残疾儿童需求的各种服务的数据，以及有服务需求的儿童的残疾类别和严重程度数据变得更加可用，政策制定者需要研究现行卫生保健制度，以检查残疾儿童的需求是否得到满足。如果没有显示出残疾儿童处于政策的保护伞之下，那么政策制定者可能就应该思考其他的关注这个儿童群体的政策（或者这个群体中某部分儿童），以确保卫生保健的讨论考虑到了这些最需要卫生保健服务的儿童。

致　　谢

作者要感谢 Pamela Loprest 在本文成文之后的审阅及对本文的帮助，感谢

Genevieve Kenney 对本文早期草稿的评论,以及 Douglas Wissoker 在模型建立和改进上的帮助。

(张蕾、林淦初译、审译,宋新明审校)

参考文献

Aday, L. A., Lee, E. S., Spears, B., Chung, C., Youssef, A., & Bloom, B. (1993). Health insurance and utilization of medical care for chronically ill children with special needs. *Medical Care*, 31(11), 1013-1026.

Aron, L. Y., Loprest, P. J., & Steuerle, C. E. (1996). *Serving children with disabilities*. Washington, DC: The Urban Institute, 13-17.

Bashur, R. L., Homan, R. K., & Smith, D. G. (1994). Beyond the uninsured: Problems in access to care. *Medical Care*, 32(5), 409-419.

Congressional Budget Office Expanding Health Insurance Coverage for Children Under Title XXI of the Social Security Act (1998). Washington, DC, February.

Dubay, L., & Kenney, G. M. (2001). Health care access and use among low-income children: Who fares best? *Health Affairs*, 20(1), 112-121.

General Accounting Office (1997). Health insurance: Coverage leads to increased health care access for children. GAO. HEHS-98-14(November 24th).

Kenney, G., Ullman, F., & Weil, A. (2000). Three years into SCHIP: What states are and are not spending. Washington, DC: The Urban Institute, No. A-44 in Series. *New Federalism: Issues and Options for States*(September).

Koppelman, J. (1994). Meeting the needs of chronically disabled children in a changing health care system. National Health Policy Form Issue Brief No. 651.

LaPlante, M. P., Rice, D. P., Wenger, B. L. (1997). Medical care use, health insurance, and disability in the United States, disability statistics abstracts(8). Washington, DC: National Institute on Disability and Rehabilitation Research, September.

National Center for Health Statistics (1998). Data file documentation. National Health Interview Survey of Disability, Phase II, Adult File. Hyattsville, Maryland.

Newacheck, P. S. (1992). Characteristics of children with high and low usage of physician services. *Medical Care*, 30(1), 30-42.

Newacheck, P. S. (1994). Poverty and childhood chronic illness. *Archives of Pediatric and Adolescent Medicine*, 148(11), 1143-1149.

Newacheck, P. S., Hughes, D. S., & Stoddard, J. J. (1996). Children's access to primary care: Differences by race, income, and insurance status. *Pediatrics*, 97(1), 26-32.

Perrin, E. C., Newacheck, P., Pless, I. D., Drotar, D., Gortmaker, S. L., Leventhal, J.

M., Stein, R. E. K., Walker, D. K., & Weitzman, M. (1993). Issues involved in the definition and classification of chronic health conditions. *Pediatrics*, 91(4), 787-793.

Pollack, R., Fish-Parcham, C., & Hoenig, B. (1997). Unmet needs: The large differences in health care between uninsured and insured children, families USA. Washington, DC.

Sinclair, E., Forness, S. R., & Alexson, J. . (1985). *The Journal of Special Education 19* (3), 333-334.

附录A：对服务的描述

大部分辅助卫生服务的使用情况是在调查的两部分中的其中一部分确定的，分别为E部分——其他服务，F部分——教育服务。在E部分中，询问了应答者在过去12个月中儿童是否接受了某一项服务。如果他们接受了，则被编码为有一个"被满足"的服务需求。如果他们没接受服务，则会继续问应答者：儿童是否需要某项服务。如果应答者回答"是"，则这个儿童被编码为有"未满足"的服务需求。如果儿童接受了服务，则应答者不能继续说明儿童还有另外的更多的服务需求。

在F部分中，应答者可以说明儿童使用了服务（被编码为有满足的服务需求）的同时，之后也可以说明他们还希望得到更多的服务（只有当对同一种服务需求没有得到满足时，才被编码为未满足的需求）。为了与E部分保持一致，只要接受了一项服务，则儿童就会被编码为有满足的服务需求，而不允许同时有未满足的服务需求。

在E部分中问到的各种服务都被纳入了此分析（社会工作者、康复治疗师、物理治疗师、职业治疗师、听觉障碍治疗专家、言语障碍治疗师、阅读员和翻译员、独立生活服务、交通、医生家庭访视、个人陪同护士、呼吸治疗师、访视护士）。其中有四项服务在接下来的F部分中将不再提及（阅读员和翻译员、独立生活服务、医生家庭访视以及个人陪同护士）。在F部分中用"护士服务"代替了访视护士。接受和需求短期照顾的情况在A部分——家庭护理服务中确定。

确定服务需求所使用的问题

A部分，问题9a。"在过去12个月中，您是否使用了儿童短期照顾服务，这样您和您的家人就可以出去散步，暂时休息一下或者去度假？"（1＝是的，编码为满足的需求）

A部分，问题9b。"在过去12个月中，您是否需要（更多的）儿童短期照

顾服务?"(1 = 是的,如果尚未编码为满足的服务需求,则编码为未满足的服务需求)

E 部分,问题 1a。"在过去 12 个月中,儿童是否接受了以下任何一项服务?"(1 = 是的,编码为满足的需求)(a)物理治疗师?(b)职业治疗师?(c)听觉病治疗专家?(d)言语治疗师或者病理专家?(e)康复治疗师?(f)访视护士?(g)个人陪从护士(并非家庭成员或者朋友)?(h)阅读者或者翻译员?(i)医生家庭访视?

E 部分,问题 1b。"过去 12 个月中,儿童需要_____服务?"(a)物理治疗师?(2 = 不需要,编码为未满足的服务需求)(b)职业治疗师?(c)听觉病矫治专家?(d)言语治疗师或者病理专家?(e)康复治疗师?(f)访视护士?(g)个人陪同护士(非家庭成员或者朋友)?(h)阅读员或者翻译员?(i)医生家庭访视?

F 部分,问题 1a。"过去 12 个月中,儿童是否接受了任何特殊教育服务?或者从特殊教育中获得任何益处?"不包括育智项目(gifted or talented program)(1 = 是,接着继续询问应答者特殊服务)

F 部分,问题 1b。"在过去 12 个月中,儿童从特殊教育项目中获得了哪些服务或者什么益处?是否还有其他的?"(编码为满足的需求)这些服务包括:交通服务、言语治疗、听觉病矫治服务、物理治疗、职业治疗、康复治疗、呼吸治疗、社会工作服务、交流服务以及护理服务。

F 部分,问题 3a。"在过去 12 个月中,您有试图为孩子获取任何(更多的)特殊教育服务吗?"(1 = 是的,接着询问应答者特殊服务的问题)

F 部分,问题 3b。"您试图为孩子获取(更多的)什么特殊教育服务?"(如果在 1b 中尚未编码为满足的服务需求,则编码为有未满足的服务需求)这些服务包括:交通服务、言语治疗、听觉病矫治服务、物理治疗、职业治疗、康复治疗、呼吸治疗、社会工作服务、交流服务以及护理服务。

附录 B:在产生活动功能受限分级时使用的打分算法

仅对困难持续或者预计困难会持续 12 个月以上的人群计算

变量:上床下床或者上下椅子有困难

　　　在家中移动有困难

应答　　　　　　　　　　　　　　　　　　　　　　　　　　分值

仅仅是有困难	1
仅仅是不能做/因健康原因	1
需要帮助/提醒/有人在身旁	2
使用特殊辅助器械	2
既需要帮助/提醒/有人在身旁又需要使用特殊辅助器械	3

变量：没有帮助和/或使用特殊辅助器械时，上下床或者上下椅子有多困难？
　　　没有帮助和/或使用特殊辅助器械时，在家移动有多困难？

应答	分值
有一些困难	0
有很大的困难	1
完全不能	2
不确定或者不知道/拒绝回答	0

变量：有帮助和/或使用特殊辅助器械时，上下床或者上下椅子有多困难？
　　　有帮助和/或使用特殊辅助器械时，在家移动有多困难？

应答	分值
没有困难	0
有一些困难	1
有很大的困难	2
完全不能	3
不确定或者不知道/拒绝回答	0

变量：在身体发育上有问题/延迟
　　　医生已经提及这个问题/延迟

应答	分值
在身体发育上有问题/延迟	1
医生已经提及这个问题/延迟	1

移动障碍分值范围：0—18；轻度＝1—2；中等/严重＝3＋

自理

仅对困难持续或者预计困难会持续 12 个月以上的人群计算
变量:沐浴或者淋浴有困难
　　穿衣有困难
　　吃饭有困难
　　入厕有困难

应答	分值
仅有困难	1
仅仅是不能做/因健康原因	1
需要帮助/提醒/有人在身旁	2
使用特殊辅助器械	2
既需要帮助/提醒/有人在身旁又需要使用特殊辅助器械	3

变量:没有帮助时,沐浴或者淋浴有多困难?
　　　没有帮助时,穿衣有多困难? 没有帮助时,吃饭有多困难? 没有帮助,入厕有多困难?

应答	分值
有一些困难	0
有很大的困难	1
完全不能	2
不确定或者不知道/拒绝回答	0

变量:有帮助时,沐浴或者淋浴有多困难?
　　　有帮助时,穿衣有多困难?
　　　有帮助时,吃饭有多困难?
　　　有帮助时,入厕有多困难?

应答	分值
没有困难	0
有一些困难	1
有很大的困难	2
完全不能	3

不确定或者不知道/拒绝回答	0

变量：需要个人护理帮助

应答	分值
需要个人护理帮助	1

自理的分值范围：0—33；轻微＝1—5；中等/严重＝6＋

交流/感官仅对困难持续或者预计困难会持续12个月以上的人群计算
变量：同家庭以外的人交流有困难
　　　与家庭成员交流有困难
　　　将基础需求告知家庭成员有困难
　　　理解别人谈话或者提问有困难

应答	分值
同家庭以外的人交流有困难	1
与家庭成员交流有困难	1
将基础需求告知家庭成员有困难	1
理解别人谈话或者提问有困难	1

变量：在言语功能发育上有问题/延迟
　　　医生已经提及这个问题/延迟

应答	分值
在身体发育上有问题/延迟	1
医生已经提及这个问题/延迟	1

变量：与他人相处有困难

应答	分值
与他人相处有困难	1

变量：交流上有显著问题

应答	分值

交流上有显著问题	1

交流的分值范围:0—8;轻度=1;中度=2;严重=3+

认知和社会认知

仅对困难持续或者预计困难会持续 12 个月以上的人群计算

变量:在学习该年龄阶段应会的东西上有困难

应答	分值
在学习该年龄阶段应会的东西上有困难	1

变量:理解有显著困难
  在课堂上集中注意力有显著困难
  在控制行为上有显著困难

应答	分值
理解有显著困难	1
在课堂上集中注意力有显著困难	1
在控制行为上有显著困难	1

变量:有智力发育问题/延迟
  医生已经提及这个问题/延迟

应答	分值
有智力发育问题/延迟	1
医生已经提及这个问题/延迟	1

变量:有情感/行为发育问题/延迟
  医生已经提及这个问题/延迟

应答	分值
有情感/行为发育问题/延迟	1
医生已经提及这个问题/延迟	1

变量:对残疾有认知

应答	分值
对残疾有认知	1

认知能力和社会认知的分值范围:0—9;轻度 = 1;中度 = 2—3;严重 = 4 +
来源:Hogan et al., 1997.

附录 C:对 Logistic 回归中变量的描述

变量	完全样本均值	至少有一项服务需求的儿童样本	取值范围
公共保险	0.54	0.50	0 – 1
商业保险	0.32	0.40	0 – 1
年龄	10.82	10.14	5 – 17
性别(1 = 男性)	0.67	0.68	0 – 1
种族(1 = 白人,非西班牙裔)	0.77	0.77	0 – 1
家庭月收入低于 200% 贫困线	0.59	0.63	0 – 1
移动受限(0 = 没有,1 = 轻微,2 = 中等,3 = 严重)	0.20	0.31	0 – 3
认知受限(0 = 没有,1 = 轻微,2 = 中等,3 = 严重)	2.19	2.27	0 – 3
自理受限(0 = 没有,1 = 轻微,2 = 中等,3 = 严重)	0.23	0.45	0 – 3
交流受限(0 = 没有,1 = 轻微,2 = 中等,3 = 严重)	0.89	1.31	0 – 3
家中有结婚的父母	0.64	0.64	0 – 1
被访家庭成员的受教育程度(1 ≤ HS,2 = HS,3 ≥ HS)	2.26	2.27	1 – 3

来源:作者计算使用了 1994/1995 年国家健康访谈数据。

学龄残疾儿童同胞的健康结局

丹尼斯·何根、詹尼弗·帕克和弗朗西斯·戈德沙伊德

摘 要

我们发现家庭中如果有残疾同胞,则对于有残疾或者没有残疾的儿童,其不良健康状态的风险更高,日常医疗护理未满足的需求以及因病或因伤卧床天数也更多。当控制了其他与残疾相关的家庭环境方面因素(社会经济状况、家庭结构、劳动力参与)时,这种关系仍然存在。有一个居住在一起的残疾同胞再加上贫困、少数民族/种族,以及单亲家庭等特征,是儿童不良健康状态的主要危险因素。

研究目的

本文的主要研究目的是探讨美国的学龄儿童,与残疾同胞居住在一起是否成为关系其健康结局的一个重要风险因素。为了达到这个目标,我们测量了三种儿童不良健康状态的流行率,区分儿童本身有残疾或是他们同胞有残疾。分析了不良健康结局的程度与同胞的残疾状态特征及家庭环境的其他方面之间的关联。

研究基本原理

虽然在关于家庭和健康结局的人口学研究中大部分忽略了残疾儿童,使用1994年国家健康访谈残疾主题调查(NHIS-D)数据的研究揭示有12.3%的学龄儿童的美国家庭中至少有一个功能受限的孩子(Hogan et al., 1997)。当观察这些有儿童的家庭户经历时,情况更为普遍。本研究显示大约有1/5的美国学龄儿童生活在至少有一个残疾儿童的家庭中,这一数字与生活在贫困状态中的儿童比例相似(Farley, 1996,表4-2)。

前期研究

我们查找到的基于有全国代表性的样本人口数据,分析同残疾儿童居住同胞的健康结局的研究数量非常少。这个领域的大部分研究都是采用方便取样的样本数据,分析内容关注于同胞儿童的心理调整,研究所得结果并不一致。一些研究发现,有和没有残疾同胞的家庭环境下,儿童在心理应激方面没有显著差异(Dyson, 1989,1996;Eisenburg et al., 1998;Ferrari, 1984;Kazak & Clark, 1986;Lobato, 1983;Lynch et al., 1993),而其他的研究则发现两者在自我意识、侵犯行为以及问题行为等方面,显著差异的确存在(Breslau et al., 1981;Breslau & Prabucki, 1987;Gath & Gumley, 1987;Harvey & Greenway, 1984;Lavigne & Ryan, 1979;Rossiter & Sharpe, 2001;Senel & Akkok, 1996)。这些不同的结果可能是因为样本量小或者缺乏相匹配的非残疾儿童的比较样本,尤其这是一个几乎完全依赖于病例对照的研究而不是依赖于全国代表性样本的研究(Howe, 1993)。结果造成前期研究无法提供一个系统的检验,用来分析心理作用的变化是否是由于未控制研究设计中的其他资源或者负担而产生的。

其他在本领域的研究则关注家庭关系的质量,强调积极的结局。许多研究都报道了家有残疾儿童的父母和同胞的毅力和容忍力得以加强,残疾儿童的同胞更加成熟(Andersson, 1997;Eisenburg et al., 1998;Stainton & Besser, 1998),尤其在最大的孩子是没有残疾的情况下(Stoneman, 1989)。Leyser(1994)发现经过四年周期,家庭成员以及同胞们因为有残疾的孩子所做出的调整增加了。Kazak 和 Clark(1986)发现有比较严重残疾孩子的父母的婚姻满意度较轻度残疾孩子的父母的婚姻满意度更高。尽管 Andersson(1997)发现有智障的儿童的同胞与没有残疾儿童的同胞在感知家庭关系方面有相似的方式,但 McHale 等人(1986)发现,有残疾孩子的母亲在排列孩子们关系位次上,相比没有残疾小孩的母亲更加积极,意味着这些积极的结果与残疾的类型有关。例如,Knott 等人(1995)证实有唐氏综合症儿童的家庭较有孤独症儿童的家庭中的同胞关系更为积极。

本研究也受限于诸如上面讨论的同类型方法学方面的考虑。更进一步,Dyson(1996,1999)指出,虽然没有发现同胞间关系存在的问题,许多积极的方面也很重要,但是可能存在家庭适应方面的实质性困难,而这些困难可能给家庭所有的成员带来负面的健康结局。

有残疾儿童的家庭和没有残疾儿童的家庭的社会情况是不同的。母亲受教育水平较高、社会经济地位较好以及在婚状态孕育的儿童,更有可能其母亲接受了早期孕期护理和有较好的产前卫生保健,经历较少的严重与生产相关的新生儿综合症(Hogan & Park,2000)。他们也更少面临胎儿酒精症候群以及多种药物滥用(包括可卡因)的风险,而这些与胎儿智力发育迟滞相关(Hogan & Msall,2002),从而降低了儿童出现残疾的可能性。此外,他们也拥有更多的机会以获得需要的医疗治疗和康复,有利社会条件也可以极大地延缓残疾儿童产生潜在的负面的健康结局(House & Kahn,1985)。

另一方面,一个家庭中残疾儿童的存在则与家庭压力的增大(Breslau & Prabucki,1987)和家庭稳定降低的可能性相关(Friedrich et al.,1985),并因此可能导致家庭经济危机(Lukemeyer et al.,2000)与长期贫困(Hogan & Msall,2002)。因为这些负面结果发生在家庭层面,家庭中的残疾儿童和其他非残疾儿童都要共同经历,故而可以对所有残疾儿童同胞的健康带来类似负面影响。

对家中有残疾同胞的儿童来讲,他们也可能另外经历了独有的一种不利情况,即家庭能投入给孩子的资源总是有限的,有残疾儿童的家庭总是难以满足他们额外的需求(Dyson,1999),有残疾儿童的家庭的一种结果是劳动力或者工作时间的减少(Lukemeyer et al.,2000),对于父母来讲可能的选择是在残疾和非残疾孩子之间资源的再分配。如果一个正在为他们的残疾孩子寻求合适的医疗及康复服务的家庭,遇到了苛刻的经济和时间成本,那么余下的孩子就可能因其父母为残疾儿童寻求潜在的发展采取的行动而经历不利的发展条件。虽然所有的家庭都会经历某种程度上的解构和冲突,有残疾孩子的家庭相比没有残疾孩子的家庭,这些特征却使其孩子与负面结局的相关性更强(Lynch et al.,1993)。

数 据

本研究基于1994和1995全国健康访谈调查残疾主题数据。全国健康访谈调查(NHIS)是每年进行一次的,监测全国的人口健康、卫生保健需求以及卫生保健服务状况,作为一个全国性的代表样本,提供家庭户的个人和家庭的人口、社会经济和健康信息。自美国残疾人法案通过以后,国家卫生统计中心与其他组织一起合作重新设计了NHIS的工具量表,以收集美国残疾人更多更广泛的信息。本研究所用数据来自1994和1995年国家健康访谈调查以及同期的残疾和家庭资源补充部分(这里统称为 NHIS-D)。这些调查在收集家庭中每个儿童的残疾状态上有其独特性。1997 和 1998 年的国家健康访谈调查仅仅收集了每个家庭中一个孩子的诸多信息,从而排除同胞相似分析的可能性。为了减少分析中潜在的问题,我们排除了那些他们的基本的看护人是其爷爷奶奶的孩子、独立生活没有成人父母负责照顾的孩子以及没有可用的家庭结构信息的孩子。最终的分析样本包含了 38,216 名 5—17 岁的生活在至少有一位成年人的家庭中的孩子(占 5—17 岁原始儿童样本的 92.5%)。

方 法

儿童残疾的暴露因素

残疾是一种相对状态,是个人能力与既定的社会政治环境的相互作用的结果(Hahn,1999;Pfeiffer,1988)。然而,受数据限制,我们把报告有一项或者多项功能受限的儿童,包括移动、交流、自理和认知,定义为残疾儿童(Hogan et al.,1997)。总体上,88.1% 的儿童没有功能受限,7.4% 有一项功能受限,4.5% 的有两项或者多项功能受限。认知功能(10.6%)和交流功能(5.5%)受限是儿童中最常见的功能受限。移动(1.3%)和自理(0.9%)功能受限发生相对较少,但是却和治疗费用最高、最严重的残疾相关。

我们将家庭中所有的学龄儿童纳入分析。因为我们对儿童的结果分析将包括样本家庭中的所有儿童,故采用 SUDAAN 更正了与非独立样本有关的估计误差(SUDAAN 是一种用来分析复杂抽样设计数据的统计软件包)。

在本文的分析中,我们把所有居住在同一个家庭中的儿童认定为"社会学意义上的同胞"——不论他们是否有血缘关系。分析是完全基于这些 5—17 岁儿童,包括对照组儿童和他们的同胞。对这些儿童有标准的和可比较的功能限制的测量标准;因为 0—4 岁的同胞的功能受限状态不能有可比较的标准评估。在只有一个 5—17 岁的儿童(样本儿童)而同胞的年龄为 0—4 岁的家庭,样本儿童被编码为有一个无残疾同胞,而且只根据他们自己的受限情况定义(N = 3,789;加权后 8.7%)。

对独子(唯一的孩子)的这种处理方式保证了对他们有特别的关注。第一个孩子是残疾儿童的家长不大可能生第二个孩子(Park et al.,2003)。故而如果我们仅仅看有同胞的儿童则就有可能产生样本的选择偏移(因为包括自身的资源竞争在内的家庭环境可能影响家长在有残疾儿童之后的决定)。因此,本研究包含了独子,并且根据他们的残疾状态进行了区分。

这样根据儿童在家庭中经历的儿童残疾状态不同而将他们分为6组。最大的一组(加权后63.9%)是没有残疾而且同胞也没有残疾的儿童,这一组是本研究的对照组。虽然在那些同胞结构和残疾状态不同的组中儿童的比例较小,NHIS-D提供了大量的案例用于分析这些其他组别。2,875名儿童(加权后7.3%)有残疾同胞但是自己并非残疾;2,123名(加权后5.5%)儿童有残疾但是没有残疾的同胞;1,437名(加权后3.7%)儿童有残疾同时也有残疾同胞。这些都是本研究关键的病例组。本文中两个独子家庭组也有足够的样本进行分析——928名有残疾的儿童(加权后2.5%)以及6,315名没有残疾儿童(加权后17.1%)。

儿童健康的测量

自20世纪90年代以来,大家对测量美国儿童健康的监测指标的发展,重新表现出很大的兴趣,因此产生了一系列可靠的测量儿童健康的多方面生活的一致推荐方案(Starfield,1997)。为了评估儿童残疾对家庭的影响,我们使用三个基础健康结局指标衡量儿童的健康——基本健康状况、未满足医疗需求和过去2周因病卧床天数。这些结局指标由成年代理应答者代替儿童回答,一般为母亲代答,但也可能是家庭中另外熟知家庭成员健康状况的成人代答。

之前的研究证明了在报告健康状态中存在正偏好,例如几乎没有人报告较非常健康和健康很差的情况。基于支持此发现的初步制表计算,我们将健康状况分为较好的健康状态(非常健康或者很健康)以及较差的健康状态(好、一般或者差的健康状态)。未满足的医疗需求是一个复合变量,需要但是没有接受任何一项服务的儿童被编码为有未满足的医疗需求,服务包括眼镜、处方药或者牙齿护理。本研究中更详细的变量描述请参见附录。

控制变量

为了解决那些既与儿童残疾又与儿童健康结果相关的家庭因素,在我们的研究中纳入了一系列家庭层次的控制变量:贫困状态、健康保险状况、种族、接受访问的家庭成员受教育水平以及一个由家庭结构和家庭劳动力参与情况构成的复合测量指标,此外对儿童的年龄也进行了控制。

基本健康状况、未满足卫生需求以及因病卧床天数都随着儿童健康保险覆盖情况而改变。对健康保险状况的测量使用 NCHS 的方法(Simpson et al.,1997)。我们根据六个与他们保险覆盖状况相关的问题,将儿童的健康保险状况划分为不同的等级,一个有不止一种健康保险的儿童,例如既有商业保险又有公共保险的儿童,则被划分到第一等级,等级序列如下:(1)商业保险;(2)公共保险(包括没有商业保险但是有医疗补助制度或者其他社会辅助项目的儿童);(3)其他(包括那些既没有社会又没有商业保险覆盖,但是有兵役保险、土著居民医疗服务或者医疗保健制度)。只有极少的儿童接受了"其他"保险而没有接受任何商业保险,因此其他保险(N = 760;加权后 2.1%)合并到"商业保险"中。没有保险类型包括那些没有指明保险类型以及所列项目中未包含他们的保险覆盖类型的儿童。本研究对控制变量的更详细描述参见附录。

一些研究提示出生次序在残疾儿童同胞的健康结局中的重要性(Breslau,1982;Dunn,1988;Gath & Gumley,1987;Stoneman,1989),其他的研究证明了残疾严重程度在检验儿童健康结局上的重要性(Hogan et al.,2000)。在单独的分析中,如果上述确实是有作用的话,我们将检验出生次序以及残疾严重程度到底在非残疾儿童与同胞经历不良健康结局的关系中扮演什么作用。儿童的出生次序被分为最小的、中间、最年长的三类,一个家庭中所有不是最小或者最年长的孩子都被认为是中间的儿童,包括双胞胎或者其他多胞胎都采用类似的处理方式。

我们采用了一种综合测量的残疾严重程度的方式,这种方式结合了儿童所有功能受限维度的数量以及每种受限所表现出来的是轻微或者中等/严重的情况(Hogan et al.,1997)。这样测量的结果分为 4 类:(1)没有受限;(2)一种或者多种功能轻微受限;(3)一种功能中度/严重受限;(4)两种或者多种功能中等/严重受限(包括 0—2 种轻微功能受限)。对有超过一个同胞的儿童,将根据所有同胞中受限程度最严重的同胞来编码。

结　果

家庭残疾状态

因残疾儿童的状态不同,其同胞的健康结局之间存在大且显著的差异

(表1)。没有残疾儿童的家庭中,大部分儿童的健康状况在非常好的状态,处于非非常好状态之下的比例只有16.5%。而与之形成鲜明对比的是,生活在有残疾儿童家庭的儿童的健康状态,40.0%的孩子有残疾以及有一个残疾同胞,其中31.7%的儿童有残疾,还有25.7%的儿童有残疾同胞但是自己并没有残疾。类似的,家里没有残疾儿童的儿童每年因病卧床天数(4.0)更少。相比之下,有残疾同时也有残疾同胞的儿童的因病卧床天数是其4倍多(18.3),而残疾儿童的平均每年因病卧床天数为15.9。残疾儿童的无残疾同胞的因病卧床天数是家里没有残疾儿童的3倍(11.8)。无论儿童自身有没有残疾,有残疾同胞,他们都将有更高的不良健康状态和更多卧床天数的风险。实际上,相比自身有残疾的儿童,这种风险与有残疾同胞的儿童的相关性更为紧密。

表1 按功能受限以及残疾同胞状态分类的5—17岁有低健康状态儿童、有未满足需求以及平均卧床天数的比例

	所有儿童	有同胞的儿童				独子		检验
		无任何儿童功能受限	同胞功能受限	儿童自身功能受限	同胞和儿童均功能受限	儿童无功能受限	儿童功能受限	
交叉表								X^2
低健康状态[a]	19.52	16.46	25.73	31.66	40.04	17.83	33.38	78.80**
未满足需求[b]	7.37	6.00	12.06	12.26	16.13	6.34	11.36	75.41**
方差分析								
过去两周内 LN(卧床天数)[c]	0.066	0.054	0.095	0.107	0.112	0.069	0.107	26.06**
一年内卧床天数[d]	5.55	4.07	11.82	15.94	18.25	5.97	16.19	

[a] 健康状态包括好、一般和差。
[b] 对眼镜、处方药和/或牙齿护理至少一项未满足需求。
[c] 为了降低偏态分布采用了卧床天数的自然对数。
[d] 一年内卧床天数转换自"两周卧床天数(LN)"的估计。
** 双侧检验,$p<0.01$。

家庭中有残疾儿童与医疗服务的未满足需求增长相关。在每一个样本中,生活在有残疾儿童的家庭的儿童相比没有残疾儿童的家庭中的儿童有更高的不良健康结局的风险。从这些健康测量来看,有残疾同胞带来的风险几乎跟自身有残疾带来的风险相同。

一个重要的问题是在家庭层面上的儿童健康结果是否为伪结论,家庭中有儿童残疾的影响,可能是与残疾确认和治疗反映出的相关家庭特征的结果,故而我们建立了包括控制变量在内的多元模型来检验这种假设,并且比较整体关联关系和控制了其他因素后的关联关系之间的结果。

表2展示了控制其他变量之后家庭中有残疾儿童对健康状态、未满足需求以及儿童卧床天数的影响。在控制了家庭环境之后,有残疾同胞的儿童较没有残疾同胞的儿童有显著的三项不良健康结局的风险。

为了证明与上述系数相关的影响,我们用图来显示一个残疾状态群体的某种健康结果的可能性相比另一个的比值比。一个残疾同胞带来的净影响是非常大的,当有一个残疾同胞的时候,没有残疾的儿童的低健康状态的风险高出54%,且有未满足医疗服务需求的风险高出87%(图1)。而本身有残疾的儿童在有一个残疾同胞时则有甚至更高的不良健康状态和未满足需求的风险。当有一个残疾同胞时,没有残疾的儿童的每年净增加的因病卧床天数从2.6增加到了7.6(图2)。在控制了关键的家庭生态环境的相关变量后,这些发现为关于家庭中有残疾儿童对其他儿童来讲是显著重要的不良健康结局的危险因素假说提供了强有力的支持。

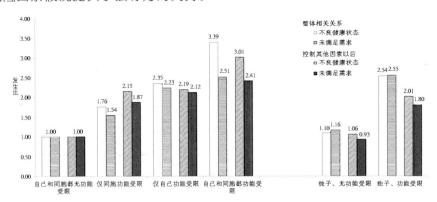

图1 按功能和同胞残疾状态分类的不良健康状态和未满足需求的发生比

来源:1994和1995年国家健康访谈调查,加权数据。

表2 Logistic 和 OLS 回归分析对 5—17 岁儿童的低健康状态、未满足需求

变量	Logistic		OLS
	不良健康状态[a,b]	未满足需求[b]	LN(卧床天数)[b]
截距 –	-2.565**	-4.464**	0.026**
残疾状态			
样本儿童和同胞都没有功能受限(参照)	0.000	0.000	0.000
样本儿童的同胞有功能受限	0.426**	0.625**	0.041**
样本儿童有功能受限	0.803**	0.751**	0.052**
样本儿童和同胞都有功能受限	0.919**	0.878**	0.050**
样本儿童是独子,没有功能受限	0.145**	-0.074	0.015**
样本儿童是独子,有功能受限	0.935**	0.590**	0.050**
贫困状态			
贫困线以下	0.296**	0.261**	0.003
教育			
低于高中	1.051**	0.464**	-0.013*
高中	0.759**	0.649**	-0.011*
大学同等学历	0.377**	0.615**	-0.003
大学毕业或者更高(参照)	0.000	0.000	0.000
健康保险			
没有保险	0.184**	1.280**	-0.003
社会辅助保险	0.330**	-0.102	0.009
商业/其他保险(参照)	0.000	0.000	0.000
人种/种族			
黑人	0.434**	-0.194	-0.029**
非黑人西班牙裔(non-black Hispanic)	0.473**	-0.016	0.006

续表

变量	Logistic		OLS
	不良健康状态[a,b]	未满足需求[b]	LN（卧床天数）[b]
非黑人,非西班牙裔（参照）	0.000	0.000	0.000
年龄			
儿童的年龄	0.021**	0.044**	0.001**
家庭结构			
母亲不在家中	-0.146	0.062	-0.010
母亲在家中,不工作	0.066	0.075	0.012**
母亲在家中,兼职工作	-0.063	0.029	0.003
母亲在家中,全职工作（参照）	0.000	0.000	0.000
父亲不在家中	0.048	0.386**	0.025
父亲在家中,不工作	0.281**	0.082	0.011
父亲在家中,兼职工作	-0.040	-0.273**	-0.003
父亲在家中,全职工作（参照）	0.000	0.000	0.000
其他成年人不在家中	-0.157*	0.417**	0.013
其他成年人在家中,不工作	-0.195	0.012	0.003
其他成年人在家中,全职工作（参照）	0.000	0.000	0.000
经过 S Waite 调整的 F 完整模型,p	250.3**	308.9**	73.970**
N	34,596	35,014	35,050

来源:1994 和 1995 年国家健康访谈调查,加权数据。

[a]包括报告好、一般和差的健康状况的;[b]方法见细则;[c]"西班牙裔"仅包括非黑人;"其他"包括白人、亚裔和其他种族;*$p<0.05$;**$p<0.01$。

独　子

没有残疾的独子跟居住在没有残疾儿童的家庭中的儿童的健康状态相似。残疾独子跟那些本身有残疾而家庭中同胞没有残疾的儿童健康状况相似。由此,看起来独子跟有同胞的儿童相比并没有带来不同的健康结局。

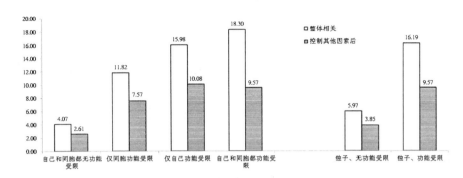

图2 按功能受限和同胞残疾状态分类的预计一年内因病卧床天数

注释:对整体相关关系的估计来自包含了截距项、功能状态、同胞残疾状态相关系数(未显示)在内的预测方程。对控制了其他因素后相关关系的估计来自表2中所示的预测卧床天数的回归方程中的截距项、功能状态、同胞残疾状态、平均年龄以及参考类别系数。

来源:1994和1995年国家健康访谈调查,加权数据。控制变量的具体描述见表2。

家庭环境相关和健康

在控制了关于儿童残疾的家庭经历后,我们开始讨论与家庭环境相关的儿童健康的三个指标间的差异。同预期相同,低的社会经济状况(通过居住在贫困或低教育水平家庭来测量)通常与较差的儿童健康状况相关。没有保险和接受公共辅助保险的儿童相比有商业保险或者其他形式保险的儿童更可能显示出不良的健康状况。与后者相比,没有保险的儿童有未满足卫生保健需求的可能性高3.5倍多。黑人儿童较少生病,但是却较常处于不良健康状况,西班牙裔儿童在健康方面也处于不利的状况。

母亲和父亲以及其他成年人的存在与工作状况和儿童健康状况之间的关系复杂相关。儿童健康状况的指标以及未满足的医疗护理需求很大程度上不受母亲工作状态(全职或者兼职)甚至她是否在家的影响(检验比较为8比9)。有全职工作母亲的儿童较有不工作母亲的儿童患病卧床天数稍少。家庭中父亲的存在,特别是父亲有工作和较好的儿童健康状况相关。家庭中有除父母之外的另外成年人一起生活,儿童的健康状况稍差,但存在未满足医疗需求的可能性较少。

出生次序和受限严重程度

为了检验出生次序和受限严重程度对所测量的儿童健康的影响,我们仅对没有残疾且生活在有一个或者多个同胞的家庭中的儿童进行了一个单独的分析。表3中展示的模型包括了变量的控制变量,否则结果等价于表2。因为除去分析的人群总体不同外,所有控制变量的系数在统计上等价于表2中所示系数,故表3中仅显示出生次序和受限严重程度的影响。

我们发现没有残疾的儿童的出生顺序与未满足需求以及卧床时间有关,但最小的孩子的健康状态处于劣势。至少有一个同胞有一项或者多项中度或者严重功能受限或者儿童自身受限与同胞中没有残疾的儿童相比,更可能处于不良健康状态和有未满足需求。至少有一个残疾同胞的儿童相比无残疾同胞的儿童,通常有着更差的健康结果。但是只要超过了有或者无这一功能受限分界线,功能受限的严重程度与不良健康结果的可能性之间并不显著相关(基于严重程度分类之间的 t 检验没有展示在这里)。

表3 非残疾儿童和他们的同胞:用 Logistic 和 OLS 回归对 5—17 岁儿童不良健康状态、未满足需求和卧床时间的预测估计[a,b]

变量	Logistic		OLS
	不良健康状态[b]	未满足需求[b]	LN(卧床天数)[b]
样本非残疾儿童出生次序			
长子	−0.161**	−0.013	0.001
中间的孩子	−0.152**	0.073	−0.005
最小的孩子(参照)[c]	0.000	0.000	0.000
同胞的受限严重程度[d]			
同胞没有功能受限(参照)	0.000	0.000	0.000
同胞轻度功能受限	0.209	0.530**	0.060**
同胞有一项中度/严重功能受限	0.546**	0.657**	0.035**
同胞有两项或者以上中度/严重功能受限	0.463**	0.668**	0.030

续 表

变量	Logistic		OLS
	不良健康状态[b]	未满足需求[b]	LN(卧床天数)[b]
N	24,773	25,065	25,093
模型的检验统计[e]			
较大模型,p	1,745.0**	967.3**	0.0051**
较小模型,p	1,655.2**	891.3**	0.0022**
嵌套模型的比较[f]	0.106	0.163	-2.521

来源:1994 和 1995 年国家健康访谈调查,加权数据。

[a]基于回归模型的变量与表2所示等同。

[b]用 Logistic 回归模型预测不健康状态以及未满足需求;用 OLS 回归模型预测卧床时间。

[c]样本儿童的出生次序。

[d]表明了样本儿童同胞的最严重的残疾程度。细节情况见本文方法部分。

[e]不良健康状态和未满足需求采用的模型 X^2;卧床时间采用模型 R^2。

[f]显示了 X^2 对数似然检验以及 R^2 检验(F 分布)。较大模型包括了出生次序和受限严重程度,相比没有这些相关变量(见表2)的较小模型来讲,并没有显著的更好的模拟数据。

** $p < 0.01$。

结 论

我们是从一个不具全国水平上代表性的样本上进行,通过检验的简单的问题出发开始分析,即:一个家庭中残疾儿童的存在对其他儿童的健康有什么影响?本研究清楚地证明了生活在至少有一个残疾儿童的家庭中的儿童,面临更高的不良健康结局的风险,无论研究的儿童自身有没有残疾,该结论都是成立的。当功能受限直接与儿童的不良健康结局的更大风险相关时,家庭中有一个残疾的同胞将使他们的健康结局甚至会更糟。而对于有残疾同胞的儿童来讲,这种增高的风险在控制了儿童残疾和健康结局相关的家庭因素后依然存在。

在这里尽管没有讨论,但也并不意味着家庭中残疾儿童的存在与诸如残疾认知和健康意识等正向健康测量结果之间没有关联。考虑与有残疾同胞有正或者负相关的儿童健康的其他维度也是非常重要的,在将来的研究中,我们将计划检验诸如对儿童的受教育进展等其他的社会人口结局的影响。

未来的研究也需要检验我们发现的负效应所产生的因果机理。通常的机理可能为包括了贫困、家庭结构的改变、劳动力参与的减少等与残疾儿童相关的典型家庭改变(Howe, 1993), 但是, 本研究显示对儿童残疾的家庭影响超出了这些容易测量的人口学变量, 很可能来源于家庭对残疾的反应。要理解残疾儿童所在家庭的家庭动力学关系, 则需要充足的数据来测量家庭中每个儿童残疾状态、父母在儿童中的时间和资源分配等, 以反映父母满足残疾儿童健康和发展需要所采用的策略指标以及这些策略对其他儿童影响。

但是, 即使我们不能回答这些需要深度分析才能回答的问题, 本研究也清楚地告诉我们, 调查儿童健康结果的研究者需要注意到那些占美国19%的自身有残疾或者与残疾同胞共同生活的儿童。即使儿童自身没有残疾, 但是因他们与残疾的同胞生活在一起, 他/她经历不良健康状态和有未满足医疗需求以及因病卧床天数的可能性也会增加。实际上, 与残疾同胞共同生活对健康的影响比贫穷的影响更大, 与少数民族血统所来带的影响相当。本研究的结论除了科研意义外, 也可提供像SSI、医疗补助制度、TANF等公共政策研究项目, 以及对医疗保险、卫生保健进行更为广泛的研究, 以给予儿童及时的医疗护理等必要的儿童的残疾状态方面的信息。

致 谢

我们感谢Michelle Rogers在我们准备最初的分析报告的时候给予的帮助。感谢NICHD合作基金的家庭和儿童健康网NICHD HD37614给予的研究支持。

(武继磊、林淦初译、审译, 宋新明审校)

参考文献

Andersson, E. A. D. (1997). Relations in Families with a mentally retarded child from the perspective of the siblings. *Scandinavian Journal of Caring Sciences*, 11(3), 131-138.

Breslau, N., Weitzman, M., & Messenger, K. (1981). Psychologic functioning of siblings of disabled children. *Pediatrics*, 67, 344-353.

Breslau, N. (1982). Siblings of disabled children: Birth order and age-spacing effects. *Journal of Abnoraml Child Psychology*, 10, 85-96.

Breslau, N. , & Prabucki, K. (1987). Siblings of disabled children. Effects of chronic stress in the family. *Archives of General Psychiatry*, 44, 1040-1046.

Dunn, J. (1988). Sibling influences on childhood development. *Journal of Child Psychology and Psychology*, 29, 119-127.

Dyson, L. (1989). Adjustment of siblings of handicapped children: A comparison. *Journal of Pediatric Psychology*, 14, 215-229.

Dyson, L. (1996). The experiences of families of children with learning disablities: Parental stress, family functioning, and sibling self-concept. *Journal of Learning Disablities*, 29, 281-287.

Dyson, L. (1999). The psychosocial functioning of school-age children who have siblings with development disablities: Change and stablity over time. *Journal of Applied Developmental Psychology*, 20, 253-271.

Eisenburg, L. , Baker, B. L. , & Blacher, J. (1998). Siblings of children with mental retardation living at home or in residential placement. *Journal of Child Psychology and Psychiatry and Allied Disciplines*, 39(3), 355-363.

Farley, R. (1996). *The new American reality*. New York: Russell Sage Foundation.

Ferrari, M (1984). Chronic illness: Psychosocial effects on siblings-I. chronically ill boys. *Journal of Child Psychology and Psychiatry and Allied Disciplines*, 25, 459-476.

Friedrich, W. , Wilturner, L. , & Cohen, D. (1985). Coping resurces and parenting mentally retarded children. *American Journal of Mental Deficiency*, 90, 130-139.

Gath, A. , & Gumley, D. . (1987). Retarded children and their siblings. *Journal of Child Psychology and Psychiatry and Allied Disciplines* 28, 715-730.

Hahn, H. (1999). The movement for independent living and disablity rights: Origins and objectives. National leadership summit on self-determination and consumer-direction and control (October 21-23). http://cdrc.ohsu.edu/selfdetermination/hahn.html

Harvey, D. , & Greenway, A. (1984). The self-concept of physically handicapped children and their nonhandicapped siblings: An empirical investigation. *Journal of Child Psychology and Psychiatry and Allied Disciplines*, 25, 273-284.

Hogan, D. , & Msall, M. (2002). Family structure and resources and the parenting of children with disabilities and functional limitations. In: J. Borkowski, S. Ramey & M. Bristol-Power (Eds), *Parenting and the Child's World: Influences on Academic, Intellectual, and Social-Emotional Development*. New Jersey: Lawrence Erlbaum.

Hogan, D. , Msall, M. , Rogers, M. , & Avery, R. (1997). Improved disablity population estimates of functional limitation among American children age 5-17. *Maternal and Child Health Journal 1*, 203-216.

Hogan, D. , & Park, J. (2000). Family factors and social support in the developmental outcomes of very low-birth weight children. *Clinics in Perinatology*, *27*, 433-454.

Hogan, D., Rogers, M., & Msall, M. (2000). Funcitonal limitations and key indicators of well-being in children with disablity. *Archives of Pediatrics and Adolescent Medicine*, 154, 1042-1048.

House, J., & Kahn, R. (1985). Measures and concepts of social support. In: S. Cohen & S. Syme (Eds). *Social Support and Health*. Orlando: Academic Press.

Howe, G. W. (1993). Siblings of children with physical disablities and chronic illnesses: Studies of risk and social ecology. In: Z. Stoneman & P. W. Berman (Eds). *The Effects of Mental Retardation, Disablity, and Illness on Sibling Relationships: Research Issues and Challenges*. Baltimore, MD: Paul H. Brookes Publishing.

Kazak, A., & Clark, M. . (1986). Stress in families of children with myelomeningocele. *Developmental Medicine and Child Neurology*, *28*, 220-228.

Knott, F., Lewis, C., & Williams, T. (1995). Sibling interaction of children with learning disabilities: A comparison of autism and down's syndrome. *Journal of Child Psychology and Psychiatry and Allied Disciplines*, *36*, 965-976.

Lavigne, J., & Ryan, M. (1979). Psychologic adjustment of siblings of children with chronic illness. *Pediatrics*, *63*, 616-627.

Leyser, Y. (1994). Stress and adaption in orthodox Jewish families with a disabled child. American *Journal of Orthopsychiatry*, *64*, 376-385.

Lobato, D. (1983). Siblings of handicapped children: A review. *Journal of Autism and Developmental Disorder*, *13*, 347-364.

Lukemeyer, A., Meyers, M., & Smeeding, T. (2000). Expensive children in poor families: Out-of-pocket expenditures for the care of disabled and chronically ill children in welfare families. *Journal of Marriage and the Family*, *62*, 399-415.

Lynch, D., Fay, L., Funk, J., & Nagel, R. (1993). Siblings of children with mental retardation: Family characteristics and adjustment. *Journal of Child and Family Studies*, *2*(2), 87-96.

McHale, S., Sloan, J., & Simeonsson, R. (1986). Sibling relationships of children with autistic, mentally retarded, and nonhandicapped brothers and sisters. *Journal of Autism and Developmental Disorder*, *16*, 399-413.

Park, J., Hogan, D., & Goldscheider, F. (2003). Child disability and mother's tubal sterilization. *Perspectives on Sexual and Reproductive Health*, *35*(3), 138-143.

Pfeiffer, D. (1988). Divisions in the disability community. *Disability Studies Quarterly*. http://www.independentliving.org/ToolsforPower/Tools3b.html

Rossiter, L., & Sharpe, D. (2001). The siblings of individuals with mental retardation: A quantitative intergration of the literature. *Journal of Child and Family Studies*, *10*(1), 65-84.

Senel, H. G., & Akkok, F. (1996). Stress levels and attitudes of normal siblings of children

with disabilities. *International Journal for the Advancement of Counselling*, *18*, 61-68.
Simpson, G., Bloom, B., Cohen, R., & Parsons, P. (1997). Access to health care. Part 1: Children National Center for Health Statistics. *Vital and Health Statistics*, 10.
Stainton, T., & Besser, H. (1998). The positive impact of children with an intellectual disability on the family. *Journal of Intellectual and Development Disability*, 23, 57-70.
Starfield, B. (1997). Health indicators for preadolescent school-age children, In: R. Hauser, B. Brown & W. Prosser(Eds). *Indicators of Children's Well-Being*. New York: Russell Sage.
Stoneman, Z. (1989). Role relations between children who are mentally retarded and their older siblings: Observations in 3 in-home context. *Research in Developmental Disabilities*, *10*, 61-76.

附 录

对本研究中变量的描述、均值和标准差

变量	描述	度量	均值	S.D.	N
残疾状态	样本儿童及其同胞均无功能受限	1=是,0=其他	0.6385	0.02	38216
	样本儿童的同胞有功能受限	1=是,0=其他	0.0732	0.00	38216
	样本儿童有功能受限	1=是,0=其他	0.0548	0.01	38216
	样本儿童及其同胞均有功能受限	1=是,0=其他	0.0374	0.01	38216
	样本儿童是独子,没有功能受限	1=是,0=其他	0.1707	0.00	38216
	样本儿童是独子,有功能受限	1=是,0=其他	0.0254	0.01	38216
不良健康状态[a]		1=差于非常健康;0=其他	0.1952	0.01	37715
未满足需求[b]	一项或更多的未满足需求	1=是,0=其他	0.0737	0.00	37313

续 表

变量	描述	度量	均值	S.D.	N
卧床天数	过去两周因为健康问题卧床天数	自然对数	0.0659	0.00	38216
贫困状况	NHIS规定的贫困状况	1=贫困,0=其他	0.1733	0.00	35949
教育(应答家庭成员最高受教育水平)					
	低于高中	1=是,0=其他	0.1152	0.01	38080
	高中	1=是,0=其他	0.3327	0.01	38080
	大学同等学历	1=是,0=其他	0.2511	0.00	38080
	大学毕业或者更高	1=是,0=其他	0.300	0.01	38080
健康保险[c]	没有保险	1=是,0=其他	0.1460	0.01	37307
	公共辅助保险	1=是,0=其他	0.1368	0.00	37307
	商业/其他保险	1=是,0=其他	0.7172	0.01	37307
种族/人种[d]	黑人	1=是,0=其他	0.1420	0.01	38134
	西班牙裔—非黑人	1=是,0=其他	0.1250	0.01	38134
	非黑人,非西班牙裔	1=是,0=其他	0.7330	0.01	38134
儿童年龄	样本儿童年龄	连续,5—17岁	10.8582	0.03	38216
家庭结构和劳动力参与状况					
母亲	母亲不在家中	1=是,0=其他	0.0294	0.00	38179
	母亲在家,不工作	1=是,0=其他	0.3148	0.01	38179
	母亲在家,兼职工作	1=是,0=其他	0.2458	0.00	38179
	母亲在家,全职工作	1=是,0=其他	0.4096	0.00	38179

续　表

变量	描述	度量	均值	S.D.	N
父亲	父亲不在家中	1=是,0=其他	0.2032	0.00	38179
	父亲在家,不工作	1=是,0=其他	0.0796	0.00	38179
	父亲在家,兼职工作	1=是,0=其他	0.1674	0.00	38179
	父亲在家,全职工作	1=是,0=其他	0.5493	0.01	38179
其他[e]	其他成年人不在家中	1=是,0=其他	0.9244	0.00	38179
	其他成年人在家,不工作	1=是,0=其他	0.0254	0.00	38179
	其他成年人在家,兼职工作	1=是,0=其他	0.0000	0.00	38179
	其他成年人在家,全职工作	1=是,0=其他	0.0501	0.00	38179
对有同胞的非残疾儿童的分析					
出生次序	最大的孩子	1=是,0=其他	0.4854	0.00	27413
	中间的孩子	1=是,0=其他	0.2220	0.00	27413
	最小的孩子	1=是,0=其他	0.2925	0.00	27413
受限严重程度[f]	同胞未受限	1=是,0=其他	0.8972	0.00	27413
	同胞有轻微功能受限	1=是,0=其他	0.0344	0.00	27413
	同胞有一项中等/严重功能受限	1=是,0=其他	0.0497	0.00	27413

续 表

变量	描述	度量	均值	S.D.	N
同胞有两项或者更多中等/严重功能受限	1=是,0=其他		0.0187	0.00	27413

来源:1994 和 1995 年国家健康访谈调查。加权数据。
[a] 包括好、一般和不良健康状态。
[b] 表明一项或者多项对眼镜、处方药和/或牙齿保健的未满足服务需求。
[c] 基于 NCHS 分类的健康保险。详情见本文的方法部分。
[d] "西班牙裔"这一分类只包括非黑人;"其他"包括白人、亚裔以及其他种族。
[e] "其他成年人在家,兼职工作"一类为空,在以后的分析中就将其排除了。
[f] 变量结构见本文的方法部分。

智力障碍、脑瘫、失聪和失明的残疾人口经济负担分析

阿曼达·哈尼卡特、斯科特·格罗斯、劳拉·邓洛普、
戴安娜·辛德勒、陈红、爱德华·布兰和格哈达·豪斯

摘 要

本研究的目的是对患有四种发育性残疾人（DDs, Developmental Disabilities）终身经济负担进行估计，这四类发育性残疾包括智障、脑瘫、失聪和失明，估计值为直接医疗负担、直接非医疗负担，以及由于患病率和早死亡率增加而造成的生产率损失。结果表明，患有发育性残疾人的终身负担超过了没有发育性残疾的人，智障患者接近 870,000 美元、脑瘫患者为 800,000 美元（按照 2000 年度物价水平*）。类似的对失聪和失明人的经济负担估计分别为 330,000 美元和 470,000 美元，其中总负担的近五分之四反映了生产率损失。

引 言

发育性残疾（DDs）指的是在发育期间（0—18 岁）出现的、能够造成肢体或精神健康、认知、语言或自理等方面损伤的一系列慢性疾病（Yeargin-Allsopp et al., 1992）。我们使用的发育性残疾是依据 Crocker(1989) 的定义修订，属于广泛、分类视角："作为一个常规词汇，用小写字母表示，其意义扩展为……出现在儿童时期并且以智力障碍为特征的疾病，包括其所造成的严重影响发育的各种情况，类似神经肌肉错乱，如脑瘫和肌肉营养不良；多重认知异常症候群；感知损伤，如失明和失聪；严重病发症如癫痫；孤独症；以及某些肢体残

---

* 指可比价格，因为通货膨胀等因素，年度购买力不同，卫生经济上的可用购买力这一标准衡量疾病间的花费状况。

疾和慢性疾病。"①在本文中，我们基于对18岁前有可能出现智障、脑瘫、失聪和失明中任一种发育性残疾人数的预测，对2000年美国出生队列中发育性残疾的经济负担进行估计。对疾病类型的选择反映了亚特兰大都会区发育性残疾检测项目（MADDSP，Metropolitan Atlanta Developmental Disabilities Surveillance Program）基于人群的患病率的估计值，这是美国疾病控制与预防中心（CDC，Centers for Disease Control and Prevention）正在进行的一个项目，在1991年建立，确认了所有3—10岁在亚特兰大都会区占四种发育性残疾中至少其中一种的儿童（Yeargin-Allsopp et al.，1992）。因为有这四种发育性残疾的人可能会要求终身治疗或服务（Boyle et al.，1996），故与发育性残疾有关的经济负担——或由于发育性残疾所造成的资源使用或损失可能许会很高。

对于与四种发育性残疾有关的经济负担估计有重要政策潜在的应用性。首先，其能够帮助确定发育性残疾在花费上的数量级，能够将具体的发育性残疾与其他重要疾病或慢性疾病的花费进行比较，如哮喘。这将帮助决策者做出关于提供治疗干预和预防研究项目基金等政策，这也是本研究进行估算的基本目的。此外，经济负担估算还可以作为用于减少特殊发育性残疾发生率或重度干预投入的经济评估的输入项。例如，对智障的经济负担估算原则上可以评估智障病征确认的项目，从而平衡患者筛查费用与智障患者未经治疗而导致智障发生造成的负担。但还应该认识到的是，不同病因导致的发育性残疾患者的人均花费可能会与总的发育性残疾患者平均花费有所不同。

前期研究

前期分析并没有充分地估算智障、脑瘫、失聪或失明的终身经济负担，大多数的研究只估计了很少类型的资源负担，且分析的发育性残疾为我们这里讨论的一种或两种，或者相对比较严重患者个案的经济负担。例如，有一项研究估算了有严重和完全智障的儿童和年轻成年人的医疗负担（参见Biren-

---

① 1996年发育性残疾辅助和权利法案（DD Act）修正案定义发育性残疾为功能受限以及需要辅助服务而不是分类诊断或疾病：个体在5岁及以上所患的一种严重的、慢性的脑部或肢体损伤包括脑部和肢体的共同损伤；在个体达到22岁之前表现出来症状；并且可能持续；造成以下日常生活活动领域中三项或以上实质性的功能受限：自理，接受和表达语言，学习，移动，自制，独立生活的能力和经济自立；以及反映个体对……服务，支持或其他终身或长期的辅助需求（P. L. 103—120）。NHIS-D的一项数据分析发现接近一半的5岁或以上的智障患者没有表现出与发育性残疾官方定义一致的功能局限性。（Larson et al.，2001） baum et al.,1990),另有对患有智障接受正规医疗的人的生产率损失的估算(参见美国脑研究基金,1992),以及对严重到完全失聪的人的经济负担的估算(Mohr et al.,2000)。

研究应用了不同的负担估算方法,所有疾病负担(COI,cost-of illness)研究依赖于横断面调查数据来计算,例如就诊、住院或药物治疗等所有具体疾病的各个年龄组患者的服务利用率,如果具体疾病的患者花费数据可以获取,则其花费可以直接估算;否则,可以用具体疾病患者的健康保健利用情况乘以服务的平均花费来间接估算。总体花费数据的最常用的计算方法是以患病率为基础,将所有年龄组患者的负担进行简单的相加,所估计的结果即可反映既定年中患有发育性残疾患者的总负担。此方法的实例包括Birenbaum等(1990)、美国脑研究基金(The National Foundation for Brain Research,1992)和Conley(1973)等的研究。

另一种汇总人群经济负担数据的方法是以患病个案为基础,这种方法的目的是计算一组人从某一疾病的发生到死亡间的终生经济负担。这种方法适宜估算因预防干预措施而导致的发育性残疾的降低或者健康结局的促进所节约的潜在负担(Rice,1994)。基于患病个案的方法要求根据患有发育性残疾的年龄别发病率和生命表建立一个发育性残疾患者的综合队列,随后用分年龄的花费乘以每个年龄组的人数来计算队列从出生到死亡的终生花费,此方法意味着医疗技术和年龄别的死亡率保持不变。

Waitzman等人(1996)应用基于个案的方法,对出生缺陷的部分类型,即脑瘫和唐氏综合症患者为分析对象来估算其经济负担,他们依据美国1988年患病队列进行估计,每个脑瘫患病儿童的终生经济负担接近500,000美元、每个唐氏综合症患病儿童的终生负担为451,000美元(1992年美元价格,5%的折扣率)。

研究概述

本研究是基于个案的负担估计方法,与Waitzman等(1996)研究采用的方法类似,估计患有智障、脑瘫、失聪和失明的人群队列的终生经济负担,和诸多前期同样对发育性残疾的研究相比,我们包括的负担类型范围更广。

在下一节中,我们将描述每类发育性残疾的经济负担估计所采用的数据和方法,随后讨论计算的结果、论述研究的局限性并提出本研究的结论。

方 法

疾病负担研究方法回顾

疾病负担(COI)研究是对一种疾病造成的资源的使用或损失进行金钱赋值以及与疾病相关社会负担的测量。因疾病所产生的医疗负担可以用与诊断相关的服务花费进行直接测量,或者使用患者较未受疾病影响者的平均医疗服务花费的增长量进行测量。大多数疾病负担研究,包括本研究在内,采用的方法均为医疗服务花费增长量的测量,即获取慢性病患者的额外健康保健服务花费,不管疾病是否为导致健康保健服务利用增加的原因。

一般情况下,疾病负担分析的测量通常包括医疗和非医疗的直接花费,也包括与患病或残疾的增加以及患者早期死亡相关的间接负担。一些从健康保健系统视角出发的负担分析可能只报告了直接医疗负担,但正常情况下,需要从社会视角进行负担的计算。

疾病负担研究运用人力资本方法来估计。由于重度残疾或早死亡所造成的生产活动时间的损失而产生的间接负担,这种方法基于市场工资和操持家务投入的价值来估计生产的损失(Drummond et al.,1997)。人力资本方法的优点在于假设了一个社会视角和它依赖数据的可及性,而其潜在缺点在于不同人群的市场工资是不同的,如果利用假定既定组的工资较低,则会低估该组人群的生命价值。这种方法还忽略了疾病的心理负担,如疼痛和难受。此外,因其只关注损失的生产率,人力资本方法也排除了消费行为带来的时间损失的价值(Tolley,Kenkel & Fabian,1994)。

另外一种方法是支付意愿法(willingness-to-pay,WTP)。支付意愿方法是基于福利经济学法则,根据个人对减少死亡或疾病的可能性所愿意支付的金额而算出个人生活价值(Tolley, Kenkel & Fabian,1994)。尽管支付意愿方法对有关患病和早期死亡的负担的完全估计提供了有力的理论方法,但能够被接受、应用于发育性残疾领域的支付意愿方法还没有发展起来。① 因此,我

---

① 生命估计的统计值广泛被用来早死预防的估算。运用调查方法展示了被调查者健康状况转变的假设情况下 WTP 短暂评估研究,提供了估算患病率的方法,但是焦点仍然是针对什么人,问什么问题(Drummond et al.,1997)。另一种建议方法是将修正生存质量年数利用估计值转成美元(Tolley et al.,1994)。

们的研究运用了人力资本方法,这里的负担估计仅反映了有关残疾和早死所带来的生产损失。

负担估计方法

我们计算在 2000 年出生的婴儿的智障、脑瘫、失聪和失明的有关的负担估计。分析中的花费种类包括:看医生的直接花费、处方药物、住院、辅助设备、治疗以及康复、长期照料、家庭和自动化改造,以及特殊教育服务。所有直接负担估计是根据在家庭户居住的有代表性的人群样本,分析还包括了当个人因为发育性残疾导致的早死或者在某种工作上受限而产生的相应的劳动力和家庭生产率的损失。

为了估算 2000 年出生队列的终生负担,我们假设发病队列的将来负担与队列中每个发育性残疾的老龄患者的现存负担是一样的。我们分析的第一步是估算发育性残疾患者在 6 个年龄组的个人年负担,这六个年龄组为:0—5 岁、6—17 岁、18—25 岁、26—35 岁、36—64 岁,以及 65 岁以上。个人年负担的估计反映了有发育性残疾和没有发育性残疾人群的直接医疗平均负担与非医疗服务负担所增加的部分,以及典型生命时期较没有发育性残疾时期所减少的部分。对于每个年龄组,将所有负担种类所增加的花费加起来,可估算与一种发育性残疾有关的年人均负担。①

为了对发病率队列每种发育性残疾的终生负担进行估计,我们首先用分年龄的人均负担估计乘以此年龄组发病率队列的期望存活数来估计每个年龄组的队列负担,随后每一年的队列负担用 3% 的折扣率对 2000 年基线年进行折扣计算,针对备选折扣率(0% 和 5%)的终生负担估计的敏感度同样也计算出来,最后通过对所有年龄组的折扣过的队列负担估计值进行加总计算,得出最终每种发育性残疾的终生负担。

举例来说,对患有智障的发病率队列的终生处方药物花费的估计问题。第一步是估计特定年龄组,如 26—35 岁,患有智障的个人所增加的处方药物

---

① 年人均负担按照每种负担估计:$PCD_t = p_t \times PCUser_t$,其中 p_t 代表 t 年龄组在给定年份的负担分类中使用用品或服务的发育性残疾患者的百分比;$PCUser_t$ 为在 t 年龄组的人均年负担。增加的负担由没有发育性残疾的人的负担减去,如下:$PIC_t = PCD_t - PC_t$。PC_t 为 t 年龄组没有发育性残疾的一类年人均负担。对于每个分类,总负担用 $TC_t = S_t \times PIC_t$ 算出。其中 S_t 代表发病率队列中在 t 年龄的期望存活数。然后我们将所有种类负担的 TC_t 相加,然后这一每类发育性残疾的最终负担估计值用 3% 的基线折扣率折扣到基线年。

花费,增加的负担通过将处方药使用者中患有智障人的平均负担乘以智障患者中使用处方药的百分比,再减去没有智障的人的处方药物花费来计算。为了估计26岁、27岁等患病率队列的处方药物花费,我们用26—35岁年龄组的人均处方药物花费乘以发病率队列在出生26—35年后期望的存活数来计算。然后26岁、27岁等处方药物的队列负担用3%的折扣率进行对基线年2000年的折扣,得到的26—35岁组智障发病率队列的处方负担由加总所有年龄组(26—35岁)的折扣队列负担计算出来。

对于有单一或多重发育性残疾的患者的负担没有分别估算。对于那些有这四种发育性残疾中不止一种的人群,我们分别计算了每个发育性残疾的负担,例如,对于有智障和脑瘫的患者的花费就将两种发育性残疾的负担都计算出来。

数据

表1提供了本分析所采用的数据来源、方法和对每种负担估计产生假设的简要描述。2000年队列的发病率大小估计分为三步,首先,我们推导出6—10岁年龄组从1991到1994年MADDSP的每种发育性残疾、以人群为基础的患病率(表6)。MADDSP提供了通过从多种资源得到官方记录的关于这四种疾病的以人群为基础的发病率数据(Boyle et al.,1996;Yeargin-Allsopp et al.,1992)。尽管在MADDSP中鉴定个人患有特殊发育性残疾规则与其他资源中的规则有所不同,但是患病率的估计与其他发表文献一致。①

表1 分负担种类的智障、脑瘫、失聪和失明增加的负担估计的数据来源和方法

负担种类	数据来源	应用方法和假设
直接负担		
医疗负担		
看医生[a]	美国健康访谈调查(National Health Interview Survey, NHIS;1994-1995)	估计由于患有每种发育性残疾所超出的看医生的次数

---

① 例如,6—10岁儿童的智障患病率为12.01‰,这是在文献的估计范围内的(Larson et al.,2001;Roeleveld,Zielhuis & Gabreels,1997)。

续 表

负担种类	数据来源	应用方法和假设
	美国医疗花费调查（National Medical Expenditure Survey, NMES; 1987）	估计每种发育性残疾所看医生的花费
处方药[a]	NHIS-D	估计每种发育性残疾使用处方的百分比
	NMES	估计由于发育性残疾开处方而超出的花费
住院服务[a]	NHIS-D	对患有每种发育性残疾报告在过去一年住院的百分比的估计
	卫生成本与利用项目（Healthcare Cost and Utilization Project, HCUP; 1995）	对每种发育性残疾患者住院的超额支出的估计以及运用在 HCUP 中所陈述的医疗保健成本支出比对负担进行修正
辅助设备[a]	NHIS-D	估算使用 11 种不同辅助设备的每种发育性残疾患者的百分比
	卖出价格	计算每种设备的平均单位负担和年负担，假设设备使用寿命对儿童为 5 年，对成人为 10 年
治疗与康复[a]	NHIS-D	只估算小于 18 岁的儿童。估计使用 6 中不同治疗种类中治疗或康复服务的每种发育性残疾患者的百分比
	美国赔偿调查（美国劳动部, 1997）	运用工资率为 6 种不同类型的临床医学家估算。假设每小时的治疗花费与每小时临床医学家咨询的工资率相等
长期照料（LTC, Long-Time-Care）[a]	NHIS-D	只估算成年人（大于等于 18 岁）。估计在过去一年中接受 LTC 的非居住在专业治疗结构的人的百分比。还估计了在过去一年中 LTC 使用者的平均居住长度
	Lakin et al., 2001	以使用智障中介保健设备的人均每日照料平均花费为基础估计 LTC 中的年照料花费，排除了大型设备

续表

负担种类	数据来源	应用方法和假设
非医疗负担		
家庭与自动化改造[a]	NHIS-D	估算应用7种不同改造的家庭或自动化改造的每种发育性残疾患者的百分比
	卖出价格	计算每种改造的单位平均负担及年负担,假设对儿童的改造寿命为5年,对成年人的改造寿命为10年
特殊教育服务[b]	MADDSP	只估算小于18岁的儿童。患有每种发育性残疾接受特殊任意种特殊教育服务的儿童百分比
	NHIS-D	在各种不同地区学校接受特殊教育服务的儿童分布
	Moore et al., 1988	利用在3种单独设置的特殊教育服务所增加的负担估计计算每种发育性残疾患者的年人均特殊教育负担
生产率损失		
残疾	NHIS-D	估算由于发育性残疾而不能工作或在工作量或工作类型上有限制的人的百分比
	收入和项目参与调查 Grosse,2003	运用分年龄和性别收入,及家庭户生产率价值计算平均年生产率
早死亡率	Decoufle & Autry 2002, Anderson 2001, Singer et al. 1998, Strauss & Eyman,1996	运用 MADDS 数据(针对10—20岁)计算出10—17岁年龄组患有每种发育性残疾的人的多余死亡比率并合并 NCHS 数据进而估算生存概率。1—5,5—10,20—64岁年龄组的 CP 率通过 Singer 等人的计算并结合了 NCHS 生命表。1—5,6—10以及20—64岁年龄组的 MR 比率基于 Strauss 和 Eyman 数据并结合 NCHS 生命表而估计。假设婴儿没有多余死亡
	Grosse,2003	运用分年龄和性别收入,及家庭户生产率价值计算平均年生产率

[a] 运用医疗物品和服务消费价格指数调整到2000年可比价格。
[b] 运用国家和各地政府雇员总补偿雇用花费指数调整到2000年可比价格。

表 2 分年龄和发育性残疾类型的生存比率估计

发育性残疾	从精确年龄到精确年龄的生存概率					
	0–5	5–20	20–25	25–35	35–65	0–65
智障	0.96587	0.97179	0.98077	0.96998	0.71171	0.63551
脑瘫	0.96266	0.93500	0.96822	0.95343	0.69671	0.57890
失聪	0.99141	0.98319	0.99314	0.98916	0.85546	0.81916
失明	0.99141	0.94201	0.99314	0.98916	0.85546	0.78485

数据来源:所有发育性残疾:对于 0—1 岁组(婴儿死亡率):1998 年美国生命表(Anderson,2001);对于 10—20 岁组,Decoufle 和 Autry(2002)。特殊发育性残疾:智障:死亡观测值与期望值的比率(与 1989—1991 美国生命表相关)根据 Strauss 和 Eyman(1996)数据计算并且与 1998 年美国生命表的 1—5、5—10、20—25、25—35 和 35—65 岁年龄组相乘;脑瘫:死亡观测值与期望值的比率(与 1989—1991 美国生命表相关)根据 Singer 等人(1998)数据计算并且与 1998 年美国生命表的 1—5、5—10、20—25、25—35 和 35—65 岁年龄组相乘;失聪和失明:除 10—20 岁组,1998 年美国生命表比率用于所有年龄段。

第二步是设计每种发育性残疾出生队列的规模。我们通过将 6—10 岁患病率按照从出生到 5 岁的估计存活率划分来计算出生患病率。每种发育性残疾的分年龄组生存概率在表 2 给出。1 岁到 5 岁智障和脑瘫生存率来自发表的文献(Singer,Strauss & Shavelle,1998;Strauuss & Eyman,1996),平均人口生存率用于婴儿和失聪及失明(Anderson,2001)。我们将出生患病率与美国 2000 年活产婴儿数相乘(Martin et al.,2001)来估算每种发育性残疾的出生队列。

每个结果年龄组的队列大小通过将前一年龄组的人数乘以分年龄存活概率计算得出。平均美国人口的存活概率来自 1998 年美国生命表(Anderson,2001)。对每种发育性残疾的介于 10—20 岁之间的儿童和年轻人的死亡数估计通过将 Decoufle 和 Autry(2002)数据中的死亡观测值与期望值的比率乘以 1998 年美国生命表的存活比率。[①] 对于智障的其他年龄的患者的死亡率估计

---

① Decoufle 和 Autry(2002)将亚特兰大都会区的继发性残疾检测项目(MADDS)与美国死亡指标配对时发现,10—19 岁原 MADDS 队列的观测死亡率与期望死亡率的比率为 2.97。MADDS 为 CDC 与人力资源佐治亚部(Georgia Department of Human Resources)联合研究项目,目的确定在 1985—1986 年、1986—1987 年以及 1987—1988 年 10 岁儿童智障、癫痫、脑瘫、失明和失聪的患病率(Murphy et al.,1995)。MADDS 的大多数儿童是通过搜索亚特兰大区公共学校系统的特殊教育记录而确定的。

基于加利福尼亚对接受发育性残疾服务的人的研究（Strauss & Eyman，1996）。① 脑瘫患者的生存率同样基于加利福尼亚的估计值（Singer, Strauss & Shavelle, 1998）。② 由于缺乏数据，这里假定有先天或儿童时期发生的视力或听力损伤的人与普通人群具有同样的存活概率。

医疗服务利用数据的主要来源是1994年和1995年美国健康访谈调查（NHIS，National Health Interview Survey）及同期进行的健康访谈调查—残疾部分（NHIS-D，National Health Interview Survey-Disability Supplement）的数据。这些家庭户调查数据用于估计残疾儿童看医生、特殊教育服务③、治疗或康复、处方药、住院服务、辅助设备和家庭自动化改造的估计。以及用来估计患有四种发育性残疾的任何一种成年人的服务利用，包括长期照料、辅助设备、家庭自动化改造以及住院服务的利用。

有智障和脑瘫的患者在两个NHIS调查中是根据自我报告或代理报告其情况而确认的。患有失聪的个体鉴定为那些有诊断标志为"耳聋"或"听力丧失"的人，失明的的个体鉴定为那些有诊断标志为"失明"或"视力受损"的人。对于同时失聪和失明的人，我们排除了报告在过去一年（27岁以下人口）或5年（27岁及以上人口）发生的，或此状况是事故导致的。为了对那些与后来发生感官受损的失聪或失明的人做进一步的限定分析，我们通过对患有失聪或失明的发育性残疾的26—35岁的成年人的估计来估算老龄个体的负担。

对医生服务和处方药个体的负担估计来自于1987年美国医药消费调查（NMES，National Medical Expenditure Survey），对住院服务的负担估计来自于1995年的卫生成本与利用项目（HCUP，Healthcare Cost and Utilization Project），两个调查都是由美国国家健康保健研究质量局（AHRQ，Agency for

---

① Strauss 和 Eyman（1996）报告了在1986—1991年间，接受了发展服务的加利福尼亚部门服务的智障患者在此时期的死亡率。死亡率分为是否有唐氏综合症，及患病情况的三种严重水平：轻度/中度，严重和深度。MADDSP数据显示，接近90%的6—10岁的智障儿童属于轻度/中度类，有5%属于严重或深度。我们将加权平均生存率与1989—1991年美国生命表生存率作比较来计算超出的死亡比率。这一比率应用在1998年美国生命表比率中。

② Singer、Strauss和Shavelle（1998）报告了在1980—1996年间接受发展服务的加利福尼亚部门记录的脑瘫患者在此时期的死亡率。其报告数据按照是否有四肢瘫痪分类。我们在后来的年龄组应用其数据，并将其余美国1989—1991年美国生命表存活率比较以计算超出的死亡比率。对于10—20岁年龄组，没有四肢瘫痪的超出的死亡率几乎与Decoufle和Autry（2002）的MADDSP计算的相同。此超出死亡比率应用在1998年美国生命表比率中。

③ 应用NHIS-D估计位置分类。儿童应用任意特殊教育服务的数据来自于1991年MADDSP数据，其将3—5岁组和6—10岁组的百分比分别进行了估计。

Healthcare Research and Quality）执行。①

　　生产率损失估计由两部分组成：残疾和早死。残疾损失反映了由于工作能力受限而造成的生产率的损失。死亡损失反映了相对于同样年龄和相同性别的期望存活者，早死所造成的生产率丧失。不同年龄和性别所产生的生产价值，包括盈利、其他雇佣补助和家庭户服务来自于 Grosse(2003)的新分析。② 我们的生产率损失分析的一个潜在的假定是工作的受限影响到市场和家庭户生产率。

　　工作受限频率资料来自于 NHIS-D。本文区分了两类受限：无工作能力和在工作类型或工作量上受限制。应该注意到，所报告的限制反映了社会环境和雇主对残疾人的接纳意愿，以及个人受损的性质和严重性。与工作限制有关的收入减少的百分比数据来自于 1993 年由美国普查局进行的美国收入与项目参与调查(SIPP, Survey of Income and Program Participation)。

结　果

　　与四种发育性残疾有关的人均直接医疗负担的估计在表 3 中给出。智障患者医疗负担最大的部分是长期照料，其次是住院和就诊。对于脑瘫患者，看医生是医疗负担中最大的部分，对于失聪或失明的人，住院负担是最大部分。③

　　表 4 包含了每种发育性残疾患者的人均直接的非医疗负担。脑瘫患者的家庭自动化改造是最高的负担(2,089 美元)，但这也只代表了与每种发育性残疾相关的总的直接负担的一小部分。患者的特殊教育服务是终生直接负担中的最大部分。在折扣了 3% 后，3 到 17 岁智障患者的特殊教育负担接近 62,000 美元，脑瘫患者为 59,000 美元，失聪患者为 67,000 美元，失明患者为 48,000 美元。

---

　　① 本研究的数据分析先于 AHRQ 组织的 1996 年医疗花费截面调查(MEPS)数据的公布。1987 年 NMES 的样本为 35,000 个人，1996 年 MEPS 覆盖了近 22,000 个人。如果 MEPS 的多年数据可获得，则有可能应用更新的数据重复本分析。
　　② Grosse(2003)估算了 2000 年分年龄和性别的平均盈利，并且进行了修正以反映雇主所报告的附加补偿。根据 1994 年调查计算了分年龄和性别的家庭户服务价值并且应用雇主补偿指标修正到了 2000 年价值。
　　③ 失聪和失明患者的高医院负担来自于儿童患者(小于 6 岁)。我们的分析表明，成年(大于 18 岁)住院患者的负担并没有比一般人群高。此外早熟性视网膜疾病的诊断代码与视力损伤和失明一起被用于一种发育性残疾诊断视力损伤的代码。大约四分之一的失聪儿童以及三分之一的失明儿童为早产和低体重儿。这些特征的医疗结果是学前发育性残疾儿童患者的高医院负担的重要原因。

表 3　分发育性残疾类型人均生存期增长的直接医疗负担估计（2000）[a]

发育性残疾	看医生（$）	处方药（$）	住院（$）	辅助设施（$）	治疗和恢复[b]（$）	长期照料[c]（$）	总医疗负担（$）
智障	19,133	3,513	30,151	3,078	13,181	54,185	123,205
脑瘫	37,136	4.035	19,636	3,053	16,365	2,944	83,169
失聪	8,129	106	8,683	5,438	735	0	23,209
失明	4,538	24	20,310	1,330	5,024	832	32,058

[a] 假设折扣率为3%。
[b] 假设治疗和恢复服务只用于儿童。
[c] 假设长期照料服务只用于成人；并且只用于非专门机构居住者。

表 4　分发育性残疾类型的人均生存期增长的直接非医疗负担估计（2000）[a]

发育性残疾	家庭和自动化改造（$）	特殊教育（$）[b]	总直接非医疗负担（$）
智障	883	61,560	62,443
脑瘫	2,089	57,324	59,414
失聪	678	66,690	67,368
失明	482	47,142	47,625

[a] 假设折扣率为3%。
[b] 假设特殊教育服务只用于3—17岁儿童。

表 5　人均生存期生产率损失估计（2000）[a]

发育性残疾	残疾（$）[b]	早死（$）[b]	总生产率损失（$）
智障	627,687	59,268	686,955
脑瘫	555,068	106,636	661,704
失聪	224,109	11,170	235,279
失明	343,957	45,482	389,440

[a] 假设折扣率为3%。
[b] 假设盈利损失发生在18—64岁年龄组。

与每种发育性残疾相关的生产率损失由表5给出。结果说明智障和脑瘫患者由于残疾造成的生产率损失特别高。智障或脑瘫患者因工作受限负担接近 600,000 美元。由于早死造成的生产率损失最高的为脑瘫患者（107,000 美元）最低的为失聪患者（11,000 美元）。

2000 年发育性残疾患者队列的直接医疗负担、直接非医疗负担、间接负担以及总负担在表 6 给出。估算应用了 3% 的折扣率。所有智障患者的生存期负担接近 440 亿美元，其中生产率损失占 79%，直接医疗负担占 14%。对于脑瘫患者，2000 年队列的生存期负担为 100 亿美元，失聪和失明队列的负担分别为 16 亿和 21 亿美元。

尽管智障和脑瘫的高负担很大程度上是由其较高的患病率造成的，但是智障和脑瘫的人均负担也是可观的。智障患者生存期人均负担为 873,000 美元，脑瘫患者为 804,000 美元。失聪患者接近 326,000 美元，失明患者为 469,000 美元。

根据 Gold 等人（1996）的建议，每年的负担在 1996 年的基础上应用了 3% 的折扣率。应用备选折扣率 0% 和 5% 的结果在表 7 中给出。敏感性分析结果表明对折扣率的选择很大程度上影响了生存期负担的估计值。应用从 5% 到 0% 的折扣率得到从 450,000 到 290 万美元不等的智障人均生存期负担估计。

表 6　分发育性残疾及负担种类的患病率估计及总生存期增加的负担[a]

发育性残疾	患病率[b]	直接负担		生产率损失($)[c]（千人）	总负担($)（千人）	人均生存期负担($)（千人）
		医疗($)[d]（千人）	非医疗($)[e]（千人）			
智障	12.01	6,227,532	3,156,229	34,722,783	44,106,543	872,603
脑瘫	2.95	1,036,024	740,106	8,242,752	10,018,882	804,287
失聪	1.23	116,453	339,758	1,186,578	1,642,788	325,739
失明	1.07	140,645	208,940	1,708,563	2,058,148	469,122

[a] 负担为对 2000 年发生队列生存期负担按照 3% 的折扣率的当时价值的估计（按照 2000 年度物价水平）。

[b] 对于智障患者，与 M. Yeargin-Allsopp 个人交流，2002 年 5 月。对于失明，参见 Mervis, Boyle 和 Yeargin-Allsopp（2002）。

[c] 包括由于增加的患病率（不能工作和在工作量或工作类型上受限）和由于 65 岁智障，35 岁脑瘫，以及 17 岁失明和失聪所造成的早死而发生的生产率损失。

[d] 包括看医生，处方药，住院，辅助设备，治疗和恢复以及从 76 岁开始的长期照料负担。治疗和恢复负担是针对 18 岁以下儿童，长期照料负担是针对 18 岁及以上成年人。

[e] 包括从 76 岁开始的家庭和自动化改造。特殊教育负担针对 3—17 岁儿童。

表7 分发育性残疾和折扣率的敏感性分析：总生命期负担估计（2000）

发育性残疾	0%折扣率		3%折扣率		5%折扣率	
	发病率队列的生存期负担（$）（千人）	人均生存期负担（$）	发病率队列的生存期负担（$）（千人）	人均生存期负担（$）	发病率队列的生存期负担（$）（千人）	人均生存期负担（$）
智障	144,832,451	2,865,362	44,106,543	872,603	22,767,457	450,431
脑瘫	33,875,356	2,719,415	10,018,882	804,287	5,287,583	424,472
失聪	5,511,062	1,092,755	1,642,788	325,739	909,786	180,396
失明	7,446,957	1,697414	2,058,148	469,122	1,056,404	240,790

与前期研究的比较

我们对与发育性残疾相关的负担分析，运用了与Waitzman等人（1996）相似的基于个案的COI方法，最大的不同在于医疗负担领域和发育性残疾服务。我们的估计排除了两个直接医疗负担部分——医院出诊服务和居住在专门机构接受长期照料的人，而这些包含在Waizman等人（1996）的分析中。我们还依赖于发育性残疾服务利用的调查报告，而Waitzman等人评估的是加利福尼亚的发展服务记录。

在特殊教育负担上，我们同样观测到了差异性的存在。Waitzman等人（1996）对人均特殊教育负担评估要比我们评估的高出近40%，Waitzman等对加利福尼亚特殊教育数据进行了回归分析，这样能够使他们按照损伤类型计算负担（智障、外科残障、学习障碍和多重性残障），而我们的负担计算来自于Moore等人（1988）的方法，仅通过特殊教育的场所进行花费估计（居民住所型教室、套间型教室和厂房型教室）。

我们对于脑瘫相关的生产率损失分析与Waitzman等人（1996）的结果相似。对于脑瘫，我们对18岁以前的病人死亡率估算为10%，略低于Waitzman等人所估计的11.5%，而这有可能反映了生存状况的改进。对不能工作的成年脑瘫患者估计，Waitzman等人应用1989年NHIS数据估计的比例为63%的人不能工作，可以工作但受限制的比例为15%，而这里分析1994—1995年NHIS-D的数据显示，不能工作的百分比为52%—57%，可以工作但受限制的比例为21%—26%。

基于1993年SIPP的分析,在工作量或工作类型上受限制的脑瘫患者其所得收入比没有工作限制的人低78%。Waitzman等人(1996)估算收入的减少比例为男性46%、女性17%,但他们没有具体估算脑瘫患者。

讨 论

本文结果说明,与智障、脑瘫、失聪和失明有关的增加的负担是可观的。所有负担中,生产率的损失所占比例最大,占72%—83%,其他为直接医疗和非医疗负担,其中特殊教育服务占直接负担的33%—74%。

本文所展示的负担估计反映了按照特殊限制分类的所有人群队列的平均负担,不管其是否患有其他慢性疾病。许多患有本文分析的发育性残疾类型外,还有其他残疾情况或患病情况,文中分析包含了这些有额外负担的患者,也包含患有单一发育性残疾患者,故而患有单一发育性残疾的个体的平均负担可能较本文所估计低一些。此外,患有两种发育性残疾的人,例如有智障和脑瘫的患者被分配到两种疾病中进行单独估计,由此,不能通过对具体的发育性残疾估计值合并相加来计算所有四种发育性残疾的总负担。

对于一种明确病因的发育性残疾的负担,如唐氏综合症造成的智障,可能低于或高于所有智障患者的平均负担。因为大多数发育性残疾的病因不能确认,本文所估计的负担值可以作为智障、脑瘫、失聪或失明患者人群平均负担的最临近指标。

需要注意到,我们的负担估计值是基于每种发育性残疾患者对服务的实际使用,可能不会反映所需服务的负担,因为治疗服务的利用有可能受到付费机制的约束,故所需服务的负担可能超过实际使用服务的负担,这也是健康保健供应系统的局限性。类似的,一些负担估计也许不是直接源于患病的增加而是源于发育性残疾患者自身身体或社会障碍而妨碍她们参与到社会中。

我们的方法是运用横断面数据预测每种发育性残疾患者的将来服务负担,因为有关趋势很难预测,并且有可能提升或降低负担,这里假定了未来服务利用、雇佣、盈利和治疗发育性残疾患者的技术获取方式等不会改变。疾病负担方法还排除了社会心理负担,诸如疼痛和痛苦,而这有可能与患有发育性残疾有关。

研究局限性和将来研究方向

本文由于对发育性残疾负担分析因数据获得方面的一些限制,导致在分析结果上有些主观。我们的估计排除了一些重要的部分,包括照料者负担、家庭现金支出、成人治疗花费、居住在社区或专业机构的人们的康复花费,如信号讲解器,以及居住在专业机构的照料者的全部花费,其他我们排除分析的负担种类还包括医院出诊服务和急救病房照料的花费。①

估计的精确性的一个来源还在于发育性残疾状态,即,在 NHIS-D 调查中是由自我应答或由代理人应答的,其严重程度是否被确认(Todorov & Kirchner,2000),取决于问卷应答者报告的临床症状严重或者轻于有明确了发育性残疾的所有人群,由此可能会导致低估或高估每一案例的负担。但,缺乏发育性残疾状态应答的准确性所影响的是每个个案负担,因患病率的估计来源于 MADDSP,故而不会影响案例的数量。

更新、更全面的负担信息需要额外的研究来提供。一个具体的需求是对特殊教育服务负担的研究,最新发表的分特殊教育地点的详细负担估计源自 20 世纪 80 年代(Moore et al.,1988),这种数据应该获得具体类型的消费值(如智障),因为这些患有发育性残疾的儿童较使用特殊教育服务的儿童平均花费实际要高一些(Waitzman et al.,1996)。数据还应该获取使用特殊教育服务儿童的采用附加服务所带来的负担,诸如耳聋或听力困难儿童使用助听器的花费。

照料者时间费用是最需要的附加评估的数据之一。本文分析的是 NHIS-D 调查中残疾人家庭照料者所报告的照料残疾患者的基本时间(Honeycutt et al.,2000)。用这些值乘以每小时的工资来计算出家庭户成员照料时间的价值。本文分析排除了照料者时间成本的估计,因为调查数据不能反映对比没有残疾的儿童照料的时间成本差别,当然,照料患有发育性残疾的儿童多出了照料的时间。只是增加的照料成本计算,需要采取相同方法来收集照料残疾和非残疾儿童所使用的时间数据(Tilford et al.,2001)。

数据的另一个重要的空白是排除了联邦调查的家庭户的样本,如本文应用的 NHIS 或 NMES。据估计 2000 年居住在疗养院、中介保健机构、居民设施,或者寄养之家的患有智障或相关发育性残疾(MR/DD)的人数为 358,193

---

① 我们不能估计急救负担和医院出诊的花费,因为这些案例在 NMES 的每个年龄组的观测值很小。

人(Lakin et al.,2001),这一数据相比于居住在非专业机构的智障/发育性残疾患者总数为 3,887,158 人(Larson et al.,2001),略少于十分之一的集体户患者居住在非专业护理机构中(Lakin et al.,2001),而专业护理机构的患者是进行健康保健负担估计的唯一可获得的代表性样本。

对更完整的与长期照料负担相关的信息也需要获取。我们估计的长期照料负担是基于 Lakin 等人(2001)对居住在医疗保健(Medicaid-funded)建立的中介保建机构(ICF-MR;不包括大型设备)中,患有智障/发育性残疾者的平均花费进行的估计。Lakin 等人报告 ICF-MR 居住者在 2000 年的平均花费为 84,470 美元,居住在有大的州立的机构中花费为 113,863 美元,居住在小的州立或大型或小型私人机构中花费为 64,833 美元。基于 Lakin 等人(2001)的分析,ICF-MR 机构的花费占不在家庭居住的智障/发育性残疾患者的接近三分之一。

结　论

本文的结果表明,智障、脑瘫、失聪和失明的初级预防,若可以实现,则具有实质性的潜在经济利益。尤其是本研究增加了我们对四种发育性残疾的可预防病因的理解,预防项目的有效实施,可能产生显著的成本节省。

本文进行的负担估计的重要应用在于建立了预防研究优先顺序的成本估计。四种发育性残疾负担成本与其他能够影响儿童和成年人的慢性疾病相比,可以提供预防性研究项目在资金资助和期望资助水平方面的决策辅助信息。例如,政策决策者可以比较发育性残疾的负担与哮喘这种预防为主的慢性疾病的负担,而哮喘相关的年直接负担为 133 亿美元(Weiss,Sullivan & Lyttle,2000),它与四种发育性残疾在直接负担上是相同数量级的。

四种发育性残疾的生存期负担估计,对于决策者制定预防性研究项目的决策提供了特别有用的信息,也可用于强调影响发育性残疾负担因素的进一步研究。例如,分析有发育性残疾患者家庭的直接负担的数量和比例,可以促进对于获得所需服务潜在障碍的理解。有关特殊教育和生产成本为何如此大的分析,能够帮助我们理解是否因为发育性残疾患者在自然和社会的融合中产生的障碍所带来的这样的负担,如果属实,则在全美国提供发育性残疾患者的就业和就学,将会节约与此相关的成本。

致　谢

作者感谢美国健康统计中心 Thomas Hodgson 博士以及 RTI 健康、社会和经济研究所的同事;美国疾病控制和预防中心出生缺陷和发育性残疾和流行病项目办公室的同事对早期报告中研究方法和结果的帮助性评论。我们还希望感谢这组丛书的编辑和三名匿名审阅者的帮助性建议。

（武继磊、孙铭徽初译、审译，宋新明审校）

参考文献

Anderson, R. N. (2001). United States life tables 1998. *National Vital Statistics Reports*, 48 (18).

Birenbaum, A., Guyot, D., & Cohen, H. J. (1990). *Health care financing for sever developmental disabilities*. Washington, DC: American Association on Mental Retardation.

Boyle, C. A., Yeargin-Allsopp, M., Doernberg, N. S., Holmgreen, P., Murphy, C. C., & Schendel, D. E. (1996). Prevalence of selected developmental disabilities in children 3-10 years of age: The metropolitan Atlanta developmental disabilities surveillance program, 1991. *Morbidity and Mortality Weekly Report*, 45(SS-2), 1-14.

Conley, R. W. (1973). *The economics of mental retardation*. Baltimore, MD: Johns Hopkins University Press

Crocker, A. C. (1989). The spectrum of medical care for developmental disabilities. In: I. L. Rubin & A. C. Crocker (Eds), *Developmental Disabilities: Delivery of Medical for Children and Adults*. Philadelphia: Lea & Febiger.

Decoufle, P., & Autry, A. (2002). Increased mortality in children and adolescents with developmental disabilities. *Paediatric and Perinatal Epidemiology*, 16, 375-382

Drummond, M. F., O'Brien, B., Stoddart, G. L., & Torrance, G. W. (1997). *Methods for the economic evaluation of health care programs* (2nd ed.). Oxford: Oxford University Press.

Gold, M. R., Siegel, J. E., Russell, L. B., & Weinstein, M. C. (Eds) (1996). *Cost-effectiveness in health and medicine*. New York: Oxford University Press.

Grosse, S. D. (2003). Productivity loss tables (Appendix). In: A. C. Haddix, S. M. Teutsch & P. A. Corso (Eds), *Residential Services for Persons with Developmental Disabilities: Status and Trends through 2000*. Minneapolis: University of Minnesota, Research and Training Center on Community Living, Institute on Community Integration.

Larson, S. A., Lakin, K. C., Anderson, L., Kwak, N., Lee, J. H., & Anderson, D. (2001). Prevalence of mental retardation and developmental disabilities: Estimates from the 1994/1995 National Health Interview Survey disability supplements. *American Journal of Mental Retardation*, *106*(3), 231-252.

Martin, J. A., Hamilton, B. E., & Ventura, S. J. (2001). Births: Preliminary data for 2000. *National Vital Statistics Reports*, *49*(5).

Mervis, C. A., Boyle, C. A., &Yeargin-Allsopp, M. (2002). Prevalence and selected characteristics of childhood vision impairment. *Developmental Medicine and Child Neurology*, *44*(8), 538-541.

Mohr, P. E., Feldman, J. L., Dunbar, J. L. et al. (2000). The societal costs of severe to profound hearing loss in the United States. *International Journal of Technology Assessment in Health Care*, *16*, 1120-1135.

Moore, M. T., Strang, E. W., Schwartz, M., & Braddock, M. (1988). *Patterns in special education service delivery and cost*. Washington DC: Decision Resources Corporation.

Murphy, C. C., Yeargin- Allsopp, M., Decouflé, P., & Drews, C. D. (1995). The administrative prevalence of mental retardation in 10-year-old children in metropolitan Atlanta, 1985 through 1987. *American Journal of Public health*, *85*(3), 319-323.

National Foundation for Brain Research (1992). *The cost of disorders of the brain*. Washington DC: Lewin-ICF.

Rice, D. P. (1994). Cost-of-illness studies: Fact or fiction? (commentary). *The Lancet*, *344*(8936), 1519-1520.

Roeleveld, N., Zielhuis, G. A., & Gabreels, F. (1997). The prevalence of mental retardation: A critical review of recent literature. *Developmental Medicine and Child Neurology*, *39*(1), 125-132.

Singer, R. B., Strauss, D., & Shavelle, R. (1998). Comparative mortality in cerebral palsy patients in California, 1980-1996. *Journal of Insurance Medicine*, *30*(4), 240-246.

Strauss, D., & Eyman, R. K. (1996). Mortality of people with mental retardation in California with and without down syndrome, 1986-1991. *American Journal of Mental Retardation*, *100*(6), 643-653.

Tilford, J. M., Robbins, J. M., & Hobbs, C. A. (2001). Improving estimates of caregiver time cost and family impact associated with birth defects. *Teratology.* *64*(Suppl.1), S37-S41.

Todorov, A., & Kirchner, C. (2000). Bias in proxies' reports of disability: Data from the National Health Interview Survey on Disability. *American Journal of Public Health*, *90*(8), 1248-1253.

Tolley, G., Kenkel, D., & Fabian, R. (Eds) (1994). *Valuing health for policy: An economic approach*. Chicago, IL: University of Chicago Press.

U. S. Department of Labor, Bureau of labor Statistics (1997). *National compensation survey: occupational wages in the United States.*

Waitzman, N. J., Scheffler, R. M., &Romano, P. S. (1996). *The costs of birth defects: Estimates of the value of prevention.* Lanham, MD: University Press of American.

Weiss, K. B., Sullivan, S. D., & Lyttle, C. S. (2000). Trends in the cost of illness for asthma in the United States, 1985-1994. *Journal of Allergy and Clinical Immunology, 106,* 493-499

Yeargin-Allsopp, M., Murphy, C. C., Oakley, G. P., & Sikes, R. K. (1992). A multiple-source method for studying the prevalence of developmental disabilities in children: The metropolitan Atlanta developmental disabilities study. *Pediatrics, 89*(4),624-630.

美国健康访谈残疾主题调查有关智力障碍[*]和发育性残疾的定义和发现

雪莉·拉森、查理·拉肯和琳达·安德森

摘　要

本文描述了运用国家健康访谈残疾主题调查(NHIS-D)估计美国家庭户人口中患有智力残疾和/或发育性残疾的患病率和一般特征。文中提供了对患有智力残疾(按类别定义)、发育性残疾(按功能定义)以及二者兼有的病例在家庭户人口中的数量估计。描述了分年龄、贫困状态和其他人口学变量的智力残疾和/或发育性残疾的不同患病率,以及智力残疾和发育性残疾在操作上如何区别,并论述了这一群体在数量和人口学特征上的定义存在着何种实质性差异。通过对成年人的贫困状态分析表明,妇女、非白人、有智力或发育性残疾者、教育年限少于12年的成年人以及与配偶居住或单独居住(相对于与亲戚如家长或子女居住的人)者,其处于贫困状态更为普遍。

引　言

在1970年发育性残疾辅助和权利法案(DD Act)中,发育性残疾被首次引入(PL91-517,42U.S.C.6010)。发育性残疾(DD)在法案里由一组分类疾病所定义,包括了智障、脑瘫、癫痫和其他疾病。在1976年以及发育性残疾法案的后继修订中,发育性残疾的定义由具体诊断的汇总,变为一个规定了发育性残疾为实质性功能受限表现所展示的具体定义:术语发育性残疾意味着患者遭受严重的、慢性残疾,包括以下特征:

---

[*] 本文中,"智力残疾"用来代替"智障"为了避免因为运用后者涉及歧视有关的标签而遭到批评。但是,当涉及 NHIS-D 的特别条款时,或者当指历史或法律文件时,或之前患病率研究时,"智障"一词还需澄清。

(a) 由于精神智力障碍、肢体残损或智力与肢体复合性残障；
(b) 在 22 岁之前出现；
(c) 可能有不确定性的持续；
(d) 造成了以下三个方面的实质性功能受限或更多主要生活领域的功能受限：(i)自理；(ii)语言接受和表达；(iii)学习；(iv)移动；(v)自律；(vi)独自生活能力；(vii)经济独立；
(e) 反映人们对具体的、跨领域的一系列复合需求，或常规保健、治疗或其他服务的需求，这也是个体的终生或者长期需求，且需要个体的计划与调整。(发育性残疾辅助和权利发案,1997)

发育性残疾是作为一般性分类构造出来，包括患有一定范围内疾病的人群。因为他们不关联于任何具体的公共利益或项目资格(如对于增补收入保障或医疗补助中介服务机构[对患有]智障者，ICF-MR)，因此很少关注建立诊断发育性残疾的协议，或精确地判断究竟达到这一标准的疾病患病率是多少。

到 1988 年，使用发育性残疾这一术语的环境有所变化，美国卫生与人类服务署(DHHS)计划和评估助理办公室(ASPE)提出对患有发育性残疾者的研究进行立项，资助全国范围内的发育性残疾调查研究的设计和实现。如数学政策研究所(The Mathematica Policy Research)的提案中提到其管理此项目(1988)，

> 基础数据的缺乏及其对政策发展的含义是目前国会和政府考虑建立有效的主要改革提案面临的明显困难……影响差异性评估的最大的单一因素……是在家庭户和社区居住的智障/发育性残疾患者数量和特征的全面数据的缺乏(P.4)。

最为重要、但不是唯一的政府补助支持服务在当时由参议院 1673 号法案，即医疗补助制度为家庭和社区治疗服务法案中提出。此法案得到了国会的大力支持，提出为患有"严重残疾"者大力扩展家庭和社区服务设施，而严重残疾的操作化定义源于同期的发育性残疾定义。

在实现其指定的总负担估计和 1673 号法案内涵利用的角色中，由于缺乏对可能符合合格标准的参与人数的数据，ASPE 成员遇到了阻碍。相关数据缺失这一窘迫状况为发育性残疾的发病率估计提供了可能，尤其是这些与政策提案相关而不局限于 APSE。1990 年 Durenberger 参议员在听证会(1990)观察到，

> 在全国范围内，有大概 170 万到 460 万之间的[发育性残疾患者]，目前尚没有方法确定精确的数字，令人抓狂的是，我们的估计竟然存在着

如此大的分歧……我希望……我们能够找出方法来确定这些人,从而制定最适宜的政策来满足他们的需要。(参议院听证101—847,p.3)

当发育性残疾这一术语从刚出现时作为一般描述性术语,发展成为每个个人负担提供服务的合格性提出的标准后,对专门诊断标准的缺乏和患病率估计的关注开始增加。随后的可获得的发育性残疾患病率估计取决于数据的分析,而这些数据并未关注用于定义发育性残疾的渐显的功能标准。由于可得的数据利用了不同的发育性残疾标准,由此导致其患病率的估计差异很大,从而导致这些数据不足以用于政策分析目的。对发育性残疾患病率估计的可及数据,其缺点源于以下三个基本的方法及相关数据分析的假设。

疾病构成的汇总

由于缺乏具体诊断标准和/或数据集充分覆盖了匹配发育性残疾一般定义的数据项,发育性残疾患病率的估计通常将与发育性残疾有关的疾病(通常为智力残疾、脑瘫、孤独症、脊柱裂和癫痫)的患病率汇总进行。这种方法典型的估计为每1,000个人口中有16—20个案例(Lubin, Jacobson & Kiely, 1982)。由于这些方法没有将疾病标准和功能受限标准的应用相结合,他们可能将有相对轻度损伤但不会导致日常活动实际功能受限的人员包括在内。或许最值得怀疑的假定是对发育性残疾患病率的估计,该估计源于和发育性残疾相关的疾病人口,而这一人口大部分由"智障和相关疾病"的患者组成(如智力残疾、脑瘫、孤独症、脊柱裂)。这样的假定排除了儿童时期发生了其他疾病,并预计可能会持续且与实质的功能受限相关的患者。汇总的患病率估计也可能在个体疾病累积患病率的调整能力上受限,因为人们可能患有一种以上的疾病(如智力残疾和脑瘫)。

学龄人群患病率预测

假定从1976年起,美国儿童一般均有学校受教育的经历。在校接受教育的时间与发育性残疾定义的首次出现的时间是一致的,因此学校的设置为估计美国发育性残疾的患病率提供了一个"自然"的背景。基于学校学生的发育性残疾估计,由合并了教育部规定的各州上报的既定诊断种类的学生数目所代表(通常主要包括智障、可矫正型残障、多重残障、孤独症、失聪、失明和创伤性大脑损伤)。1997年,应用这种方法,各州将儿童数量统计上报给联邦政府(美国教育部,1998),结果显示在美国6—21岁的儿童和青少年中,每千人中约有13.2人属于上述发育性残疾相关的分类。尽管此种方法限制了因指定"首要疾病"而带来的多重疾病的个案重复计数的情况,但据此方法估计的患病率也受到上述汇总估计缺点的影响。或许更为重要的是,由于假定了儿童期的患病率估计是整个生命期患病率的精确指标,患有发育性残疾人群的存活率较普通人群要低,而此方法对这一可能性不敏感,较低的存活率将导致高年龄组的发育性残疾患者的比例要小于低年龄组人口。此外,基于在校学生患病率,对全人口的患病率进行估计,在学校以智力残疾为标识来接受特殊教育的学生占有较高的频率,而在成年阶段由于社会角色的变换而不存在如此明确标识的人群,这一点被忽视了。(智力障碍主管委员会,1970)

以家庭户调查进行估计

曾经做过数次努力,利用已有联邦统计项目来估算发育性残疾患病率,所应用的各种数据集中,对美国收入与项目参与调查和美国健康访谈调查利用较为突出。这些调查基于每年上万个家庭户的调查,假如,在调查过程中能够确认足够数量的患有各种"疾病"的人口,诸如发育性残疾患者,由此可以估计其患病率。然而,尽管这些调查中包括了一定数量与功能执行相关的数据项,但没有一个能够提供充分覆盖构成发育性残疾定义的七个领域的功能受限的任一领域的数据。由此,研究者不得不基于有限数据项进行假定,由于对可得数据项的不同选择(如操作定义不同),许多研究者倾向于报告其估计的一组患病率数据。例如,在 SIPP 数据分析中,Thornton(1990)估计家庭户人口"狭义"的发育性残疾患病率为 0.8%,"中义"的患病率为 1.1%,而"广义"的患病率为 2.8%。

因为确定发育性(或"严重")残疾的患病率以及相关需求存在不能克服的局限性,在 20 世纪 80 年代后期,ASPE 资助一个项目,目的是进行能够确立足够样本进行发育性残疾或有相同水平损伤者全国性研究的设计提议。该项目建议利用美国健康访谈调查这一最可行的方法,进行两年的附加调查,以确定足够的样本进行估算发育性残疾的患病率。项目的基本设计最终被采纳,覆盖了 NHIS-D 这一注意到残疾广泛定义的调查的主体部分。尽管残疾的广泛性定义取消了一些适于发育性残疾操作性定义推荐的细节所匹配的数据项,但最终的 NHIS-D 调查仍提供了一组非常有用的综合功能技巧描述集合,从而能够进行发育性残疾的确认和估计。

本文简要总结了 NHIS-D 调查中与上述患病率有关的具体问题的结果,包括:(a)基于功能和分类定义的患病率估计方法和差异;(b)各年龄段患病率差异;(c)与人口变量有关的患病率差异。

方　法

发育性残疾定义

我们开发了一个多阶段过程来确定符合发育性残疾(DD)和智力残疾(ID)标准的样本群体,以检验这些疾病的特征、一致性和患病率。这一过程包括对计划和开发 NHIS-D 所构建定义进行回顾,以及提案中为定义所推荐的数据项。这个过程包括基于对智力残疾/发育性残疾全国专家组咨询和残疾统计的回顾,以及所制定的最初 NHIS-D 数据操作性定义准备和修改;还包括正在进行的基于内在效度分析和对结果的内部、外部审查结果下具体代码的回顾和修订。最终定义和与 NHIS-D 相关数据项在 Larson 等人(2001)文章中作了描述,并在附录 B 中予以总结。

简要地,发育性残疾的定义要求为 5 岁及以上的人,必须在以下七个领域中的至少三个领域有实质性的功能受限:自理、语言表达和接受、学习、移动、自律,独立生活能力和经济自足。独立生活能力和经济自足在 NHIS 调查中只针对成年人。因此 5—17 岁的儿童在剩余五个领域内满足三项实质性功能受限,则被纳入发育性残疾人群。我们的操作性定义要求功能受限必须在 22 岁以前经历,且必须持续 12 个月及以上,持续时间的要求是发育性残疾法案标准中"有可能不确定性持续"的最佳可用的替代。从出生到 71 个月龄的儿童,具有以下情况者可认定为发育性残疾患者,即,有和 NHIS 样本中大龄儿童或者成年人一致性关联的具体先天或者获得性疾病,或者在肢体发育、咀嚼、吃东西、上厕所、交流的接受和表达、理解介绍性资料、认知或者精神发育、紧张活动的参与和移动上存在实质性的发育迟缓。5 岁及以下的儿童,若只有听力、视力或者言语缺陷者不被认为是患有发育性残疾。

智力残疾的定义

智力残疾(ID)的定义为"在下列应用适应性技能领域,同时存在两项或以上相关受限,智力功能显著低于平均状况,包括:交流、自理、家庭生活、社会技能、社区利用、自律、健康和安全、日常学习科目、休闲和工作",且这些受限出现在"18 岁以前"(AAMR, American Association on Mental Retadation, 1992, p.1)。由于 NHIS-D 为家庭户调查,不涉及智力功能的直接医学检查,我们应用一系列替代指标确认一个人是否为智力残疾。如果家庭户被访者被问到家庭户成员中是否有智障者时予以肯定回答,则被认为有智力残疾;如果智障成为既定年龄段一般活动受限的原因,或者智障被确认为导致具体受限的主要原因如交流、日常生活活动,或者日常器具使用活动等,则也被认为患有智力残疾;最后,报告患有具体症状经常与智力残疾相关者(如,孤独症、脑瘫、脊柱裂),仅当他们同时有学习残碍(通过家庭户被访者)以及明显学习功能受限时,我们才包括这部分人群。这一定义的更多内容可以在 Larson 等人的研究(2001)找到,附录 A 进行了总结。

智力残疾和发育性残疾的最终定义用于确认符合这些定义的样本。美国健康统计中心提供的总体权重用于估计疾病患病率的所有分析。SUDAAN 统计软件程序(基于 Taylor 线性方法的抽样方案)用于总体估计所有疾病患病率,以及各年龄和其他人口学分类的患病率,并且计算估计值的标准误(Shah,Barnwell&Bieler,1997)。当总体估计值计算出以后,估计值的标准误用 SUDAAN 计算。标准误以相对标准误(RSE)形式给出,RSE 是用估计值的标准误除以总体估计值然后乘以 100。

结果及讨论

基本患病率的估计

基于智力残疾和发育性残疾的操作性定义,估计美国家庭户人口每千人中有 14.9 人患有智力残疾、发育性残疾或者两者有之,合并 1994 和 1995 两年的样本,并利用最后总体权重的 1/2 进行加权估计(因为使用了两年的数据),表明美国家庭户人口中有 3,887,158(±75,440)人患有智力残疾、发育性残疾或者两者有之(表 1)。

美国家庭户人口的智力残疾和/或发育性残疾患病率估计值随着年龄不同而不同。智力残疾和/或发育性残疾患病率在 5 岁及 5 岁以下为 38.4‰。在 6—17 岁患病率为 31.7‰。在 18 岁及 18 岁以上患病率为 7.9‰。

智力残疾与发育性残疾患者的一致性

确定为发育性残疾和智力残疾的人群有一定的重合,但他们不是高度一致群体。在所有年龄组中,符合智力残疾或者发育性残疾标准的患者中只有 28.0% 的人群同时符合两者标准;符合智力残疾标准的人中有 24.3% 不符合发育性残疾标准;符合发育性残疾标准中有 47.7% 的人不符合智力残疾标准。发育性残疾的定义因不同年龄组而有所不同,由此总体估计的分布随不同年龄组而变化。在 5 岁及以下年龄组人群中,88.3% 的人符合发育性残疾标准,但不符合智力残疾标准,11.7% 的人两种标准都符合(根据操作性定义,5 岁及以下年龄组符合智力残疾标准者也符合发育性残疾标准)。在 6—17 岁年龄组人群中,35.9% 的人符合发育性残疾标准,但不符合智力残疾标准,38.5% 的人符合智力残疾标准,但不符合发育性残疾标准,25.7% 的人两种标准都符合。在家庭户人口中,成人组中发育性残疾和智力残疾的人群一致性较其它年龄组高,但总体而言仍然相对比较低:33.6% 符合发育性残疾标准,但不符合智力残疾标准;25.8% 符合智力残疾标准,但不符合发育性残疾标准;40.5% 符合两种操作性标准。

表 1 美国非专门机构居住人口智力和发育性残疾患病率估计,分年龄

年龄和分类	估计值(千人)	患病率(‰)	RSE(%)
发育性残疾但不是智力残疾			
0 – 5 岁	830	33.9	4.2
6 – 17 岁	521	11.4	5.3
18 岁及以上	503	2.6	5.5
共计	1,853	7.1	2.8
智力残疾但不是发育性残疾			
0 – 5 岁	—	—	—
6 – 17 岁	559	12.2	4.9
18 岁及以上	386	2.0	6.2
共计	945	3.6	3.9
智力残疾与发育性残疾			
0 – 5 岁	110	4.5	11.2
6 – 17 岁	373	8.1	6.3
18 岁及以上	606	3.2	5.0
共计	1,089	4.2	3.7
总智力残疾与/或发育性残疾[a]			
0 – 5 岁	940	38.4	3.9

			续　表
年龄和分类	估计值(千人)	患病率(‰)	RSE(%)
6-17岁	1,452	31.7	3.1
18岁及以上	1,495	7.9	3.2
共计	3,887	14.9	1.9

注释:此表引用 Larson、Lakin、Anderson、Kwak、Lee 和 Anderson(2001)。
患病率 = 美国家庭户人口每千人中的数目。
RSE = 相对标准误(Relative Standad Error, SE/N × 100)。
ª这一分类为发育性残疾非智力残疾、智力残疾非发育性残疾以及智力残疾和发育性残疾三种类别的加总。

达到智力残疾标准但是没有达到发育性残疾标准的患者标定为智力残疾,他们在我们测量的七个领域中,有一个或两个领域存在实质性功能受限,而不是在三个或更多领域的功能受限,这些患者的残疾被认为是轻微的。达到发育性残疾标准但是没有达到智力残疾标准的患者,在七个领域中有三个或以上领域内的重度功能受限,但是不会被标定为智力残疾。

家庭户与专业机构人群患病率汇总

NHIS-D 排除了居住在专业机构的人群。1999 年,国家机构的报告称有 245,720 的智力性残疾和/或发育性残疾患者居住在疗养院、精神病院或四人及以上居住的集中照料场所(Prouty & Lakin,1999),这些患者数量加上家庭户中的患有智力残疾/发育性残疾的 3,887,158(±73,856),得出美国智力残疾或发育性残疾的估计总数为 4,132,878(估计患病率为 15.8‰)。

智力残疾的总患病率估算为 7.8‰。基于美国医疗花费调查专业机构人群部分(Lakin,Hill,Chen & Stephens,1989)的估算,94.8% 智力残疾/发育性残疾患者居住在疗养院、精神病院或四人及以上的集中照料场所,被认定为智力残疾者,由此可以计算出专业机构和家庭户中智力性残疾的汇总患病率为 8.7‰或接近总人口的 0.9%。

具体疾病的患病率

对于智力残疾,通常和智力残疾/发育性残疾相关的三种疾病的患病率也进行估计(即脑瘫、脊柱裂和孤独症)。在 NHIS-D 调查的阶段 1 的报告中,被访者需要应答家庭户中是否有这三种疾病的患者。NHIS 的疾病文档中还包括了国际疾病分类（International Classification of Diseases，ICD）代码,涉及与疾病相关的六个选择项要求被访者应答,包括和疾病相关的残疾时间、就诊或者住院、主要慢性疾病报告或者继发性活动受限或者工作受限、慢性疾病报告等。我们检查所有这些选择项来确认被访者的报告是否有这三种疾病的任一种。基于对这些选择项的应答,美国家庭户调查中,自我报告的脑瘫患病率为4.0‰、脊柱裂为0.6‰、孤独症为0.4‰。（见表2）

表2　美国家庭户具体疾病的患病率估计值

疾病类型	估计人数（千人）	患病率（‰）	RSE（%）
发育性残疾（DD）	2,942	11.28	2.2
智力残疾（ID）	2,034	7.80	2.7
脑瘫（CP）	1,049	4.02	3.7
脊柱裂（SB）	162	0.62	9.7
孤独症	105	0.40	11.4
患智力残疾、脑瘫、脊柱裂或癫痫的人[a]	3739	14.34	2.5

注释：此表引用 Larson、Lakin、Anderson、Kwak、Lee 和 Anderson（2001）。
患病率＝美国家庭户人口每千人中的数目。
RSE＝相对标准误（Relative Standad Error，SE/N×100）。
[a]NHIS 阶段 1 调查特别问到了智障、脑瘫、脊柱裂和孤独症,但是没有具体问及癫痫。仅当癫痫作为功能受限原因列出或在核心调查的 1/6 样本中被问及才会被确认为癫痫。因此,未知的、或许大量的癫痫患者（尤其是轻度或可控癫痫）未包括在此组内。

发育性残疾分类定义和功能定义的一致性

与发育性残疾历史性相关的患有一种或多种分类疾病的总患病率（即智力残疾、脑瘫、脊柱裂、孤独症或癫痫①）为 14.34‰。这一估计值较基于功能受限定义下的发育性残疾患病率高出 25%。更为重要的是,运用发育性残疾旧的分类定义所确认的人群与运用发育性残疾功能定义所确认的人群并不相同。所有年龄组中,满足发育性残疾功能定义或分类定义的人群中,二者都满

---

① 癫痫症在历史上也被认为是发育性残疾的一种。条例文件包括 NHIS 被访者中,有六分之一的人口被问及是否患有癫痫。其还记录了将癫痫是否界定为残疾是其看医生或住院的原因、活动受限或工作能力首先的第一或第二原因的长期状况报告。但是,不同于其他发育性残疾,在阶段 1 中没有问题问到家庭户中是否有人患有癫痫。因为只有六分之一的人问到是否患有癫痫,所以界定为患有癫痫的人的数目就会被低估,因为那些患有轻度或可控制癫痫的人不会包含在内,除非他们的癫痫导致了日常生活功能局限。结果对智力残疾、CP、SB、孤独症或癫痫的估计仍然是低的。

足的只有23.5%。在满足发育性残疾的功能或者分类定义的低龄儿童中(从出生到5岁),满足"功能定义"标准的为78.2%;患有这一年龄段内通常与高年龄组或者成人发育性残疾相关的疾病状况,但未满足分类定义标准(即智力残疾、孤独症、脊柱裂、脑瘫或者癫痫),或许次年龄组儿童尚没有给予具体标识。在满足发育性残疾的功能或者分类定义的成人中,61.3%的患者满足发育性残疾的分类定义,但并没有三种或以上实质性功能受限。两类定义的一致性缺乏是由于对患有智力残疾但没有三种或以上实质性功能受限这一功能定义必须的条件者,被定义为癫痫患者(据估计所有年龄组中78.9%癫痫患者不满足发育性残疾的功能定义)。确认为发育性残疾群体的人群的构成因是否使用分类还是功能定义而明显不同。

本文后面部分描述发育性残疾(基于功能性定义)、智力残疾(基于分类定义)或二者都有的患者的特征。尽管对这两组差异分析非常重要,但在本文中,我们的目的是对他们的特征进行概括,而人们也经常把两者放在一起讨论。

功能性受限

表3 智力/发育性残疾患者 vs. 非智力/发育性残疾患者的具体功能受限

功能受限	年龄	智力残疾/发育性残疾患者			非智力残疾/发育性残疾患者		
		Est.(千人)	RSE(%)	%受限者	Est.(千人)	RSE(%)	%受限者
学习	6+	2,751	2.9	93.3	2740	2.9	1..2
经济自足	18+	1,313	3.9	87.8	3152	2.7	1.7
自律	6+	1,762	3.5	59.8	2337	2.9	1.0
语言	6+	1,382	3.7	46.9	590	5.3	0.3
独自生活	18+	680	5.2	45.5	362	6.3	0.2
移动	6+	370	6.5	12.6	279	7.6	0.1
个人照料	6+	348	6.7	11.8	33	20.0	0.01

注:此表报告的受限(或导致受限的状况,如经济自足和独自生活)发生在22岁之前且预期其持续时间至少一年。

表3给出在发育性残疾法案中描述的在7个主要生活领域中有功能性限制、在发育阶段开始出现(操作性定义为一些NHIS条目的18岁和其他条目的22岁)并持续12个月及以上,智力/发育性残疾和非智力/发育性残疾的人群比例,在发育期后,这些领域内获得性受限或者受限状况预期不可能持续的

案例被排除,表3中还排除了非实质性受限(即他们的受限没有造成个体存在"很多困难"或者"不能够"进行主要生活活动,参见附录B),NHIS-D调查包括了用于所有年龄组人群在四个领域确认受限的变量(即学习、语言、移动和个人照料)。NHIS-D对于自律受限的确认所针对的人群是5岁以上者,对于经济自足和独立生活,NHIS-D变量只运行检验18岁及以上的成年人是否存在受限。智力和/或发育性残疾患者最普遍的功能受限是在经济自足、学习和自律领域,特别的,有9.5%的智力和/或发育性残疾患者在个人照料上存在实质性功能受限(功能受限常被用来作为某些项目的资格确认)。

表4 美国家庭户中分年龄智力/发育性残疾患者的具体功能受限

限制	6—17岁(%)	18—39岁(%)	40岁以上(%)	χ^2
经济	—	88.6	87.0	0.69*
学习	99.2	87.9	87.3	121.42***
自制	70.1	48.1	52.6	77.56**
独立生活	—	49.1	39.6	8.72**
语言	64.3	33.4	24.5	213.51**
个人照料	10.0	13.6	13.4	4.95**
移动	14.4	10.8	10.5	5.76**

*$p<0.05$; **$p<0.001$; ***$p<0.001$。

如表4所示,6—17岁儿童在所有功能受限领域与成年人不同,其衡量指标是针对这一年龄组的。儿童和年轻人相对于成年人更容易具有学习功能受限、自律受限或语言受限。这些差异有些与NHIS-D调查的问题中,对成人和儿童功能受限的评估问题条目不同相关,这些问题条目中,最显著的是自律,6岁及以上儿童和成人若因肢体、精神或者情感问题,"需要被提醒或者有人在旁边"进行穿衣、洗澡、上厕所或者上下床,则均被认为在自律方面存在实质性功能受限,对于成年人,自律方面的实质性功能受限还可以由患者管理人员或者法定监护者来确认,而对于儿童,额外的标准还包括儿童是否在学校,因其注意力和行为控制上存在显著的问题而接受特殊教育来确认。这些在操作性定义上的差异可能导致观测上的儿童和成人之间的不同。

年轻成年人(18—39岁)与较老的成年人(40及40岁以上)在三个功能受限领域有所不同,在自律受限方面,老年智力残疾/发育性残疾患者(53%)高于年轻成年人(48%),而在独立生活功能受限方面(40%比49%)和言语方面（25%比33%）要低于年轻成年人。

不同亚群体的患病率估计

表5给出智力/发育性残疾的分年龄、种族、经济状况、所有年龄组的分性别、成年人教育状况以及25岁以下未婚居民的居住类型的患病率,对比了智力/发育性残疾患者和家庭户中没有达到智力残疾/发育性残疾标准者的特征。这些亚群体中患病率可以观测到存在着较大、统计上显著的差异。

表5 智力残疾/发育性残疾患病率在亚群体和一般群体的区别

特征	智力/发育性残疾患者			非智力/发育性残疾患者		χ^2
	总体估计(千人)	患病率(‰)	总体RSE%	总体比例(%)		
年龄组						
出生—5岁	940	38.4	3.9	24.2	9.2	720.21**
6-17岁	1,452	31.7	3.1	37.4	17.3	
18岁以上	1,495	7.9	3.2	38.5	73.5	
人种						
白人	2,930	13.6	2.6	75.4	83.0	73.81**
黑人	800	24.3	5.5	20.6	12.5	
其他	157	13.3	13.7	4.1	4.5	
经济状况						
贫困或在其之上	2,381	11.3	3.0	67.4	87.1	281.97**
贫困水平以下	1,152	36.1	4.2	32.6	12.9	
性别						
男性	2,379	18.7	2.9	61.2	48.5	167.89**
女性	1,508	11.3	3.3	38.8	51.5	
教育年限(仅成人)						
无	171	221.1	10.8	12.1	0.3	222.29**

续表

特征	智力/发育性残疾患者			非智力/发育性残疾患者		χ^2
	总体估计(千人)	患病率(‰)	总体 RSE%	总体 RSE%	总体比例(%)	
1—8 年	291	20.3	7.6	20.5	7.5	
9—11 年	256	12.2	7.7	18.0	11.0	
12 年以上	701	4.6	5.2	49.5	81.2	
从来没结过婚且 25 岁以下与谁居住						
父母	1,639	27.1	3.4	61.3	69.5	169.2**
母亲	833	47.3	4.8	31.2	19.8	
父亲	54	28.9	16.9	2.0	2.1	
其他亲戚	115	43.5	13.2	4.3	3.0	
其他	32	6.7	22.2	1.2	5.6	

RSE = 相对标准误(Relative Standad Error, SE/N × 100)。

** $p < 0.001$。

年龄

据估计,在美国家庭户中,从出生到 5 岁的儿童中有 94 万(±4.3%)、6—17 岁儿童中有 145.2 万(±3.8%)以及成人中 149.5 万(±3.7%)的人口患有智力残疾、发育性残疾或者两者有之。估计从出生到 5 岁的儿童患病率为 38.4‰,18 岁及以上的患病率为 7.9‰,总体人口中有 73.5% 为 18 岁及以上的人群,而估计有 38.5% 的智力/发育性残疾患者年龄为 18 岁及以上(χ^2 = 720.21, $P < 0.001$)。这些差异源于多种因素,包括不同年龄段发育性残疾的定义差异、角色预期差异(儿童在学校日常课程学习,成人独立生活),以及患有智力残疾与否的人群在存活率上的差异。

种族

由于样本规模的限制,种族只能够被定义为白人、黑人或其他。智力/发育性残疾患者的患病率估计范围从其他种族 13.3‰ 到黑人的 24.3‰。总人口中白人群体占 83%,而智力/发育性残疾患者中估计白人的比例为 75.4%。总人口中的黑人群体的比例为 12.5%,而智力/发育性残疾患者中估计黑人的比例为 20.6%。对于种族和残疾状况关联性的理解,需要对种族、贫困状况、年龄和其他与残疾状况有关因素之间相互作用的进行检验和另外的分析。

贫困

生活在贫困线以下的智力/发育性残疾患者的患病率是居住在贫困线及以上人群的 3 倍(36.1‰比 11.3‰)，据估计有 32.6% 的智力/发育性残疾患者生活在贫困线以下。

性别

智力残疾/发育性残疾患者中，61.2% 为男性(18.7‰)、38.8% 为女性(11.3‰)。总人口中女性的比例为 51.5%，但是智力/发育性残疾患者中女性的比例仅为 38.8%。

教育

本文描述了 18 岁及以上的个体在正规学校的在校年数，估计有12.1% 的智力/发育性残疾患者没有接受正规教育、20.5% 的接受过 1—8 年教育、18.0% 的接受过 9—11 年教育，以及 49.5% 的接受过 12 年或以上教育。在美国未接受教育的人群中，5 个中有 1 个患有智力残疾或发育性残疾(221.1‰)，智力/发育性残疾成年患者的受教育年数显著少于总体人群。接近三分之一的 18 岁及以上成年人仅接受了 8 年及以下的学校教育，而一般人群这一比例为 7.8%。

家庭状况

估计有 163.9 万(61.3%)的智力/发育性残疾儿童和未婚年轻成人(0—25 岁)与父母居住在一起，31.2% 的患者只与母亲居住，2.0% 的患者只与父亲居住，4.3% 的患者与其他亲属居住，1.2% 的患者与非亲属居住。智力/发育性残疾的儿童和年轻患者相对于一般人群，更少与父母双方居住在一起，而更倾向与单身母亲居住。在没有智力残疾/发育性残疾的儿童和年轻成人中，69.5% 的与父母居住，19.8% 的只与母亲居住，2.1% 只与父亲居住，以及8.6% 的与其他人居住。

生命期间的患病率

表 6 给出智力/发育性残疾患者在整个生命期的患病率。年轻儿童的智力/发育性残疾的患病率最高而老年的患病率最低。尽管估计儿童和成年人智力/发育性残疾患病率的实质性差异可能由于显著相关于不同年龄段的定义和相关不同的预期，但不同年龄段的成人之间同样观测到了重要的区别。如表 6 显示，伴随每 10 年的年龄增长，家庭户智力/发育性残疾的比例开始降低，这种区别的一小部分原因在于此年龄段智力/发育性残疾患者被送到专业机构治疗的人数增加，但这一部分对患病率估计计算的影响相对较小。例如，

1987年全美国医疗花费调查估计全部智力/发育性残疾患者中,住在4人以上专门照料机构中只有5.5%的患者为65岁以上人口(Lakin, Hill, Chen & Stephans, 1989)。相对于居住在家庭户中的同年龄智力/发育性残疾患者估计为115,000人,12,025位居住在专业机构的患者是相对较小的数目。

表6 美国非专业机构居住者智力残疾/发育性残疾患者年龄估计

年龄组(岁)	估计智力/发育性残疾患者数(千人)	家庭户患者总数(千人)	智力/发育性残疾患者比率%	RSE(%)
0–5	940	24,465	3.8	4.3
6–16	1,358	42,365	3.2	3.9
17–24	425	28,625	1.5	7.3
25–34	389	41,073	0.9	5.9
35–44	356	41,930	0.8	7.0
45–54	204	30,322	0.7	8.9
55–64	101	20,742	0.5	11.6
65+	115	31,406	0.4	10.4

根据智力/发育性残疾分类比较成年人

我们对于患病率检验的一个重要发现是智力残疾和发育性残疾一致性的缺乏。这一部分将基于发育性残疾和智力残疾的操作性定义,进一步检验成年人在四种主要残疾类别的关键差异,这四个主要残疾类别包括:(a)智力残疾,但非发育性残疾;(b)发育性残疾,但非智力残疾;(c)智力残疾和发育性残疾均有;(d)智力残疾和发育性残疾均无。这一部分排除了儿童,以减少因为分类的定义不同而造成的混淆。表7给出了四个分类组成年人的基本人口学特征。

性别

在所有三个类别的成年智力残疾和/或发育性残疾患者中,组内男性的比例均在55—56%左右,这一比例显著高于总体家庭户中男性人口的比例47.8%。

种族

智力和/或发育性残疾患者与非智力/发育性残疾患者在种族差异方面,在于智力残疾和发育性残疾均有的患者。这一分类组的患者在三个领域有实质性功能受限,并且被诊断为智力残疾。患有智力残疾和发育性残疾的成年人中,白人所占比例较总体小,患者为黑人(22.4%)比例多于其在总体的比例(11.3%),或者其他种族患者也多于其在总体中的比例(6.2% vs. 4.4%)。在这一组中,黑人和其他种族群体实质上存在样本冗余,成年白人进入"专业机构"治疗的比例较高是一个原因,但只在很小的级别上影响此结果。

表7 美国家庭户人口成年人(18+岁)具体特征

特征	有ID 无DD	有DD 无ID	有ID 有DD	无ID 无DD	χ^2
总人口估计(千人)	386	830	606	188,919	
性别					
男性	55.2%	56.4%	55.3%	47.8%	24.80**
女性	44.8%	43.6%	44.7%	52.3%	
种族					
白人	77.1%	80.8%	71.4%	84.3%	42.63**
黑人	19.3%	15.2%	22.4%	11.3%	
其他	3.6%	4.0%	6.2%	4.4%	
经济状况					
贫困线及以上	71.5%	63.2%	70.5%	89.3%	141.42**
贫困线以下	28.5%	36.8%	29.5%	10.7%	
居住安排					
独自或与无亲属关系者居住	16.0%	32.4%	18.1%	16.7%	495.7***
与配偶居住	22.2%	23.8%	9.3%	63.4%	
与亲戚居住(父母,子女等)	61.8%	43.9%	72.6%	19.9%	

** $p<0.01$;*** $p<0.001$。

经济状况

在成年人中,三个残疾分类组人群同样在经济状况上与总体人口有所不同。总体人口中,只有10.7%的家庭户中的成年人报告生活在联邦制定的贫困线以下,而智力残疾患者(有或没有发育性残疾)的成年人生活在贫困下以下的比例有29.2%,患有发育性残疾但没有智力残疾者有36.8%居住在贫困线以下的家庭户中。

贫困状况因素

通过Logistic回归,检验了性别、种族、残疾状况、受教育年限和居住安排对于成年人居住的家庭户是否在贫困水平以下(基于NCHS为公用文件编码的二分变量)进行预测检验(见表8)。这些变量对贫困状况的总体影响是显著的(模型最小截距的Wald F检验值为639;df = 10;$p < 0.001$)。

成年人的贫困与性别(女性生活于贫困的概率是男性的1.34倍)、民族(非白种人生活于贫困的概率是白种人的2.37倍),以及教育水平有关(没有接受过教育的成年人生活于贫困的概率是接受教育的成年人的5.7倍,接受1—8年教育的是其5.0倍,接受9—11年教育的是其3.33倍)。居住安排同样能反映贫困状况,独自居住或与非亲戚居住的成年人生活于贫困的概率是与亲戚居住的1.43倍。与配偶居住的成年人生活于贫困的概率较与亲戚居住的成年人少2.54倍。当所有因素纳入计算后,残疾的分类与贫困情况相关,诸如患有智力残疾但是没有发育性残疾的人生活于贫困的概率是无智力残疾/发育性残疾的人的3.04倍。患有发育性残疾但是无智力残疾的人生活于贫困的概率是无智力残疾/发育性残疾的人的1.52倍。(在其他因素纳入计算后)同时患有智力残疾和发育性残疾者与二者都没有的人之间的贫困状况没有差异,这一结果有可能是因为72.6%同时有智力残疾和发育性残疾的成年人,其家庭成员分担了他们的经济状况这一事实。

表8 成年人Logistic回归结果:与家庭户贫困有关因素

变量	Beta	t检验	OR
截距	-2.13	-74.62	0.12
性别			
女性	0.00		1.00
男性	-0.29	-12.92***	0.75
种族			
白人	0.00		1.00
其他	0.86	21.64***	2.37

续 表

变量	Beta	t 检验	OR
残疾状况(智力残疾/发育性残疾)			
二者全无	0.00		1.00
智力残疾但不是发育性残疾	1.11	8.30***	3.04
发育性残疾但不是智力残疾	0.42	2.21*	1.52
二者都有	0.12	0.67	1.13
教育年限			
无	1.75		5.74
1–8 年	1.61	14.91***	5.00
9–11 年	1.20	40.76***	3.33
12 + 年	0.00	36.86***	1.00
居住安排			
独居或与非亲戚居住	0.36	6.66***	1.43
与配偶居住	-0.93	-30.21***	0.39
与亲戚(父母,子女,其他)	0.00		1.00

结 论

　　NHIS-D 提供了应用全国代表性的样本对智力残疾(依据分类定义)和发育性残疾(依据功能定义)患病率进行估算的机会,同时还提供了检验不同的智力残疾和发育性残疾内涵的机会。显然,至少按照目前的定义,智力残疾和发育性残疾不能够作为互换的概念。在 NHIS-D 的样本中,只有 28% 的人群达到智力残疾或者发育性残疾标准满足两者共同的标准,成人中两个概念的一致性最高,但也只有 41% 的患者满足二者共同的标准。两者在程度上的差异要远大于分类的区别。所有满足智力残疾标准、但没达到发育性残疾标准的个体主要是在一个或者两个主要生活活动领域受限,而没有如发育性残疾所定义的,在三个或者以上领域受到限制。

　　显然当这些细小的概念性差异写进政策后,会对人们的生活产生重要的引导作用。当服务资格标准根据智力残疾的定义标准规定后，智力残疾及相关疾病（如脑瘫、孤独症、脊柱裂），或者发育性残疾（如发育性残疾法案所定义），这些不同群组和数目的人群将确定其资格与否。住在家庭户中的智力残疾和发育性残疾相重合的程度比住在特别为患有智力残疾/发育性残疾专门设立的长期照料机构的患者要少。对居住在长期照料机构中的智力残疾/发育性残疾患者的全国性调查显示，功能性学习受限（即智力残疾的一种诊断）和功能受限存在较高的一致性，例如，据1987年全国医疗花费调查估计，94%的居住在4个及以上床位的专业机构中的智力残疾/发育性残疾患者患有"智障"（Lakin，Hill，Chen & Stephens，1989）。

除了与具体定义有关的患病率的不同，这些对NHIS-D调查的分析也显示了与年龄相关的重要差异。确认了智力残疾/发育性残疾在儿童中较成人在长期观测中，显示出更高的"活动性"患病率。具体的，在家庭户调查中患有智力/发育性残疾的儿童比例较成人所占比例更容易得到确认。更为重要的，NHIS-D提供了充分的样本来检验成年人不同年龄中的患病率变化，显然，美国在成人年龄段的智力/发育性残疾患者居住在家庭户的人口比例在下降。不同年龄段比例的差异，一小部分来自于人们离开家庭户而转入长期照料机构，而更为显著的原因是高龄组智力/发育性残疾患者的存活数目相对于总体人口的下降，这一发现对通常应用于年龄队列的单一患病率估计提出挑战，即需要估计一组患病率（例如，估计患有智力/发育性残疾65岁及以上的人数）。NHIS数据反映出单一患病率方法极大低估了年轻成年人的数目、并极大高估了老年人的数量，这两类估计错误都会对服务需求，在性质和数量上产生实质性影响。

NHIS-D为探索相关智力残疾或发育性残疾患者定义、资格认定和支持的相关政策提供了独特的机会，其提供的广泛估计数据，能够帮助对政策选择在定义、资格认定和智力残疾/发育性残疾患者支持上的内涵理解。还为检验对定义中明显武断划分如何影响服务资格的认定提供了重要机会（即，发育性残疾需在3种或以上领域有实质性功能局限而不是2种）。它还显示了发育性残疾作为服务分类的正规应用，但是其操作性定义还需从分类角度进行，对服务的对象以及有资格的数量有着主要的影响（即，智力残疾患者或孤独症诊断）。拥有能够解决这些问题的国家尺度数据是推动NHIS-D调查的主要动力。应用这些数据来对这些问题作出反映显示这一系列数据对政策及政策分析有多重要。虽然至今没有计划来重复NHIS-D调查，但其对正在进行项目中有关智力残疾、发育性残疾和其他残疾数据的收集，以及对其随时间变化的估算和将来政策制定和政策分析都是很有价值的。

感 谢

项目基金由美国残疾和康复研究所(NIDRR, National Institute on Disability and Rehabilitation Research)、美国教育部(Grant No. H133G80082)为明尼苏达大学的社区居住研究和训练中心提供以及通过发育性残疾委员会(Grant No. 90DN0028/01)为居民信息系统项目提供的基金组成。本文所表达观点来自于作者,不代表研究所、中心、大学或其基金来源的观点。

（武继磊、孙铭徽初译、审译,宋新明审校）

参考书目

AAMR (1992). Mental retardation: *Definition, classification, and systems of support* (9th ed.). Washington, DC: American Association on Mental Retardation.

Developmental Disabilities Assistance and Bill of Rights Act of 1970 (PL 91-517), 42 U.S.C. 6000 et seq.

Developmental Disabilities Assistance and Bill of Rights Act of 1976 (PL 95-608), 42 U.S.C. 6000 et seq.

Developmental Disabilities Assistance and Bill of Rights Act of 1997 (PL 103-230), 42 U.S.C. 6000 et seq.

Lakin, K. C., Hill, B. K., Chen, T. H., & Stephens, S. A. (1989). *Persons with mental retardation and related conditions in mental retardation facilities: Selected findings from the 1987 National Medical Expenditure Survey.* Minneapolis: University of Minnesota, Research and TrainingCenter on Community Living/Institute on Community Integration.

Larson, S. A., Lakin, K. C., Anderson, L. L., Kwak, N., Lee, J. H., & Anderson, D. (2001). Prevalence of mental retardation and developmental disabilities: Estimates from the 1994/1995 National Health Interview Survey Disability Supplements. *American Journal on Mental Retardation, 106,* 231-252.

Lubin, R., Jacobson, J. W., & Kiely, M. (1982). Projected impact of functional definition of developmental disability: The categorically disabled population and service eligibility. *American Journal of Mental Deficiency, 87,* 73-79.

Mathematica Policy Research (1988, August). *Design for a survey of mentally retarded and developmentally disabled persons in the community.* Princeton, NJ: Author.

President's Committee on Mental Retardation (1970). *The six-hour retarded child.* Washington,

DC: U.S. Government Printing Office.

Prouty, R. W., & Lakin, K. C. (1999). *Residential services for persons with developmental disabilities: Status and trends through 1998*. Minneapolis: University of Minnesota, RTC on Community Living, Institute on Community Integration

Shah, B. V., Barnwell, B. G., & Bieler, G. S. (1997). *SUDAAN User's Manual, Release 7.5*. Research Triangle Park, NC: Research Triangle Institute.

Thortoon, C. (1990). *Characteristics of persons with developmental disabilities: evidence from the Survey of income and Program Participation*. Princeton, NJ: Mathematica Policy Research.

U.S. Department of Education (1998). *Twentieth annual report to Congress on the implementation of the Individuals with Disabilities Education Act*. Washington, DC: Author.

附录 A

智力残疾操作化定义所用到的变量

智力残疾患者直接定义为：

- 如果家庭户被访者对家庭户中是否有人患有"智障"作出明确的肯定回答。

- 当"智障"成为年龄别常规活动限制的原因时。常规活动限制包括5岁及以下儿童的玩耍受限，5—17岁儿童在校活动受限，18—69岁成年人工作受限以及所有年龄组中的所有受限。

- 如果"智障"成为交流、与其他人相处、日常生活活动、日常器具辅助活动，以及其他功能障碍的主要原因时；或者如果智障时的就诊是 ICD 编码中的所列就诊条件，或者通过交流采纳医生建议就诊，以及接受职业诊治的原因。

界定患有智力残疾还可以通过两个步骤的过程，涉及报告经常出现与智力残疾有关情况的个体。第一步的确认是对家庭户被访者回答家庭成员中是否有人患有下列情况作出肯定的回答，包括孤独症、脑瘫、唐氏综合症、脊柱裂或脑水肿，或报告有以下核心调查中所列的一种或以上导致任何年龄上常规活动受限，导致具体功能受限（如，交流、与其他人相处）或导致接受多种服务（如职业或肢体诊治）：

- 肢端肥大症
- 氨基酸转运失调
- 孤独症
- 支链氨基酸失调

- 脑瘫
- 先天异常
- 先天出生缺陷
- 先天性巨细胞病毒
- 先天性甲状腺功能低下
- 先天性梅毒
- 铜代谢失调
- 头骨异型
- 脑病
- 癫痫
- 脑水肿
- 复杂性嵌合体 Klinefelter 综合症
- 脑蛋白质营养不良
- 蜡样质脂褐质沉积
- 新生儿有害物质影响
- 其他大脑或 CNS 情况或异型
- 其他发育迟缓
- 苯丙酮尿病
- 脑萎缩
- 性染色体异常
- 脊柱裂
- 地中海贫血
- 结节性硬化症
- 未知的先天或出生损伤

达到这些标准的人被确认为有"相关症状"。

第二步,对有"相关症状"者进行筛查,看是否同样报告有学习残疾(当问家庭户被访者家庭户中是否有人有"学习残疾"时)以及在学习方面存在显著的功能障碍。一个显著的功能学习受限描述为:

- 1—17 岁有"在理解事情上有问题或迟缓,即认知迟缓或智力发育迟缓"的"被医生或其他卫生服务专家提到"有问题的儿童。
- 5 岁或以上有"在大部分同龄人都能够学习的怎样做事情方面,存在严重的学习困难"者。

有一种或以上相关症状并且报告有学习残疾和显著功能性学习受限的个

体,在本分析中被认为是患有智力残疾者。5—17岁有相关症状的儿童基于其相关症状,如果他们的学习困难没有严重到需要特殊教育或限制或阻碍了上学,则将不被包括在智力残疾组内。有相关症状的成年人基于其相关症状,如果他们完成一年以上的中级教育,则不被包括在智力残疾组内。有相关症状的成年人基于其相关症状,如果他们患有阿尔茨海默氏病,而因这一情况有可能导致他们的学习受限,则也不被包括在智力残疾组内。这一定义由Larson、Lakin、Anderson、Kwak、Lee和Anderson(2001)首次描述。

附录B

实质性功能限制的操作化定义——发育性残疾

对所有分类

- 分类中一种或以上的受限必须在22岁之前首次经历。
- 受限的预期必须持续至少12个月。

自理

- 5岁及以上的人"有很多困难"或"不能够"穿衣服、吃东西、洗澡或使用厕所。

语言表达或接受

- 5岁或以上"有严重交流困难家庭成员无法理解"或"当与别人交谈或问问题时有严重的理解困难"。
- 18岁或以上"有严重困难"或"不能够使用"电话。
- 5—17岁被医生提及"在说话或语言发展上有问题或迟缓",并且这些受限严重到足以需要特殊教育,或被阻止或限制入学;或"在学校与老师和其他学生交流有明显问题"或"由于受限不能与老师或其他同学进行交流"以及这些限制足够严重到需要特殊教育,或被阻止或限制入学。

学习

- 5岁或以上被诊断为"智力障碍",或孤独症,以及"在学习如何做大多数同年龄人可以学习的事情上存在严重困难"。

- 5 岁或以上"在学习如何做大多数同年龄人可以学习的事情上有严重困难。"并且没有阿尔茨海默氏病或另一种老年性失调疾病。
- 5—17 岁"在理解事物上有问题或迟缓,也就是在认知或智力发育上迟缓"较严重以至于由医生提及。
- 5—17 岁"在学校理解介绍性材料上有严重问题"或被诊断为患有学习障碍以及需要接受特殊教育,或者患有 IEP,或在入学上有限制。
- 18 岁或以上的成年人被诊断患有非常明显的学习障碍,以至于其所有教育背景不超过两年的小学以后的教育水平。

移动

- 5 岁或以上"有困难"或"不能够"上楼梯、走过三个城市街区或从床上或椅子上移动。
- 5—17 岁"与其他同年龄儿童相比,在参加剧烈活动上有困难"(并且与关节炎、风湿、骨头或软骨错位、肢体缺失或残疾或可修复性损失或移位有关)或"在肢体发育上有明显问题"。

自律

- 5 岁及以上,因为肢体、智力或情感问题"需要提醒或一些人在旁边"进行穿衣服、吃东西、洗澡、上厕所或移动。
- 18 岁或以上在过去 12 个月中有或需要"个案管理者来协调个人照料,社会或医疗服务"或"有法定监护者"监管。
- 5—17 岁由于某种限制而"不能""在课堂集中注意力和控制行为"或"有明显问题",并且严重到该儿童需要接受特殊教育,有 IEP 或在入学上有限制。

独立生活能力

- 18 岁及以上"需要帮助或监护"或"不能"准备饭、个人或医药购置、钱财管理、做较轻的家务活如洗盘子、整理、轻度清洁或倒垃圾,或在房子周围干重活,以及有"有很多困难"做这些事。

经济自足

- 18 岁或以上由于某种限制"从来没有能力工作"或"目前因为智力或情感原因不能工作"或"在工作种类和数量上有限制";或"由于智力/

情感问题在找工作或保持工作或完成工作上遇到麻烦"。
- 18岁或以上在"参与"庇护所工厂、再就业培训、支持性雇佣或日常活动中心或"在备选名单上";或因为智力或情感问题不能够工作。

18岁或以上的人如果在七个领域中的三个或以上,有实质性功能限制则被认为患有发育性残疾。

6—17岁儿童如果在其年龄组中的五个领域中的三个或以上有实质性功能限制则被认为患有发育性残疾。

基于发育性残疾法案的定义,从出生到71个月大的儿童,如果有具体的先天性或获得性疾病,与NHIS个案中更大的儿童或成年人存在的与发育性残疾有关的症状,在肢体发育、咀嚼、吃东西或上厕所、接受或表达交流、理解介绍性材料、认知或智力发育、参加剧烈活动、或移动上有实质性发育迟缓,则被认为患有发育性残疾。5岁及以下儿童只有听力、视觉或语言损伤的不被认为有发育性残疾。

这一定义首次由 Larson、Lakin、Anderson、Kwak、Lee 和 Anderson(2001)描述。

第四部分
特殊人群研究

老龄女性发育性残疾人口的健康状况
——基于1994—1995年美国健康访谈残疾主题调查的分析

黛博拉·安德森

摘 要

过去的十年中,关于女性健康方面的研究大量增加,但对于发育性残疾女性健康的研究却未相应地增长。在发育性残疾研究中,很少有解析年龄、智力残疾以及其他发育性残疾对女性健康影响的尝试。1994—1995年美国健康访谈调查残疾部分作为全美人口有代表性的样本,曾被用来描述社区内30岁及以上患有智力障碍或发育性残疾以及两者有之的女性人口的老龄化过程。与专业的标准和法律规范相一致的智力残疾和发育性残疾的定义得到了发展,并调整适宜于NHIS-D的问卷问题项。调查时刻全美大约有7,700万30岁及以上的家庭户女性公民,估计有0.56%的女性患有智力障碍或者发育性残疾。与总体女性人口相比较,在社区中缺乏对患有这两类残疾的女性的关注、对她们的健康状态持负面评价,而且其健康指标也证明了此状况。多数患有这两类残疾的女性在日常生活自理能力(ADL)方面是独立的,但在工具性日常生活自理能力(IADL)方面却面临更多的挑战,且在主要的活动方面普遍受到限制。在女性发育性残疾患者中普遍存在移动受限状况。

引 言

在十年之前,医学研究大多专注于男性而排除对女性产生可能影响的研究,这种情况或许因怀孕,抑或是认定女性荷尔蒙变动可能导致研究结果的不一致或者迷惑性。即使将两性纳入研究,由于当时存在一个宽泛的假设,即男性足以作为医学标准去代表两性的状况,性别间的差异也就很少进行测试。然而,两性间在健康状况中明显存在一些主要的差异,对于女性健康状况的病因和治疗的知识方面还存在很大的差距。直到20世纪90年代初,联邦政府的政策导向反映出对此差距的持续关注,要求联邦政府资助的医学研究项目中,应该包括女性研究对象,除非该项目能证明排除女性的合理性。医学研究资金资助导向带来的变化是巨大的。1993年,美国卫生与公共服务部(the Department of Health and Human Services, DHHS)资助的关于心脏病的研究中,用于男性方面的资金大约占到了四分之三。而到2000年时,这项(有实质性增长的)资金的四分之三用于了包括两个性别方面的研究中,其中针对女性的研究增加了14%,针对男性的研究增加10%(Kreeger,2002)。2001年,美国国家医学所(National Institute of Medicine)出具的一份报告,详细显示了男性和女性在细胞生物学、不同疾病的易感性、疾病表达、风险暴露、药理以及其他影响疾病和生命历程存在显著性差异(Wizenmann & Pardue, 2001),这份报告强调,在预防和治疗疾病提供决策时,理解以性别为基础的差异至关重要,并强烈建议所有的健康研究应该将性别作为一个变量。

较近期的对女性健康的关注,表明了女性健康方面知识的欠缺正在不断地得到填补。而相比之下,对于那些患有智力障碍或发育性残疾的女性的健康状况,以及健康状况随着年龄变化的预期特征等,了解得相当少。对于生活在社区中患有此类残疾的女性的了解尤为缺乏。由于样本框的覆盖范围的缺乏,全美范围内针对老年人口中患有智力障碍或发育性残疾的群体的健康状况的研究,大部分都是基于住在已注册的居民照料机构的患者进行。但这种照料模式与社区生活有很大不同,这些不同将增加建立统一的照料标准的重要性。

美国以及其它国家的研究结果相比,显示出一些明显的不一致性,这些不一致可能因标准或者样本选择的差异而导致。就"发育性残疾"这个概念来讲,有时被解释为患有智力障碍的个体;而在其他研究中,这个概念可能包括没有智力残疾但患有其他发育性残疾,如脑瘫或癫痫。此外,虽然许多患有智力障碍的个体满足美国联邦标准中对于发育性残疾的定义,但仍有部分患者没有被认定为发育性残疾患者(Larson et al., 2001),这极有可能是患者的其他残疾症状影响了其健康和福利。然而,这些研究通常没有对发育性残疾或者智力障碍的影响作出区分。由此,智力残疾或/和发育性残疾以及基本人口学和健康指标之间的关系并不清楚,结果是尽管这些残疾类型之间存在显著性的差异,但对混合了不同残疾个体和这些特征差异的研究却没有相应的数据可以利用。

患有智力障碍的女性的寿命与美国总体人口的趋势是一致的(Janicki, Dalton, Henderson & Davidson, 1999),但是她们的预期寿命相对于总体女性人口仍然是偏低的。相比于美国女性总人口的平均预期寿命79岁而言,患有中度智障的女性,其预期寿命大约为67岁(Brown & Murphy, 1999)。在患有智障的成年人群中,活动能力和感知系统(听力、视力)随年龄的变化趋势要早于非残疾人群(Kapell et al., 1998)。一个国际联盟对大量的智力残疾老龄化人群研究的文献做了回顾,其中包括女性老龄化人群(Evenhuis et al., 2000),该回顾为这项本质上复杂的任务提供了一个描述,以及试图理解患有这些残损的女性与年龄相关的变化所面临的挑战。

一些对居住于专业机构中患有智障的老年人群展开的研究显示,其主要慢性病(如心脏病)的发病率较低。但是,这个结果也许是个误导。因为这些被调查的对象都是"存活"的人群。患有严重的残疾和唐氏综合症的患者的期望寿命较短,从而在老龄调查的样本中包括这部分人群的可能性较小(Anderson, lakin, Bruininks & Hill, 1987; Holland, 2000)。一篇主要文献的综述认为,患有轻度或者中度智力障碍的人群在心血管疾病、癌症、脑血管疾病、肺病以及糖尿病方面和总体人群类似(Horwitz et al., 2000),然而根据不同研究中的患病率估计,即使非常普通的疾病,如心血管疾病,在明显相似的可比人群中(社区中患有轻度到中度智障者),其估计的人群发病率也从7%上升至55%。

女性健康与老龄化研究发现,老年残疾女性的身体残疾,并不一定导致其社会交往的降低,但低教育水平、高龄、非裔美国人身份、失禁以及听力困难等特征关联于其较低的社会联系(Simonsick, Kasper & Phillips, 1998)。Rantanen等人认为(1999)残疾与不活动有关联,而不活动又与肌肉无力相关,而这些反过来导致了更严重的残疾。整个过程看起来是一个螺旋下降的过程,其中肌肉的力量是关键因素。对智力残疾患者的研究发现,他们在躯体和心血管的适应性上处于较低水平(Fernhall, 1993; Pitettk & Campbell, 1991),较其他居住在社区的老年人来说,残疾患者的生活趋于长久静坐以及很少的运动锻炼(Rimmer, Braddock & Marks, 1995)。毫无疑问,他们较社区内的同龄人来说,患肥胖症状的可能性要高(Rubin, Rimmer, Chicoine, Braddock & McGuire, 1998)。

本研究通过1994和1995年的基于社区的全国健康访谈调查残疾部分的数据,描述了美国患有智力和发育性残疾女性人口老龄化的人口学特征、健康指标和风险因素。研究分析了智力残疾和发育性残疾之间的差异,尽管两者经常被认为是同义语,但在有些重要方面却存在差异。虽然强调区分智力残疾和发育性残疾的单独影响非常重要,但并没有贯穿全文的分析中,原因在于患有智力残疾但没有发育性残疾或者同时患有智力残疾和发育性残疾的30岁及以上的女性样本相对较小,这对较小发病率的疾病和症状的分析,统计的可靠性产生影响,基于不可靠样本数量的分析结果在本文中不予报告。

方　法

测量工具

美国健康访谈调查(NHIS)是每年进行一次的家庭户调查,旨在得出美国人口详细的健康信息。其补充调查是周期性附加于每年的 NHIS 核心调查,提供某些具体目标人群的政策相关信息。在 1994 年以及接下来的 1995 年,两阶段的残疾部分补充调查附于健康访谈调查的核心调查问卷之后,目的在于确认残疾患者以及得出他们的健康认知、健康照料经历、卫生服务利用以及其他与健康相关的议题等额外的资料(国家卫生统计中心,1997,1998)。

<u>参与者与调查流程</u>

美国健康访谈调查(NHIS)是由美国国家统计局实施的年度调查。通过全国范围内多阶段的分层整群概率抽样[①],样本选取美国 4 万余个有代表性的家庭户、覆盖 10 万以上成年家庭户居民。[②] 健康访谈调查和残疾部分补充调查均没有包括居住在长期照料机构内的居民,诸如护理所、精神病治疗机构或者四个床位以上的集中照料等机构中,以及现役军人和监狱服刑人员。调查访谈分为两个阶段进行,在第一个阶段进行的是 NHIS 核心调查和残疾部分阶段 1 的调查,通过家庭中熟悉所有成员健康状况的被访者来调查所有成员的信息,几个月后,访谈员对阶段 1 确认的患有残疾的个体进行阶段 2 的访谈调查。

本研究选择的是患有发育性残疾(DD)、智力障碍(MR)或二者兼有的 30 岁及以上的女性作为研究对象,这一年龄段的选择可以较大范围内覆盖患有严重残疾的女性,甚至老龄阶段被低估的人群。同时,它还可以检测早期随着年龄变化的残疾情况(参见下面的定义部分)。在阶段 1 的调查中,被调查人

---

① 家庭户为抽样单位。抽样时分阶段进行,基本抽样单位(Primary Sampling Units , PUSs)是从总的 PUSs 中选取的。根据州(1995)或地区(1994)和 MAS/non-MAS(城市/乡村)进行分层。在每个 PUS 内部,群与群之间的界限是根据系统抽样来确定的。一群内,包含 4—12 例家庭户。抽样的具体事宜在 1994 至 1995 年间有变动。

② 从 1985 年到 1994 年,该抽样设计中包括 49,000 个家庭户,132,000 个人;从 1995 到 2004 年抽样框变更为 41,000 个家庭户,107,000 个人。在 1994 年,黑人家庭户样本冗余;1995 年,黑人和西班牙家庭户样本冗余(Russell,2000)。

群中 16% 患有发育性残疾、22% 患有智力障碍、46% 兼患这两种残疾者选择代理应答者,另外,有 9—16% 的访谈是由代理应答者和患者本人共同完成的。阶段 2 与阶段 1 的受访者构成非常相近。

定义

本研究采用的定义与美国典型的定义下的"发育性残疾"与"智力障碍"可相互替换不同。这些定义源于不同组,即(1)联邦法律的(发育性残疾)和(2)专业定义的(智力障碍)。他们包括的是不同的群体,尽管两者经常高度重合。在成年人中,大约 43% 的患者符合两种残疾定义(Larson et al. ,2000)。一个患有智力障碍的个体可能没有发育性残疾,一个发育性残疾个体也可能没有智力障碍,或者一个个体同时患有发育性残疾和智力障碍。这些定义的具体操作化在 Larson 等人的研究中有论述(Larson et al. ,2000;Larson et al. ,2001)。

由美国智力障碍协会采用的智力障碍的定义要求"智力明显低于平均水平……伴随两种及以上的功能限制……在 18 岁以前出现沟通、自我照料、家庭生活、社会技能、社区设施利用、自律、健康和安全、日常学习课程、休闲与工作等方面的限制"(AAMR,1992,p. 1)。成年人中:(1)报告患有智力障碍;(2)患有 ICD 编码的智力障碍而导致工作或其他活动的受限;(3)患有 ICD 编码中关于智力障碍作为一个原因导致 24 项分类中的任何一种,分属于 7 类功能受限;(4)报告同时患有"学习性障碍"和"相关症状"(即与智力障碍相关的 28 种症状,如唐氏综合症),以及学习能力有实质性衰退,可以被认定为智力障碍患者。

这种复杂的界定方法是必要的,因为患有智力障碍的个体在自评中一般不会认定自己患有"智力障碍",而他们的家人一般也不会承认这个事实(起初,仅有 38% 被调查者可以确认智力障碍),此外,各州对此术语的定义是不一致的(Larson et al. ,2000)。

美国发育性残疾辅助权利法案(PL. 98-527)中将"发育性残疾"定义为在 22 岁之前发生,需要持续照料、治疗或其它服务,且在主要的生活能力方面有 3 项及以上的严重的功能受限,包括自理、语言接受与表达、学习、自律、独立生活能力和经济自足等方面。

关于"发育性残疾"和"智力障碍"这两个定义都是与美国健康访谈调查残疾部分 NHIS-D 的问题有着系统的关联,问卷选项与定义可很好的匹配。对于那些患有智力障碍而没有发育性残疾的个体来讲,是指那些在主要的生活功能方面,存在 1 项或 2 项限制(如学习困难),而没有发育性残疾法案

(DD-Act)规定的3项及以上受限情况。

分析

人口学指标的选取与收入水平、机遇(受教育水平、种族、婚姻状况、主要活动等)、独立和支持(婚姻状况、居住状况)等方面的情况有关。健康指标包括个人整体健康自评、较客观的功能水平的指标(日常活动能力ADL、工具性日常活动能力IADL、活动限制)、早期研究中使用的健康指标(体重指数,BMI)、患病指标(在过去的一年中的卧床天数)、与老龄化相关的指标(平衡与眩晕)以及健康状况是否与对其活动能力构成限制的自评情况。

本研究分析的数据是对全国人口进行加权后的。NHIS-D复杂的研究设计需要对变量评估做具体的处理,从而作出全国范围内的患病率的无偏估计(Russell,2000)[①],这些过程在导论中已经得到充分的讨论。

通过将发育性残疾、智力障碍或二者兼有的患者人群描述、人口信息以及ADL/IADL估量分开描述,从而看出其中的一些重要差异。但此后,为了与现有大多数的研究具有可比性,我们将智力障碍(MR)与二者兼有(MR/DD)的情况合并起来构成一类,不再区分。

结　果

总体估计和样本

总体估计是基于阶段1的调查,合并了1994年和1995年的数据,据此推测1994—1995年NHIS调查时,美国30岁及以上家庭户女性人口共有7,700万。[②] 30岁及以上家庭户女性中患有智力/发育性残疾的比例为0.56%,人口数量约434,000,其中282,000为智力障碍患者,伴有/无发育性残疾(见表1)。

---

① 总体估计和统计分析需要在统计的过程中,根据人数的比重分别进行加权。加权后的估计可以用于数据描述,无须对变量单独进行评估。

② 1994年,美国总人口数是260,327,021,其中女性为133,277,846人。1995年,评估的总人口数为262,803,276,女性为134,509,654人(美国国家统计局,2000)。

表1 基于1994—1995年NHIS-D调查家庭户30岁及以上女性残疾人口总体估计

30岁以上女性	估计总数[a]	相对标准误[b]	样本	比例[c](%)
DD	151	10.02	125	0.20
MR	106	10.41	89	0.14
二者皆有	176	10.07	137	0.23
二者皆无	76571	0.90	60649	99.44
合计	77005	0.90	61000	100.00

注:基于阶段1调查的样本进行估计,DD指仅患有发育性残疾;MR指仅患有智力障碍。
[a]指每千人中家庭户人口的比例;(相对标准误)[b] = 加权的SE/评估人口×100。
[c]家庭户人口中30岁及以上女性的比重。

年龄

患有智力残疾和发育性残疾两种残疾的妇女集中在低的年龄组,30至39岁的年龄组占到41%(见表2)。而只患有一种残疾的年龄分布与总体情况大体相同。单独患有智力残疾或者发育性残疾的老年(60+)女性患者是同时患有两种残疾状况的3倍以上(因同时患有两种残疾状况的样本数量过少,无法进行可靠的总体估计)。

表2 30岁以上女性比例和人口学指标,NHIS-D 1994—1995

指标	DD		MR		二者兼有		合计		χ^2
	(%)	RSE	(%)	RSE	(%)	RSE	(%)	RSE	
年龄									23.6***
30-39	34.2	15.3	31.3	18.0	40.9	13.9	36.2	9.1	
40-49	28.8	19.0	19.8	24.3	32.4	20.5	28.1	12.8	
50-59	9.8	27.3	19.5	26.3	17.4	22.5	15.3	14.3	
60+	27.2	18.3	29.4	20.4	9.3	31.9[a]	20.5	12.3	
种族									8.1*
白人	84.6	11.0	79.4	12.2	67.1	11.0	76.2	6.6	
非白人	15.4	21.9	20.6	20.1	32.9	19.7	23.8	12.9	

续 表

指标	DD (%)	RSE	MR (%)	RSE	二者兼有 (%)	RSE	合计 (%)	RSE	χ^2
教育年限									14.4*
0-8	28.0	18.6	39.7	17.5	54.0	15.3	41.2	10.0	
9-11	10.8	27.4	13.1	26.2	10.7	26.5	11.3	15.1	
12+	61.2	13.0	47.2	17.5	35.3	15.9	47.4	8.7	
居住安排									22.2***
独居	29.0	18.7	18.5	23.6	16.4	25.7	21.3	12.9	
夫妇居住	24.9	18.3	26.3	24.9	11.1	25.4	19.6	12.9	
与亲戚住	39.1	15.7	50.8	14.4	68.8	12.4	54.0	8.0	
非亲居住	7.1	33.7a	4.4	59.0a	3.6	47.8a	5.0	25.2	
婚姻状态									42.2***
已婚[b]	26.5	18.7	29.1	22.3	11.7	24.6	21.1	12.4	
离/丧/寡[c]	42.3	14.5	32.8	18.6	17.8	31.4a	30.0	11.7	
未婚	31.2	17.5	38.0	18.1	70.5	11.2	48.9	8.1	
贫困程度(贫困线)									6.2*
以上	59.5	13.5	74.7	13.0	73.4	13.0	68.8	8.0	
以下	40.5	15.2	25.3	22.9	26.6	18.3	31.2	10.4	

注:DD 指仅患有发育性残疾;MR 指仅患有智力障碍;二者兼有 = DD + MR;RSE(相对标准误差) = 加权的 SE/评估人口 × 100。

[a] 样本不足以进行总体估计;[b] 已婚,含与配偶合住或不与配偶合住。

* $p < 0.05.$; ** $p < 0.01.$; *** $p < 0.001.$

种族

表 2 中显示了患有发育性残疾(DD)、智力障碍(MR)以及二者兼有(DD/MR)等的种族分布,其中,白人的比例分别占到 85%、79% 和 67%,剩余比例为其他种族的女性。

教育年限

同时患有智力障碍和发育性残疾的女性中,有一半以上(54%)没有接受或者只是接受了非常有限(1—8年)的教育,六成只患有发育性残疾的女性和大约一半仅患智力障碍的女性接受了高中及以上的教育。(见表2)

居住安排

大多数患有发育性残疾的女性都远离她的家人,通常是与配偶合住或独自居住(见表2)。而对于一半患有智力障碍的女性也是这样,而在二者兼有的女性中这一比例占到三分之一。总体上,与不相关的人合住的情况最少。

婚姻状况

大多患有两种残疾的女性从未结婚(70%),但这对于只患有发育性残疾或智力残疾之一的女性来讲有着很大的区别,已婚的比例占到69%和62%(见表2)。尽管已婚的比重比较大,但在调查时仅有四分之一的女性处于在婚状态,而身患两种残疾的女性在婚比例仅为12%。

贫困程度

患有发育性残疾而没有智力残疾的女性,相比患有智力残疾或者两者兼有的女性(26%),更倾向于报告其家庭收入低于贫困水平(40%)。而与通常没有患这两种残疾的女性相比,患发育性残疾和智力障碍的女性有很大差异,前者仅有10%的女性报告其收入水平在贫困水平以下[$\chi^2(2, N = 70,818,000) = 52.44, p < 0.001$]。

健康指标的选取

<u>日常生活自理能力 ADL</u>　大部分的被调查者满足日常生活自理能力(ADLs),包括洗澡、穿衣、吃饭、上下座椅、如厕、室内活动等方面。而对于没有 DD/MR 两方面残疾的女性中绝大多数(96%)都有独立的生活自理能力,而在患有 DD/MR 的女性中仅有三分之二的人在 ADL 方面是独立的(见表3)。一个对具体 ADL 各个项目进行测评的结果显示,90%以上患有智力障碍、四分之三患发育性残疾的女性报告她们在吃饭、上下座椅、室内走动、如厕等方面可以自理。穿衣、洗澡等是最大的困难,但患有 DD 或 MR 的女性群体中,也将近有三分之二的人可以自理。

表3　30+岁女性的ADL和IADL,NHIS-D,1994—1995

残疾	(%)	总体估计[a]	RSE[b]	χ^2
ADL				86.96***
DD	60.2	91	12.40	
MR	83.3	88	11.40	
二者兼有	79.0	107	13.82	
二者皆无	96.2	73,626	0.91	
IADL				228.50***
DD	13.7	20	24.78	
MR	55.0	58	15.25	
二者兼有	17.1	30	32.17	
二者皆无	88.6	67,876	0.94	

注:估计总人口=77,005,000;评估人口相对标准误差(RSEs)为30.0,不满足效度的标准。

总体估计[a]每千人中的人数;RSE[b](相对标准误差)=加权的SE/评估人口×100。

工具性日常生活自理能力 IADL　工具性日常活动自理能力包括备餐、购物、理财、使用电话、在家周边搬重物以及做简单家务等内容,而这些对于很多被访者来说是有些困难,而且不同残疾群体间的差异比ADL间要大得多。对患有发育性残疾的女性,仅有14%的人在IADL方面是完全独立的。在仅患有智力残疾的女性中,约有一半的比例有完全独立的IADL;而同时患有两种残疾的女性与仅患有发育性残疾的女性有相近的比例。虽然上述两类群体之间有着较大的差异,但患有智力障碍的群体较少报告在IADL方面存在困难(见表3)。而对于未患有两种残疾的人群,他们中有九成人在IADL方面是独立的。对患有发育性残疾的女性来说,多数人就"搬重物"有困难;而对于同时患有DD/MR的女性来说,"理财"和"购物"多数人会存在问题。

在分析结果时,我们将患智力障碍的女性,不论她是否患发育性残疾,都一并合成一组(编码为ID)。然而,除去健康者和残疾患者之间存在较大而有意义的差异之外,这种合并排除了智力残疾和同时患有智力残疾与发育性残疾人群之间的差异。

活动能力限制　活动能力受限是相对普遍的。在发育性残疾的女性中,能力受限的比重占将近一半,四分之一的智力残疾女性报告在走路和上下楼时有困难。有三分之一稍多的发育性残疾和只有13%智力残疾的女性使用移动辅助工具。

健康状况评估 与未患有发育性残疾和智力残疾女性的健康状况的正面评估为六分之五相比,30岁及以上智力残疾女性中,有三分之二对自己的健康状况做了正面的评价,而患有发育性残疾的女性正面评估的比例稍多于三分之一(见表4)。

体重指数 BMI 在调查的样本中,几乎没有女性出现低体重状态(只占总体3%)。在所有的残疾人群中,根据美国疾病控制预防中心提供的数据显示,将近38%的人其BMI在18.5到24.99之间,处于健康正常状态;另有26%被认为处于超重状态(BMI 25 – 29.99),以及33%的患者被视为肥胖症(BMI 30 +)。

活动能力限制 是否身患残疾对于女性的活动能力来讲是存在实质性差异的。相比87%活动能力受限的智力残疾女性和95%活动能力受限的发育性残疾的女性来说,未患智力残疾和发育性残疾的女性,只有约四分之一报告存在活动受限的情况。大多数情况下,"活动能力受限"意味着不能执行某一主要社会角色(如工作、学生、家庭主妇),而大约半数以上的患发育性残疾和智力残疾的女性显示如此。而对于没有这两类残疾的人群几乎不存在活动能力受限的情况(6%)。在智力残疾或发育性残疾的女性中约有四分之一的人在主要的活动能力方面没有限制,但在其从事的某种活动中存在某些类型或者程度的限制,而对于没有此类残疾的女性中也有8%受到某些类型或者程度的限制。

表4 30岁及以上的女性残疾人口自评健康在良好到非常好的比重,NHIS-D,1994—1995

残疾	(%)	Est'd Population[a]	RSE[b]	χ^2
DD	38.2	58	15.46	72.01***
ID	63.6	177	8.96	
二者皆无	84.1	63,988	0.95	

注:评估总体是30岁及以上对健康状况评估在良好到非常好的女性残疾人口,评估的总人口见表1;DD指仅患发育性残疾的情况;ID指包括仅患精神障碍(MR)和同时患有MR与DD的情况;Est'd Population[a]总人口中每千人中的比例;RSE[b](相对标准误差)= 加权的SE/评估人口×100。

卧床天数 患有发育性残疾的女性,相比于总体人口中和智力残疾的女性,报告调查的前一年内有过卧床天数。

平衡和眩晕 与患智力残疾和没有此类残疾的女性相比,发育性残疾的女性表示她们较可能面临平衡和眩晕的问题(见表5)。发育性残疾的女性约有18%的人有眩晕的情况,而在智力残疾的女性中出现此情况的占此数据的一半。与智力残疾的女性中13%存在平衡问题的状况相比,发育性残疾的女性该比重达到了27%。而对于没有这两种残疾的人群来讲,她们几乎不会出现这类问题(2.7%的人有眩晕症状,3.6%的人有平衡问题)。在这两类残疾患者面临的平衡问题中,四分之三的人在走路时需要支撑或接触墙面以保持身体的稳定。

表5　30+岁残疾女性与年龄相关的健康症状,NHIS-D,1994—1995

残疾	(%)	总体估计[a]	RSE[b]	χ^2
DD				32.27***
卧床天数(1+)	73.9	106	11.76	
眩晕	18.2	27	21.55	
平衡	27.4	41	17.7	
ID				19.99***
卧床天数(1+)	41.0	112	12.28	
眩晕	8.8	24	38.48	
平衡	12.8	35	20.02	
两者均无				36.87***
卧床天数(1+)	44.3	33.537	1.07	
眩晕	2.7	2.062	2.92	
平衡	3.6	2709	2.62	

注:基于回答问题总人数的百分比;DD指仅患发育性残疾的情况;ID指包括仅患精神障碍(MR)和同时患有MR与DD的情况;总体估计[a]总人口中每千人中的比重;RSE[b](相对标准误差)=加权的SE/评估人口×100。

讨　论

代理应答 由于被访者选择代理应答,可能会在一定程度上影响调查的结果(见表6)。Todorov和Kirchner(2000)在分析1994到1995年进行的

NHIS-D 的调查中发现,自答和由代理应答的结果之间有差别,在残疾类型间存在系统偏差。代理应答者在对 64 岁以下的被调查者残疾状况有低估的倾向,而对于 65 岁以上的被调查者残疾情况有高估的倾向,尤其在测量某些不易观察且与社会互动较低的残疾更是如此(例如,"平衡问题"与"沟通困难"相比需较少的互动)。由于此研究中的样本所患的残疾大多不易观测,同时大部分被访者的年龄在 65 岁以下,由此代理应答产生的效果是残疾状况被低估。在同时患有发育性残疾和智力障碍的女性中,总共大约有近一半的人在调查中,完全借助于代理应答者,从而受到代理应答者影响而出现偏差。Ferraro 和 Su(2000)利用 NHANES I 中通过自评得来的结果与医生测定结果进行对比,发现二者均预测了患者后来会发生残疾。但不同的是,对不严重的疾病的自报结果较医生的报告结果在预测后来 10 至 15 年的残疾的状况上有更好的预测信度。他们认为对具体病症的测量(诸如 NHANES 的长表),自评有预测的效用。因此,先前的研究意味着患有 MR/DD 的女性可能存在某些较已报告更为严重的身体残损。

表6 30 + 岁家庭户女性残疾自填和代理填报情况(%),NHIS-D,1994—1995

残疾	阶段	完全自填	部分自填/代理	完全代理	总计
DD	I	75	9	16	100
	II	72	12	16	100
MR	I	62	16	22	100
	II	64	16	20	100
二者兼有	I	41	13	46	100
	II	40	14	46	100
二者皆无	I	58	12	30	100
	II	56	14	30	100

注:百分比是加权后的总体进行计算;DD 指仅患有发育性残疾;MR 指仅患有智力障碍;二者兼有 = DD + MR。

家庭居住 在本研究中,有五成患智力障碍的女性和三分之二的同时患有两种残疾的女性与她们的亲人居住在一起,这与前期研究报告的很多患智力残疾/发育性残疾的老年人正与其家人合住(Fujiura,1998)相符。但由于家庭成员的老龄化,对于患有智力残疾/发育性残疾的成年人维持社区居住生活会越来越困难。和残疾儿童居住在一起逐渐老龄的父母的部分考虑是为孩子找到一个未来的满意住所,无论是否和其他亲属居住在一起,或者更加独立居住以及住在社区照料机构。人们对待残疾的态度和医疗服务的进步有利于更方便地监测到居住在社区内老龄化残疾患者数量,但许多残疾患者因父母死亡或者不能够活动,其服务和支持面临危机。这些同样需要应用于女性残疾患者这一相对独立,但仍然脆弱的群体。

身体受限 身体受限在是否残疾的女性中存在实质性差异。先前的研究已经说明,居住于社区内患有发育性残疾或智力障碍的人群(不含社区服务体系中的智力障碍/发育性残疾患者人群)在身体活动能力方面尤为不便。本研究引入了大量的测评身体功能的指标,包括 ADL、IADL 以及功能受限的数据等,描述了老龄化的女性残疾患者之间的差异。

残疾组内的差异主要体现在残疾本身(即功能受限或认知障碍)。这如人们预想的那样,发育性残疾患者相比智力障碍或二者兼有的人群,在接受教育方面受到的影响较小,而且她们在某些方面相当独立,是调查中最有可能自答的群体,她们可以离开家人居住以及结婚等。但同时,她们也最有可能是低于贫困指数的群体。在健康和残疾领域,她们处于劣势的可能性最大。对这三组残疾人群健康调查发现,她们对自己健康状况的负面评估程度最高,较高的比例下无法执行主要的活动或者受限,她们最有可能经历 ADL 困难,在 IADL 方面,她们和同时患有智力残疾和发育性残疾的女性一样面临着非常高程度的困难。

尽管患智力障碍和患有发育性残疾的女性在受教育水平上存在差异,但只患有智力障碍和只患有发育性残疾的女性,其结婚的可能性相同。只患有智力障碍的女性和患有发育性残疾的女性在社区的比例在高年龄组(60 多岁和 70 多岁)相一致(60 + 岁残疾女性的比例和该年龄组女性占总体人口的比例相比),但这并不能消除一个事实,即她们在社区的人口数量严重下降。只患有智力障碍的女性患者较患有发育性残疾以及两者兼有的女性患者在 IADLs 方面独立,从而在主要活动中不能执行或者受限制的可能性最小。

对同时身患两种残疾(MR/DD)的女性来说,由于她们的智力和躯体存在某些程度的残损,因此她们在很多方面将受到严重影响。她们是最有可能委托代理人回答调查的问题,在残疾分类的三个组别中,她们代表年龄组较小的人群特征的可能性最小,以及统计社区内处于 60 到 70 岁年龄阶段尚存活的人数。她们大多没有接受或者接受了很少的教育、趋于和家庭居住在一起,而且大多从未结婚。和发育性残疾类似,极少患者在 IADLs 上独立。她们所面临的最困难的事情是需要认知技能和躯体机能合作完成的功能,诸如购物,而发育性残疾妇女更典型的在需要躯体功能方面的 IADLs 上面临困难,诸如提举物品。

大部分同时患两种残疾的女性表示她们的残疾影响到其主要的生活,这与仅患发育性残疾的情况比较相似。而在 ADL 方面,她们与轻度患精神障碍的群体比较相似。她们对自己给出了正面健康评价可能性较高,同时也是在这三组中生活在家庭户低于贫困线的可能性最小。对她们的贫困的调查结果显示,这可能是同时患有 MR/DD 的残疾群体相比于其他残疾群体更有可能和家人同住,因此出现此结果。

最后,在先前的研究中,肥胖的高发率已经被认定为低健康水平和身体残疾的风险指标,而且在智力残疾的女性中有较低的健康水平(Graham & Reid, 2000;Rimmer et al.,1995)。在 20 世纪 90 年代末,美国疾病控制中心(CDC)发出警示肥胖的发生率在总人口中迅速激增。在女性人口中,被认定的肥胖的发生百分比从 1991 年的 12.2%,增加到 1995 年的 15%,以及 1999 年的 18.6%,在不到 10 年的光景中,这个数字增加了近 50%。在美国健康访谈调查 NHIS 中,包括发育性残疾、智力障碍以及二者兼有(DD、MR、MR/DD)在内,肥胖患者的发病率 33%,是总体非残疾女性人群的二倍。这一结果与某一从样本量小且没有代表性的智力残疾患者数据研究所得出的结果一致。由于一般情况下,肥胖与心血管疾病、糖尿病、关节炎、高血压以及身体残疾有很强的关联度(CDC,2001),因此相比于过去,我们要对肥胖给予更多的重视,否则导致死亡率和患病率将在近几年可能会有所增加。

(武继磊、徐振华初译、审译,宋新明审校)

REFERENCES

AAMR (1992). *Mental retardation: Definition, classification, and systems of support* (9th ed.). Washington, DC: American Association on Mental Retardation.

Anderson, D. J., Lakin, K. C., Bruininks, R. H., & Hill, B. K. (1987). *A national study of residential and support services for elderly persons with mental retardation*. Minneapolis, MN: University of Minnesota, Institute on Community Integration.

Brown, A. A., & Murphy, L. (1999). *Aging with developmental disabilities: Women's health issues*. Silver Springs, MD: The Arc.

CDC (2001). *BMI for adults*. National Center for Chronic Disease Prevention and Health Promotion, Center for Disease. Control. Retrieved from http://www.cdc.gov/nccdphp/dnpa/bmi/bmiadult.htm, July 30, 2001.

Evenhuis, H., Henderson, C. M., Beange, H., Lennox, N., Chicoine, B., & Working Group (2000). *Healthy aging-adults with mental retardation: Physical health issues.* Geneva, Switzerland: World Health Organization.

Fernhall, B. (1993). Physical fitness and exercise training of individuals with mental retardation. *Medicine and Science in Sports and Exercise*, 25, 442-450.

Ferraro. K. F. & Su. Y. P. (2000). Physician-evaluated and self-reported morbidity for predicting disability. *American Journal of Public Health*, 90(1), 103-108.

Fujiura, G. T. (1998). Demography of family households. *American Journal of Mental Retardation*, 103(3), 225-235.

Graham, A., & Reid, G. (2000). Physical fitness of adults with an intellectual disability: A 13-year follow-up study. *Research Quarterly for Exercise and Sport*, 71(2), 152-158.

Holland, A. J. (2000). Ageing and learning disability. *British Journal of Psychiatry*, 176, 26-31.

Horwitz, S. M., Kerker, B. D. Owens, P. L., & Zigler, E. (2000). *The health status and needs of individuals with mental retardation.* New Haven, CT: Department of Epidemiology and Public Health, Yale University School of Medicine, Department of Psychology, Yale University.

Janicki, M. P., Dalton, A. J., Henderson, C. M., & Davidson, P. w. (1999). Mortality and morbidity among older adults with intellectual disability: Health service considerations. *Disability Rehabilitation*, 21, 284-294.

Kapell, D., Nightingale, B., Rodriguez, A., Lee, J. H. Zigman, W. B., & Schupf, N. (1998). Prevalence of chronic medical conditions in adults with mental retardation: Comparison with the general population. *Mental Retardation*, 36(4), 269-279.

Kreeger, K. Y. (2002). Yes, Biologically Speaking, Sex Does Matter: Researchers move beyond the basics to better understand the differences between men and women. *The Scientist*, 16(1), 35.

Larson, S., Lakin, C., Anderson, L., Kwak, N., Lee, J.. & Anderson, D. (2000). Prevalence of mental retardation and/or developmental disabilities: Analysis of the 1994-1995 NHIS-D. *MR/DD Darn Brief*, 2 (1), Minneapolis, MN: University of Minne9ota, RRTC on Community Living, Institute on Community Integration.

Larson S. A., Lakin, C. K., Anderson, L., Kwak, N., Lee, J. H., & Anderson, D. (2001). The prevalence of mental retardation and developmental disabilities: Estimates from the 1994/1995 National Health Interview Survey Disability Supplements. *American Journal of Mental Retardation*, 106(3), 231-252.

Mokdad, A. H., Serdula, M. K., Dietz, W. H., Bowman, B. A.. Marks, J. S., & Koplan, J. P. (2000). Research letters: The continuing epidemic of obesity in the United States. *JAMA*, *28*(13).

National Center for Health Statistics (1997, 1998). 1994, 1995 National Health Interview Survey [database on CD-ROM]. *CD-ROM Series 10, Nos. 9 and 10c. SETS Version 1. 21a.* Washington, DC: U. S. Government Printing Office.

Pitetti, K. H., & Campbell. K. D. (1991). *Mentally retarded individuals-a population at risk? Medicine and Science in Sports and Exercise*, *23*, 586-593.

Rantanen, T., Guralnik, J. M.. Sakari-Rantala, R.. Leveille, S., Simonsick. E. M., Ling, S., Fried, L. P. (1999). Disability, physical activity, and muscle strength in older women: The women's health and aging study. *Archives of Physical Medicine and Rehabilitation*, *80*(2), 130-135.

Rimmer, J. H., Braddock, D., & Marks. B. (1995). Health characteristics and behaviours of adults with mental retardation residing in three living arrangements. Resgarch in Developmental Disabilities, 16, 48-99. In: P. N. Walsh, T. Heller, N. Schupf & H. van Schrojenstein Lantman-de Valk (Eds), *Healthy Aging Adults with Intellectual Disabilities: Women's Health Issues*, 2000. Geneva, Switzerland: World Health Organization.

Rubin, S. S. Rimmer, J. H., Chicoine, B., Braddock, D., & MCGuire. D. E. (1998). Overweight prevalence in persons with down syndrome. *Mental Retardation*, *36*(3), 175-181.

Russell., J. N. (2000, June). Sample design, weighting, and variance estimation for the NHIS-D. Paper presented at the Robert Woods Johnson National Health Interview Disability Supplement Users'Conference, Minneapolis, MN: University of Minnesota. RRTC on Community Living, Institute on Community Integration.

Simonsick. E. M., Kasper, J. D., & Phillips, C. L. (1998). Physical disability and social interaction: Factors associated with low social contact and home confinement in disabled older women (The women's health and aging study). *Journals of Gerontology, Series B Psychological Sciences and Social Sciences*, 53 (4), S209-S217.

Todorov. A.. & Kirchner, C. (2000). Bias in proxies' reports of disability: Data from the national health interview survey on disability. *American Journal of Public Health*, *90*(8), 1248-1253.

U. S. Census Bureau (2000). Resident Population of the United States, 1970 to 1999. by Sex. Online, accessed at http://www. census. gov/population/estimates/nation/e90s/e9494rmp. txt (1994 figures) and http:)/www. census. gov/population/estimates/nation/e90s/e9595rmp. txt (1995 figures).

U. S Department of Health and Human Services (US DHHS) (1990). *Healthy People 2000*. Washington. DC: January.

Wizemann, T. M., & Pardue, M. (Eds) (2001). *Exploring the biological contributions to human health: Does sex matter?* Institute of Medicine, Washington, DC: National Academy Press.

残疾的发生时间与持续

洛伊斯·韦尔布吕热、杨丽授

摘　要

我们研究美国社区成年人残障的持续时间和两类残疾发生时间（同时发生 VS 逐渐发生，童年发生 VS 成年发生）。数据来源于美国健康访谈残疾主题调查部分。文章分析了残障的个人护理、家庭管理和体力工作（physical task）。结果显示大部分成年残障者是老年人，残障的发生也是近期的。然而，有三分之一儿童期发生残障的残疾人进入中年和老年阶段。对于多数人来说，在某个范围内的残障一般同时发生，渐积发生比较少见。综合同时发生和逐渐发生、儿童期发生和成年期发生的各种残障情况，在成年残疾人口中出现很大差异。当下在地方和州司法管辖权内的行动要结合老年服务和残疾服务，我们的分析结果对此行动提供人口学上的论据支持。

引　言

本文讨论了美国社区成年居民的残障持续时间，从发生残障的时间开始测量。深入研究了两类发病时间导致的残障情况，即：多重残障是同时发生还是逐渐发生、残障是从童年还是从成年开始。我们预期大部分残障开始于生命的晚期，并且对于多数人来说，残障是逐渐积累产生的。老年残疾人一般有较短的持续期，残障时间占生命的比例较小。

背　景

动态和静态观点

残疾和老龄是个动态过程。残障发生概率、残障减缓、在正规医疗机构接受治疗，以及死亡率均随着年龄的变化而变化。现在分年龄组的残障分布反映了从出生队列到该时间点的"进"（发生）和"出"（减缓、正规治疗、死亡）。

动态过程研究回顾如下:

残障发生和减缓

大量的残疾研究是关于老年人的。大规模的调查显示了过去几年的残疾转变率(Anderson, James, Miller, Worley & Longino, 1998; Branch & Ku, 1989; Crimmins & Saito, 1993; Grundy & Glaser, 2000; Harris, Kovar, Suzman, Kleinman & Feldman, 1989; Manton, Corder & Stallard, 1993; Mor, Wilcox, Rakowski & Hiris, 1994; Rudberg, Parzen, Leonard & Cassel, 1996; Wolinsky, Stump, Callahan & John, 1996),残障的发生有时经过了很长的时间(Strawbridge, Kaplan, Camacho & Cohen, 1992)。与变化率相比,残疾的转变模式较少被研究。转变模式考虑了长期或短期时间框架内变化的非线性轨迹、变化的一般方向(如是变好还是变差),或者是某种残障(combinations of disabilities)如何随着时间变化发展的(Bowling, Farquhar & Grundy, 1994; Charlton, 1989; Dunlop, Hughes & Manheim, 1997; Fortinsky, Covinsky, Palmer & Landefeld, 1999; Guralnik et al., 1999; Jorgensen et al., 1995; Maddox & Clark, 1992; Verbugge & Balaban, 1989; Verbrugge, Reoma & Gruber-Baldini, 1994; Wolinsky, Armbrecht & Wyrwich, 2000; Wolinsky, Callahan, Fitzgerald & Johnson, 1993; Solinsky et al., 1996)。很少研究涉及残障的发生是迅速开始还是逐渐开始。Ferrucci 等研究残疾灾难时的发生(1996;也参见 Reuben, 1998)。对于儿童来说,人口学研究主要集中在现患率上(Barker & Power, 1993; Newacheck et al., 1998; Newacheck & Halfon, 1998; Newacheck, McManus & Fox, 1991)。基于对儿童青少年的大量前瞻性研究基础上,对残障的转变率分析几乎没有(Power, Li & Manor, 2000)。

住院治疗和死亡率

对老年人的研究显示,残障增加了进入专业住院治疗和死亡的机率(Bernard et al., 1997; Chirikos & Nestel, 1985; Harris et al., 1989; Scott, Macera, Cornman & Sharpe, 1997; Wolinsky et al., 1993)。儿童则没有相似的数据,并且没有数据显示与以前的残疾儿童队列相比近期儿童队列的死亡率是否已经下降。

用纵向数据可以直接研究残疾和老龄动态。横断面数据的人口残障状况是先前变化的影响结果。这些数据描述了当今公共健康和社会服务的主要对象。如果横断面数据能够包括残障历史的问卷选项,那么残障的动态变化的一些方面也可以被研究,这也是我们要关注的主要内容。

本研究的贡献

这篇文章使用的横断面残疾调查,包括了残障从什么时候开始的问卷项。我们描述了残障持续时间(从首次发生到现在的年数)和当前每个成人年龄组内的残障时间所占的比例。我们研究发生时间的两个方面,即:残障是逐渐发生还是同时发生,以及残障是从童年还是成年开始,由此可解释人群中残障持续时间的巨大差异。本文是另一篇题为老龄和残疾的姊妹篇(Verbrugge & Yang, 2002),它主要研究童年发生和成年发生的残疾人组,比较他们的社会和健康环境。

假设

与年轻的残疾成年人相比,我们预期老年残疾人持续时间短,而且生命中,有残障的时间所占的比例低。残障现患率在老年阶段迅速增加,但是对于老年个体来说,是相对新的经历。对此有两个相互冲突的因素。第一,年轻残疾人没有活很多年,所以持续期不可能非常长;第二,因为残障在生命中期和晚期的累积,个人残障的持续时间及其在生命里的比例是增加的。然而总体上,我们还是期望残障持续的时间与年龄负相关。

两个假设把残障持续时间和生命比例与残障现患率和残障数联系到一起。假设普通残障涉及与其他相比,较为复杂或发生条件较多的残障情况,它们可能在人生命里最早发生。我们期望现患率高的残障类型持续期最长,所占生命比例最大。假设残障数是反映功能问题的累积,我们期望残障数多的残疾人的残障持续期也最长。

最后,我们期望大多数人的多种残障是逐渐积累的而不是同时发生,这对于那些从童年残疾较成人残疾来说正确性可能要差很多。

方　　法

数据来源

1994—1995 年间的美国健康访谈残疾主题调查(National Health Interview Survey Disability Supplement, NHIS-D)是对美国社区所有居民的第一次大规模的针对残疾的抽样调查。NHIS-D 要研究残疾现患率、残疾的社会人口风险因素以及残疾人的卫生服务使用和经济状况。这个调查源于对残疾研究的联邦政府机构需要残疾人口的相关数据,而这些数据需要基于人群调查而不是行政区划的调查。美国残疾人法案的通过强调了全国残疾状况的监测。结合他们的兴趣和资金,联邦政府机构委托美国卫生统计中心(National Center for Health Statistics, NCHS)设计并执行全国残疾人口的调查,并与美国健康访谈调查结合在一起进行。

美国健康访谈调查(NHIS)是联邦政府从1957年开始进行的连续的对美国家庭户人口健康调查,在概率样本的家庭户中访谈所有成员的健康状况。从20世纪80年代中期到90年代中期,数据每年大概收集49,000家庭户、127,000的人口。在这期间,美国健康访谈调查(NHIS)坚持每年做一个核心问卷,并加上具体主题的补充问卷。

美国健康访谈残疾主题调查(NHIS-D)是在1994—1995两年进行的,残疾补充调查分为两个阶段:阶段1与美国健康访谈调查核心问卷同时进行,它包含家庭所有成员的残疾信息,以此来估计美国残疾人数,并为确定第二阶段的访谈残疾人对象提供筛查方式。1994年第一阶段样本量是107,469人,美国健康访谈样本应答率是87%。第二阶段称作残疾后继调查,是调查在第一阶段筛查确认的残疾患者的残疾经历和接受的服务。

美国健康访谈调查核心部分和残疾部分的问卷登在人口和健康统计(Vital and Health Statistics)(Adams & Marano, 1995)和美国卫生统计中心(NCHS)网站上(http://www.cdc.gov/nchs)。NHIS-D变量的目录在Verbrugge(1995)文章里列出,所有的调查数据是可获得的公共使用文件。本文分析使用的是1994年第一阶段成年人(18岁以上)的数据。

残疾变量

残疾定义为由于健康原因很难自己完成一项任务。这个定义与现在研究中的概念架构相一致(Brandt & Pope, 1997; Pope & Tarlov, 1991; Verbrugge & Jette, 1994)。

残疾通过三个领域进行测量,即:个人照料(ADL)、家务管理(IADL)和体能工作(PLIM)。(1) ADLs。对5岁以上的被访者,第一阶段询问其有关健康的六个个人照料活动困难(以此顺序):洗澡、穿衣服、吃饭、上下床和坐下或离开椅子、上厕所包括走到厕所、在室内行走。如果由于健康原因一个人很难完成或者做这些任务,那么他/她在给定的ADL里得分记为残障。由于健康原因需要人或者设备帮助的人假定为做这些有困难。(2) IADLs。针对18岁以上的被访者,要询问有关健康的六个家务管理活动的困难:自己做饭,买个人用品(如卫生用品和药),理财(如记录收支),使用电话,做家里的重活(如擦地擦窗和较重的庭院工作),做家里的轻活(如刷碗、收拾房间、轻微打扫或者丢垃圾)。IADL 残障得分规则和 ADLs 一样。健康原因需用人帮助完成任务假设为有困难,辅助设备的具体情况没有涉及。(3)PLIMs。针对 18 岁以上的被访者,在第一阶段询问八个体能工作困难:举起 10 磅重物如一袋子杂物,不休息走上 10 步,走四分之一英里即大约 3 个城市街区,站立 20 分钟,弯腰捡地上的东西比如鞋,举起高于头顶或者伸出,用手指抓住或者拿一些东西,比如从桌上捡起水杯、拿住笔。在给定的 PLIMs 里如果一个人回答是,则记他/她为残障,假设健康的关联。在概念架构里,PLIMs 称作"功能受限"并视为 ADLs 和 IADLs 的前兆,只是为了经济节约,我们在残障分类中包括他们。

对于 ADL/IADL/PLIM 残障,有缺失值的案例(不知道,不确定)编码为没有残障。

我们考虑删除短暂的残障,就是只有几个月持续期的人。为了识别他们,弄清楚起止时间很重要。NHIS-D 数据没有提供这些。第一,发生时间是按年龄,而不是多少月或年以前发生。报告他们现在年龄作为发生时间的人有残障的时间可能是几个星期前或者几乎一年前,而且没有办法分辨。第二,涉及结束时间,关于预计未来持续期的一个问题是,问每个 ADL/IADL/PLIM 残障,即是否预测会持续至少 12 个月。大约 4—5% 的人预计残障不会持续那么久。数据没有显示是否他们预测一个月以上,差不多一年以上等。最后,调查有致残的慢性条件的信息。美国卫生统计中心(NCHS)定义慢性为持续超过 3 个月或者可以忽略发生时间的持续性;只有 1—2% 的残障症状是急性的。但是用慢性症状去定义慢性残障是错误的。

美国社区成年居民 ADL 残障现患率是:洗澡 2.0%、穿衣服 1.3%、移动 1.3%、室内行走 1.2%、上厕所 1.0%、吃饭 0.4%;2.8% 有任意一项 ADL。IADL 的残障现患率是:繁重家务 7.2%、购物 2.7%、较轻家务 2.2%、做饭 1.7%、理财 1.5%、打电话 0.7%;7.8% 有任意一项 IADL。PLIM 残障:走路 7.6%、弯腰 6.3%、站立 5.9%、上台阶 5.7%、举起 5.3%、够到 2.7%、抓住 2.4%、拿住 1.7%;13.1% 有任何一项 PLIM。在我们的表格里,同一领域内的残障现患率从高到低排列。

持续期变量

残障的持续时间源于问卷中提问的残障首次发生的年龄问题。对于每个

ADL/IADL,问具体年龄:"[被调查者的名字]几岁的时候做这个[活动]时存在问题?"如果被访者没有给确切年龄,则有个年龄分类的试探提问(<18,18 到 22,)≥22)。对于每个 PLIM 的问题是:"[被调查者的名字]第一次做这些有困难是在几岁?"对没有确切年龄的的被访问者没有探究年龄分类。数据中对首次残障发生年龄的变量包含这些回答:具体年龄,"出生时"或"一直有困难"或"从来不能"(<18、18 - 22、≥22),和不知道(DK)。回答括号内的年龄分类和不知道(DK)被访者有很多,依次 ADLs 为 12—19% ,IADLs 是 14—22% ,PLIMs 是 5—6%。我们设计一个获得估算值的详细策略。对于给定的 ADL/IADL/PLIM,给每个加括号或者 DK 回答赋值为相同单岁年龄、性别、种族/宗教的残疾人平均观测发生年龄。如果年龄性别种族格是空,我们用下一个更小的年龄组案例,直到找到那些个案。算法使用的是平均发生年龄,再加上目标的年龄和本来年龄的差异,可以得到最好的发生年龄估算。还有更为复杂的,比如确实回答"18 岁之前"的人得到估算年龄 <18 岁。计算过程完成后,从现在年龄减去首次发生年龄计算出持续期。开始于现在年龄的残障假定持续期为 0.5 年。要注意相同发生年龄的残障可能刚好同时发生,也可能在年龄内有间隔,而从数据上看不出来。

残障持续期限是从首次发生到现在的年数。残障占生命比例是持续期除以现在的年龄。这两个变量测量从首次残障发生到现在年龄的整个阶段。这会对残障时间估计过高,因为残障缓解的时间没有被考虑到。然而,在社会术语里,变量是很好的生命经历和关注残障的指标。即使残障缓解发生,记忆和警觉还是会持续。

首次发生的年龄是可以知道的。但数据没有告诉我们现在残障的缓解或者重新发生,也没以前残障的任何信息。所有这些因素对于估算残障发生和减弱率都是很重要的,但是对这个残疾人口的描述性分析就不是很重要。

样本分析

美国健康访谈调查(NHIS)采用多阶段分层整群概率抽样进行家庭户样本调查(Adams & Marano, 1995;Massey, Moore, Parsons & Tadros, 1989),美国健康访谈残疾主题调查(NHIS-D)阶段 1 的调查采用同样的样本。美国卫生统计中心(NCHS)提供的加权数据用来调整样本中设计和无应答,并估计美国家庭户的居民人口。我们所有的结果(除了散点图)使用的均为加权数据。本文的目的是探索分析而不是人口数量的具体估计数值,所以用来校正复杂样本设计的标准误没有计算。出现在几个部分的变差测量方法是异质性的实质指标,而不是具体估计的统计比较。

美国健康访谈残疾主题调查(NHIS-D)阶段 1 在 1994 年调查样本有 77,437 位成年人(年龄 18 岁以上)。这里的大部分的分析是对残疾人能否完成具体活动。未加权(加权结果)计算出依次为 ADLs 中洗澡有 1,642(1,570.7)例,吃饭有 356(340.6)例;IADLs 中繁重家务有 5,824(5,556.2)例,打电话有 580(552.3)例;PLIMs 中走路有 6,176(5,856.4)例,拿重物有 1,363(1,304.9)例。有些分析是针对一个领域内的存在任何残障的个体,计算结果为任一 ADL 为 2,215(2,132.2)例,任一 IADL 为 6,279(6,003.0)例,任一 PLIM 为 10,630(10,161.4)例。

结　果

我们首先研究每个年龄组的残障持续期和所占生命的比例,然后我们看是否持续期与现患率和以及残疾人所患的残障数有关。最后我们考虑由于持续期差异而出现的两个方面时间问题。

分年龄残障持续期

分年龄组的残障持续期用三个方法来研究:按现在年龄分的残障持续期散点图,散点图中的回归曲线以及分年龄持续期差异。为了看到分年龄残障持续期模式,我们按现在年龄(X)分持续期(Y)的散点图。在图 1 中显示购物受限的描述,另外一个描述(洗澡)在 Berbrugge 和 Yang(2002)文章里。估算持续期的回归曲线 Duration = f{Age},放到散点图里。回归参数在表 1 内。最后我们计算出持续期分年龄组的观测平均值和标准误来观察持续期的非线性变化和差异,标准误在这里起到实质性作用。表 2 显示洗澡、购物、站立的结果。三个方法各自独立又相互补充,ADLs、IADLs、PLIMs 的结果高度一致①,过程细节和结果在 Verbrugge 和 Yang(2002)的文章里。

总结:大部分 ADL、IADL 和 PLIM 残障是在生命晚期发生的,所以持续期对老年人来说很短。但是在中年和老年组内的早期发生残障的幸存者使得整个组内平均的持续期升高,中年人的残障发生历史差异最大。

---

① 重家务对散点图和回归是异常的。分年龄的差别和其他 IADLs 相比较小,也就是持续期和生命所占比例围绕年龄更为均匀分布。这可能因为人们停止自己做沉重任务而且依赖其他在任何成年年龄的人,这个结果可能已经在美国健康访谈残疾主题调查报告作为"健康相关的困难"出现。

表1 残障持续期和生命比例对现年龄的回归[a]（残疾人）

ADL	b(斜率)	R^2	IADL	b	R^2	PLIM	b	R^2
残障持续期 = f{年龄}								
洗澡	-0.156***	0.081	重家务	-0.014*	0.001	走路	-0.007ns	<0.001
穿衣服	-0.129***	0.049	购物	-0.167***	0.081	弯腰	0.028***	0.002
移动	-0.067***	0.019	轻家务	-0.055***	0.012	站立	0.020*	0.001
室内	-0.064***	0.018	做饭	-0.184***	0.102	上台阶	-0.003ns	<0.001
上厕所	-0.119***	0.058	理财	-0.231***	0.143	拎物	0.035***	0.004
吃饭	-0.133***	0.077	打电话	-0.321***	0.163	够到	0.024ns	0.002
						抓	0.011ns	<0.001
						拿	-0.004ns	<0.001
残障占生命比例 = f{年龄}								
洗澡	-0.0065***	0.256	重家务	-0.0029***	0.085	走路	-0.0026***	0.066
穿衣服	-0.0057***	0.192	购物	-0.0072***	0.274	弯腰	-0.0019***	0.036
移动	-0.0037***	0.130	轻家务	-0.0035***	0.114	站立	-0.0022***	0.045
室内	-0.0035***	0.133	做饭	-0.0077***	0.291	上台阶	-0.0024***	0.058
上厕所	-0.0051***	0.215	理财	-0.0100***	0.417	拎物	-0.0018***	0.032
吃饭	-0.0059***	0.234	打电话	-0.0123***	0.468	够到	-0.0017***	0.029
						抓	-0.0025***	0.047
						拿	-0.0027***	0.063

数据来源：美国健康访谈残疾主题调查，第一阶段，1994年。加权后可代表美国家庭户18岁以上居民人口。

[a] 显著性检验基于重新调整的 N，美国卫生统计中心（NCHS）加权总体人口估算，我们回到原来样本量里重新调整。方程里回归系数和可解释方差（R^2）是一致的因为这个回归是双变量的。持续期是从发生开始到现在的年数。年龄是单独年的。

* $p<0.05$；** $p<0.01$；*** $p<0.001$；ns $p<0.05$。

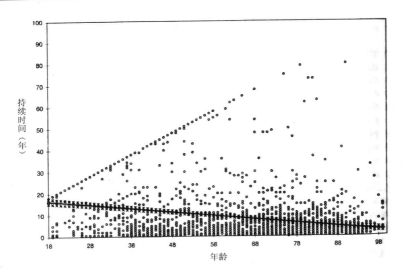

图 1　分年龄购物残障的持续时间

[图中回归方程为:购物受限持续时间 Duration = f(Age),回归均值在 95% 置信区间]

残障时间占生命的比例

为了了解残障所占生命的比例(Y)如何与现年龄(X)相关,我们做散点图、回归曲线,以及观测平均值和年龄组的标准差。洗澡功能受限的描述在图 2 的散点图中,另外一个描述(站立)参见 Verbrugge 和 Yang(2002)的文章。回归参数参见表 1。几类残障观察值的平均值和标准差如表 2 所示。三个方法对残障领域产生相似结果,详细的说明参见 Verbrugge 和 Yang(2002)的文章。①

总结:生命有残障的部分随着年龄组升高而下降。在老年人的生命中所占比例最小,在年轻人的生命中所占比例最大。

---

① 关于生命所占比例的注释。第一,持续期和生命所占比例彼此高度相关。相关性,ADLs 是从 0.895—0.908,IADLs 是从 0.883—0.905,PLIMs 是从 0.907—0.919。然而,他们不是相同的测量有各自不同的兴趣。第二,生命比例回归的值比持续期回归的值大。这部分是因为年龄是生命所占比例的分母。

表2 分年龄组观察的残障持续期和生命比例：三个受限案例[a]（残疾人）

年龄	洗澡		购物		站立	
	平均值	标准差	平均值	标准差	平均值	标准差
残障持续期（年）						
18－24	11.78	8.48	13.19	8.04	5.71	7.21
25－34	15.25	13.03	16.24	12.27	5.94	7.07
35－44	12.22	12.93	12.67	13.78	7.15	8.57
45－54	10.29	13.24	13.01	15.37	8.37	9.24
55－64	8.83	12.23	9.44	13.08	8.69	10.65
65－74	5.87	7.69	6.32	8.01	8.20	10.92
75－84	5.03	6.71	5.93	8.85	6.96	9.90
85＋	5.16	7.40	5.60	6.77	8.42	13.66
残障占生命比例						
18－24	0.583	0.426	0.640	0.401	0.268	0.335
25－34	0.499	0.422	0.549	0.410	0.199	0.235
35－44	0.316	0.336	0.328	0.360	0.180	0.216
45－54	0.207	0.267	0.265	0.315	0.169	0.188
55－64	0.148	0.204	0.159	0.219	0.145	0.177
65－74	0.085	0.113	0.091	0.117	0.118	0.156
75－84	0.064	0.086	0.075	0.112	0.088	0.124
85＋	0.058	0.084	0.063	0.075	0.094	0.149

数据来源：美国健康访谈残疾主题调查，第一阶段，1994年。加权后可代表美国非住在正规医疗机构的18岁以上居民人口。

[a] 选择的三个例子：洗澡（ADL）、购物（IADL）和站立（PLIM）。它们类型代表各自领域。

残障持续期与现患率和所患残障数量的联系

残障现患率也可以有残障持续期的痕迹。假设最普通残障也最容易治愈，它们可能经常在生命里出现很早，因此在人口中有最长的平均持续期。而且残障数也可能有持续期的痕迹，比如有多种残障的人有最长的平均持续期。

我们现在估计数据假设高现患率与长持续期有关联,残障类型数量多与长持续期有关联。

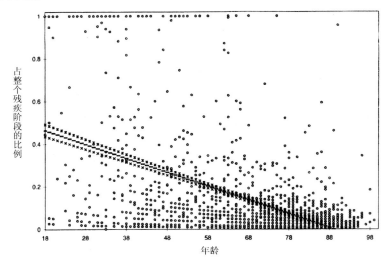

图 2　分年龄的洗浴受限残疾占整个生命的比例

[图中回归方程为:洗浴受限残疾占整个生命的比例 = f(年龄),回归均值在95%置信区间]

现患率和持续期

与假设相反,有些证据表明低现患率的残障有较长的持续期和残障占生命的比例(见表3)。对于持续期,高的现患率(洗澡、穿衣服)和低的现患率(吃饭)这些 ADL 残障都有长的平均持续期。对于 IADLs,最低现患率残障(理财、打电话)有最长的持续期。对于 PLIMs,现患率和持续期没有显示出有关联。有长持续期(>10 年)的百分比和持续期的差异也能从表 3 看出来。低现患率残障有较长 IADLs 持续期和最高百分比,ADLs 和 PLIMs 没有出现这种关系。我们认为普通残障将有最多变化的持续期(他们的持续时间围绕很多年龄阶段延伸),但是结果与平均持续期一样。对于残障期占生命阶段的比例,现患率低的残障(吃饭、理财、打电话、抓物品、拿重物)有最高的平均值,有问题的残疾人,残障持续的最高比例达生命期的一半甚至更多,而且差异性也最大。

残障数量和持续期

残障数量与持续期的关系不是一致的(见表 3)。对于 IADLs,平均持续期和差异如预期,随着数量增加。但是 ADLs 和 PLIMs,最少和最多数目的残障都有长的平均持续期和较高差异。生命期的比例结果在每个领域和以上结果相同。

总结:时间和残障累积没有在现患率和数量上留下简单的痕迹。持续期和现患率或者持续期和残障数量的关系很弱。最为一致的结果是低现患率残障有长持续期和高生命比例,多重残障也有长持续期和高生命比例,前者与假设相反,后者与假设相同。

表3 各种残障和残障数量的残障持续期和生命比例

各种残障	现患率（所有成人）	持续期（年）			生命比例		
		平均值	>10年比例	标准误[a]	平均值	>0.50比例	标准误[a]
残疾人							
ADL							
洗澡	2.0%	7.52	19.1	10.04	0.148	8.1	0.236
穿衣服	1.3	7.76	20.9	10.65	0.152	8.5	0.238
移动	1.3	7.20	21.2	8.75	0.134	5.4	0.183
室内	1.2	6.65	18.5	8.60	0.120	4.7	0.176
上厕所	1.0	6.78	18.8	8.59	0.124	5.6	0.192
吃饭	0.4	7.53	22.6	9.72	0.163	9.7	0.248
IADL							
重家务	7.2%	7.52	18.9	7.52	0.137	4.5	0.177
购物	2.7	8.47	21.2	11.01	0.170	10.3	0.260
轻家务	2.2	6.94	16.3	9.18	0.128	5.3	0.194
做饭	1.7	8.52	21.6	11.40	0.181	11.8	0.282
理财	1.5	12.13	35.2	13.74	0.284	22.6	0.349
打电话	0.7	14.14	37.4	16.41	0.371	24.6	0.371
PLIM							
走路	7.6%	7.06	17.4	9.09	0.124	4.2	0.171
弯腰	6.3	7.79	20.7	9.96	0.141	5.3	0.178
站立	5.9	7.77	20.0	10.25	0.138	5.3	0.181

续 表

各种残障	现患率（所有成人）	持续期（年）			生命比例		
		平均值	>10年比例	标准误[a]	平均值	>0.50比例	标准误[a]
上台阶	5.7	7.31	18.2	9.21	0.126	4.2	0.168
拎起	5.3	7.52	19.6	9.74	0.133	4.5	0.173
够到	2.7	7.26	18.2	9.65	0.128	4.2	0.169
抓	2.4	7.69	19.1	10.00	0.143	5.9	0.190
拿	1.7	7.55	19.6	9.74	0.141	6.0	0.190

残障数	数量[b]	持续期（年）		生命比例	
		平均值	标准误	平均值	标准误
各领域内残障					
ADLs					
1	37.7%	7.87	10.33	0.160	0.244
2	20.2	7.26	10.18	0.139	0.223
3	12.5	7.27	8.89	0.145	0.220
4	9.1	7.22	8.49	0.137	0.189
5	11.1	6.52	7.90	0.115	0.161
6	9.4	7.63	9.21	0.147	0.216
IADLs					
1	56.5%	7.77	8.67	0.149	0.188
2	15.6	7.78	8.53	0.154	0.201
3	8.5	8.20	9.44	0.167	0.240
4	8.6	8.00	9.83	0.160	0.235
5	5.3	8.72	10.76	0.170	0.262
6	5.5	10.63	12.81	0.215	0.299
PLIMs					

续　表

残障数	数量[b]	持续期（年）		生命比例	
		平均值	标准误	平均值	标准误
1	34.8%	7.75	10.49	0.152	0.198
2	19.2	7.17	8.46	0.134	0.167
3	13.0	6.96	7.53	0.124	0.144
4	11.4	7.74	8.95	0.139	0.174
5	10.3	7.09	7.90	0.117	0.131
6	5.1	7.20	7.15	0.122	0.133
7	3.2	8.59	9.81	0.144	0.169
8	3.0	8.03	8.82	0.145	0.182

数据来源：美国健康访谈残疾主题调查，第一阶段，1994年。加权后可代表美国家庭户18岁以上居民人口。

[a]持续期的标准误（或生命比例）；[b]百分比分布，每个分布和为100.0%。

残障时间的两个方面

至此，分析显示出了人口中残障持续期的差异性，我们已经逐一分析了每个残障类型，但不是个人残障获得的历史。现在我们仔细看一下人的生命中残障的时间。残障的累积是否是随着人年龄而逐渐增加？有多少比例的残疾成年人是从儿童期开始就有残障经历？分析是在每个残障领域进行。虽然有围绕关于 PLIMs、IADLs 和 ADLs 的时间序列问题，但在这里不作研究。

同时还是逐渐发生

我们从仔细地回顾数据开始，指出每100个中有3个及以上 ADLs（IADLs 和 PLIMs 也一样）残障患者的个人发生历史，对很多人来说，结果可以立即显示出残障的发生是集中的，有一些残障类型是在同一年龄内同时发生的。也有其他人显示出他们的每个残障是在不同年龄发生。

发生的差异

我们需要一个数量代表"同时"和"逐渐"的概念。回到有任何 ADL（IADL、PLIM）受限的残疾人全部样本中，我们算出个体的差异，就是个体持续期的标准差（S.D.）和持续期的相对标准误（相对标准误 R.S.E. = 标准误/

均值)。相对标准误是标准化过的,能显示去除长或短持续期影响的差异程度。如果一个人的所有残障在同一年龄发生,S.D. =0 和 R.S.E. =0。如果残障有不同发生年龄,则它们的值会超过0。只有一个残障的患者在持续时间上没有差异,所以 S.D. 和 R.S.E. 也都为0。有两个以上残障的患者如果只有一个残障发生那么 S.D. 和 R.S.E. 为0,如果有不同残障的发生那么它们的值 >0。这里的标准差和相对标准误有实质性作用。

第一,大部分患者只会有一个残障发生(S.D. =0,R.S.E. =0)。有任一 ADL 残障的患者,80.0% 只发生一次。其中有一个残障自然发生一次的患者(37.7%),其他的是有两个残障的患者(42.3%)。在 IADLs 中,82.2% 有一个发生(56.6% 有一个残障,25.6% 有两个以上)。在 PLIMs 中,73.4% 有一个发生(34.8% 有一个残障,38.6% 有两个以上)。第二,剩下的残疾人在不同年龄发生:20.0% 有任一 ADL 残障的患者,17.8% 有任一 IADL,26.6% 有任一 PLIM。他们在发生历史上有很大差异,一些获得功能障碍时间比较近(14—17% 的 S.D. 值 ≤2),而另一些发生延伸到很远(18—25% 的 S.D. 值 >2)。他们的 R.S.E. 结果也显示为分布较广的取值,一些接近零而另一些远大于零。

发生数量

为了定义持续期的聚合,我们计算个体在一个领域内受限经历的发生次数(见表4)。这是不同年龄的发生统计。统计是基于对个体观察的综合加上计算的数据。因为计算的数据是有小数位的平均值,它们与个人发生年龄字符串是很不同的,发生的统计是已经扩大的(无约束)。我们修改一点计算过程,对有相同发生年龄的人分配所有回答在一个给定括号内或者 DK,这样减少发生计数(适度)可能更实际一点。两种方法的结果都显示在表中。

表4 发生次数[a]

	领域内有任一残障的人		领域内有2个及以上残障的人	
	无约束	适度	无约束	适度
ADLs				
1个残障	37.7%	37.7%		
2 + 残障				
1个发生	42.3	47.1	67.9%	75.6%
2个发生	12.7	11.9	20.4	19.0

续 表

	领域内有任一残障的人		领域内有2个及以上残障的人	
	无约束	适度	无约束	适度
3个及以上发生	7.3	3.3	11.7	5.4
IADLs				
1个残障	*56.6%*	*56.6%*		
2+残障				
1个发生	25.6	29.8	59.0%	68.8%
2个发生	11.7	10.6	27.0	24.5
3个及以上发生	6.1	3.0	14.0	6.7
PLIMs				
1个残障	*34.8%*	*34.8%*		
2+残障				
1个发生	38.6	40.2	59.1%	61.6%
2个发生	17.6	17.7	27.0	27.2
3个及以上发生	9.0	7.3	13.9	11.2

数据来源：美国健康访谈残疾主题调查的第一阶段调查，1994年。加权后可代表美国家庭户18岁以上居民人口。

ª百分比分布，每个分布的和为100.0%。斜体字是有一个残障发生的患者。无约束和适度计数是基于观察的和计算的发生年龄。对于无约束，计算的值是有小数位的均值。对于适度计算，个体接收到相同的计算值，其答案在特别的括号里或者为DK。无约束比适度计数更多。

当集中在多个（2+）残障的患者时，我们发现两个不同的子群体。第一，大多数他们的残障只有一个发生：67.9%的有两个及以上ADLs的残障患者，59.0%的两个及以上IADLs和59.1%的两个及以上PLIMs。这是在无约束计数方法基础上计算得到。使用适度计数方法，同时发生残障的人百分比升高：75.6%的两个及以上ADLs的残疾人，68.8%两个及以上IADLs和61.6%的两个及以上PLIMs。第二，有不同残障发生的患者是可数的少数部分。无约束计数方法（适度计数方法）的百分比是32.1%（或24.4%）对两个及以上ADLs，41.0%（或31.2%）对两个及以上IADLs，40.9%（或38.4%）对两个及以上PLIMs。他们的残障经常逐渐进入生命经历中，在一个时间段内逐个发生而不是集聚在某个时间点。为了解这一点,我们调查追踪患者残障的发生时间。有两次发生的患者经常在首次发生时只获得一种残障(76% ADL,78% IADL,65% PLIM),而且也经常在二次发生时也只获得一种残障(61%,71%,62%)。小部分患者有第三次残障发生时间,即5.4%、6.7%、11.2%的有两种以上 ADLs、IADLs 和 PLIMs 的患者,大多患者获得一种残障(77%,80%,71%)。因为第四次及以上发生的比例很小,0.6—1.2%,我们没有做进一步分析。

我们可能期望残障的同时发生与残障数量或者严重程度有关联。对于 ADLs 和 IADLs,同时发生有两个残障的患者很普遍,且最高统计数量达到6个残障。数量多的同时获得性残障是灾难性残障发生的信号,但显然,所有残障同时发生和在 N = 6(或者其他)下逐渐发生的患者,他们的残障平均严重程度没有区别。而 PLIMs 就不同了,同时有两个残障的患者是最普通的,随后在最高计数达到8以上后,下降到最低比例,而且所有同时发生的患者比逐渐发生的患者其身体受限更为严重。简而言之,同时发生与对 ADLs 和 IADLs 的残障计数有关,与对 PLIMs 的残障严重程度有关。

总结:有两种残障获得方式,同时和逐渐。第一种最为常见,第二种是较不常见的逐步获得性残障。

儿童期和成年期发生

如果个体在某一领域内最早残障发生年龄小于20,我们就记为儿童期发生。成年期发生是指残障的最早发生年龄≥20。(儿童和成人没有标准界限点。我们选择20岁因为社会原因,人们经常在那个年龄点附近开始发挥成熟的社会作用,正如人口学家用18岁来定义成人一样,而法律定义发育性残障患者的成年为22岁。)

在有任何 ADL 残障的社区成年人,8.6%在20岁前发生个人照料问题(见表5)。对于 IADL 残障成年人,儿童期发生为8.8%。对于 PLIM 残障成年人,儿童期发生为7.4%。三个领域内,有任一残障的患者的年龄中位数是61、56、53,平均值是56.1、52.3、50.4,平均值低于中位数,原因在于儿童期发生的患者数量把数值拉低了。对于具体的残障,儿童期发生 ADLs 的比例从5.0%到12.7%,IADLs 是从4.8%到25.6%,PLIMs 是从4.2%到6.2%(见表5)。儿童期发生的最高比例是低现患率的 ADLs(吃饭)和 IADLs(理财、打电话)。虽然我们预想低现患率残障患者难于适应社区生活而不居住在那里,但数据显示,很多严重的残疾人找到了生活方法,仍留在社区。

先天残疾的比例在 ADL 成年残疾人为 4.1%, IADL 为 3.9%, PLIM 为 2.3% (表5)。对于具体残障类型,先天残疾的比例,ADLs 的范围从 1.5% 到 5.0%, IADLs 是从 2.1% 到 16.3%, PLIMs 是从 1.1% 到 2.2%。低现患率的残障有最高的比例。在年龄范围的另一端,首次获得残障在 75+岁的成年人更多。首次残障在高龄人口中的比例为 ADL 范围内是 26.3%, IADL 是 17.5%, PLIM 是 13.1% (见表5)。对于具体残障,首次是在 75+岁的比例分别为,ADLs 从 24.3% 到 32.1%, IADLs 从 18.7% 到 33.1% (重家务劳动的取值最低),PLIMs 从 12.8% 到 19.6%。最后,相当多比例的患者的首次残障发生是在中年(45—64 岁):ADL 残障成年人为 25.2%, IADL 为 29.4%, PLIM 为 31.7%。对于具体残障,最早发生在中年的比例为,ADLs 是 20.0% 到 28.8%, IADLs 是 15.4% 到 31.0%, PLIMs 是 30.9% 到 35.4%。由此,很多患者的首次残障经历在中年,这与许多残障发生在生命晚期确实是一致的,此结果是我们首次发现的。

表5 残障发生的最早年龄

	儿童期 年龄<20	成年期 年龄20+	从出生开始	45—64 岁	75 岁以上
领域					
ADLs	8.6%	91.4%	4.1%	25.2%	26.3%
IADLs	8.8	91.2	3.9	29.4	17.5
PLIMs	7.4	92.6	2.3	31.7	13.1
具体残障					
ADL					
洗澡	8.6%	91.4%	4.5%	23.5%	31.7%
穿衣服	8.2	91.8	4.7	25.0	27.6
移动	5.0	95.0	1.7	28.8	24.3
室内	5.2	94.8	1.5	26.4	29.5
上厕所	5.0	95.0	2.2	25.0	32.1
吃饭	12.7	87.3	5.0	20.0	26.1
IADL					
重家务	4.8	95.2	2.1	31.0	18.7

续 表

	儿童期 年龄 <20	成年期 年龄 20+	从出生开始	45—64 岁	75 岁以上
购物	10.8	89.2	6.6	22.7	31.2
轻家务	6.3	93.7	2.9	25.7	27.6
做饭	12.8	87.2	8.3	21.2	32.4
理财	25.6	74.4	12.7	16.7	29.9
打电话	23.9	76.1	16.3	15.4	33.1
PLIM					
走路	4.6	95.4	1.8	33.0	19.6
弯腰	5.4	94.6	1.5	30.9	15.0
站立	5.6	94.4	1.8	31.3	17.4
上台阶	4.2	95.8	1.6	33.9	18.9
拎起	4.5	95.5	1.8	32.8	17.4
够到	4.3	95.7	1.1	34.6	16.5
抓	6.1	93.9	1.9	35.4	12.8
拿	6.2	93.8	2.2	33.7	15.6

数据来源：美国健康访谈残疾主题调查第一阶段调查，1994年。加权后可代表美国家庭户18岁以上居民人口。

涉及到现年龄，绝大部分儿童期发生残障的患者现在在45岁以下（77.1%的ADL，73.9%的IADL，62.6%的PLIM）。与之对应，大部分成人期发生的患者年龄在45岁以上（87.0%的ADL，82.5%的IADL，78.7%的PLIM）。儿童期发生的患者较成年期发生的患者更容易有比较多的残障数：6个ADLs是12.3% vs. 9.1%，6个IADLs是11.7% vs. 4.9%，8个PLIMs是3.5% vs. v3.0%（差异很小）。奇怪的是残障同时发生对儿童期发生残障的患者来说，不是普遍情况，这个结果也对儿童期发生和成人期发生的ADLs和IADLs是相似的，对成人期发生的人的PLIM更为一致。儿童期和成年期发生的患者的社会参与分析在Verbrugge和Yang（2002）的文章中。

总结：大约7—9%的社区残障成年患者的残障是儿童期发生的，他们组成一个小的但社会性很重要的群体。

讨 论

残障发生在早期、中年、晚年对其在残疾人口中造成持续期有很大差异，这些差异在一些分析中很明显，而某些分析则很模糊。

差异性在分年龄的持续期散点图里很清晰。正如假设，老年组残障的发生离现在最近，但老年组里也包括有很长时间残障而存活到生命晚期的残疾患者。分年龄的残障持续期占生命的比例图补充这些结果。比例最高是现在有残障的年轻患者，最低是老年患者。中年患者的持续期的混淆最大，这也是残疾人口对照料专业人员可能的希望、态度、需要和需求的最大不同和挑战。

残障现患率和残障数量的差异不是很明显。他们与持续期的关系是不一致的，且关联很弱。第一，低现患率的残障（偶尔高现患率）有长持续期和高的所占生命比例，与低现患率的联系与假设相反。可能讨论结果是由于残障动态性，那残障容易获得也容易减弱，很难获得的也很难减弱，由此，高现患率残障产生最短持续期，低现患率残障产生最长持续期。但美国健康访谈残疾主题调查（NHIS-D）没有考虑残障的减弱，只衡量获得（第一次开始至现在的时间），所以很难解释结果。第二，残障的多（偶尔少）数量有长持续期和高生命所占比例，这大致与假设一致。假设的前提是残障累积，结果显示一个趋势即残障数量"多"和残障持续期"长"的经历结合到一起。

持续期差异型来自时间的两个主要方面：残障是否同时发生或者逐段分开发生，残障在生命里什么时候首次发生。残障的同时发生和成人期残障开始是比较典型的残障状况，但是有相当比例的患者，其残障是逐渐发生的，以及在儿童期开始。事实上，这些时间方面的分析要求了解残障发生的历史，我们依次讨论。

大多数人同时获得残障。这对在某个领域有一种残障的患者是正确的，但是对患有两个残障以上的患者则不然。有两个以上残障的患者，正常情况下发生一个残障（其所有残障发生在同一年龄），有几次残障发生的患者往往逐次获得残障，一个时间患有一种残障。同时残障发生所占患者比例的主导地位是显著的，需要详细分析。

涉及的几个因素关系到功能问题，以及发现这些问题的时间、记忆和知识以及访谈环境。第一，残障可以而且伴随生命，不管因为外伤、手术还是住院治疗，或者慢性疾病升级。即使功能问题已经悄悄地开始，没有清楚地发生，到最后人们也可能会注意到"事情已经变化了"，同时发现几个问题。这时才真正开始寻求专业救助或者正式调整适应。第二，人们关于残障的记忆会随着时间衰减。在有时不知道时间的情况下，代理应答需要回答附加题目，这会鼓励他们在相同年龄上的猜想堆积。对比代理应答和自我应答访谈，我们发现代理应答对残障数量的大量增加，尤其对患有 6 个 ADLs(65.3%)和 6 个 IADLs(74.8%)患者最为典型。这对残障始于儿童期或者很晚(85 岁以上)的患者也比较常见，考虑到残障者现在的年龄，代理应答者非常可能是最年轻和最老的成年人。对于患有多重残障的每个残障类型回答，代理应答者比较容易报告残障是同时发生的。第三，美国健康访谈残疾主题调查阶段 1 接着美国健康访谈核心问卷进行，而且问卷篇幅很长，被调查者的应答的动力会下降，趋于选择最简短的答案，此外，问卷的设计也容易导致堆积回答，如 ADLs 和 IADLs 的某个领域内发生年龄问题，一起问过残障类型后，然后一个接一个地问发生时间（PLIMs 的发生条目是分开的，在到下一个问卷项前要问完前一个问题项的所有信息）。所有这些方面，容易让应答者一起迅速回答相同的发生年龄。客观和感知经验也是报告同时发生的真实因素，而其他就是人为的，但没有办法在数据里进行拆开分析。

严重影响持续期和生命所占比例的时间另一个方面，是生命里残障什么时候第一次开始的。大约 7—9% 的社区成年残疾人口在儿童期，也就是 20 岁前获得残障，他们大部分现在小于 45 岁。但也有相当的比例已经进入中年和老年：23% 的 ADLs 儿童期发生的人现在 45 岁以上，26% 和 37% 分别是 IADLs 和 PLIMs。他们是不同的人群，在整个成人生命里受到残障影响。他们和大部分中年和晚年开始残障的患者混合到一起，带来很大的需求和对健康服务设施和社会参与的态度的差异性。

结　论

本文分析了美国家庭户成年残疾人口，研究了残障持续期（从第一次发生到现在的时间）和在生命里所占的时间。

社区人口的残障持续期出现有系统性的两个来源：所有残障的发生是怎么最后集合在一起（同时还是逐渐），残障在生命何时开始（儿童期还是成人期），大部分人多是同时获得一个领域的残障，但是也有一定的比例随着年龄逐渐积累残障。大部分残障开始于老年，而老年残障的持续期很短，这即为"老龄残疾化"。另外，社区里在儿童期获得残障而且活到中年或者老年的患者占有一定的比例，造成长持续期，这即为"残疾老龄化"。如同潮水从几个方面而来一样,这四个源于残障历史和经历的特征在残疾人口中混合在一起。

现在的观点认为残障和老龄在现实生活中交错不可分离。老龄残疾化和残疾老龄化的现象适用于每个人,不管他有多大年龄。对残疾人的科学研究必须拓宽思路,在长期的研究框架下设计问题,包括患者的整个残疾史以及后果,以及比较青年、中年、老年残疾人的态度和希望。在服务条款范围内,为残疾人提供的健康和社会服务必须包含所有年龄而不是集中在年轻人或者老年人上(见 Ansello & Eustis, 1992; Gilson & Netting, 1997; Hasler, 1991; Myers, 1985; Rose & Ansello, 1988; Simon-Rusinowitz & Hofland, 1993; Torres-Gil & Putnam, 1999)。

致　谢

这个项目由美国医疗康复中心(the National Center for Medical Rehabilitation)和美国国家卫生所(National Institutes of Health)支持。Lucia Juarez 提供计算帮助。本文出现在促进老年人独立和生活质量大会(Conference on Promoting Independence and Quality of Life for Older Persons)(12/99,Washington, DC)上,由美国健康访谈残疾主题调查全国会议(National Conference on the National Health Interview Survey on Disability)(6/00,Minneapolis,MN),澳大利亚卫生和福利所(Australian Institute of Health and Welfare)(3/01,Canberra),意大利国家统计所(Italian National Statistical Institute)(4/01,Rome),和国际健康寿命研究网络(International Network on Health Expectancy)(REVES,6/01,Vancouver,Canada)联合举办。

(张蕾、唐晓雪初译、审译,宋新明审校)

参考文献

Adams, P. F., & Marano, M. A. (1995). Current Estimates from the National Health Interview Survey, 1994. *Vital and Health Statistics*, Series 10, No. 193 (DHHS Publ. No. PHS 96-1521). Hyattsville, MD: National Center for Health Statistics.

Anderson, R. T., James, M. K., Miller, M. E., Worley, A. S., & Longino, C. F., Jr. (1998). The timing of change: Patterns in transitions in functional status among elderly persons. *Journal of Gerontology: Social Sciences*, 53B, S17-S27.

Ansello, E. F., & Eustis, N. N. (Eds) (1992). *Aging and disabilities: Seeking common ground*. Amityville, NY: Baywood Publishing Co.

Barker, M., & Power, C. (1993). Disability in young adults: The role of injuries. *Journal of Epidemiology and Community Health*, 47, 349-354.

Bernard, S. L., Kincade, J. E., Konrad, T. R., Arcury, T. A., Rabiner, D. J., Woomert, A., DeFriese, G. H., & Ory, M. B. (1997). Predicting mortality from community surveys of older adults: The importance of self-rated functional ability. *Journal of Gerontology: Social Sciences*, 52B, S155-S163.

Bowling, A., Farquhar, M., & Grundy, E. (1994). Associations with changes in level of functional ability. Results from a follow-up survey at two and a half years of people aged 85 years and over at baseline interview. *Ageing and Society*, 14, 53-73.

Branch, L. G., & Ku, L. (1989). Transition probabilities to dependency, institutionalization, and death among the elderly over a decade. *Journal of Aging and Health*, 1, 379-408.

Brandt, E. N., Jr., & Pope, A. M. (Eds) (1997). *Enabling America. Assessing the role of rehabilitation science and engineering*. Washington, DC: National Academy Press.

Charlton, J. R. H. (1989). Measuring disability in a longitudinal survey. In: D. L. Patrick & H. Peach (Eds), *Disablement in the Community* (pp. 62-80). Oxford: Oxford University Press.

Chirikos, T. N., & Nestel, G. (1985). Longitudinal analysis of functional disabilities in older men. *Journal of Gerontology*, 40, 426-433.

Crimmins, E. M., & Saito, Y. (1993). Getting better and getting worse: Transitions in functional status among older Americans. *Journal of Aging and Health*, 5, 3-36.

Dunlop, D. D., Hughes, S. L., & Manheim, L. M. (1997). Disability in activities of daily living: Patterns of change and a hierarchy of disability. *American Journal of Public Health*, 87, 378-383.

Ferrucci, L., Guralnik, J. M., Simonsick, E., Salive, M. E., Corti, C., & Langlois, J. (1996). Progressive vs. catastrophic disability: A longitudinal view of the disablement process. *Journal of Gerontology: Medical Sciences*, 51A, M123-M130.

Fortinsky, R. H., Covinsky, K. E., Palmer, R. M., & Landefeld, C. S. (1999). Effects of functional status changes before and during hospitalization on nursing home admission of older adults. *Journals of Gerontology: Biological Sciences and Medical Sciences (Series A)*, 54, M521-M526.

Gilson, S. F., & Netting, F. E. (1997). When people with pre-existing disabilities age in place: Implications for social work practice. *Health and Social Work*, 22, 290-298.

Grundy, E. & Glaser, K. (2000). Socio-demographic differences in the onset and progression of disability in early old age: A longitudinal study. *Age and Ageing*, 29, 149-157.

Guralnik, J. M. Ferrucci, L., Penninx, B. W., Kasper, J. D., Leveille, S. G., Bandeen-Roche, K., & Fried, L. P. (1999). New and worsening conditions and change in physical and cognitive performance during weekly evaluations over 6 months: The Women's Health and Aging Study. *Journals of Gerontology: Biological Sciences & Medical Sciences (Series A)*, *54*, M410-M422.

Harris, T., Kovar, M. G., Suzman, R., Kleinman, J. C., & Feldman, J. J. (1989). Longitudinal study of physical ability in the oldest-old. *American Journal of Public Health*, *79*, 698-702.

Hasler, B. S. (1991). Disability and aging. *New England Journal of Human Services*, *10*, 22-27.

Jorgensen, H. S., Nakayama, H., Raaschou, H. O., Vive-Larsen, J., Stoier, M., & Olsen, T. S. (1995). Outcome and time course of recovery in stroke. Part II: Time course of recovery. The Copenhagen Stroke Study. *Archives of Physical Medicine and Rehabilitation*, *76*, 406-412.

Maddox, G. L., & Clark, D. O. (1992). Trajectories of functional impairment in later life. *Journal of Health and Social Behavior*, *33*, 114-125.

Manton, K. G., Corder, L. S., & Stallard, E. (1993). Estimates of change in chronic disability and institutional incidence and prevalence rates in the U.S. elderly population from the 1982, 1984, and 1989 National Long Term Care Survey. *Journal of Gerontology: Social Science*, *48*, S153-S166.

Massey, J. T., Moore, T. F., Parsons, V. L., &Tadros, W. (1989). Design and estimation for the National Health Interview Survey, 1985-1994. *Vital and Health Statistics*, Series 2, *No. 111*(DHHS Publ. No. PHS 89-1384). Hyattsville, MD: National Center for Health Statistics.

Mor, V., Wilcox, V., Rakowski, W., & Hirs, J. (1994). Functional transitions among the elderly: Patterns, predictors, and related hospital use. *American Journal of Public Health*, *84*, 1274-1280.

Myers, J. E. (1985). Using links to help older disabled persons with transitions. *Rehabilitation Counseling Bulletin*, *29*, 143-148.

Newacheck, P. W., & Halfon, N. (1998). Prevalence and impact of disabling chronic conditions in childhood. *American Journal of Public Health*, *88*, 610-617.

Newacheck, P. W., McManus, M. A., &Fox, H. B. (1991). Prevalence and impact of chronic illnesses among adolescents. *American Journal of Diseases of Children*, *145*, 1367-1373.

Newacheck, P. W., Strickland, B., Shonkoff, J. P., Perrin, J. M., McPherson, M., McManus, M., Lauver, C., Fox, H., & Arango, P. (1998). An epidemiologic profile of children with special health care needs. *Pediatrics*, *102*, 117-123.

Power, C., Li, L., & Manor, O. (2000). A prospective study of limiting longstanding illness in early adulthood. *International Journal of Epidemiology*, *29*, 131-139.

Reuben, D. B. (1998). Warning signs along the road to functional dependency. *Annals of Internal Medicine*, *128*, 138-139.

Rose, T., & Ansello, E. F. (Eds)(1998). Special issue on aging and disabilities. *Educational Gerontology*, *14*(5).

Rudberg, M. A., Parzen, M. I., Leonard, L. A., & Cassel, C. K. (1996). Functional Limitation Pathways and transitions in community-dwelling older persons. *The Gerontologist*, *36*, 430-440.

Scott, W. K., Macera, C. A., Cornman, C. B., & Cassel, C. K. (1996). Functional health status as a predictor of mortality in men and women over 65. *Journal of Clinical Epidemiology*, *50*, 291-296.

Strawbridge, W. J., Kaplan, G. A., Camacho, T., & Cohen, R. D. (1992). The dynamics of disability and functional change in an elderly cohort: Results from the Alameda County Study. *Journal of the American Geriatrics Society*, *40*, 799-806.

Torres-Gil, F., & Putnam, M. (1999). The growing pains of aging: Disability, aging and Baby Boomers. In: K. Dychtwald(Ed.), *Healthy Aging: Challenges and Solutions*(pp. 261-283). Gaithersburg, MD: Aspen.

Verbrugge, L. M. (1995). *The Disability Supplement to the 1994-1995 National Health Interview Survey (NHIS-Disability)*. Prepared under a contract from the Division of Health Interview Statistics, National Center for Health Statistics, Hyattsville, MD. Available from author or NCHS.

Verbrugge, L. M. & Balaban, D. J. (1989) Patterns of change in disability and well-being. *Medical Care*, *27*, S128-S147.

Verbrugge, L. M. & Jette, A. M. (1994). The disablement process. *Social Science and Medicine*, *38*, 1-14.

Verbrugge, L. M, Reoma, J. M., & Gruber-Baldini, A. L. (1994). Short-term dynamics of disability and well-being. *Journal of Health and Social Behavior*, *35*, 97-117.

Verbrugge, L. M. & Yang, L. (2002). Aging with disability and disability with aging. *Journal of Disability Policy Studies*, *12*, 253-267.

Wolinsky, F. D., Armbrecht, E. S., & Wyrwich, K. W. (2000). Rethinking functional limitation pathways. *The Gerontologist*, *40*, 137-146.

Wolinsky, F. D., Gallahan, C. M., Fitzgerald, J. F., & Johnson, R. J. (1993). Changes in functional status and the risks of subsequent nursing home placement and death. *Journal of Gerontology: Social Sciences*, *48*, S94-S101.

Wolinsky, F. D., Stump, T. E., Callahan C. M., & Johnson, R. J. (1996). Consistency and change in functional status among older adults over time. *Journal of Aging and Health*, *8*, 155-182.

美国土著人口的残疾问题

芭芭拉·奥尔特曼、伊丽莎白·罗什

摘　要

当今流行病对美国土著人口的威胁已经得到了控制,而慢性病和职业病的流行成为关注的焦点,尤其在死亡率和患病率有关的方面。本文分析了美国土著人口中由于慢性病、意外伤害和职业病而导致的残疾问题,并且通过功能和活动受限的衡量估计了残疾现患率。本文也描述了各种残障和受限类型的美国土著人的社会经济状况。和美国白人、黑人和其他种族的人群相比,土著人报告的残损、功能和活动受限的水平最高,总体上有32%的土著人在某些方面受限。相比于其他种族的残疾现患率随着年龄的增长而增长、并与教育和收入的低水平有关的情况,美国土著人中最年轻群体的现患率较其它年龄组更高,无论检测的是躯体受限还是任务/活动能力受限。Logistic回归分析显示,在控制了所有与受限和残损有关的一般特征后,种族仍然是躯体和任务/活动受限的一个预测变量,可以解释29%的美国土著人可能有某种形式的限制。

引　言

一个时期内当卫生服务团体和卫生服务机构非常关注于健康和残疾的种族差异时,正如《健康人口2010》(*Healthy People* 2010)的预测目标所表明的,人们惊奇地发现可以获取的有关全部美国土著人口的健康信息非常少,而关于这一群体的残疾信息就更少。在可以获取的美国土著人健康方面的研究中,重点关注的是心脏病、癌症、糖尿病、胎儿的酒精综合症和其他慢性疾病的风险因素分析(Del Puente et al., 1989；Gilliland, 1997；Kimball et al., 1996；Welty et al., 1995；Wiggings et al., 1993；Winkleby et al., 1992)。在大多数的案例中,文献资料的来源是单个部落,如蒙大拿州的

Chippawa 部落（Goldberg et al.，1994；Peterson et al.，1994）或是一块地理区域内的人，如平原地区的印地安人（Cheadle et al.，1994；Gililand et al.，1998；Pearson et al.，1994；Dugarman et al.，1992）。因部落之间的异质性原因，尽管这些研究的结果不能够概括全体土著美国人口情况，但这些关注于部落或者地理区域土著人口的研究却经常作为全部土著人口进行错误的解释。

我们不能获得较多的土著人的总体信息的重要原因之一是全国性的健康调查缺少对这部分总体的关注①，在总体健康调查中，小数量的土著人样本仅仅反映在对美国人口的代表性上。② 第二个问题与土著人口总体数据的收集方式有关，部落之间的异质性甚高（Ericksen，1997）。联邦政府承认超过 500 个部落为土著人的合法代表，另外还有 100 多个部落并未从联邦的认定中获益（Kramer，1992）。由于这些部落的人口规模从小于 10 人到超过 100,000 人不等，故而在任何一种数据收集过程中，使用的比例代表性均在实际操作中不可能实现。故而，在这点上，印第安人卫生服务（Indian Health Service，IHS）两年一次的报告仍然是可能最广泛地反映土著人的健康状况的资料，这些报告是关于 IHS 提供直接或合同护理的病人情况的。但印第安人卫生服务主要在保留地或保留地附近地区提供，因此这些数据也只代表了大约 60% 的美国土著人群和阿拉斯加土著人；数据实际上低估了居住在都市的土著人口比例（IHS，2000）。

现今土著人群中面临的传染病的威胁已经得到了控制，人们开始关注慢性病的流行和其风险因素的高发生率上。然而，关注点多集中在慢性病的发病率和死亡率上，极少信息会反映经常与慢性病发病率相关的残疾结局。关于意外导致的残疾方面的信息则更少，与全国总人口相比，意外致残在土著人中发生的频率更高（IHS,2000），还有职业病引发的残疾，如 Navajo 铀工作人员及其家人的案例（Dawson，1991）。关于美国土著人和阿拉斯加土著人群残疾的信息是普遍缺乏的，除此之外，最近对残疾问题的关注也主要集中于土著

---

① 这段说明的例外是美国印第安和阿拉斯加土著调查（Survey of American Indians and Alaska Natives，SAIAN），1987 年由美国卫生服务研究中心（National Center for Health Service）即现在的卫生健康研究和质量局（Agency for Healthcare Research and Quality）进行。美国印第安和阿拉斯加土著调查的样本来自住在保留区或附近的美国土著，他们符合印第安卫生健康服务，所以也不能代表美国土著人口。

② 一个可以代表全美卫生调查的例子，即美国卫生访谈调查，它有大概 200—300 个成年被调查者，他们在任意一年数据收集中都认为自己是美国土著。

人口的一个群体——老年人（Chapleski et al.，1997）。

Zechetmayer（1997）指出，美国土著人中存在忽视卫生保健的危机。我们认为，卫生保健危机问题尤其突出的一个方面是缺乏对残损的关注,所导致的受限和残疾可能源于相对较高的慢性病发病率和案例、持续升高的意外伤害发生率和较高的胎儿酒精综合症发生水平（May et al.，1983），并且相对缺乏对这个群体的康复途径和方式的记录（Marshall et al.，1992；O'Connell，1987；Toubbeh，1987）。

在对美国印第安人和阿拉斯加土著人的健康行为的研究中，Denny 和 Taylor（1999，p. 406）已经注意到，"美国印第安人的健康（和总体美国人的健康）之间的差距不应仅从发病率和死亡率上理解，也应该关注残疾和与健康有关的生活质量"。本文的分析作为对他们所注意到的问题的回应，目的是双重的：首要的目的是提供全国范围内美国土著人口的残疾现患率估计，而残疾的确认通过躯体残损、功能受限和活动受限进行多重测量，并将这一群体的现患率估计和全国主要种族人口和少数种族人口的现患率进行比较。第二个目的在于描述美国土著残疾人情况，调查他们的社会经济状况并与总体的美国土著人进行比较。

方　法

数据来源

美国健康访谈残疾主题调查（NHIS-D）第一阶段的调查是本次研究的数据来源。残疾部分补充调查在1994—1995年期间实地调查，是由需要全国性残疾数据的联邦机构之间相互合作实施的，因此，这是一份大范围的唯一数据源。

数据是通过两次年度全国性的家庭户访谈调查获得的。多阶段概率设计允许连续抽样（Adams & Marano，1994，1995）。在第一级的抽样中，初级抽样单位（PSU），如一个县，一小组郡，或一个大都市地区，根据人口数量的概率比例抽样选择，这些从地理方面定义的地区代表了50个州和哥伦比亚特区。在第二级抽样中，地段（几个家庭或住房单位）从所有设计包括的受访家庭户中选出。访问员来自美国人口普查局，他们经过培训，并进行实地访谈，获取每个家庭中所有成员的信息。如果可以，尽量使访谈过程中所有家庭成员都在场。如果这样难度较大，可以由这个家庭中可负责的一个成年人来回答所有问题。1994年对非裔美国人、1995年对非裔美国人和西班牙裔美国人采取的都是冗余抽样,这样提高了对这两部分人群患病率估计的准确度。在数据收集和处理过程中,人口普查局和美国卫生统计中心(National Center for Health Statistics, NCHS)严格按照正确的过程进行,以保证数据的完整性。

抽样对象

1994年和1995年的访谈样本分别包括了107,469和95,091个个体,也就是一共有202,560个样本。NHIS核心部分的调查和残疾部分第一阶段调查的总应答率是87%。基于本研究的目的,样本被限定在18周岁及以上的成年人,由此,分析可用的总样本量是145,007人。

变量构成

为了区分不同的种族,我们从核心问卷的两个问题构建了分类:"请问您原来的国家或祖先属于以下哪个群体?"和"请问您的种族是什么?"这两个问题按此顺序提问。第一个问题只确认了受访者是否为西班牙血统(裔)。它的选项包括以下几类:波多黎各人、古巴人、墨西哥人、奇卡诺人、其他拉美人和其他西班牙人。第二个问题确认了受访者的种族。选项不仅分成"黑人"和"白人",也包括美洲印第安人、爱斯基摩人、阿留申人、夏威夷土著人、中国人、菲律宾人、韩国人、越南人、日本人、印度人、萨摩亚人、关岛人、其他亚洲人及太平洋岛民和其他种族。构成种族变量包括两个步骤。第一,种族选项归为四个大类:土著人,包括美洲印第安人、爱斯基摩人、阿留申人、夏威夷土著人[1],统称为美国土著人;白人和黑人各算作一类;剩下的选项归为"其他"类。第二,将重新编码的种族类别与是否西班牙裔此二分变量进行交互分类。西班牙裔的白人或黑人归为"其他种族"类。认为自己是西班牙裔的美国土著人仍被分在"美国土著人"中,以保证样本规模。[2] 这份调查中的"其他"类也包括那些认为自己是西班牙裔而没有回答是哪个种族的人。尽管在研究美国土著人时,西班牙裔人群是一个重要的比照组,但两者之间的比较并不会出现在本文中,而由另一篇正在创作的论文进行分析。因此,根据本文的分析目

---

[1] 精确地有88个被调查者认为是夏威夷土著,或者说全部样本的6.5%用在这个分析里。

[2] Ericksen(1997)指出在人口普查再次访问研究中,有大约92%普查时选择美国印第安的人在跟踪里再次选择。这可以说明确定这个人口的一些可靠性。最后,当我们谈到把自我认定作为了解他们种族/民族的依据而不是部落人员名单时,接受他们说的那个特征很重要。因为这个分析主要是探究这个人口里的残疾现患率和内在异质性,因此样本代表那样分辨出来的人的全国分布这个事实很重要。基于种族识别变量的限制,这个分析不用与部落残疾水平比较,但是这不是目标。

的,自变量(种族)通过四个类别所代表,即非西班牙裔白人、非西班牙裔黑人、美国土著人和其他。

残疾的特征包括五个维度:日常生活能力受限(ADL),工具性日常生活能力受限(IADL),功能受限(上半身或下半身),感觉受限(听觉或视觉),以及主要活动受限。为了解基本的和工具性的 ADL,受访者需要回答的问题包括:对辅助、特殊仪器、提醒、监督的需要,以及完成任务的难易程度。ADL 任务包括洗澡、穿衣服、吃饭、上下床或在椅子上坐下起来、上厕所、室内行走。IADL 任务包括:做饭、购物、理财、打电话、做简单家务。[①] 对辅助的需要(包括需要提醒、监督,或受访者未完成任务)来评估这些日常活动任务。ADL 和 IADL 需要帮助的报告总数用来生成一个二分变量(不需要任何帮助,任一帮助)。

对于功能性活动,我们则会测量其完成的难易程度。描述功能受限的问题包括:提举物品、爬楼梯、走四分之一英里路、站立二十分钟、弯腰、够东西、握笔/铅笔和抓东西。我们对"不知道"或"不确定"的回答进行归因,来提高答案的一致性。例如,在问"您是否能够举起 10 磅重的东西,如一大袋杂货?"时受访者的回答为"不知道",但却表示存在"弯腰"或"取东西"的困难时,我们就会将他归为存在举物困难,否则"不知道"的回答就会被归为没有困难一类。类似地,对"爬楼梯"(用弯腰、走路、站立变量)、"走路"(用爬楼梯、站立变量),"站立"(用爬楼梯、走路和弯腰变量)和"抓取物品"(用握笔变量)的"不知道"或"不确定"回答,我们也会进行再编码。通过这种方法,每种功能受限中的回答都得到了修正,需要修改的比例不到 1%。除非受访者对某种限制回答"是",否则都会对其回答进行归因,并用反映出限制的任务的总量来创造出一个二分变量(受限,不受限)。

通过一系列问题测量受访者听取正常对话和高分贝噪音的能力,是否使用助听器和其它助听设备,我们将听觉受限变量分为三个程度:没有受限,受限,耳聋。同样,通过受访者对有关视力困难(即使带了矫正眼镜)、法定失明和视力辅助工具使用情况的回答,我们就能确定其视力受限程度。将这两方面的结合,我们可以得到一个反映感觉受限的二分指标。

为识别主要的活动受限,我们会问受访者:"您在过去的 12 个月里最常

---

① 繁重的家务也经常被包括进 IADL 的活动。根据 Fleishman 的工作,发现重家务的 Spector 和 Altman(2002)在因素分析中使另一个因素从其他 IADL 分类中分离出来,一般作为样本的一个内容提到的唯一任务受限,我们没有包括那个内容在这里。

做的是什么;工作、看家、上学还是其他?"、"您现在会觉得有哪些障碍或健康问题使您不能进行这些活动吗?"根据回答不同,受访者会被分为四类:不能进行主要活动;在主要活动中受到某方面限制;在其它活动中受到限制;不受限。

有关视觉、听觉、ADL/IADL、功能活动和主要活动受限的二分变量可以整合成为一个二分变量"是否受限"。为更有效地进行分析,我们将对残疾的测量进一步简化成两个大类。功能受限和感官受限结合成一个变量——身体限制,反映了身体障碍对个体能力和功能影响的结果。ADL、IADL 和一些活动中的任务完成的限制结合成一个单一的任务受限变量,反映了在可能有关或者可能无关的身体功能问题影响下的自我照顾/独立和角色活动的能力。

本文分析所用的自变量包括年龄、性别、教育水平、就业状况、家庭收入和居住地区的人口规模。年龄分成三类,18—44、45—64 和 65 岁及以上。就业状况指的是受访者在接受调查前两周内在劳动力市场的情况。它包括三类:被雇佣,待业劳动力(即过去两周内没有工作,但却在找工作或有一个保留的职位),非劳动力。由于在原始的家庭收入数据中有 15% 的缺失值,因此它只被用作二元分析。在回归分析中,家庭收入的数据我们用公开的美国健康访谈调查(NHIS)数据光盘里的数值进行估计。在这个变量上有缺失值的个案通过在矩阵单元内进行按次序使用热卡补齐法来赋值,也即将单元内均值估计法和连续热卡补齐法结合使用。这个过程的详细内容可以在国家卫生统计中心(NCHC)的网站上找到(美国卫生与公共服务部,1999)。对在教育变量上有缺失值的个案,我们基于其种族和居住地区(城市/农村)赋予均值。

数据分析

通过将种族/民族分成四类,所有样本按年龄、性别、教育水平、就业状况、家庭收入、健康状况和居住地区人口规模进行分层分析,可以对所有残疾变量的现患率进行估计。在估计时,每一个分析单元都至少包括 20 个有应答的样本。如果单元内规模小于 20,我们就不进行加权估计。如果未加权的单元规模在 20 到 30 之间,表格中会加以注明。样本权重由 NCHS 确定,通过对抽样方法引起的抽样概率不等(如样本冗余)、漏访、失访进行调整,权重用于计算总体的估计值。在二元分析中使用卡方检验,如果值低于 0.05 就会被认为显著。通过 SUDAAN 软件(可以将复杂抽样的数据进行聚类相关分析),我们可以用 Taylor 线性化来估计方差。我们用多重 Logistic 回归在控制种族、年龄、性别、收入、地区人口规模和受教育程度的情况下,估算残疾的发生比(P<0.05)。残疾因变量包括日常生活能力/工具性日常生活能力受限(一个或多个)、功能活动受限、听觉或视觉障碍、任何主要活动限制和障碍,反映出至少有一个前期残损或者受限。

结 果

残疾报告的不同种族/民族差异

交互分类分析显示,美国土著人反映出的残疾问题,较本文中考虑到的其他种族更为严重。据表1显示,与其它观察到的种族相比,美国土著人身体受限(23.1%)和任务受限(24.7%)的比例都要更高。总体来说,有大概三分之一(32.0%)的美国土著人反映有某种形式的受限,而在非西班牙裔白人中这个比例只有26%,非西班牙裔黑人中26%,其他种族中18%。尤需值得注意的是土著人群中有很高的感觉受限水平,大约有13%的土著人反映存在听觉或视觉受限,比黑人(6.0%)和其他种族(5.1%)的两倍还多,比白人(9.3%)多出38%。[①]

与身体受限有关的社会人口因素

表2显示了在不同种族间的身体受限的现患率,种族内用社会人口学变量和健康变量进行分类比较。在每个年龄组里,美国土著人都显示了最高的现患率,甚至在18—44岁的年龄组中都有接近15%的人反映有身体功能受限、视觉或听觉障碍。在老年土著人口中,63%的土著人反映至少患有一种身体受限,大大高于同年龄组的黑人和白人患病比例。

大概四分之一的美国土著妇女显示有身体受限,可以对比的是五分之一的白人和黑人妇女以及14%的其他种族妇女。所有种族里妇女更容易出现身体受限,男女间的这个差异在黑人中最大、在白人中最小。美国土著人中的这个差异比白人稍微大一点但是没有大到黑人的程度。

教育与身体受限的相关度在美国土著人口中比其他种族略少。在其他种族里,大学毕业的人与教育年数少于12年的人相比没有身体受限的机会多出三分之二。然而,因为美国土著回答是大学程度的数量非常少,所以人口估算

---

① 当年龄调整美国土著,18—24岁的感觉受限大约是白人的2倍,黑人和其他种族3倍。65岁及以上的美国土著,40.9%报告有感觉受限,而白人有25.6%,黑人22.2%,其他种族有21.2%。

是缺少信度的。

如果我们关注上过大学而不是大学毕业,教育相关的差别很显著。受教育水平升高、残疾现患率减少的这一相关的事实在所有种族里是显而易见的。有上过大学和受教育小于 12 年的人口相比,非西班牙籍白人、非西班牙籍黑人和其他种族在受限上有 60% 的差异。而美国土著这种差异不太显著,只有 40%。

被雇佣的美国土著比较容易显示他们有一些形式的身体受限(非西班牙籍白人是 14% 比 9.9%,非西班牙籍黑人是 7.4%,其他种族是 6.5%)。找工作的人比例显示了至少一个身体受限,非西班牙籍白人和美国土著在这方面有些类似。白人、黑人和美国土著都有超过三分之一的没有找工作的人患有身体受限。其他种族非就业的比例很低(可能说明西班牙籍人口比较年轻或者其他相关新移民群体)。

收入和受限的关联在各个种族中是一致的,其他种族身体受限总体比例很低,所以此组受限比例与每个收入水平相关度很低,对剩余种族的各组来说,关联的模式相对一致。不考虑种族/民族背景,较高收入水平检测到较低的比例,意味着至少一种身体受限。

所有种族中住在农村的人显示有某种形式残疾的比例比较高。因为美国土著一般显示较高的身体受限现患率,和收入一起,这些反映在每个测量系统分析(MSA)变量的分类中。

健康状况一般或者很差的非西班牙裔黑人和美国土著,有超过 50% 的显示出至少有一个身体受限。非西班牙裔白人的比例更高(63%),其他种族更低(44%)。少于 10% 的人显示出健康非常好,这说明白人和美国土著都有身体限制。黑人和其他种族健康非常好的比例更小。

与任务/活动受限有关的社会人口因素

任务受限的现患率包括 ADLs 和 IADLs 受限、主要活动或者任一活动,都显示在表 3 中。美国土著的任务或者活动受限比例是:18—44 年龄组为 18.9%,65 岁及以上年龄组为 50.9%,也是比例最高的组。年龄组 45—64 里,黑人和美国土著显示出相似的任务/活动受限水平,都比白人和其他种族高。

除了美国土著,虽然妇女倾向于报告存在受限的比例更高,男人和女人任务/活动受限比例相似。而美国土著中妇女有任务或活动受限的比例大约高于男性 27%。关于这个差异一个可能的解释是美国土著男性有比较高的意外事故死亡率(HIS,2000),结合现在的结果,可能显示的是美国土著男性在变成残疾前就死去了。这一结果 Altman(1990) 也曾分析过,他发现美国土著四种常见死亡原因里,意外事故受损对致残相关度女性高于男性。

任务/活动受限与教育相关程度和非西班牙裔白人、非西班牙裔黑人和其他种族的身体受限与教育相关类似。然而对这个因变量,高中以下的个体比上过大学的个体高出 50% 的可能性存在任务/活动受限。这个差异在非西班牙裔白个体上不是很大,但是比之前注意到的美国土著身体受限稍微高点。

有工作的美国土著比非西班牙裔黑人、非西班牙裔白人或其他种族更可能有任务或活动受限。非就业的美国土著也显示出任务或活动受限更高的水平,接近非西班牙裔黑人但是比其他种族高了 40%。

在 1994/1995 年,家庭收入少于 10,000 美元的非西班牙裔黑人、非西班牙裔白人和美国土著里有超过三分之一的显示有任务或者活动限制,即使其他种族的比例只有 25%。和身体受限的例子一样,对于所有种族,收入增加相关联的是任务/活动受限比例的下降。然而,收入最高水平时,美国土著的受限比例也还是因为样本量太小而无法可靠估计。

一些证据显示,黑人和美国土著中,住在大多数农村地区内的人群有比较高的受限比例。黑人里,住在县内没有都市区的地方的人群中有 26.5% 显示有一些任务或活动受限,而住在都市区的比例是 19.7%。住在县内没有都市区或在县内但都市区人口少于 250,000 的美国土著,和非西班牙裔白人或其他种族相比,有较高的任务或活动限制比例。

无论关注什么种族或民族人口的健康状况,健康状况与任务或活动限制十分相关。只有不足 10% 的人显示健康状况是非常好,说明不管什么种族的人群都有任务或活动受限。然而最明显的是其他种族的人,大概由于年龄分布,只有 4.2% 的其他族群身体状况非常好的人回答他们有任务/活动受限。美国土著中既健康状况非常好又很可能回答任务或活动受限的比例是上面的两倍。比较容易预测出报告健康状况很差的人最可能有任务或活动受限,即使比起其他种族背景更大范围也是正确的,这个范围扩大到非西班牙裔白人、非西班牙裔黑人和美国土著。有身体受限中三分之二的人有任务或活动受限,关联性最强的是在非西班牙裔黑人和美国土著人群中,而关联性在其他种族内比较弱。

表 1 不同种族的成年人中身体受限和任务受限的现患率

	成年人总量	白人	黑人	美国土著人	其它	卡方检验
总量（千）	190,414	142,485	21,030	1,786	25,112	
		现患率百分比及标准误				
身体受限[a]	18.1%（0.17）	19.1%（0.21）	17.6%（0.46）	23.1%（1.63）	12.2%（0.29）	436.45, p=0.0000
上半身或下半身功能受限	13.2%（0.14）	13.6%（0.16）	14.9%（0.40）	16.6%（1.14）	9.1%（0.25）	281.62, p=0.0000
感官受限	8.4%（0.11）	9.3%（0.13）	6.0%（0.26）	12.8%（1.30）	5.1%（0.19）	404.84, p=0.0000
任务受限[b]	18.4%（0.16）	18.9%（0.18）	20.9%（0.47）	24.7%（1.58）	13.4%（0.29）	396.39, p=0.0000
ADL受限	1.8%（0.04）	1.8%（0.05）	2.1%（0.11）	2.7%（0.42）	1.4%（0.08）	41.24, p=0.0000
IADL受限	3.3%（0.06）	3.3%（0.07）	4.4%（0.18）	5.0%（0.62）	2.4%（0.10）	115.63, p=0.0000
主要活动受限	18.1%（0.16）	18.5%（0.18）	20.4%（0.48）	24.1%（1.59）	13.1%（0.28）	389.18, p=0.0000
任一受限[c]	25.2%（0.91）	26.3%（0.22）	25.9%（0.54）	32.0%（1.98）	17.9%（0.35）	517.05, p=0.0000

[a] 身体受限包括回答有关行动、上半身功能的问题、上半身能的问题比如够东西或者抓东西还有视觉和听觉受限。
[b] 任务限制包括回答关于个人护理任务、工具性任务的问题比如购物、理财等。还有完成主要活动能力受限的显示。
[c] 任一受限结合身体受限和任务受限的指标来识别有任一形式受限的人。

表 2 不同种族/民族背景成年人分社会经济变量分的身体受限ª 的现患率

	成年总人口	白人	黑人	美国土著	其他	卡方检验
总数(千)	190,414	142,485	21,030	1,786	25,112	
	现患率百分比和标准误					
年龄						
18–44	8.0 (0.13)	8.3 (0.16)	8.4 (0.34)	14.8 (1.31)	6.1 (0.22)	274.05, p=0.000
45–65	21.4 (0.29)	21.0 (0.33)	25.3 (0.82)	29.6 (2.96)	19.5 (0.64)	
65+	47.6 (0.43)	47.5 (0.48)	52.1 (1.22)	62.9 (4.62)	42.8 (1.44)	
性别						
女性	16.7 (0.20)	18.0 (0.24)	14.6 (0.52)	21.6 (1.84)	10.7 (0.38)	72.71, p=0.000
男性	19.3 (0.19)	20.1 (0.23)	20.0 (0.55)	24.5 (2.35)	13.7 (0.35)	
教育						
少于高中	32.7 (0.36)	37.9 (0.49)	33.7 (0.96)	30.8 (2.64)	18.4 (0.54)	336.31, p=0.000
高中毕业	17.8 (0.22)	19.3 (0.26)	13.6 (0.48)	20.7 (2.71)	10.9 (0.45)	
上过大学	13.4 (0.24)	14.5 (0.28)	10.3 (0.57)	18.2 (2.75)	8.7 (0.47)	
大学毕业	10.5 (0.21)	11.0 (0.24)	9.5 (0.75)	19.3ᵇ (3.84)	6.7 (0.54)	
就业状况						
被雇佣	9.3 (0.14)	10.0 (0.16)	7.4 (0.30)	14.0 (1.67)	6.5 (0.22)	83.98, p=0.000
没有被雇佣	14.4 (0.59)	16.0 (0.79)	12.5 (1.17)	18.0ᶜ (4.33)	9.6 (1.10)	
没有在人力市场	36.4 (0.34)	38.5 (0.42)	36.8 (0.92)	40.0 (2.68)	23.8 (0.65)	
家庭收入ᵈ						

续　表

	成年总人口	白人	黑人	美国土著	其他	卡方检验
缺失	19.5 (0.37)	21.9 (0.44)	17.0 (1.02)	19.4[b] (3.20)	11.5 (0.58)	419.78, p=0.000
< $10,000	34.7 (0.77)	38.8 (1.09)	33.7 (1.12)	30.2 (4.04)	22.4 (1.13)	
$10,000 - $19,999	27.5 (0.43)	31.6 (0.52)	21.8 (0.89)	24.9 (2.84)	15.8 (0.68)	
$20,000 - $34,999	18.0 (0.28)	19.9 (0.32)	12.4 (0.78)	23.1 (2.21)	10.6 (0.56)	
$35,000 - $49,999	12.5 (0.27)	13.2 (0.32)	9.0 (0.68)	19.7 (3.47)	8.5 (0.55)	
$50,000 +	9.3 (0.19)	9.7 (0.21)	6.4 (0.47)	17.6[b] (3.39)	7.4 (0.44)	
城市/农村居民						243.88, p=0.000
>1,000,000	15.7 (0.22)	17.0 (0.28)	15.9 (0.55)	20.8 (2.04)	10.7 (0.34)	
250,000 - 999,999	18.6 (0.39)	19.1 (0.42)	18.6 (0.80)	22.0 (2.69)	15.0 (0.80)	
<249,999	18.4 (0.61)	18.7 (0.67)	18.3 (1.32)	25.1[b] (3.44)	13.6 (1.47)	
其他农村	22.4 (0.42)	22.7 (0.44)	22.2 (1.51)	25.1 (3.44)	16.0 (1.15)	
健康状况[c]						292.64, p=0.000
非常好	8.2 (0.13)	9.0 (0.15)	5.5 (0.31)	9.6 (1.40)	4.7 (0.18)	
好	21.5 (0.28)	24.5 (0.35)	14.8 (0.61)	25.6 (3.17)	12.7 (0.55)	
一般/差	59.5 (0.44)	63.7 (0.54)	55.0 (1.06)	53.3 (3.59)	44.4 (1.10)	

[a] 身体残疾表示上下半身功能受限比如走路、购物，够到头顶还有听力和视觉的感觉受限。见方法部分的变量讨论。
[b] 表示原始样本单元大小在加权前在20和30之间。
[c] 原始样本单元大小小于20。
[d] 大约15%的家庭收入缺失。缺失类相关统计在双变量回归里，然而方法里描述的修改后版本用在回归分析里。
[e] 健康状态缺失值对每个种族群内都小于1%，所以没有包括在这里。

表 3 不同种族/民族背景成年人分社会经济变量的任务受限现患率

	成年总人口	白人	黑人	美国土著	其他	卡方检验
总数（千）	190,414	142,485	21,030	1,786	25,112	
		现患率百分比和标准误				
年龄						
18–44	10.4 (0.13)	10.6 (0.17)	12.2 (0.42)	18.9 (1.64)	7.3 (0.23)	227.81, p = 0.000
45–65	23.0 (0.27)	21.9 (0.31)	30.8 (0.88)	29.8 (2.61)	22.9 (0.71)	
65+	38.9 (0.43)	38.1 (0.47)	48.2 (1.19)	50.9 (4.47)	38.0 (1.34)	
性别						
女性	17.4 (0.19)	17.9 (0.23)	20.4 (0.59)	21.6 (1.77)	12.0 (0.36)	11.70, p = 0.009
男性	19.4 (0.18)	19.8 (0.21)	21.3 (0.52)	27.5 (2.17)	14.8 (0.35)	
教育						
少于高中	32.2 (0.34)	35.3 (0.46)	38.0 (0.92)	33.9 (3.24)	20.1 (0.53)	427.941, p = 0.000
高中毕业	17.9 (0.22)	18.8 (0.26)	17.3 (0.52)	23.5 (2.22)	11.4 (0.48)	
上过大学	14.4 (0.22)	15.2 (0.26)	13.1 (0.67)	16.7 (2.72)	10.1 (0.48)	
大学毕业	11.4 (0.19)	12.0 (0.22)	10.6 (0.70)	16.1[a] (3.37)	8.0 (0.54)	
就业状况						
被雇佣	9.6 (0.13)	10.2 (0.16)	8.8 (0.35)	13.5 (1.43)	6.5 (0.22)	112.39, p = 0.000
没有被雇佣	17.3 (0.67)	18.9 (0.87)	14.5 (1.34)	18.5 (4.35)	13.5 (1.33)	
没有在人力市场	36.6 (0.33)	37.0 (0.38)	43.8 (0.83)	45.5 (2.33)	27.0 (0.60)	
家庭收入						

续 表

	成年总人口	白人	黑人	美国土著	其他	卡方检验
缺失	19.9 (0.36)	21.3 (0.41)	20.8 (1.02)	21.2 (3.27)	12.9 (0.69)	515.92, p = 0.000
< $10,000	36.3 (0.72)	39.2 (0.94)	33.7 (1.28)	37.5 (4.0)	24.7 (0.94)	
$10,000 - $19,999	27.1 (0.42)	29.8 (0.52)	26.0 (1.01)	26.1 (2.68)	17.4 (0.63)	
$20,000 - $34,999	18.1 (0.26)	19.6 (0.30)	14.9 (0.75)	25.4 (2.97)	11.3 (0.57)	
$35,000 - $49,999	12.7 (0.26)	13.0 (0.30)	12.5 (1.00)	15.9[a] (3.21)	10.6 (0.79)	
$50,000 +	10.0 (0.21)	10.5 (0.23)	8.0 (0.52)	16.4[a] (3.45)	7.4 (0.42)	
城市/农村居民						
>1,000,000	17.0 (0.19)	17.6 (0.24)	19.7 (0.56)	23.2 (2.20)	12.4 (0.35)	290.91, p = 0.000
250,000 - 999,999	18.7 (0.36)	18.9 (0.40)	20.2 (0.84)	22.2 (2.83)	15.6 (0.72)	
<249,999	18.4 (0.59)	18.5 (0.64)	20.8 (1.43)	29.2 (4.91)	13.5 (1.67)	
其他农村	21.3 (0.39)	21.1 (0.38)	26.5 (1.74)	26.4 (2.98)	15.4 (1.01)	
健康状况[b]						
非常好	7.1 (0.12)	7.7 (0.14)	5.8 (0.32)	9.4 (1.30)	4.2 (0.19)	282.48, p = 0.000
好	21.5 (0.28)	25.0 (0.34)	19.3 (0.72)	23.7 (2.70)	14.3 (0.47)	
一般/差	59.5 (0.44)	68.2 (0.53)	64.8 (0.95)	64.5 (3.08)	52.4 (0.99)	
身体限制	62.7 (0.37)	61.3 (0.42)	71.7 (0.95)	68.2 (2.65)	63.5 (0.89)	17.54, p = 0.001

[a] 显示样本单元大小在 20 到 30 间。
[b] 健康状态缺失值对每个种族群内都小于 1%,所以没有包括在这里。

控制社会人口因素后的回归分析

美国土著的人口分布与其他种族不同,特别是白人。这对于年龄分布来说是存在的,同样对于教育和收入分布也是如此。因为这个,要想通过二元变量表获得种族不同造成的真正影响是很困难的。为了可以更好了解和解释种族间的差异,用一个 Logistic 回归预测身体受限、任务或活动受限或者任一残疾迹象。结果显示在表4里,种类比较数据使用斜体字标注。

结果显示,即使控制了其他因素如年龄、性别、教育、收入、接近大都市地区,种族/民族仍然作为一个因素与身体受限、任务和活动受限有关。与非西班牙裔白人相比,非西班牙裔黑人明显出现身体/感觉受限的可能性较小,而美国土著很明显较容易出现身体/感觉受限。其他种族/民族的人比起白人出现身体/感觉受限的可能性也较小。

对任务或活动受限,种族/民族也存在影响,但是与身体/感觉受限有些不同。在本实例中,一旦控制年龄、性别、教育、收入、大都市地区和身体受限,显然种族是任务或活动受限的自变量。其他种族的人比非西班牙裔白人报告残疾的可能性少1.36倍,但是非西班牙裔黑人和美国土著比白人更可能出现这些残疾。

教育和收入影响身体受限和任务或活动受限的预测值。有最低教育和收入水平的人较大学毕业或者家庭收入多于 \$50,000 的人出现残疾的可能性高。有趣的是,在其他处已经观察到的男女之间的差异,一旦控制社会人口因素后就不明显了。另外住在大都市之外的人报告身体残疾的趋势是确实受教育和收入的影响,至少对报告有身体或感觉受限的人。

这些回归分析还可拿夏威夷土著结合其他种族而非美国土著来做。结果的发生比几乎是一致且显著性水平也没有变化。由此,美国印第安人和阿拉斯加土著人口的异质性可以允许增加另外一个土著人口,其分析的结果不会产生变化。

美国土著的生存环境

在最后一张表里(表5),我们关注有不同种类限制的美国土著社会人口分布并与整体美国土著相比较。正像我们开始提到的,几乎三分之一的美国土著有至少一种身体或活动受限。同时,这个人口是年轻的,有65%的44岁及以下成年人。一般来说,残疾率随着年龄增加,在美国土著人口里确实如此,这可以从表2看出。然而这不意味着老年人是残损和受限人口的主体。有49.8%的年轻成年人报告在主要活动上有受限,而接近一半(47.6%)报告存在某种受限。老年美国土著和他们所占总体美国土著人口比例相比,老年

表4 Logistic 回归的发生比:种族是身体受限的自变量,任务受限和残疾

	身体受限[a]	任务受限[b]	任一受限[c]
种族			
白人[d]	*1.00*	*1.00*	*1.00*
黑人	0.84**	1.07*	0.88**
美国土著	1.31**	1.24*	1.29**
其他	0.64**	0.73**	0.61**
年龄			
18–44	0.13**	0.59**	0.17**
45–64	0.42**	1.13**	0.48**
65+	*1.00*	*1.00*	*1.00*
性别			
男性	*1.00*	*1.00*	*1.00*
女性	1.00	0.97	0.93**
教育程度			
小于高中	1.97**	1.48**	1.93**
高中毕业	1.34**	1.12*	1.28**
上过大学	1.24**	1.10*	1.20**
大学毕业	*1.00*	*1.00*	*1.00*
收入			
<\$10,000	3.50**	2.77**	3.48**
\$10,000–\$19,999	2.29**	1.99**	2.29**
\$20,000–\$34,999	1.57**	1.46**	1.55**
\$35,000–\$49,999	1.29**	1.18**	1.27**
\$50,000+	*1.00*	*1.00*	*1.00*
MSA			
>1,000,000	*1.00*	*1.00*	*1.00*
250,000–999,999	1.13**	0.97	1.08*

续　表

	身体受限[a]	任务受限[b]	任一受限[c]
100,000 – 249,999	1.07	0.92	1.02
<100,000	1.13	0.92	1.09
其他农村	1.14	0.89**	1.06*
身体受限			
没有		1.00	
至少一个		12.62**	

[a] 代表功能受限或感觉受限或两者都有。
[b] 代表 ADLs、IADLs 或者活动受限。
[c] 代表任何身体或任务受限。
[d] 斜体代表比较类型。
* $p \leqslant 0.05$；** $p \leqslant 0.01$。

残疾患者占有比例较高。总体上 65 岁及以上土著老年人占美国全部土著人口的 9.4%，但是残疾受限的比例占所有受限患者的 20.1%，接近老年人口比例的三倍(29.9%)报告患有严重的受限，也占报告 ADL 或者 IADLs 患者的 35.5%。

当查看此处衡量的不同种类受限，美国土著男女差异变得更为明显。女性在人口中占的比重对比男性稍微多一点。然而她们是三分之二有 ADL/IADL 受限的患者(63.7%)。美国土著女性也占到有身体功能受限的患者的 61.5%。只有感觉受限的比例才是男女均等的。

有受限或障碍的美国土著人口中，最大的人群是教育少于 12 年的个体。尤其感觉受限(45.2%)和 ADL/IADL 受限(54.6%)的个体更为明显。把所有类型受限放到一起，超过三分之一患者所接受的教育少于 12 年(37.8%)。

人口中没有显示总体高就业率(59.4%)，而受限制的个体就业率相对高，为 38.8%。这是正确的，尽管这个群体的受教育水平较低，且大部分住在大城市之外。另外的分析(在这里展示)结果显示，受限制的美国土著，就业者有较高的教育(对比 14.1% 的未就业者，32.3% 的被雇佣者上过大学；或者更醒目的是 50% 的没有被雇佣者教育程度小于 12 年而只有 18.1% 有工作)。另外有工作的受限美国土著更可能住在人口百万以上的较大城市(33.2% 的就业土著残疾患者住在人口超出 100 万的都市区，而只有 24.7% 的没有工作的患者住在这种地区，47.9% 的受限未工作者住在大部分为农村的地区)。

表 5 美国土著残疾成年人社会人口学特征

	美国土著成年人总人口	有功能受限	有感觉受限	有 ADLs 或 IADLs	主要活动受限	任何受限
总计(千)	1,786,041 (100%)	297,166 (16.6%)	229,121 (12.8%)	96,544 (5.4%)	431,215 (24.1%)	572,147 (32.0%)
			现患率和标准误			
年龄	100%	100%	100%	100%	100%	100%
18-44	64.8 (1.71)	41.3 (3.57)	38.2 (4.79)	37.3ª (6.46)	49.8 (3.12)	47.6 (2.96)
45-64	25.8 (1.23)	32.0 (4.12)	31.9 (3.84)	27.2ª (5.81)	31.6 (2.95)	32.3 (2.72)
65+	9.4 (1.19)	26.7 (3.48)	29.9 (3.96)	35.5ª (5.94)	18.7 (2.76)	20.1 (2.38)
性别	100%	100%	100%	100%	100%	100%
男性	47.1 (1.16)	38.5 (3.48)	50.4 (4.23)	36.3ª (6.32)	41.8 (2.67)	43.8 (2.45)
女性	53.0 (1.16)	61.5 (3.48)	49.6 (4.23)	63.7 (6.32)	58.2 (2.67)	56.2 (2.45)
教育程度	100%	100%	100%	100%	100%	100%
小于12年	29.7 (2.00)	41.9 (4.51)	45.2 (5.45)	54.6 (6.87)	40.4 (4.12)	37.8 (3.61)
12年	43.2 (1.63)	36.9 (5.10)	36.1 (4.81)	35.6ª (7.01)	41.1 (4.24)	41.1 (3.50)
1-3年大学	19.3 (1.36)	14.3 (2.73)	14.3ª (3.02)	X	13.3 (2.21)	14.6 (1.96)
大学毕业	7.9 (0.94)	6.9ᵇ (1.62)	X	X	5.2ª (1.10)	6.52 (1.21)
就业状况	100%	100%	100%	100%	100%	100%

续 表

	美国土著成年人总人口	有功能受限	有感觉受限	有 ADLs 或 IADLs	主要活动受限	任何受限
就业	59.4 (2.25)	30.2 (3.28)	36.9 (4.52)	X	32.8 (3.21)	38.8 (3.04)
没就业	6.6 (0.78)	X	X	X	4.7[b] (1.18)	5.6[a] (1.25)
没有在劳动力市场	34.1 (2.01)	65.9 (3.07)	57.4 (4.05)	88.3 (4.0)	62.6 (3.07)	55.7 (2.90)
家庭收入	100%	100%	100%	100%	100%	100%
缺失	11.9 (1.46)	8.9[a] (2.29)	11.4[a] (2.78)	X	9.5[a] (1.98)	9.1 (1.82)
< $10,000	16.8 (1.35)	24.8 (3.57)	22.1 (3.43)	28.8[a] (5.58)	25.5 (2.83)	21.9 (2.47)
$10,000 – $19,999	21.3 (1.76)	23.4 (3.28)	19.5 (3.58)	22.4[b] (5.79)	22.4 (3.19)	23.2 (2.62)
$20,000 – $34,999	24.2 (2.04)	27.3 (3.43)	23.5 (4.85)	27.2[b] (5.54)	25.4 (3.56)	24.4 (3.06)
$35,000 – $49,999	13.5 (1.33)	8.3[b] (1.79)	14.3 (3.40)	X	8.9[a] (1.88)	11.3 (1.91)
$50,000 +	12.3 (1.56)	7.3[b] (2.04)	9.2[b] (2.50)	X	8.3[a] (2.10)	10.2 (1.92)
城市/农村居民						
>1,000,000	30.0 (3.18)	28.2 (4.14)	22.9 (4.38)	20.0[b] (4.73)	28.8 (4.10)	28.7 (4.00)
250,000 – 999,999	23.3 (3.28)	22.6 (3.69)	23.2 (4.27)	26.8[a] (6.02)	21.2 (3.40)	19.8 (3.08)
<249,999	8.2 (1.70)	8.1[a] (2.25)	8.5[b,c] (2.70)	X	9.5[a] (2.32)	9.5 (2.20)
其他农村	38.5 (5.00)	41.1 (6.11)	45.4 (7.32)	49.3 (7.66)	40.4 (6.40)	42.0 (6.15)
健康状况[d]						

续 表

	美国土著成年人总人口	有功能受限	有感觉受限	有 ADLs 或 IADLs	主要活动受限	任何受限
非常好	50.0 (2.02)	14.6 (2.61)	22.4 (3.39)	X	18.9 (2.32)	23.3 (2.29)
好	29.9 (1.59)	29.0 (3.58)	32.0 (3.88)	X	28.8 (3.12)	32.0 (2.74)
一般/差	20.1 (1.48)	56.4 (3.79)	45.7 (4.25)	78.2 (5.18)	52.4 (3.05)	44.7 (2.76)
身体受限						
没有	83.4 (1.14)		50.4 (4.22)	X	45.8 (2.93)	48.1 (2.40)
至少一个	16.6 (1.14)		49.6 (4.22)	86.2 (4.33)	54.2 (2.93)	51.9 (2.40)
感觉受限						
没有	87.2 (1.30)	61.8 (3.82)		52.7 (6.20)	68.0 (2.99)	60.0 (2.82)
至少一个	12.8 (1.30)	39.2 (3.82)		47.3[a] (6.20)	32.0 (2.99)	40.0 (2.82)
ADL/IADLs						
没有	94.6 (0.65)	72.0 (3.28)	80.1[a] (3.45)		79.9 (2.29)	83.1 (1.86)
至少一个	5.4 (0.65)	28.0 (3.28)	19.9 (3.45)		20.1 (2.29)	16.9 (1.86)
活动受限						
没有	75.9 (1.59)	21.3 (2.90)	39.9 (3.77)	X		24.6 (2.23)
至少一个	24.1 (1.59)	78.7 (2.90)	60.2 (3.77)	89.9 (4.17)		75.4 (2.23)

注释:X 表示样本单元大小是 10 或更小;[a] 显示样本单元大小在 20 到 30 间;[b] 显示样本单元大小小于 20;[c] 相关标准误 >30%;[d] 健康状态缺失值对每个族群内都小于 1%,所以没有包括在这里。

有各种类型受限的美国土著预测其收入的范围较小。大约16.8%的全体美国土著人口的家庭收入在＄10,000以下,其中24.8%是功能受限,25.5%是有活动受限。估计家庭在＄35,000以上收入水平很难,因为样本单元大小太小。然而,如果我们把所有类型受限测量合并(见任一受限列),我们可以计算大概70%的有受限的美国土著人口家庭收入低于＄35,000,但是有接近20%的收入高于＄35,000,总体人口分布和我们已有数据的分布差异不是很大(注意大约9%的受限人的收入数据缺失)。

因为大量美国土著还住在保留区或者附近,我们发现超过三分之一受限的人住在分类为其他农村地区的地方。这个类型代表由城市和村镇的县区,人口不多于10,000。美国土著残疾人的分布与普通美国土著人口的居住分布一致,虽然有ADL/IADL受限的人显示住在很农村的地方的比例较大(49.3%)。

尽管只有20.1%的美国土著人口身体健康一般或者较差,对于有某种类型的受限者,他们健康状况主要是很差。在这些功能受限的群体中,56.4%显示健康很差,有ADL/IADL受限的人比例是78.2%。总体上,有任一受限的人中,健康一般或不好的比例是总体美国土著人口的2倍(44.7%)。很明显,有受限的人一般有很多问题。比如,有功能受限的个体,38.2%也有感受受限,28%有ADL或者IADL受限,79%有活动受限。

讨　论

正如在引言中所谈及,在全国调查中反映全体土著人的代表性存在着几个问题。由于美洲印第安人和阿拉斯加土著人在总体中占的比例相对较小,因此很难从抽样总体中选取足够大的样本进行深入分析。冗余抽样也很困难,因为不同土著部落间的文化差异性大,地理位置分散,且用部落作为种族身份标志与个人的种族身份自我认同之间也存在着差异(Ericksen, 1997)。由于在抽样中我们抽取了美洲印第安人和阿拉斯加土著人,因此必须探讨这些数据对我们所要研究问题的有用性,以及如果样本不能反映不同种族背景会对结果解释有什么影响。这个分析既不关注特定地理区域的情况,也不想要研究部落或对不同部落进行比较,因此就研究目的而言样本是充足的。这份抽样的优势之一是它同时代表了农村和城市地区,所以在某种意义上,相比起IHS所做的数据,它更能代表美洲印第安人和阿拉斯加土著人。然而,当然需要指出的是,种族识别是个自我认同,可能与部落成员标准不同。

还有一个问题是夏威夷土著人既不是亚洲和太平洋岛民——尽管人们经常将他们归成此类,他们也不是美洲印第安人和阿拉斯加土著人,但他们却和美洲印第安人和阿拉斯加土著人一起代表现在认为的美国土著或原住民,也就是广义的美国土著。Fernandez(1996)在研究夏威夷土著人和美洲印第安人的特征时发现,当将两者结合再与原来的美洲印第安群体进行比较时,除了收入水平上升之外,大多数差异都消失了。① 由于本文的分析是研究少数民族残疾问题系列中的一部分,因此从夏威夷土著人的特征和经历来看,比起亚洲太平洋岛民,他们与其他美国土著人有更大的相似性,尽管人们习惯将他们与前者归为一类(深入比较见 Fernandez,1996)。根据我们一贯的研究目的,我们将夏威夷岛民归入美国土著人样本中,并会讨论收入差异可能带来的影响。这种归类先前的一些研究也出现过,如美国公共卫生联合会在 2001 研究土著人健康问题时包括了夏威夷土著人,最近美国公共卫生杂志(Bird,2002)上的一篇评论也是如此。

本文的分析表明,残疾在美国土著成年人中是一个主要问题,包括住在大都市里的土著人。无论残疾的测量使用何种指标,美国土著人和其它种族之间的比较表明,前者在功能限制、感官限制、ADL 和 IADL 限制和主要活动障碍方面的患病率都更高(见表 1)。大概有三分之一(32%)美国土著人有某种限制。美国土著人中身体受限的流行现象不仅存在高龄层,在 18—44 岁的现患率也明显高于其它种族,原因可能在于与美国总人口相比,这部分人群的意外发生率一贯较高(IHS,2002)。

在美国总人口中,较高教育程度与残疾水平下降相关,但对身体限制或者任务/活动限制比例的修正影响,在土著人口中没有其他种族大。然而,收入的影响对美国土著、非西班牙裔黑人和非西班牙裔白人都是相似的。美国土著有身体限制的比例集中在最低两个收入组某种程度上没有非西班牙裔白人高,但是任务/活动受到限制的比例在各个收入类别与非西班牙裔白人和黑人都是相似的。

比起其他种族/民族,身体受限或者任务/活动受限的美国土著有工作的比例高一些,对此的解释不能自证。然而,因为美国土著的失业率高于其他种族/民族,他们被雇佣或者有残疾可能不太愿意放弃他们的工作。他们也可能不太了解可用的对残疾的社会保障,或者不太可能或愿意与这个系统沟通,还

---

① 根据 Fernandez,使用了 1990 年普查数据,土著家庭收入低于贫困水平的比例,美国印第安人是夏威夷土著的 2 倍,分布是 27.0% 和 12.7%。

可能是他们不够资格。当他们的财政环境允许的时候,使用印第安人卫生系统的美国土著人不太可能申请医疗补助救济金(Cunningham & Altman, 1993)。因此这也反映出对救济金资格条件了解的匮乏。也可能是与获得此类救济的文化信仰有关。

健康一般或差的人显示身体受限和任务/活动受限的比例很高。这个比例在非西班牙裔白人最高,在其他族群最低,在非西班牙裔黑人和美国土著中很相似。印第安人卫生系统是大部分美国土著人口的主要的提供者,它对已经医疗服务需求复杂化的人口负主要责任。

回归分析让我们在控制年龄、性别和社会因素如教育、收入、居住地点后,检查种族对预测残疾的影响。在这些维度上种族/民族间有实质性差异,这些差异可以影响观察到的宗族/民族间的关系。结果显示美国土著很明显与获得身体或者任务/活动受限增长的风险有关(29%增加身体受限概率,23%增加任务/活动受限概率)。当年龄、性别、教育、收入被控制,没有立即显示出美国土著环境导致受影响程度的增加,但有很多途径可以分析。非故意伤害的数据没有包括在个体分析里,也不能获得卫生服务和康复信息。任一或两个都缺失可能与受限结果有关。精神健康问题的数据也没有包括在内,而这可能有助于解释我们的分析结果。职业和工作时间也有影响,因为知道一些美国印第安团体从事的工作容易产生健康问题,纳瓦霍人的铀矿工就是一例。没有太关注或者获得途径来预防性照料以及不良健康行为比如抽烟喝酒也能产生影响。在预测身体受限或者任务/活动受限时所产生的这些显著的种族差异需要更深入的检查,特别重点是其他种族的身体受限和任务/活动受限明显比白人比较组更少。这些文化上的人为区分与不同种族或名族解释受限或者残疾的定义方法有关吗?或者有社会结构或机制造成这些不同结果吗?

检查有受限的人口是十分有用的,特别是为了解问题的程度,并把它放到美国土著人口中去。下面的讨论集中在表5中的比较突出的发现,表5所显示的或者揭示了美国土著残疾患者的本质,或者指出当计划对此人群提供服务时,需要重点考虑之处。

美国土著人口中年轻成年人比例很大。大概每7个18—44岁美国土著对应一个65岁以上的人。部分因为年龄分布,部分因为这个年龄组较高的受限比重,两个年龄在18—44岁之间的某种受限的土著患者对应一个65岁及以上土著受限患者(见表5:47.6%对比20.1%)。这个人口的残疾分布更多在女性,特别那些功能受限(61.5%是女性)和ADL或者IADL受限(63.7%是女性)。男女在感觉受限上的比例相似。实际上,涉及到男女在美国土著人口中的比例,男人有感觉受限的风险稍微大一些。

　　超过三分之一的受限美国土著人口的教育程度小于高中,同时四分之一的美国土著人口上过大学,只有五分之一的有某一受限的美国土著接受了大学教育。可能因为受限的美国土著教育程度比较低,45%的家庭收入小于$20,000,通常报告说小于$10,000。然而除去较低的教育水平和较少的收入,大约39%的受限的美国土著被雇佣。更多的分析显示这种情况与受限非西班牙裔白人相近(总共30.1%显示被雇佣),我们知道越是在大城市区域就越有可能就业,但是我们对就业本质知之甚少,是否是季节性的或者兼职,以及不知道何种工资。关于这些发现有许多问题有待于更多的分析。

　　可能与这些发现有关的两个明显因素是居住地和健康水平。有残疾的美国土著比例最高的是住在农村地区(42%)——即使有最大城市或城镇,其人口也少于10,000的县区,同时大约30%的美国土著却住在大城市区,对有残疾特别是ADL或IADL受限的比例更低(20%)。此外,具有所有存在类型受限的人报告他们的健康是一般或差的比例比起土著总体人口更高。由此,农村的美国土著有缺少合适服务的危险,因为更为复杂的健康照料需求和预算限制,根本上影响了由印第安卫生服务提供的卫生服务的传播,印第安人卫生服务是这个人口中大部分人的唯一的资源(Cummingham & Altman, 1993)。

　　美国土著残疾人的情况与其他种族相比只是比例上高一些,他们找出需要服务的人口的大小和特征还确定一些重要的问题,这些问题需要竞争资源才能解决(农村康复研究和训练中心,1999)。发展服务需要平衡老年人口需要和多于他们数量的年轻人口的需要。服务还需要考虑到大部分的残疾人有较低的教育程度和很少的可用经济资源,不管是在城市还是农村。最后,因为45%受限制的人健康一般或差,而且42%住在边远农村的地区,卫生和康复服务供给更为复杂和必要。既然现在部落对他们自己的卫生服务和社会服务供给负有责任,那么把这个信息整合到计划过程中也是很重要的。农村康复研究和训练中心现在帮助110个部落来制定发育性残疾政策(农村康复研究和训练中心,1999)而且已经记录部落伴随的有限资源,特别是,部落在获得到或者保护他们的统治地位时,面临着的其他价值竞争和困难问题,这些问题是作者提到的残疾服务,"继续这些努力的最主要障碍是谁来负责指导和资助这些活动。"希望本文对问题的大小和性质分析有利于其解决。

(张蕾、唐晓雪初译、审译,宋新明审校)

参考文献

Adams, P. F., & Marano, M. A. (1995). Estimates from the National Health Interview Survey, 1994. National Center for Health Statistics. *Vital Health Statistics*, *10*(193).

Altman, B. M. (1990). Disability among Native American adults: Self reports of functional, activity and work limitations. Paper presented at the 32nd Annual Western Social Science Association Meetings.

Bird, M. E. (2002). Health and indigenous people: Recommendations for the next generation. *American Journal of Public Health*, *92*(9), 1391-1392.

Chapleski, E. E., Lichtenberg, P. A., Dwyer, J. W., Youngblade, L. M., & Tsai, P. F. (1997). Morbidity and comorbidity among Great Lakes American Indians : Predictors of functional ability. *Gerontologist*, *37*(5), 588-597.

Cheadle, A., Pearson, D., & Wagner, E. (1994). Relationships between socioeconomic status, health status and lifestyle practices of American Indians: Evidence from a plains reservation population. *Public Health Reports*, *109*, 405-413.

Cunningham, P. J., & Altman, B. M. (1993). The use of ambulatory health care services by American Indians with disabilities. *Medical Care*, *31*(7), 600-616.

Dawson, S. (1991). Navajo uranium workers and occupational illness. Paper presented at the 33rd Annual Western Social Science Association Meetings, Reno, Nevada.

Del Puente, A., Knowles, W. C., & Pettit, D. J. (1989). High incidence and prevalence of rheumatoid arthritis in Pima Indians. *American Journal of Epidemiology*, *129*, 1170-1178.

Denny, C. H., & Taylor, T. L. (1999). American Indian and Alaska native health behavior: Findings from the behavioral risk factor surveillance system. *Ethnicity and Disease*, *9*, 403-409.

Ericksen, E. P. (1997). Problems in sampling Native American and Alaska native populations. *Population Research Review*, *16*, 43-59.

Fernandes, E. W. (1996). Comparison of selected social and economic characteristics between Asians, Hawaiians, Pacific Islanders and American Indians (including Alaska Natives), Source: U. S. Census, Population Division, Population Analysis and Evaluation Staff, found at website http://www.census.gov/population/www/documentation/twps0015.html

Fleishman, J. A., Spector, W. D., & Altman, B. M. (2002). The impact of differential item functioning on age and gender differences in functional disability. *Journal of Gerontology, Social Sciences*, *57B*(5), 275-284.

Gilliand, F. D. (1997). Temporal trends in diabetes mortality among American Indians and Hispanics in New Mexico. *American Journal of Epidemiology*, *145*, 422-431.

Gilland, F. D., Mahler, R., & Davis, s. (1998). Health-related quality of life for rural American Indians in New Mexico. *Ethnicity and Health*, *3*(3), 223-229.

Goldberg, H. I., Warren, C. W., Oge, L. L., Friedman, J. S., Helgerson, S. D., Pepion, D. D., & LaMere, E. (1991). Prevalence of behavioral risk factors in two American Indian populations in Montana. *American Journal of Preventive Medicine*, 7, 155-160.

Indian Health Service (2000). *Trends in Indian health, 1998-1999*.

Kimball, E. H., Goldberg, H. I., & Oberle, M. W. (1996). The prevalence of selected risk factors for chronic disease among American Indians in Washington State. *Public Health Reports*, 111, 164-271.

Kramer, B. J(1992). Cross-cultural medicine a decade later: Health and aging of urban American Indians. *The Western Journal of Medicine*, 157(3), 281-285.

Marshall, C. A., Johnson, M. J., Martin, W. E., Saravanabhavan, R. C., & Bradford, B. (1992). The rehabilitation needs of American Indians with disabilities in an urban setting. *Journal of Rehabilitation*, 58(2), 13-21.

May, P. A., Hymbaugh, K. J., Aase, J. M., & Samet, J. M. (1983). Epidemiology of Fetal Alcohol Syndrome among American Indians of the Southwest. *Social Biology*, 30(4), 374-387.

O'Connell, J. C. (Ed.)(1987). *A study of the special problems and needs of American Indians with handicaps both on and off the reservation* (Vol. I). Flagstaff, AZ: Nothern Arizona University, Institute for Human Development, Native American Research and Training Center and Tucson, AZ: University of Arizona, Native American Research and Training Center.

Pearson, D. E., Cheadle, A., Wagner, E., Tonsberg, R., & Psaty, B. M. (1994). Differences in sociodemographic, health status, and lifestyle characteristics among American Indians by telephone coverage. *Preventive Medicine*, 23, 461-464.

Peterson, D. E., Remingtion, P. L., Kuykendall, M. A., Kanarek, M. S., Diedrich, J. M., & Anderson, H. A. (1994). Behaviors risk factors of Chippewa Indians living on Wisconsin reservations. *Public Health Reports*, 109, 820-823.

Research and Training Center on Rural Rehabilitation (1999). Rural Disability and Rehabilitation Research Progress Report No. 2: American Indian Disability Legislation Research, found at website http://www.ruralinstitute.umt.edu/rtcrural/Indian/AIDLReProgressRpt.htm

Sugarman, J. R., Warren, C. W., Oge, L., & Helgerson, S. D. (1992). Using to Behavioral Risk Factor Surveillance System to monitor year 2000 objectives among American Indians. *Public Health Reports*, 107, 449-456.

Toubbeh, J. I. (1987). Larks and wounded eagles. *American Rehabilitation*, 13(1), 2-5, 24-28.

U.S. Department of Health and Human Services (1999). National Center for Health Statistics. National Health Interview Survey Imputed Annual Family Income, 1990-1996: Methods used to Impute Annual Family Income in the National Health Interview Survey, 1990-1996.

NCHS CD-ROM Series 10, No. 9A. Hyattsville, MD: Centers for Disease Control and Prevention.

Welty, T. K., Lee, E. T., Yeh, J., Cowan, L. D., Go, O., &Fabitz, R. R. (1995). Cardiovascular disease risk factors among American Indians: The Strong Heart Study. *American Journal of Epidemiology*, *142*, 269-287.

Wiggins, C. L., Becker, T. M., Key, C. R., &Samet, J. M. (1993). Cancer mortality among New Mexico's Hispanics, American Indians and non-Hispanic whites. *Journal of the National Cancer Institute*, *85*, 1670-1678.

Winkleby, M. A., Jatulis, D. E. & Frand, E. (1992). Socioeconomic status and health: How education, income, and occupation contribute to risk factors for cardiovascular disease. *American Journal of Public Health*, *82*, 816-820.

Zchetmayer, M. (1997). Native Americans: A neglected health care crisis and a solution. *Journal of Health and Social Policy*, *9*(2), 29-47.

利用美国健康访谈残疾主题调查数据进行政策分析的评价

约翰·德拉贝克

摘　要

美国健康访谈残疾主题调查(NHIS-D,National Health Interview Survey Supplement on Disability)代表了很多人贡献的不平凡成就。从全国范围内收集(通过可以代表全国各个年龄层的残疾人的样本收集)的有代表性的、各个年龄层的残疾人样本使我们能够进行许多以前认为不可能的分析。本文讨论了对由联邦政策和项目推动的几个最近进行的分析,为促进更多的分析提出了一些建议,文中还涉及了将来收集残疾人数据的战略和方案。

引　言

　　联邦政策和项目在残疾人生活中发挥了重要的作用。儿童特殊教育经费、卫生和长期照料服务的医疗补助和医疗保险,与社会保障收入补助也许是最广为人知和使用最多的项目了。然而,许多其他的联邦政策和项目对残疾人士来说也是很重要的。
　　估计联邦政策和项目的成本和变化的影响需要能描述可能受这些提议影响的人口的特征的数据。虽然有些鉴定某群体的方法很容易在消费者调查中实现,但其他群体的界定需要更多的努力。比如,通过询问受访者的年龄,老龄人可以和工作年龄的成人区分开来。不过,残疾包含多个方面。没有一个复杂的数据收集工作,残疾人不可能简单地通过一个问题来确定,更别说理解残疾对他们生活的影响。由美国国家卫生统计中心(NCHS,National Center for Health Statistics)进行的 NHIS-D 代表了数据收集上的一个重要进步,因为它包含了广泛的一系列涉及残疾人许多方面的问题。因此,各种类别的残疾人可根据有关的政策重点来鉴定。例如,设计一个长期护理津贴取决于谁需要这些服务。这部分残疾人可能和其他人非常不同,例如,需要收入支持的工伤致残的人和/或需要获得就业帮助并保持就业的人。

很难估计到底多少人有残疾,直到进行了 NHIS-D 调查。领取保障收入补贴(SSI, Supplemental Security Income)和残疾收入社会保障(SSDI, Social Security Disability Income)款项总数由社会保障局(SSA, Social Security Administration)定期公布,但是这些数据仅涵盖一部分的工作残疾人口,并且年龄和性别是唯一记录的个人特征。多年来,NHIS 提供了有活动限制的人口资料,例如:工作、上学、料理家务,或者需要个人护理帮助的人,但这些数据仅仅描述了某些特定方面的残疾。美国收入与项目参与调查(SIPP, Survey of Income and Program Participation)通过收集具体活动限制的数据则更进了一步,例如:日常生活活动(ADLs, Activities of Daily Living)的援助需要,如洗澡和更衣。自 1982 年以来,美国长期照料调查(NLTCS, National Long-term Care Survey)提供了大量老年残疾人的资料,但儿童和处于工作年龄的成年人则没有采样。同样地,以 NHIS 样本为基础的老龄追踪调查(LSOA, Longitudinal Study on Aging)已经收集到老年残疾人功能测量的数据资料。自 1991 年以来,医疗保险当前受益者调查(MCBS, Medicare Current Beneficiary Survey)提供了许多长期情况的纵向数据,如慢性疾病、日常生活活动帮助的需要、服务利用以及抽样的老年和残疾受益者的花费。不过,这项调查不包括儿童或绝大多数处于工作年龄的成年残疾人。

虽然早已认识到进行残疾人全面调查的需要,由克林顿政府在 1993 年至 1994 年进行的卫生保健改革推动了 NHIS-D 的制定和实施。作为这次改革的一部分,分析家们试图估计有多少残疾人有覆盖健康和长期护理津贴的保险,以及将未参加保险的残疾人纳入保险范围的成本。由于国家卫生和长期照料体系非常复杂,所以估计人们和组织如何受到各种在考虑之列的政策选择的影响是改革的一个重要部分。对立法提议的支持依赖于那些受到提议影响的人如何理解可能造成的影响。虽然许多政府和其他数据库都曾给这个改革提供过帮助,但它很快就证明了过于简单和没有残疾人的详细资料。除了在正规治疗机构中,我们对知道有多少人有各种类型的残疾、他们目前得到了多少照顾、谁提供这些照顾,以及它是怎么进行资金活动等问题没有信心。

该 NHIS 样本大约由生活在 3 万户家庭的 10 万人口组成。NHIS-D 是一系列详尽的与残疾有关的问题,它是在 1994 至 1995 年进行的 NHIS 核心调查之后对家庭进行询问的。NHIS-D 由两部分组成:(1)在 NHIS 访谈之后立即进行的用来鉴定家庭中残疾人的一组问题；（2）稍后对有严重残疾的人关于使用特定服务进行的更详细问题的跟踪调查。

NHIS-D 不包括在正规机构里的人。备受关注的是，联邦调查并不覆盖所有残疾人，而且当新的生活安排出现时，这将成为一个更大的问题。数据收集机制为传统机构而存在，如：NCHS 全国护理调查定期收集注册护理院的使用者的数据。不过，辅助生活器具（ALFs，Assisted Living Facilities）和集体家庭变得越来越普遍。除了由美国卫生与人类服务署（DHHS，Department of Health and Human Services）赞助对膳食看护中心和辅助生活器具进行的特殊调查，就没有对这些机构定期收集数据资料，其中有许多是未经注册的。据Hawes、Rose 和 Phillips（1999）估计，1998 年初大约有 52.15 万人享用大型辅助生活器具（至少 11 人共享一个设施）。虽然这只相当于三分之一居住在护理院的人口，但它在迅速增长。从残疾政策的角度来看是非常重要的，因为有很多住在机构需要辅助生活器具的使用者患有严重的残疾和对生活在非正规治疗机构中的强烈偏好。我们正在努力鉴定新的长期看护机构，最终目标是要把它们纳入联邦定期调查。

NHIS-D 的一个主要目的是测量残疾在所有未接受正规治疗人群中的类型和现患率。美国残疾人法案（ADA，Americans with Disabilities Act）中残疾的定义被选为出发点，问题发展为用代表 ADA 所有残疾定义的一百多种残疾测量法来获取数据，为获得数据用 100 多种残疾测量方法代表 ADA 定义的所有方面来设计问卷里的问题。NHIS-D 的大部分问题与功能限制有关。一般说来，功能限制又与生活活动限制相关。例如，进食的影响可以由这种行为的援助需求来衡量。造成功能限制的具体问题可能是无法抬起手臂或握紧手指。关于限制性质的详细信息对于了解如何最有效地改善问题可能是非常重要的，如：在可获得有较大把手的食具的情况下，人们可以独立进食。

许多残疾人的支持者表达了对健康和长期照料体系主要依靠医疗办法的关注。NHIS-D 的重点是要定义功能限制。同样，也从环境方面获得相关资料，例如：需要和使用的具体工作住宿条件，因为环境因素在决定这种限制发生时发挥了重大作用。我们还收集了与每个功能限制有关的医疗条件的数据，因为诊断提供了重要的背景资料。然而，由于许多患慢性疾病的人很少或没有功能限制，诊断本身往往用处不大。

根据各种残疾的定义，NHIS-D 的数据已经被用来估计在广泛年龄组内残疾人的数量。例如，Adler（1996）利用 NHIS-D 的数据构造了四个不同的定义。根据其中至少一个定义，她估计超过 5,900 万人（1994 年有 2.6 亿人口）

有一种残疾。根据抽样调查,在美国的未接受正规治疗人群中估计有 4,800 万人至少患一种功能限制。受访者最常见的功能限制是有基本个人护理需要上的困难(如:洗澡或服药)、生理限制(如:行走或伸展),或感官限制(如:听、看、说、尝)。在这 4,800 万人中,有近 1,200 万人需要长期护理。Adler 还估计,在 18—64 岁之间有近 1,700 万成年人是不能工作。同样地,约 500 万儿童和 900 万成年人享用残疾项目,包括特殊教育、增补保障,或残疾人社会保险。最后,Adler 估计有 1,900 万人认为他们有残疾,或回答说其他人认为他们有残疾。Adler 还找出了这四个定义的广泛重叠。

NHIS-D 的近期利用情况

自 1996 年第一个数据文件可获得以来,NHIS-D 已经为政策分析家的多种项目提供了许多有用的信息。NHIS-D 的一个主要优势是它为分析家鉴别和监测弱势群体的情况提供了一个大的全国性样本,例如:近 600 万老人有长期照料需要,但他们并不在机构中。虽然分析家们早就认识到某些人群比其他人更可能有残疾,如:独居的低收入老年妇女,NHIS-D 提供了对这些人具体功能限制的现患率和长期照料服务使用率的估计。有时候,数据对具体联邦政策的制定发挥了直接的作用。本文讨论了 NHIS-D 对六个近期涵盖了广泛的、与政策相关的分析研究的贡献。

监护者的税收抵免

很显然,从 NHIS-D 和其他数据来源可知,由家人和朋友提供的非正式照顾代表了绝大多数对留在社区的残疾人的长期照料支持。通过医疗保险、医疗补助和其他项目提供的正式服务也做出了重要贡献。然而,很少数残疾人仅仅依靠正式服务。非正式的照顾很重要,因为许多人患严重残疾的人可以留在社区,并且如果他们获得足够的长期照料服务的话,可以避免或推迟昂贵的机构照顾。

为了鼓励家人和朋友继续为那些有长期护理需要但是不能进入护理院的人提供照顾,每年的税收抵免高达每个残疾人 3000 美元,这被包含在总统 2001 年财政年度预算案中。这个抵免可由残疾人或是与其共同生活的家人享用。据估计,如果它获得通过的话,将有近 200 万人从中受益。

NHIS-D 和 NLTCS 被用来估计社区中有多少人需要相当于由护理院提供的照顾。需要三种或更多日常生活活动帮助或感知受损的人,通常需要大量的长期照料。这些标准从残疾的立场上被选定来确定税收抵免的资格。从税收抵免的财务标准来看,NHIS-D 提供了家庭组成及成员收入的信息。但

NHIS-D 并不包含报税单位和报税表的数据，它只是提供了估计这些条目的有用数据。

虽然该提案没有被国会通过，但它在通过税收体系为患严重残疾的人及其家庭提供额外支持上仍存在着重大的利害关系。该提案的一个变形，关于为那些照顾父母或与其他老年亲戚共同生活的家庭提供特别的个税起征点，这是提交给国会的总统 2003 年财政年度预算案的一部分（美国财政部，2002）。

工作费用的税收抵免

据 Loprest 和 Maag（2001）估计，1994/1995 年有 1,130 万处于工作年龄的残疾成年人，其中 37% 的人在工作。一般来说，残疾越严重，越小比例的残疾人被雇佣。例如，1994/1995 年只有 17% 的有较严重活动限制性的成年人有工作。造成如此低的就业率的原因并不清楚，但毫无疑问的几个因素发挥了作用。现有的联邦政策，如美国残疾人法、工作许可证计划（Ticket to Work）和工作鼓励改善法案解决了残疾人的一些与雇佣有关的需要，但许多人相信额外的奖励是必须的。虽然根据现行法例某些与雇佣相关的费用已被减免，但这些规定只提供了有限的帮助。比如，为准备工作而支付的个人援助开支不能作为营业费用被扣除。此外，那些采取标准扣除而不是分项扣除的人没有得到任何额外的收益。

我们进行了一个更宽泛的为残疾人购买与就业相关的设备和服务的税收抵免的可行性研究。NHIS-D 提供了有各类残疾与功能限制的人的劳动力现状的资料。它还提供了这些工作的残疾人的收入、在工作场所需要或使用的设备及帮助的信息。虽然这方面的努力没有促成财政预算提案，但一个较为有限的提议是，从自残疾人收入中扣除任何雇主提供的电脑或办公室设备的价值，这被包含在总统的 2003 年财政年度预算案中。

全国家庭监护者项目

NHIS-D 的数据被用来发展全国家庭看护者项目，该项目向国家提供帮助老人长期护理需要的赠款。这一项目始于 2001 年 2 月，美国卫生与人类服务署的部长宣布老龄人管理局向国家捐赠一亿一千三百万美元。

老年人除了自己的个人需要外，还可能需要长期照料。当我们想起家庭照顾时，我们通常会想到一个女儿为她的年迈母亲提供长期照料。然而，几乎所有年龄的人都经常提供或接受照顾。老年人可能关心的是满足自己的未来长期护理需要，但如果他们目前就有照顾残疾子女，他们同样会关心子女的长期护理需要。

残疾儿童的生存率发生了大幅度的增加。例如，NHIS-D 和其他数据来源显示，一些患智力障碍或继发性残疾（MRDD，mental retardation or developmental disabilities）的人已经是老年人。此外，成年发作性残疾的生存率也在增加，如：在意外中受伤的人。残疾儿童和处于工作年龄的成人比他们的看护者活得更久是非常有可能的，尤其是他们的父母。

NHIS-D 被用来研究老人给年轻人提供照顾的程度，通常是那些患 MRDD 的人。这个研究分析运用了家庭组成及残疾人看护者的数据。

病人权利法案

若干立法建议包含由管理式医疗组织为弱势群体提供的特殊保障措施。例如：患某种慢性疾病的人可能需要持续的专业照顾，如果他们的医生不是来自管理式护理计划的话。

NHIS-D 数据被用来研究医疗条件、医生服务，以及残疾人的健康保险计划。这些提供的数据估计了某些群体的患病率，例如：登记在私人管理式医疗计划中有糖尿病和功能限制的人的数量。

寄养儿童

美国联邦政府通过医疗补助计划给几千名寄养儿童提供收入援助和卫生保健服务。比起其他年龄相若的儿童，这些儿童被认为有更多的疾病、慢性疾病和功能限制，但以往的研究中没有足够的全国数据。NHIS-D 提供了研究这个问题的一个机会，因为寄养儿童可以被识别出来，如果他们的养父母是家庭里的推荐人的话。

通过多种测量方法，寄养儿童似乎比其他儿童有更多的残疾和更大的需要。例如，约 7% 的儿童因能力限制不能玩或上学，而寄养儿童的对应比例是 31%。不过，即使有了 NHIS-D 这样的大样本数据，寄养儿童还是相对较少的。

交流辅助设备的覆盖

医疗保险和其他保险计划覆盖了某些类型的医疗器械辅助和疗法。可以用多种医疗仪器用来帮助有沟通困难的人，例如：由于中风而造成的失语。基于技术创新的快速发展，交流的辅助设施指日可待。为了估计有多少人可能受益于这些设备，NHIS-D 数据被用来估计医疗保险受益人和其他群体中各种沟通困难的发生率。

在上述每个例子中，NHIS-D 被用来提供某些特定残疾人口的资料，包括他们的特性和服务的利用。NHIS-D 的一个主要优势是这么多的人口可以被识别。此外，这些人环境的关键特点也被纳入分析，提高了数据的有效性。

为什么我们需要更多的残疾数据

NHIS-D 数据是一个很有价值的资源,这些数据应该被进一步加以分析。为了能在将来设计更好的调查,我们需要知道这些调查的问题和方法如何。同样地,NHIS 本身于 1997 年被重新设计过,这也部分受了 NHIS-D 的影响。例如:在 NHIS 中,关于日常生活活动的具体问题现在要求所有人都回答,这些项目在以前并没有被包含在 NHIS 的核心调查中。对重新设计的 NHIS 作进一步分析是必不可少的。

1994 和 1995 年进行的 NHIS-D 花费了数百万美元。获得资源进行另一项这种规模的调查将会比较困难,即使有可能,每 10 年或更久收集一次数据也远远不够理想。我们努力区分残疾人信息需求的优先顺序,以便对可替代的数据收集方法加以仔细研究。NHIS-D 的一些问题现在每年都被收进 NHIS 核心调查。我们应对收集的附加措施进行可行性调查,也许是通过一个定期重复的小补充,如每隔三年。由于某些残疾的罕见性,为进行分析提供足够的病例,大样本是必须的,如:一年的 NHIS 并不包含许多残疾儿童,但五年的数据汇集起来就大大增加了样本的规模。

如果残疾数据可以被定期使用一贯的方法来获得的话,许多与残疾有关的政策问题随着时间的推移可以得到更好的理解。也许这个问题长期的最大后果与理解残疾趋势很可能随时间而改变密切相关。当第一批"婴儿潮"在 2010 年达到 65 岁时,美国将会出现一些深刻的变化。当大批人退休时,劳动力增长缓慢,这限制了社会保险计划的薪金税收和长期护理行业的人员供应。同样,重要公共项目的需求将增加,例如:医疗保险、医疗补助和社会保障,这超出了他们目前的资金来源。所有年龄层的残疾的数量和类型将会影响国家处理"婴儿潮"老龄化的能力。预计的最大影响将会在 2030 年"婴儿潮"85 岁时开始。

我们主要关注的是老年人需要健康和长期照料服务的程度。Waidmann 和 Manton(1998)指出,有越来越多的证据表明近年来老年人残疾率有所下降。虽然人口统计显示,国家将面临大量长期照料服务的需要,残疾率下降一定程度上将减少这种影响。残疾数据来源,如 NHIS-D,对于预测残疾趋势和理解这些趋势随时间改变的原因是至关重要的。

第二个问题是:残疾是否在非老年人中有所增加。人们可能认为残疾的增加是慢性疾病死亡率下降的结果,慢性疾病对于许多儿童和年轻成人往往是致命的,例如癌症、心脏缺损。虽然,只有很少的研究是关于有意义的趋势是否存在，Lakdawalla、Goldman 和 Bhattacharya(2001)认为近年来非老年人口更多的患有残疾。如果是这样的话，当残疾的儿童和工作成年人成为老年人时，可能会导致残疾率高于预期。

几个目前正在进行的发展工作

为了方便将来的调查工作，许多人正在进行深入的发展工作。为更好地识别残疾人，需要研究完善调查问题。例如，Hogan 和 Wells (2001)已经制定了一系列问题，这将使得大多数残疾儿童在调查中被识别出来。他们同样研究收集儿童精神障碍患者的改进数据的可行性，包括学习障碍，5—17岁儿童患的主要残疾。我们的目标是要发展可用于不同调查工作的一系列问题，例如：在对得到贫困家庭临时救助(TANF, Temporary Assistance For Needy Families)的母亲的调查中识别残疾儿童。

研究人员已经越来越意识到环境在决定医疗条件是否导致功能限制上的关键作用。例如，一个人是否需要日常生活活动的帮助取决于他们的住房情况，特别是他们是否必须爬楼梯。然而，除非采取开放性的调查问题，不然在这么大的全国调查中得到充分的环境数据不是那么容易的事情。2002年，一个关于残疾人环境的补充问题被添加到 NHIS 中。

为了更多地了解有关环境对残疾人就业的影响，Stapleton、Nowak 和 Livermore (2001)已经进行了一系列的残疾人、教育工作者和雇主的焦点小组访谈。其目的是为了更好地了解获得和保持工作面临的各种挑战。焦点访谈小组给障碍和支持如何影响从学校到工作的过渡提供了一个解释。我们希望焦点访谈小组参与者的经历能够帮助改善 NHIS-D 中的有关工作经验和适应的问题。

尽管做了这些努力，仍有一些关键领域需要更多的调查发展。例如，功能限制的测量，如 ADLs，已经证明了测量所需护理的数量是相当成功的。然而，一些有最低 ADL 援助需求的人需要大量的时间照顾。这通常发生在认知功能障碍的病例中。但是，通过调查测量认知功能障碍的程度很具挑战性。仅仅收集疾病的名称没有多少帮助，因为大部分疾病有一个范围广泛的严重程度。比如，老年痴呆症与阿茨海默氏病是医师使用的技术性术语。许多受访者不一定使用这些术语来描述有认知障碍的家庭成员。此外，根据这些疾病的阶段，功能限制的程度可以从最小到显著。通过间接的方法推断认知功能障碍是有可能的。例如，认知功能障碍使人们难以管理金钱、吃药，或使用电话。但这种解释包含了一些猜测，因为除了认识功能障碍，还有其他的关于工具性日常生活需要帮助的解释。

一个方法是把现有的筛选工具与调查结合起来。例如,NLTCS使用几个比较简单的问题来衡量记忆障碍的程度。不过,这个试验无法通过代理者回答。记忆完整的人会觉得这个测试很讨厌,因为这些问题太简单了。显然,如何把好的认知功能障碍测量方法与所有年龄被访者有效地结合在一起仍然是一个很重要和困难的挑战。

另一个重要的残疾测量方法的问题是有些疾病是偶发的。例如,患抑郁症的人可能有一段时间表现正常,但其他时间却情况严重。某个时间点收集到的功能限制的测量可能被证明有误导之嫌。这个问题应该想办法解决。其中一个可行的做法是询问一个较长的参考期内的有关功能障碍的问题。不过,这种做法也不是完全可行的,因为回忆在某些情况下是非常不准确的。

技术进步有助于将来的调查工作

与NHIS-D相似的未来数据收集工作将受益于改良的调查技术。这种进步将降低成本并提高数据质量。例如:NHIS-D以前使用书面问卷,需要相当多的时间和精力输入数据。1996年,NHIS开始转用电脑辅助访问,这大大简化了访谈过程、减少了错误,并立即把回答记录下来。如果有针对性的特定群体,这一技术的改进同样简化了跟踪访谈的时间安排,这将对NHIS-D有极大帮助。也就是说,电脑程序可以立即确定受访者是否符合跟踪访谈的标准,并且可以在第一次访谈结束后就做出后续访谈的时间安排。

其他的调查方法和潜在效率也应该被考虑到。比如:由美国国家健康保健研究质量局(AHRQ, Agency for Healthcare Research and Quality)进行的以该样本为基础的医疗花费追踪调查(MEPS, Medical Expenditure Panel Survey)。MEPS在访谈之后进行了两年的数据收集工作。NHIS-MEPS的组合方法有两个优势。利用NHIS作为筛选工具,可以在较小的MEPS中对较罕见的病例进行过采样。这个方法还提供有限的纵向数据,这对理解残疾测量方法随时间的稳定性将是很有益的。

同样地,LSOA也建立在NHIS-D基础上。在1994年被访问过的老人在1997—1998年和1999—2000年再次被访问。如果受访者已经去世的话,就对其近亲或其他知情人进行访谈。这些访谈为残疾的进程和老人在住房和照料安排上的转变提供了关键数据,这从一个单一时间点的调查是无法辨知的。1997—1998年的仍在世者的访谈数据最近被公开了。

另外一个问题就是,目前还没有调查可以涵盖全部残疾人口。而集体家庭中的人要么不被包含在 NHIS 中，要么如此罕见以至于很难去研究他们。虽然已经有了关于住在护理院的病人调查，但许多在个人家庭和护理院之间的住房安排没有包括进去，并且恰恰是在大量残疾人集中的群体家庭或辅助生活设施中。我们应该更努力地思考如何有效地对全部残疾人口进行采样。例如，NLTCS 和 MCBS 能够得到几乎全部老年人的数据，因为医疗保险记录提供了抽样框。除了在非常特别的案例中，对各个地方的人都要进行访谈。不过，这种做法并不适合用于儿童和工作年龄的成年人，因为他们极少有医疗保险。

能做些什么来鼓励 NHIS-D 的进一步分析研究？

本来 NHIS-D 可以在某些领域发挥作用的，尤其是，理解家庭及家庭结构上的困难已经限制了某些分析研究。它本来可以发挥更大的作用，如果提供更多完整的家庭结构及关系的数据的话。虽然数据文件包含了每个人在家庭中与参考人（在某些部分的调查中提供许多资料的人）的关系，这对理解家庭中任意两个人的关系是有用的，并且通常他们都不是参考人。因此，在 NHIS-D 中并不是总能够确定他们的关系。此外，在复杂的家庭中，很难确定彼此间的关系及每个照料者提供的支持量，除非提供了家庭结构的信息和照料者的身份。例如，把照料者归类为"家庭中的亲戚"是很含糊的，除非家庭中只有一个亲戚。同样地，与其他家庭及家庭结构的测量方法的更紧密联系将是有益的，如：收集报税单位和应课税收入的数据将有利于与其他来源的所得税申报表数据进行比较。NHIS 现在提供公众使用的家庭结构的详细数据，这些数据始于 1999 年。

我们很幸运地生活在一个电脑发达的时代，这使得进行统计分析比十年前敢想象的更容易和便利。这也使得更多研究小组分析 NHIS-D 和相关数据库成为可能。采取一个步骤可让用户更容易共享数据和结果，那就是公开发行 NHIS-D 数据，并且 CD 上没有任何变量名字或变量标签。每个用户必须创建自己的分析文件。毫无疑问，每个用户使用不同的命名习惯，这造成了文件共享的困难。NCHS 大大改善这种情况，当他们发表 1997 年 NHIS 数据时用 SAS 或 SPSS 软件作了适当的编码说明，这是两个目前最常用的的分析软件包。这一进程促进了自 1997 年起 NHIS 的分析。然而，NHIS-D 并没有这样的说明。

另一个进步就是集成统计分析软件的发展。因为 NHIS 和其他调查都使用复杂的设计，如果使用常规的统计软件包，计算出来的标准误差和相关统计量可能会令人误解。为了使用复杂调查中的数据进行更精确的计算,几个专门的计算机软件包已经被开发出来了。最近,其中的一个软件包——SUDAAN,已经在某个格式下可用,并且这种格式可以直接用在更普遍的 SAS 软件中。这使得进行正确的统计计算变得更加方便,鼓励了更多的数据用户也这样做。

通过互联网传播研究成果让了解其他人的调查研究变得更简单。一些专业期刊可以在网上阅读,并且可以从一些机构上下载工作报告。NCHS 还有一个邮件列表服务器以提示研究者关于 NHIS 数据的新进展(AHRQ 也对 MEPS 数据采取这样的措施)。NCHS 可以通过改善目前 NHIS 分析的在线书目来促进这一进程,到研究者网站的工作报告的链接也许同样可以被包含在 NCHS 网站上。工作进展情况同样可以通过这种方式传播。

为发展有用的研究档案,也有更多的努力可以做。往往一些问题的回答在数据文件的一些记录中是缺失的。研究人员就面临着选择对目前的研究最好的数据填补策略。只包括这些有完整数据的案例通常不是最优的,更别说用某特定变量的平均记录值替代无应答的记录。调查问题的回答通常包含了大量有关样本的信息,即使并不是每个问题都有回答。某些问题的答案往往可以推算其他答案。NCHS 的工作人员和密歇根大学的研究人员一起工作,用多种收入测量法为无应答填补 NHIS-D 数据。在许多情况下,这可以比较准确地做到。例如,如果一个家庭回答说他们没有任何的金融资产,但却不能回答股利收入的金额,这时研究人员就会在股利收入金额上填上一个低值或零值。

比起由每个研究员进行所有的估算,由一组人或组织填补缺失的数据并分享方法和结果,事情会变得容易得多。NCHS 可以促进这个过程,就像它处理 NHIS 收入数据一样。例如:如果提供给研究人员设计合理的估算方法,那么测量 NHIS-D 的功能和照料者就会更容易。只有在做这个工作并分享成果的人得到一定程度的补偿,这方面的努力才会成功。NCHS 应该考虑给予适度的资金和/或酬劳,以鼓励大家的参与。

通过关联数据扩大研究范围

调查数据往往可以发挥更大的用处,当他们与行政数据结合时。例如:人们可能准确地回答说,他们或他们的家庭成员住过院,但他们可能不会有任何关于总住院金额的想法,如果全部或大部分是由保险公司支付的话。如果可以把调查的回答与对应的医院票据及保险理赔联系起来的话,那么合并后的数据集可能比回答本身更为有用。为获得准确的支出数据，这在 MEPS 和 MCBS 中是通常的做法。

提高 NHIS-D 的有效性是有可能的，通过把它与国家死亡指数、SSI 和 SSDI 的残疾支付记录，以及医疗保险索赔结合起来。这样的结合有很大的好处，它将有助于评估调查的问题是否有效，例如：人们是否了解 SSI 支付额和其他收入之间的区别，比如 OASI 津贴？它还将提供一个受访者可能不知道的信息的来源，例如：SSA 记录可以提供获得伤残补助金的具体残疾情况，这在受访者回答有多种病情时特别有用。相关数据还可以为横向调查提供纵向数据。例如，2002 年的 SSI 和 SSDI 记录可能会给 1994 和 1995 年的 NHIS-D 提供一些后续信息。这种记录可以显示受益人持续残疾的时间，或如果他们在 NHIS-D 时没有资格申请福利，他们是否在稍后具备了资格。

相关数据库通常因为多种原因不能够获得。首先，健康调查如 NHIS-D，受访者必须允许这种匹配的发生。除非有明确的允许，不然不能进行相关数据的匹配。第二，这种匹配需要许多机构的全面合作，特别是有不同的隐私规则的各机构间数据移交的安排。第三，相关数据集必须保持受访者的机密性。以前创建的公众使用的文件可能不再公开了，因为合并后的数据增加了更多细节。

然而，相关数据库的潜力是非常大的。连接数据库的主要优势是：通过相关数据库比单独使用一个数据库可以解决更多的政策问题。主要缺点则是进行连接需要资源，并且原数据库的任何缺陷也会出现在最后结果中。

NCHS 的工作人员和其他机构目前正在测试 NHIS-D 是否可以和行政数据很好地结合。现在还不清楚这个项目是否能取得成功。如果成功的话，研究人员可以使用相关数据，可能会作为一个文件仅用于 NCHS 数据中心，除非面向公众发表涉及的隐私问题解决。

结　论

NHIS-D 代表了一个集合了很多人贡献的不平凡的成就。从这里，我们学到了很多关于残疾人及其特性的知识。随着对数据的补充研究的进行，我们将继续了解更多。

然而，自 1994 至 1995 年起，我们国家的经济、健康和长期照料体系已经改变了。我们需要从许多正在进行的数据收集工作中尽可能地识别出残疾人。例如：在现时人口调查（CPS, Current Population Survey）中增加残疾测量的试点项目正在进行。如果成功的话，将会得到残疾人特性的额外数据。这项工作的其中一个目标就是定期计算残疾人的就业率和失业率。

  我们还要学习借鉴 NHIS-D 和重新设计的 NHIS 的经验，这样才能最大限度地利用将来的调查，以持续提供关于残疾人的数据。虽然我们目前不知道什么选择最有成本效益，但一些关于 NHIS 核心调查加上定期补充的问题是值得深入研究的。此外，需要其他调查把没有在家庭调查中充分体现出来的残疾人群体包括进来。

（张蕾、古丽青初译、审译，宋新明审校）

参考文献

Adler, M. (1996). *Managed care for people with disabilities. Presented at "Beyond the water-edge: Charting the course of managed care for people with disabilities"*. Washington, DC: Office of Disability, Aging and Long-Term Care Policy, U.S. Department of Health and Human Services.

Hawes, C., Rose, M., & Phillips, C. (1999). *A national study of assisted living facilities: Results of a national survey of facilities*. Washington, DC: U.S. Department of Health and Human Services.

Hogan, D., & Wells, T. (2001). *Concise measures of childhood limitations* (unpublished).

Lakdawalla, D., Goldman D., & Bhattacharya, J. (2001). Are the young becoming more disabled. National Bureau of Economic Research. Working Paper No. W8247.

Loprest, P., & Magg, E. (2001). *Barriers to and supports for work among adults with disabilities: Results from the NHIS-D*. Washington, DC: The Urban Institute.

Stapleton, D., Nowak, M., & Livermore, G. (2001). *Research on employment supports for people with disabilities* (unpublished).

U.S. Department of the Treasury (2002). General explanations of the administration's revenue proposals fiscal year 2003. http://www.treas.gov/taxpolicy/library/bluebk02.pdf

Waidmann, T., & Manton, K. (1998). *International evidence on disability trends among the elderly*. Washington, DC: The Urban Institute.

关于作者

芭芭拉·奥尔特曼，社会学家，获得马里兰大学博士学位，目前是 NCHS 残疾统计的特别助理、马里兰大学帕克分校兼职副教授。她之前是美国国家健康保健研究质量局的高级研究员，曾任残疾研究学会的会长兼董事会成员。她的残疾研究的兴趣集中在三个领域：调查数据的残疾定义/测量的操作化；残疾人健康照料服务的获取、资金和利用，特别是工作年龄的成年人和残疾妇女；少数民族的残疾研究。她是一些关于残疾的文章和书籍章节的作者，并曾担任《残疾研究季刊》和《残疾政策研究杂志》的专刊编辑。她还是这个《社会科学研究与残疾》系列的助理编辑。

黛博拉·安德森，博士。自 1985 年以来，她在明尼苏达大学进行了老龄化与继发性残疾的政策研究。她的研究包括了健康状况、卫生状况及与健康有关的限制的分析，以及生活在各种居住环境或自己家中的患智力障碍的老年人需求。这些研究包括了生活在由继发性残疾机构认可的居住设施的 10% 的老年人样本的纵向研究，如 1985 年的全国护理院调查、1987 年的国家医疗支出调查，以及 1994 至 1995 年的 NHIS-D。她还研究了患智力障碍的老年人的医护人员、服务于继发性残疾/智力障碍的老年人的创新项目，以及为服务智力障碍的老年人的国家机构准备工作。这个研究的大部分已经作为美国国家残疾康复研究所（NIDRR, National Institute on Disability and Rehabilitation Research）资助的有关老龄化与继发性残疾的 RRTC 项目的一部分进行。Anderson 博士还是明尼苏达州圣奥拉夫学院心理学系的副教授。

琳达·安德森，文学硕士、公共卫生硕士，是明尼苏达州舒适之家社区的资源经理。安德森女士获得了人类服务管理的文学硕士学位和社区卫生的公共卫生硕士学位。安德森女士是明尼苏达大学工作、社区与家庭教育系的博士生。作为一个直接支援专家、项目指导以及研究人员，她拥有超过十八年与残疾人一起工作的经验。在过去的五年，她还参与了 NIIIS-D 的分析研究活动。

沙龙·巴尼特，博士，是加勒德特大学的社会学教授。她与人合作撰写了两本书:《现在就要聋人当校长:加勒德特大学的1988年革命》(1995)和《残疾与聋人社区中的抗争性政治》(2001)。她还发表了论文,出版了关于社会经济地位和残疾/失聪、法律和残疾政策问题,以及聋人残疾社区的社会运动方面的著作。她是残疾研究学会的前会长、《社会科学研究与残疾》的助理编辑,并任职于《残疾政策研究杂志》的编委会。

菲利普·比蒂,文学硕士,是华盛顿特区的国家康复中心健康与残疾研究的高级研究员。他最近的研究侧重于预测成年残疾人获得保健服务的方法。比蒂先生还进行决定医疗康复业利益相关者使用功能性成果资料的方法的研究。

爱德华·布兰,医学博士、公共卫生硕士,是CDC国家出生缺陷和发育性残疾中心人类发展与残疾部的代理主任。该部门为残疾人进行许多研究和项目活动。

陈红,理科硕士,是美国北卡三角洲国际研究院卫生经济研究系的经济学家。他的工作主要侧重于大额索赔和调查数据库的分析,强调对糖尿病的预防、药物滥用和耐用医疗设备的公开招标。

丽莎·科尔佩,博士、公共卫生硕士,是专门从事调查设计和研究的临床流行病学家。在这章的工作完成时,她是NCHS健康访谈统计部流行病学培训计划的研究员。

荣格·戴维斯,理科博士,是哈佛医学院的医学副教授及哈佛大学公共卫生学院生物统计学的副教授。Davis博士监督统计设计了许多临床试验,尤其是涉及癌症和艾滋病的疗法。他还是一名生存分析专家,在贝斯以色列女执事医疗中心全科医学和初级保健部担任生物统计学家,跟同事一起参与了卫生服务研究和临床流行病学研究。

约翰·德拉贝克,是美国卫生与人类服务署残疾、老龄化、长期照料政策办公室的经济学家。他从西北大学获得经济学学士学位,从加州大学圣塔芭芭拉分校获得经济学博士学位。在加入联邦政府以前,他在南加州大学和加州大学洛杉矶分校进行研究。

劳拉·邓洛普，文学硕士，是美国北卡三角洲国际研究院药物滥用问题的跨学科研究的卫生经济学家。自从 1994 年加入该研究院以来，她一直致力于研究分析药物滥用治疗的成本和效益、治疗后结果的服务影响、以及针对特殊人群，如吸毒者和低收入妇女的公共卫生和治疗干预的成本和成本效益。

霍莉·费德克是美国疾病控制与预防中心（CDC，Centers for Disease Control and Prevention）残疾和健康部的前雇员。在 CDC 时，她侧重于研究与 NHIS 相关的残疾问题。她从埃默里大学获得流行病学和环境健康的公共卫生硕士学位，从麦吉尔大学获得生物学的理学士学位。她目前作为分析顾问受聘于一家私营公司，现在居住在旧金山湾区。

弗朗西斯·戈德沙伊德，社会学教授，从 1974 年开始她在布朗大学的职业生涯。自从 1971 年从宾夕法尼亚大学获得人口学博士学位，戈德沙伊德一直重点研究人口普查和调查数据，以解决家庭结构和同住关系的相关问题，研究变化的起因和结果。戈德沙伊德开创了对单身家庭和离开和回巢的年轻成人的研究，并研究了劳动力问题和 20 世纪美国妇女的家庭决策。她是家庭结构和关系、生育，亲子关系、家庭经济和婚姻方面的专家。她的代际间研究的焦点（关于年轻成人和老年人的生活安排）已经扩大到包括性别问题，特别是结婚和离婚，尤其关注家庭结构对童年和青年的影响。最近的研究包括男性在为人父和家庭中扮演的角色。

斯科特·格罗斯，博士，是 CDC 国家出生缺陷和发育性残疾中心的卫生经济学家。他对各种儿童疾病的相关费用、筛选程序的经济评估和旨在改善儿童健康和发育的干预措施进行应用性研究。

格里·亨德肖特，博士，是残疾与健康统计的顾问。1985 至 2001 年间，他担任过 NHIS 的多个职务，包括数据分析和推广的主任助理。他曾在促进、设计和分析 NHIS-D 中起了带头作用。他发表了许多关于残疾和其他与健康相关的统计报告。

丹尼斯·何根，社会学教授，在 1995 年加入布朗大学人口研究与培训中心。他于 1976 年从威斯康星大学麦迪逊分校获得社会学博士学位。他担任芝加哥大学人口研究中心的副主任,以及宾夕法尼亚州立大学人口研究所的所长。1997年,何根荣获人口研究的Robert E. Turner杰出教授头衔。他的一些研究兴趣包括:个人家庭生活的相互关系和他们的社会环境、残疾的测量方法,残疾的家庭后果,以及到成年的过渡。何根目前的研究重点是儿童残疾。他是赠款支持的这个项目的首席科学家,这笔赠款来自国家儿童健康与人类发展研究所、国家医疗康复研究中心、计划与评估部、联邦内部关于儿童和家庭统计的论坛以及Spencer基金会。

格哈达·豪斯,理科硕士,是美国北卡三角洲国际研究院药物滥用问题的跨学科研究的经济学家。她的工作侧重于大型的调查的分析和设计及维护数据库的程序成本。

阿曼达·哈尼卡特,博士,是美国北卡三角洲国际研究院卫生经济研究部的经济学家。自1998年加入该研究院以来,她领导了许多关于疾病负担、干预程序的成本,以及主要针对糖尿病、艾滋病毒/艾滋病的预防、儿童的健康、残疾与发育的预防和治疗干预的成本效益的研究。

彼得·亨特,公共卫生硕士。在这章的工作完成时,他是NCHS健康访谈统计部公共卫生协会的研究员。他后来还担任了美国国家残疾康复研究所所长的特别助理。他目前是匹兹堡大学脊髓损伤示范中心的研究员。

丽莎·耶佐尼,医学博士,理学硕士,是哈佛医学院的医学教授,贝斯以色列女执事医疗中心医学系全科医学和初级保健部的研究副主管。她的主要研究兴趣是评估卫生保健质量的风险调整和改善支付公平。她是1996年Robert Wood Johnson基金会卫生政策研究奖的获得者,她还研究有关运动能力受损的健康政策问题。耶佐尼博士是医学所的成员。

戈恩·琼斯,博士、社会工作学士、教育学硕士,是华盛顿特区的国家康复中心健康与残疾研究的高级研究员。她是前ATPM/CDC的研究员和目前的受资助者。她的研究和出版物都集中在健康风险、慢性疾病、成年残疾人预防性服务的使用、非老年残疾人处方药的使用,及农村成年残疾人的医疗补助管理式照顾等方面。

朱迪思·凯斯博，博士，是约翰霍普金斯大学彭博公共卫生学院健康政策与管理系的教授、卫生服务研究中心的高级研究员。她的研究兴趣包括长期照料的卫生政策、老龄化与残疾，弱势群体获得卫生保健的途径，以及卫生政策和医疗服务研究数据来源的发展和应用。凯斯博博士从芝加哥大学获得社会学博士学位。

查理·拉肯，博士，是明尼苏达大学社区生活研究和培训中心的主任。拉肯先生在收集、分析和从被包含在200多个有关继发性残疾与相关服务的出版物上的主次要数据来源中进行统计有丰富的经验。拉肯先生是六人外部技术顾问组操作伤残补助金的成员。拉肯先生担任《智力障碍》的副编辑，《严重残障人士协会杂志》（JASH，Journal of the Association for Persons with Severe Handicaps）、《智力和继发性残疾杂志》和《社会科学与残疾》的咨询编辑。

雪莉·拉森，博士，是明尼苏达大学社区生活研究和培训中心的研究员。她从明尼苏达大学获得教育心理学博士学位。作为社区辅导员、行为分析师、社会工作者和项目评估者，她有20多年为患后发性残疾的人服务的经验，并且在过去14年里任职于培训中心（RTC，Registered Training Center）。Larson女士曾是使用NHIS-D数据研究智力和继发性残疾人的特性和服务需要的一项NIDRR两年计划的首席研究员助理。她在2000年6月举行的以分析NHIS-D为主题的国际用户会议上作了补充，这是由研究与培训中心核心拨款资助的。拉森博士还合著了几本书，发表过书籍章节、期刊论文以及有关劳动力发展问题、居住服务、为后发性残疾人进行的社区一体化的技术报告。她还是《智力障碍》的咨询编辑。

唐纳德·洛拉尔，教育博士，是CDC国家出生缺陷和发育性残疾中心人类发展与残疾部的高级研究员。他从印第安纳大学获得高级学位，他最近的作品包括协同编辑《物理医学与康复档案》对残疾科学成果的补充、为改善残疾人健康和福祉在《2003年公共卫生的年度审查》及《2002年公共卫生报告》上概述公共卫生战略的文章。他在过去7年一直致力于发展公共卫生科学和改善残疾人健康、预防继发性残疾及增加社会生活参与的计划。他现在担任《健康人口2010》残疾与继发性残疾工作组的副组长（HP2010第六章）。洛拉尔博士在1994年仍在私人执业时，开始参与WHO《国际功能、残疾和健康分类》（ICIDH-2，International Classification of Functioning, Disability and

Health），为临床记录评估 ICIDH-2 的潜在效用。他现在是调整国际功能、残疾和健康分类（ICF，International Classification of Function，Disability and Health）以提高其对儿童和青年效用小组的成员。

帕梅拉·洛普雷斯蒂是城市学院的劳动经济学家和高级研究员。她的研究重点在低工资劳动力市场以及政府政策如何帮助减少和消除弱势群体的工作障碍。Loprest 博士从麻省理工学院获得经济学博士学位，自1991年以来在城市学院工作。

伊莱恩·马格是城市学院收入和福利政策中心的研究员。她的研究侧重于影响成年人就业机会和残疾青少年的政策。她还进行税收政策如何影响低收入家庭的研究。马格女士从罗彻斯特大学获得公共政策理科硕士学位。

詹妮弗·帕克是哈佛教育学院的博士后。她目前对有情绪受损和无情绪受损的小学一年级生的认知发展进行研究，这是由美国教育研究协会资助的。她的论文探讨了有知觉受损和无知觉受损的幼儿园学生的认知发展。帕克博士从布朗大学获得社会学博士学位，在那里她研究了儿童残疾对家庭的不同影响。

伊丽莎白·罗升，理科硕士，物理治疗专业学位，是 CDC 国家卫生统计中心残疾统计的副研究员。她是马里兰大学物理治疗与康复科学系的博士生，专业是流行病学。她的研究兴趣包括残疾人健康、导致残疾的因素，以及残疾人卫生保健服务的使用和获得途径。她自1985年以来一直积极参与研究，并发表了与残疾和康复相关的文章和书籍章节。

安妮·莱利，是约翰霍普金斯大学彭博公共卫生学院卫生服务研究部卫生政策与管理系的副教授。莱利博士是心理健康及健康评估，尤其是对儿童和青少年、方法拓展、监测青年照顾成果的评价制度等方面的专家。

戴安娜·辛德勒，博士，是 CDC 国家出生缺陷和发育性残疾中心的首席健康科学家。她领导了生育及发育结果的内外部流行病学研究，主要侧重于脑瘫、孤独症，和其他神经系统的问题。

希拉里·赛宾斯，医学博士，是哈佛医学院物理医学与康复系（PMR，Physical Medicine and Rehabilitation）的讲师和马萨诸塞州综合医院 PMR 服务的副主任。她曾接受过内科、老人病学和 PMR 的临床培训。她的著作讨论了老年人训练、康复模式和提高质量的积极性。

洛伊斯·韦尔布吕热，博士、公共卫生硕士，是密歇根大学老年学研究所杰出的高级研究员。她致力于研究残疾理论，并使用大规模数据集进行了关节炎残疾、发病率和死亡率的性别差异和共病率的研究分析。她最近的著作强调了设备及个人援助对残疾的相对好处、老龄化与残疾的交织和残疾的全球指标。她在 1994 年被美国心理学协会授予妇女健康的杰出贡献奖。

惠特尼·威特，博士、公共卫生硕士，是西北大学芬堡医学院普通内科和卫生保健研究中心的医学助理教授。威特博士主要工作研究的重点是携带艾滋病毒/患艾滋病的人，包括儿童及其家人。在过去五年中，她把自己在宣传、政策、弱势和高成本研究以及长期患病人口等方面的经验应用于产妇和儿童保健服务研究。威特博士的研究强调了家庭适应在确保残疾儿童心理健康和帮助这些儿童获得心理健康服务上的重要性。最近，她的工作侧重于产妇抑郁对家族健康和心理健康的影响、预防保健措施和健康与心理保健服务的使用。她从约翰霍普金斯大学彭博公共卫生学院获得卫生服务研究的博士学位和公共卫生硕士学位，从汉普郡学院获得妇女研究和法律的学士学位。

杨丽授，博士，是密歇根大学社会研究研究所的研究员。社会人口学专业，她的研究主要集中在家庭、生命过程和社会变革。

（武继磊、古丽青初译、审译，宋新明审校）

后　　记

"社会科学视角下的残疾研究"丛书于2008年开始筹备翻译工作,是中国残疾研究领域首套从社会科学研究的视角关注残疾理论与方法、研究进展及学科发展方向、调查实践和测量方法专业书籍,由北京大学人口研究所师生通力完成。

该丛书由郑晓瑛教授和张国有教授组织翻译,经过数次集体讨论,确定了初译、翻译、审校的人选,由张蕾博士担任丛书的总体协调、具体组织和联系出版工作。"社会科学视角下的残疾研究"丛书共有四卷:第一卷《拓展残疾社会科学研究的领域》由林艳博士组织翻译,郑晓瑛教授审校;第二卷《残疾理论研究进展及学科发展方向》由刘岚副教授组织翻译,陈功教授审校;第三卷《利用调查数据研究残疾问题:美国残疾人访问调查研究结果》由武继磊副教授组织翻译,宋新明教授审校;第四卷《国际视野下的残疾测量方法:建立具有可比性的测量方法》由张蕾博士组织翻译,庞丽华副教授审校。在此感谢贺新春、赵声艳、张先振、石孟卿、徐蒙、董迷芳、胡国扎、周媛、高羽、杨存、杨爽、张冰子、李庆峰、解韬、陈华、张前登、丁杰、孙慧杰、陈三军、林淦、孙铭徽、徐振华、唐晓雪、古丽青、陈嵘、邱月、刘菊芬、杨蓉蓉、魏继红和郭未在初译工作中的贡献。

丛书由筹备至出版已经历四载,期间所有参与翻译和审校的教师与学生均本着高度认真的态度投入了极大地热情,力求能够达到贴切的翻译程度。也希望这一译丛的出版起到抛砖引玉的作用,为有志于从事残疾及残疾人研究的学者拓展研究思路,激发研究兴趣,也希望能够在整个社会科学领域呼唤交叉学科对残疾问题的深入研究;同时也希望从事与残疾相关事业或产业的实际工作者能从此书得到启发。由于这一译丛是我国首套从社会科学的视角关注残疾问题的研究译著,因此,在翻译水平上会存在这样或那样的不足和问题,我们也真诚地欢迎大家提出宝贵意见,以便我们不断提高我国在这一领域的研究水平,将更多更好的国际经验引入到中国的实践中来。

译者
2012年9月16日